THE ART OF PATENT RIGHT VERIFICATION

专利确权攻守之道

专利无效及行政诉讼案例精解

北京三聚阳光知识产权代理有限公司
北京易聚律师事务所 编著

张 杰 张建纲 周美华◎主编

知识产权出版社
全国百佳图书出版单位
—北京—

图书在版编目（CIP）数据

专利确权攻守之道：专利无效及行政诉讼案例精解/张杰，张建纲，周美华主编. —北京：知识产权出版社，2020.9（2021.4 重印）（2023.4 重印）

ISBN 978 - 7 - 5130 - 7146 - 8

Ⅰ.①专… Ⅱ.①张… ②张… ③周… Ⅲ.①专利权法—民事诉讼—案例—中国 Ⅳ.①D923.425

中国版本图书馆 CIP 数据核字（2020）第 163943 号

内容提要

本书收录了北京三聚阳光知识产权代理有限公司和北京易聚律师事务所 20 年专利纠纷服务处理中精选的近 70 件真实专利确权案例，在对案情焦点进行提炼后，结合官方结论和代理律师的观点，重点阐述专利保护范围确定和专利创造性判断，以期给相关企业以及专利代理师和律师提供更多的参考。

策划编辑：卢海鹰　王瑞璞	**责任校对**：谷　洋
责任编辑：卢海鹰　王瑞璞	**责任印制**：刘译文

专利确权攻守之道：专利无效及行政诉讼案例精解

北京三聚阳光知识产权代理有限公司　北京易聚律师事务所　编著

张　杰　张建纲　周美华　主编

出版发行：知识产权出版社 有限责任公司	**网　　址**：http：//www.ipph.cn
社　　址：北京市海淀区气象路 50 号院	**邮　　编**：100081
责编电话：010 - 82000860 转 8116	**责编邮箱**：wangruipu@cnipr.com
发行电话：010 - 82000860 转 8101/8102	**发行传真**：010 - 82000893/82005070/82000270
印　　刷：三河市国英印务有限公司	**经　　销**：新华书店、各大网上书店及相关专业书店
开　　本：787mm×1092mm　1/16	**印　　张**：26.25
版　　次：2020 年 9 月第 1 版	**印　　次**：2023 年 4 月第 3 次印刷
字　　数：540 千字	**定　　价**：108.00 元

ISBN 978 - 7 - 5130 - 7146 - 8

编委会

序　言

　　今年是我国《专利法》施行的 35 周年、国家知识产权局（前中国专利局）成立的 40 周年。伴随着国家的改革开放，我国专利制度自建立以来，已经进入了而立不惑之年，在鼓励发明创造、促进创新发展以及推进社会进步等方面发挥了巨大作用。在广泛国际化背景下，我国专利制度逐渐形成鲜明的中国特色，显示出越来越旺盛的生命力。尤其是党的十八大以来，国家知识产权战略实施工作继续稳步推进，知识产权事业驶入了发展的快车道，开启了建设知识产权强国的新时代。国家知识产权局受理发明专利申请已经连续多年位居世界首位，专利创造大国地位已然牢固确立。

　　在创造出数量巨大的专利同时，我国社会经济发展以及对外合作交流对提升专利质量、加强专利保护和运用提出了更高要求。提升专利质量是专利保护和运用的基础，是强化知识产权保护的关键环节，是保障知识产权事业持续健康发展的生命线。目前，国家知识产权局正着力实施专利质量提升工程，针对从专利授权到专利确权等各环节，采取多项措施促进质量提升。

　　专利确权包括国家知识产权局就授权专利被提出无效宣告请求而进行的审查以及法院对不服确权决定的行政诉讼审理。确权程序肩负着对专利授权质量进行重新认定的重任，因涉及双方当事人的利益纠葛和争议，程序复杂，标准严格，成为影响专利质量众多环节中的关键和难点，因此，保证专利权确权质量成为我们每一位知识产权人的使命和责任。

　　专利代理服务既能帮助创新者获得与其技术贡献相适应的专利权保护范围，也能帮助公众去挑战那些不适当获权的专利，维护社会的公平，因此专利代理服务是专利确权质量的重要保障。我国知识产权事业的迅速发展，培养出了一批国内知名品牌专利代理机构，这些专利代理机构在包括专利确权在内的知识产权法律服务方面发挥了不可替代的作用。可以说，没有一批优秀的专利代理机构以及优秀的专利代理师，专利质量提升很难实现，知识产权事业也不可能快速发展。

北京三聚阳光知识产权代理有限公司（以下简称"三聚阳光"）成立于2000年，20年来，靠着自身努力和专注，培养出一批以中青年专利代理师为骨干的优秀专业人才，代理了大量专利无效宣告和行政诉讼案例，积累了丰富的专利确权实战经验，在知识产权服务行业占有一席之地。在成立20年之际，三聚阳光把多年来积累的典型案例汇编成册，以便与行业内人士交流，供学习和参考，不失为一桩美事。

本书精选了三聚阳光成立以来代理的典型专利确权案例，有的案例促使了最高人民法院出台新的司法解释，有的案例成为当年的十大案例之一，在行业内产生巨大影响。这些案例还具有系统性和前沿性的特点：全方位、多角度确定权利要求保护范围；多细节、系统性分析评判创造性；作为评价创造性证据的现有技术，还阐述了网络和微博等新形式，为其他案件提供了指导和借鉴。对于每个案件，专利代理律师都精雕细琢、反复研讨，对专利授权文件字斟句酌，精准把握法律授权标准，无不凝结着专利代理师团队的心血，展现出他们精湛的技术、法律专业水平与高超的抗辩技巧。每篇案例结尾都有资深专利代理师点评，在法院判决基础上重新诠释案件审判结果，重在给读者以启发。

我希望能有越来越多的专利代理机构加入进来，总结代理实务经验，分享智慧成果，丰富专利确权典型案例，共同促进我国专利确权判断标准统一，促进专利质量提升，为我国进一步强化知识产权保护作出不可或缺的贡献。

是为序。

2020 年 7 月

作者简介

北京三聚阳光知识产权代理有限公司成立于 2000 年，是集国内外专利、商标、著作权、集成电路布图设计、植物新品种等知识产权的申请与确权、咨询与研究、诉讼与维权、运营与投资、战略制定、创新项目评估等全产业链业务于一体的综合性知识产权服务机构。北京易聚律师事务所依托北京三聚阳光知识产权代理有限公司而成立。如今两者均成为北京三聚阳光知识产权服务集团有限公司（以下简称"三聚阳光知识产权集团"）的重要组成部分。

多年来，三聚阳光知识产权集团大力发展知识产权纠纷服务团队，目前团队有 30 多人专职从事纠纷处理。团队成员包括前知识产权法官、前资深专利审查员、资深律师、资深专利代理师、司法鉴定人、高级工程师等，专注于专利无效宣告、专利侵权诉讼、专利行政诉讼、商标行政诉讼、商标侵权诉讼、不正当竞争诉讼、商业秘密诉讼、知识产权法律咨询以及知识产权交易风险控制等知识产权法律服务，代理超过 2000 件知识产权纠纷案件。团队在专利确权案件以及专利维权案件的处理上，积累了丰富的实战经验。2018 年以及 2019 年两年，专利无效宣告案件年代理量均达到全国立案总量的 4%。主要服务客户包括格力电器、蒙牛集团、中粮集团、石药集团、美团、理邦、方太、国家电网、大洋电机等国内外上市公司以及知名企业。

三聚阳光知识产权集团成功代理数千件专利无效宣告、诉讼案件，包括石药集团"氨氯地平对映体的拆分"专利侵权诉讼案、汉王科技与日本 WACOM 专利无效宣告以及诉讼案、格力电器与奥克斯专利无效宣告以及行政诉讼案、"天下第一刀"专利无效宣告以及行政诉讼案等具有社会影响的知识产权案件。其中，石药集团"氨氯地平对映体的拆分"专利侵权诉讼案〔（2009）民提字第 84 号〕入选《最高人民法院公报案例》。该案具有里程碑式的意义，直接引发了新的司法解释的出台——《最高人民法院关于审理侵犯专利权纠纷案件应用法律若干问题的解释》（法释〔2009〕21 号）。北京摩拜科技有限公司与深圳市呤云科技有限公司关于"互联网门禁临时用户授权装置和方法"专利侵权纠纷案以及专利无效宣告案，分别入选"2017 年北京市专利行政保护十大典型案例"及专利复审委员会"2017 年度专利复审无效十大案例"；北京金源茂丰新技术发展有限公司与《中国质量万里行》杂志社"产品质量追溯防伪系统及追溯防伪方法"专利侵权纠纷案，入选"2017 年北京市专利行政保护十大典型案例"和国家知识产权局"2017 年度打击专利侵权假冒十大典型案例"；"天下第一刀"专利无效宣告案入选专利复审委员会复审无效典型案例。

团队针对每一专利纠纷诉讼案件均会成立包含法律专家、技术专家、资深专利代理师、资深律师在内的专家组，模拟庭前对抗程序，对案件进行全方位分析处理。这种一以贯之的专业服务风格，使得团队获得了业界的多项荣誉，包括荣获"2018—2019 年度中国知识产权诉讼代理机构专利行政榜 TOP10"、中国杰出知识产权诉讼团队、"北京市优秀专利代理机构"、"北京市 AAAAA 级专利代理机构"、国家知识产权局首批"全国知识产权服务品牌机构培育单位"、首批"知识产权分析评议服务示范创建机构"、首批"中国知识产权发展联盟"理事单位、首批"北京市知识产权运营试点单位"以及知识产权管理标准化企业辅导认定工作指定机构等。

三聚阳光知识产权集团秉承"敬天爱人，守正出奇，沟通合作，创新致远"的价值观，正为成为"最受尊重的知识产权服务机构"而努力。

编者简介

张 杰 北京科技大学机械工程工学学士、中国政法大学民商法研究生、北京大学国家发展研究院高级管理人员工商管理硕士（EMBA），曾在美国芝加哥约翰·马歇尔法学院（The John Marshall Law School）进修美国专利法实务。曾任最高人民法院知识产权案例指导研究（北京）基地专家咨询委员会专家，获北京市十佳优秀专利代理人、全国专利信息领军人才等荣誉。现任中国知识产权研究会理事、中华全国专利代理师协会常务理事、北京市专利代理师协会副会长，律师、资产评估师、专利代理师，北京三聚阳光知识产权服务集团有限公司、北京三聚阳光知识产权代理有限公司、后羿（北京）基金管理有限公司董事长，中关村百人会天使投资联盟副理事长。

张杰先生曾任职于中国专利局机械发明审查部审查员，1998 年辞职下海后，先后创办三聚环保以及三聚阳光两家公司。三聚环保于 2010 年成功登陆创业板，成为能源净化和生物能源领域的知名企业。2011 年张杰先生卸任三聚环保的所有职务，将全部精力投入三聚阳光的建设发展之中，提出把三聚阳光打造成一家"最受尊重的知识产权服务机构"，真正能为企业技术创新保驾护航。经过多年发展，三聚阳光已经成为权利申请、诉讼保护、咨询研究、运营和创新投资等知识产权全产业链的综合性服务机构，是"北京商务服务业自主品牌 100 强"、国家知识产权局首批"全国知识产权服务品牌机构培育单位"、首批"知识产权分析评议服务示范创建机构"。三聚阳光还获得很多社会荣誉，包括"中国十佳专利代理事务所""中国杰出知识产权诉讼团队""北京市优秀专利代理机构""北京市 AAAAA 级专利代理机构""中关村优秀知识产权服务机构"等。

30 多年来，张杰先生既见证了中国知识产权事业的高速发展，也亲历了三聚阳光的成长壮大。作为资深专利代理师以及律师，张杰先生以其专业视角和判断，帮助中国企业客户制定了高屋建瓴的诉讼应对战略和行之有效的诉讼技术措施，切实解决了企业面临的知识产权难题，例如具有一定社会影响力的汉王科技与日本 WACOM 专利无效及诉讼案、"天下第一刀"专利无效及诉讼案、飞天诚信与以色列阿拉丁专利无效及诉讼案等。随着三聚阳光开展知识产权运营和商业化业务的深入，张杰先生对技术转移转让和项目投资中技术价值分析作了大量深入研究，参与了大量科技创新项目调研分析和投资审查与决策，对节能环保、新能源、新材料等先进装备制造业的项目估值和技术价值分析有独到深刻的见解，是知识产权行业中难得的复合型专家。

 **张建纲** 山东大学工学硕士、国家知识产权局首批 33 名全国专利信息领军人才之一、北京市十佳优秀专利代理师、江苏省知识产权领军人才、北京市海英创新领军人才、最高人民法院知识产权案例指导研究（北京）基地专家咨询委员会专家、国家知识产权局专利代理实务培训教师、景德镇陶瓷大学硕士研究生导师。曾在中国政法大学进修民商法以及知识产权法律，在北京科技大学从事教学科研工作。现任北京三聚阳光知识产权服务集团有限公司总裁、北京三聚阳光知识产权代理有限公司总经理。

张建纲先生在从业的 15 年中，处理超过 500 起专利纠纷案件，其中，格力电器与奥克斯专利无效宣告案、摩拜单车与滴滴打车专利纠纷案、大庆三聚与巴斯夫专利无效宣告和诉讼案等具有广泛的社会影响。"互联网门禁临时用户授权装置和方法"专利无效宣告案、"烟酰胺类衍生物的甲磺酸盐 A 晶型及其制备方法和应用"专利无效宣告案均入选专利复审委员会"2017 年度专利复审无效十大案件"；"产品质量追溯防伪系统及追溯仿伪方法"专利侵权案、"互联网门禁临时用户授权装置和方法"专利侵权案均入选"北京市 2017 年专利行政保护十大典型案件"，后者还入选国家知识产权局"2017 年打击专利侵权假冒十大典型案例"；摩拜诉北京小桔及青桔专利侵权案被人民网评选为"2018 年度十大典型专利案件"；代理的专利号为 ZL200910119667.2 的发明专利成功入选国家知识产权局"首届百件优秀中国专利"。

张建纲先生主导了几百起专利预警以及企业专利战略案，承担"印度知识产权环境研究""专利信息检索服务规范研究""专利文献信息服务指南标准化研究"等国家知识产权局和地方知识产权局软课题、专利战略研究、专利预警项目。

周美华 中国政法大学法律硕士、执业律师、专利代理师、北京市知识产权专家库专家、首都专利代理师资库师资、南京江宁区维权服务专家、无锡市第一届知识产权专家库专家、中国专利保护协会人民调解委员会兼职调解员。现任北京易聚律师事务所管理合伙人。

作为维权专家，周美华女士多次受北京市知识产权局、南京市知识产权局、苏州大学、北京科技大学、中国科学院等政府机关、行业协会、高等院校邀请，为专利律师、专利代理师、专利审查员等进行专利维权知识的专业培训，深受好评。

作为研究型律师，周美华女士多次在行业媒体上发表关于专利创造性、专利侵权判定等的相关文章，并受邀参加有关《专利法实施细则》修改专题研讨会，并主持或参与北京市知识产权局、河南省知识产权局、苏州市知识产权局等政府机关以及国内企业委托的数十项专利分析课题研究。

周美华女士拥有十余年专利纠纷处理经验，共计处理过400余起专利纠纷案件，代理案件客户目标达成率达90%，其中"产品质量追溯防伪系统及追溯防伪方法"专利侵权纠纷案入选"2017年北京市专利行政保护十大典型案例"和国家知识产权局"2017年度打击专利侵权假冒十大典型案例"；"互联网门禁临时用户授权装置和方法"专利侵权纠纷案以及专利无效宣告案，分别入选"2017年北京市专利行政保护十大典型案例"及专利复审委员会"2017年度专利复审无效十大案例"；格力电器与奥克斯"电机转向安装座""PG电机故障自动检测方法"系列专利纠纷案，所涉专利诉讼标的额过亿元；国内企业与日本株式会社久保田系列农机产品专利纠纷案件，以及方太厨具与老板电器系列专利纠纷案件在行业内具有广泛影响。主要服务客户包括格力、摩拜、方太、理邦等数百家国内外知名企业、上市公司。

编者的话

2020 年是三聚阳光的弱冠之年，对于青年人正是朝气蓬勃、大展宏图之年，对于公司也是厚积薄发、励精图治、再创辉煌的奋发之年。三聚阳光是伴随着 21 世纪知识产权行业的快速发展而成长起来的。20 年来，公司秉承质量来源于专业的理念，培养出一批既有理工科专业背景又有法律专业背景，集专利代理师和执业律师资格于一身的"双证"专业人才。这批以中青年为骨干的优秀复合专业人才，代理了大量专利无效宣告和行政诉讼案例，积累了丰富的专利确权纠纷处理的实务经验。20 年来，公司代理超过 2000 件知识产权纠纷案件，其中不乏有影响力的典型案件，有些被知识产权行政管理机关评为当年十大案例，有些还促使了最高人民法院有关司法解释的出台。三聚阳光将这些典型案例予以分析总结并汇编成册，一方面希望对从事知识产权行业的同行有所借鉴，另一方面作为公司成立 20 周年的优秀成果展示。

本书的体例是这样安排的：

第一章的主题是专利保护范围的确定。通过典型案例从不同角度解读专利保护范围，本书深入阐述了说明书中技术术语的定义、技术术语的作用、技术方案、发明目的以及说明书构建的整体语境等对于专利保护范围确定的具体影响以及具体判断方法，其中的很多方面在实践中具有前沿性，对拓展专利律师和专利代理师的思路具有重要的参考价值。

第二章的主题是现有技术/现有设计的认定。本章紧扣代理实务中出现的越来越多的互联网公开证据以及使用公开证据，对不同类型互联网公开证据的真实性、公开时间和公开内容的认定，进行了较为系统的阐述，尤其针对微博公开、论坛公开、电商平台公开、门户网站视频公开等互联网公开证据的特点进行了披露；针对销售类使用公开证据链的形成也进行了充分的阐述，进而有针对性地揭示了使用公开证据链条中影响公开时间和公开内容认定的关键要素。上述问题对于专利律师和专利代理师掌握证据的真实性以及确定公开时间和公开内容具有重要的参考价值。

第三章的主题是专利创造性技术启示的判断。本章立足于专利审查指南中确定的专利创造性"三步法"判断方法，从还原发明创造过程的角度，系统性地阐述了创造性技术启示判断的考量因素，其中，通过案例，体现了作为发明创造起点的最接近的现有技术、作为发明创造导向的技术问题以及作为解决技术问题的技术方案重要组成要素的技术手段在技术启示判断中起到的举足轻重作用；同时，重点体现了在实践中容易忽略的、对最接近的现有技术进行改进时不同现有技术之间是否存在结合障碍、不同现有技术在适用场景上是否相同以及发明构思是否相同等因素，而这些因素对技术启示的成立与否也有重要影响。本章通过不同案例揭示了上述因素影响技术启示判断的过程，以及如何在技术启示判断中考虑上述因素，能够让读者更加系统性地掌握技术启示判断的考量因素。另外，实践中公知常识也经常被运用在技术启示判断中，然而如何判断公知常识一直是难点，本章从不同角度解读公知常识与技术启示结合判断时的考虑因素。再则，整体性原则一直是创造性判断的基本原则，实践中对于整体性原则的掌握一直是难点，本章通过多个案例从不同角度揭示了现有技术整体性以及涉案专利整体性在技术启示判断中的运用方法。上述分析角度在市场上的同类书籍中属于首创，对专利律师以及专利代理师系统性地理解并掌握专利创造性判断方法和角度具有重要意义。

第四章则选取了外观设计专利确权程序中的几个典型问题进行阐述。第五章选取了专利确权程序中除专利创造性之外经常涉及的问题，包括修改超范围、权利要求书得到说明书支持以及说明书公开充分等问题，其中很多案例具有典型性，有助于专利律师和专利代理师深入理解和运用相关法律规定。

本书是一本值得阅读的有助于提高专利确权纠纷代理实务能力之作，编者希望三聚阳光各位同仁的努力能为中国专利质量提升从而为科技创新和经济社会发展作出一点点贡献。由于时间仓促，疏漏和错误在所难免，欢迎各位读者批评指正。

编者

2020 年 7 月

目　录

第一章　专利保护范围的确定

第二章　现有技术/现有设计的认定

第三章　专利创造性技术启示的判断

第四章　外观设计专利无效案件主要法律问题

第五章　专利确权中的其他问题

第一章

专利保护范围的确定

一、利用其他权利要求来解释
权利要求中技术术语的含义

——"一种涡轮流量计"专利行政诉讼案

【本案看点】

在解释权利要求、确定权利要求的保护范围时，可以推定独立权利要求与其从属权利要求所限定的保护范围是不相同的。如果当事人主张的关于独立权利要求的技术术语的限定特征实际出现在从属权利要求中，则可以推定独立权利要求中关于该技术术语的含义应当包括但不限于该从属权利要求对其限定的含义。

【案情介绍】

一、案件基本信息介绍

涉案专利号：ZL200680032582.5

专利名称：一种涡轮流量计

案件类型：专利行政诉讼案

北京市高级人民法院二审判决书：（2016）京行终 4414 号

被诉无效宣告请求审查决定号：第 23470 号

案件程序概况：国家知识产权局作出第 23470 号无效宣告请求审查决定，宣告涉案专利全部无效。专利权人不服该决定，向北京市第一中级人民法院提起诉讼，北京市第一中级人民法院在（2015）一中行（知）初字第 1321 号判决书中判决撤销第 23470 号无效宣告请求审查决定。请求人和国家知识产权局不服该一审判决，向北京市高级人民法院提出上诉。北京市高级人民法院在（2016）京行终 4414 号判决书中判决撤销一审判决，维持国家知识产权局第 23470 号无效宣告请求审查决定。

二、涉案专利方案介绍

涉案专利权利要求 1 要求保护：一种用于对流体进行消耗量测量的涡轮流量计，包括：

外壳（1），该外壳（1）则具有入口（2）、出口（3），和通流通道（4），

用于测量和显示消耗量的测量装置（5、44），

布置在所述通道（4）中的涡轮（10），该涡轮（10）具有第一轮毂（11），

多个布置在该轮毂（11）上的径向的第一叶片（12.1、12.2），和朝向流体流的半球形的正面（14），

保持嵌件（20），该保持嵌件（20）则包括导水十字管（20.1），

该导水十字管（20.1）则包括第二轮毂（21），从所述第二轮毂（21）延伸到所述通道（4）的壁体的径向的第一支柱（22），将所述涡轮（10）的正面（14）包围的喷嘴体（23），其中留有被流体从中穿流的缝隙（17），和在所述喷嘴体（23）中的中心开口（24），

嵌件基体（20.2），该嵌件基体（20.2）则包括第三轮毂（25），和从所述第三轮毂（25）延伸到所述通道（4）的壁体的径向的第二支柱（26），

和装置（30），该装置对所述涡轮（10）的转数进行检测并将其传递给所述测量装置（5、44），

其特征在于以下特征，

所述第一叶片（12.1、12.2）定位在所述喷嘴体（23）的附近，

所述涡轮（10）包括喷嘴环（16），

所述喷嘴环（16）将所述第一叶片（12.1、12.2）连接起来，并且搭接所述喷嘴体（23）的外轮廓，从而在所述喷嘴环（16）和喷嘴体（23）之间留下喷嘴缝隙（18），

所述喷嘴缝隙（18）与所述缝隙（17）相连通。

涉案专利权利要求18要求保护一种涡轮流量计，具体为：按权利要求1所述的涡轮流量计，其特征在于包括以下特征：所述导水十字管（20.1）和嵌件基体（20.2）借助于插塞连接件合并在一起。

涉案专利背景技术部分【0002】~【0006】段记载，现有技术中的涡轮流量计存在的技术问题在于：在流体流量为零或者接近于零时，涡轮的位置无法确定，从而导致涡轮流量计无法计数，影响涡轮流量计的测量敏感性。

涉案专利提出了权利要求1中的技术方案，如说明书【0008】~【0009】段记载：本发明在流速最小时也具有很高的显示敏感性，方法是在处于喷嘴体和涡轮正面之间的缝隙中得到加速的流体流向处于喷嘴体和喷嘴环之间的喷嘴缝隙中的流体施加喷射器作用。由此，这部分流体量得到额外加速，汇合的流体量由此以更好的速度冲击到涡轮叶片上并且使得涡轮旋转。涉案专利说明书【0052】段记载：所述喷嘴环16与所述轮毂11间隔开，从而在所述喷嘴体23和喷嘴环16之间产生喷嘴缝隙18。在处于喷嘴体23和轮毂11之间的缝隙17中得到加速的流体作为喷射器作用于在所述喷嘴缝隙18中的流体，并且额外地使这部分流体量加速。得到加速的流体冲击到所述涡轮叶片12.1上并且由此即使在流速最小时也将所述涡轮10和与蜗轮32啮合的蜗杆13以及所述轴端15置于旋转之中。

涉案专利的技术方案如图1-1和图1-2所示。

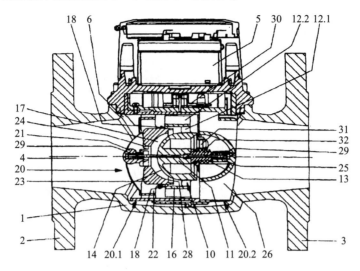

图1-1　涉案专利涡轮流量计的结构示意图

005

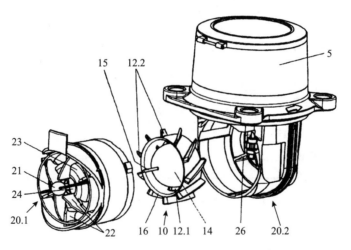

图1-2　涉案专利涡轮流量计的分解示意图

三、主要证据介绍

本案无效宣告阶段，针对涉案专利的权利要求1，无效宣告请求人（上诉人）主要提交两份证据，即证据1和证据2。无效宣告请求人主张，涉案专利的权利要求1在证据1的基础之上进一步结合证据2以及公知常识不具有创造性。由于证据2和本案如下介绍的争议焦点无关，在本文中不作介绍，而仅仅介绍与本案争议焦点相关的证据1。

证据1：申请公开号为US4186603A的美国专利申请文件。证据1是最接近的现有技术，公开了一种涡轮流量计，用于对流体的消耗量进行测量，并具体公开了如下技术特征：包括管部件 11，具有入口、出口和通流通道；来自线圈 41 的脉冲可被直接计数，线圈 41 和与其连接的电路产生与液体流速成比例的脉冲重复频率，如果累计脉冲，则累计流量可被存储、记录或显示；转子 27 布置在塑料管部件 11 中，转子 27 具有间隔圆筒 38、多个布置在该间隔圆筒 38 上的径向的叶片 32、35，和朝向流体流的正面；装置 15 和扩散器 24 构成导水十字管，导水十字管包括圆筒 23，从圆筒 23 延伸到通道的壁体的径向的 4 个薄空心筒 19，位于转子 27 正面的上游扩散器 24 和在上游扩散器 24 中的孔 62、28；装置 16 和下游扩散器 26 构成嵌件基体，包括圆筒 25 和从圆筒 25 延伸到通道的壁体的径向的 4 个薄空心筒 20；装置 15、上游扩散器 24、装置 16 和下游扩散器 26 构成保持嵌件；叶片 32、35 定位在上游扩散器 24 的附近，转子 27 包括毂 34，毂 34 将叶片 32、35 连接起来，并且搭接上游扩散器 24 的外轮廓，从而在毂 34 和上游扩散器 24 之间留下喷嘴缝隙，喷嘴缝隙与缝隙相连通。其技术方案如图 1 - 3 所示。

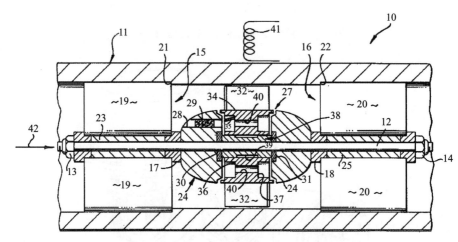

图 1 - 3　证据 1 涡轮流量计的结构示意图

【案件焦点】

上诉人（无效宣告请求人）认为，涉案专利权利要求 1 相对于证据 1 的区别技术特征仅仅为：所述涡轮正面为半球形的，喷嘴体将涡轮的正面包围，所述开口为在喷嘴体中的中心开口。上述区别技术特征已经被证据 2 公开且给出了技术启示。

被上诉人（专利权人）认为，涉案专利权利要求 1 相对于证据 1 的区别技术特征还包括"保持嵌件（20）"，涉案专利中的保持嵌件 20 从其名称来看，是表示构成保持嵌件的导水十字管和嵌件基体之间具有相互插接的嵌合的关系，并且说明书附图也示出了两者是插接的关系。证据 1 中装置 15 和扩散器 24 构成的导水十字管，装置 16 和下游扩散器 26 构成的嵌件基体，两者之间显然不构成嵌合关系，因此，证据1中未公开"保持嵌件"这个技术特征。

北京市第一中级人民法院在本案的一审判决（2015）一中行（知）初字第1321号行政判决中支持了专利权人（本案被上诉人，原审原告，无效宣告程序的专利权人）的主张。

上诉人则认为，不能用说明书文字记载的内容以及说明书附图记载的内容来不当限缩权利要求的保护范围。具体理由如下：

第一，权利要求1中对保持嵌件作出了清楚的限定，本领域技术人员根据权利要求的记载能够清楚地理解保持嵌件的结构以及功能，该种限定中不包括导水十字管和嵌件基体两者为插接关系。

第二，涉案专利技术问题的解决并不依赖于导水十字管和嵌件基体为相互插接的关系，涉案专利背景技术部分也未记载涉案专利是在导水十字管和嵌件基体是相互插接关系基础上进行的技术改进。

第三，导水十字管和嵌件基体为相互插接的关系，只是对于技术方案的进一步优选，对应记载在从属权利要求18中。根据权利要求的区别解释原则，权利要求18作为权利要求1的从属权利要求，其与权利要求1应当具有不同的保护范围，权利要求18中进一步限定的技术特征才是导水十字管与嵌件基体之间的插接关系，这说明权利要求1中导水十字管和嵌件基体之间的关系不仅仅包括插接在一起的关系。

因此，上诉人和被上诉人对于本案的争议焦点在于：如何理解涉案专利权利要求1中记载的保持嵌件的含义，即保持嵌件能否被理解为导水十字管和嵌件基体是相互插接的关系。

【官方结论】

北京市高级人民法院在二审判决书中认为：

第一，涉案专利权利要求1中限定"该保持嵌件（20）则包括导水十字管（20.1）"，显然"包括"并不当然是嵌合或插接的连接关系。虽然在涉案专利的说明书附图给出的是镶嵌关系，但是涉案专利权利要求的含义没有歧义，或在限定范围并不模糊的情况下，说明书及附图不能扩大或缩小权利要求的保护范围，更不能限定权利要求的保护范围。

第二，涉案专利的从属权利要求18进一步限定，涉案专利的导水十字管和嵌件基体借助于插塞连接件合并在一起。可见，如果权利要求1不是"包括"关系，而是嵌合或镶嵌关系，则从属权利要求18构成重复限定。

第三，根据涉案专利说明书的记载，解决涉案专利相对于现有技术中存在技术问题的办法是"在处于喷嘴体和涡轮正面之间的缝隙中得到加速的流体流向处于喷嘴体和喷嘴环之间的喷嘴缝隙中的流体施加喷射器作用"，即使导水十字管和嵌件基体的连接关系为插接在一起，说明书中也仅给出"精确地保持在通流通道的中心"

进行定位的作用，不能给出涉案专利相对于证据 1 产生了有益的技术效果。被上诉人认为，只有导水十字管和嵌件基体为镶嵌关系，才能使得"喷嘴体和涡轮正面缝隙中加速的流体"和"喷嘴缝隙中加速的流体"相汇流射到第一叶片距离更短。但根据涉案专利权利要求 1 公开的内容，该距离与导水十字管和嵌件基体为镶嵌关系并不具有必然的联系，也不是越短越好，说明书给出的是"保持在最佳的定向和最佳的位置"中，实际上，导水十字管和嵌件基体的镶嵌程度通过涉案专利说明书附图可以确定，其影响的是涡轮内轴与测量装置的传递距离，而不是两个缝隙汇流到第一叶片的距离。因此，从涉案专利解决的技术问题来看，也没有产生被上诉人所声称的技术效果。

【律师观点】

权利要求的解释问题一直是专利确权程序以及侵权程序中的核心问题。《最高人民法院关于审理侵犯专利权纠纷案件应用法律若干问题的解释》第三条规定："人民法院对于权利要求，可以运用说明书及附图、权利要求书中的相关权利要求、专利审查档案进行解释。……"北京市高级人民法院《专利侵权判定指南（2017）》第十七条规定："在解释权利要求、确定权利要求书中记载权利要求的保护范围时，可以推定独立权利要求与其从属权利要求所限定的保护范围互不相同。独立权利要求的保护范围大于其从属权利要求的保护范围，在前从属权利要求的保护范围大于在后引用该在前从属权利要求的保护范围，但本领域普通技术人员根据专利说明书及附图、专利审查档案等内部证据，可以做出相反解释的除外。"由此可见，在专利侵权程序中，在解释权利要求时，可以利用相关权利要求解释争议权利要求的保护范围。在确权程序中，虽然没有明确的法律规定，但是最高人民法院在相关的判决中已经进行适用。

最高人民法院在（2014）行提字第 17 号发明专利权无效行政纠纷再审案中就适用该原则，并指明："本专利权利要求 1 中记载全光纤电流互感器至少由光电单元和光纤电流感应单元连接构成，并没有记载'反射膜'的技术特征，'反射膜'的技术特征出现在权利要求 1 的从属权利要求 10 的附加技术特征中。说明书中的相关内容仅能说明本专利在对应于从属权利要求 10 的进一步的优选实施例中，采用了光纤端面镀反射膜的方式，并不是指本专利权利要求 1 中的'全光纤电流互感器'具有此处描述的特定含义。第 14794 号决定在对权利要求 1 中的'全光纤电流互感器'进行界定时，引入其从属权利要求的附加技术特征和说明书的内容对其进行限缩性解释，适用法律错误，本院予以纠正。"

具体到本案来说，涉案专利说明书对应导水十字管和嵌件基体的技术效果的描述在【0014】段和【0018】段：从【0014】段记载可知，保持嵌件的作用在于精确保持喷嘴体的位置；从【0018】段的记载可知，将导水十字管和嵌件基体插接连接在一起的作用在于提高喷嘴体的位置精确性以及可操控性。无论是提高喷嘴体的位置精确性还是可操控性，均是在如上所述的涉案专利要解决的提高测量敏感性技术问题之上进一步优选达到的技术效果，这一优选达到的技术效果对应权利要求18优选采用的技术方案。正因为导水十字管与嵌件基体之间的插接关系是在权利要求1基础之上进一步优选的技术方案，涉案专利在其权利要求布局中才将两者之间的插接关系限定在从属权利要求18中，如涉案专利权利要求18中记载："按权利要求1所述的涡轮流量计，其特征在于以下特征：所述导水十字管（20.1）和嵌件基体（20.2）借助于插塞连接件合并在一起。"

与（2014）行提字第17号案如出一辙，本案中，"导水十字管（20.1）和嵌件基体（20.2）插接连接"的技术特征出现在权利要求1的从属权利要求18的附加技术特征中，说明书【0014】段和【0018】段相关内容仅能说明涉案专利在对应于从属权利要求18的进一步优选实施例中，采用导水十字管和嵌件基体插接连接的方式，并不是指权利要求1中的导水十字管和嵌件基体具有此处描述的特定含义。

权利要求18是权利要求1的从属权利要求。根据权利要求的区别解释原则，权利要求18作为权利要求1的从属权利要求，与权利要求1应当具有不同的保护范围，权利要求18中进一步限定的技术特征才是导水十字管与嵌件基体之间的插接关系，这说明权利要求1中导水十字管和嵌件基体之间的关系不仅仅包括插接在一起的关系。因此，本案中，不能利用限定在权利要求18中插接的技术特征来限缩解释权利要求1中"保持嵌件"。

原审判决在对权利要求1中的嵌件基体和导水十字管的关系进行界定时，引入其从属权利要求18的附加技术特征和说明书的内容对其进行限缩性解释，适用法律错误。

另外，最高人民法院强调，权利要求的保护范围必须通过它所要传达的发明思想来确定。在理解权利要求时，应当在综合考虑发明创造的技术领域、现有技术情况、发明创造的技术方案所要解决的技术问题，以及预期要达到的技术效果的基础上，合理地确定专利保护范围。此为权利要求的综合理解原则。

本案在确定权利要求的范围时，还可利用上述综合理解原则：本领域技术人员阅读说明书以及相关附图之后，不能直接地毫无疑义地确定涉案专利提高敏感性这一技术问题的解决以及预期技术效果的实现必然依赖于"所述导水十字管和嵌件基体插接在一起"，涉案专利针对的背景技术部分记载的现有技术也未载明涉案专利是在导水十字管和嵌件基体插接在一起的现有技术基础之上进行的改进，因此不应该用说明书中的一种具体实施方式"所述导水十字管和嵌件基体插接在一起"来不当地限缩权利要求1。

具体来说，根据涉案专利背景技术部分【0002】~【0006】段的记载，现有技术中的涡轮流量计存在的技术问题在于：在流体流量为零或者接近于零时，涡轮的位置无法确定，从而导致涡轮流量计无法计数，影响涡轮流量计的测量敏感性。根据

009

涉案专利【0007】段记载，涉案专利要解决的技术问题就在于提高测量敏感性。为此，涉案专利提出了权利要求 1 中的技术方案，如说明书【0008】~【0009】段记载："本发明在流速最小时也具有很高的显示敏感性，方法是在处于喷嘴体和涡轮正面之间的缝隙中得到加速的流体流向处于喷嘴体和喷嘴环之间的喷嘴缝隙中的流体施加喷射器作用。由此，使这部分流体量得到额外加速，汇合的流体量由此以更好的速度冲击到涡轮叶片上并且使得涡轮旋转。"再如涉案专利说明书【0052】段记载："所述喷嘴环 16 与所述轮毂 11 间隔开，从而在所述喷嘴体 23 和喷嘴环 16 之间产生喷嘴缝隙 18。在处于喷嘴体 23 和轮毂 11 之间的缝隙 17 中得到加速的流体作为喷射器作用于在所述喷嘴缝隙 18 中的流体，并且额外地使这部分流体量加速。得到加速的流体冲击到所述涡轮叶片 12.1 上并且由此即使在流速最小时也将所述涡轮 10 和与蜗轮 32 啮合的蜗杆 13 以及所述轴端 15 置于旋转之中。"

本领域技术人员在阅读涉案专利说明书的上述内容后可以确定，涉案专利解决涡轮流量计测量敏感性差这一技术问题，依赖于"处于喷嘴体和涡轮正面之间的缝隙中得到加速的流体流向处于喷嘴体和喷嘴环之间的喷嘴缝隙中的流体施加喷射器作用"。上述作用通过涉案专利权利要求 1 特征部分所记载的如下技术内容实现："所述第一叶片（12.1，12.2）定位在所述喷嘴体（23）的附近，所述涡轮（10）包括喷嘴环（16），所述喷嘴环（16）将所述第一叶片（12.1，12.2）连接起来，并且搭接所述喷嘴体（23）的外轮廓，从而在所述喷嘴环（16）和喷嘴体（23）之间留下喷嘴缝隙（18），所述喷嘴缝隙（18）与所述缝隙（17）相连通。"上述作用的实现并不依赖于所述嵌件基体和导水十字管之间是否是插接连接关系。本领域技术人员通过阅读说明书的全部技术内容，结合发明要解决的技术问题以及预期的技术效果可以明确，即便嵌件基体和导水十字管不存在插接关系，也不影响上述技术问题的解决和预期技术效果的实现。

另外，涉案专利说明书背景技术部分引证的现有技术的涡轮流量计也未载明导水十字管和嵌件基体必然具有插接关系，即涉案专利并不是在导水十字管和嵌件基体必然具有插接关系的基础之上进行的改进。

综上所述，从现有技术状况、涉案专利针对现有技术要解决的技术问题、采用的技术手段，以及预期技术效果实现这一综合理解的角度，本领域技术人员在理解权利要求 1 的保护范围时能够确认其导水十字管和嵌件基体是否插接在一起不影响测量敏感性这一技术问题的解决，因此，不应该用说明书中的一种具体实施方式"所述导水十字管和嵌件基体插接在一起"来不当地限缩解释权利要求 1。

二、发明目的对专利保护范围的影响

——"一种农用旋耕机变速箱总成"专利行政诉讼案

【本案看点】

根据背景技术记载的现有技术状况以及涉案专利的发明目的，可以确定涉案专利保护的技术方案与现有技术的区别，可以将现有技术中的技术方案合理地排除在权利要求的保护范围之外。

【案情介绍】

一、案件基本信息介绍

涉案专利号：ZL201120516765.2

专利名称：一种农用旋耕机变速箱总成

案件类型：专利行政诉讼案

北京知识产权法院行政判决书：（2018）京73行初11153号

被诉无效宣告请求审查决定号：第36777号

案件程序概况：国家知识产权局于2018年8月1日作出宣告专利权全部无效的审查决定，专利权人不服该无效决定向北京知识产权法院提起诉讼，北京知识产权法院于2019年月9月26日作出一审判决，撤销该无效决定，责令国家知识产权局重新作出无效决定。

二、涉案专利方案介绍

涉案专利权利要求1保护：一种农用旋耕机变速箱总成，其特征在于，包括有箱体壳（1），在箱体壳（1）上安装有放气螺栓（2）、箱盖（3），以及一级变速机构（4）、二级变速机构（5）、三轴轴承（10）安装在箱体壳（1）两侧，三轴（9）安装在三轴轴承（10）上面，三轴齿轮（8）安装在三轴（9）上面，三轴压盖（6）固定在箱体壳（1）两侧，用于调节三轴轴承（10）的轴向位置，三轴齿轮（8）上面与二级变速机构（5）连接，下面与刀轴传动机构（7）连接，将动力从二级变速机构（5）传递到刀轴传动机构（7）。其技术方案如图1-4所示。

涉案专利"背景技术"部分记载，公知的旋耕机变速箱总成的三级变速机构采用将轴承安装在变速齿轮内部，三轴及三轴压盖安装在变速箱壳体两侧孔内，因此，存在成本高、性能不稳定、易损坏变速箱壳的缺陷。

涉案专利针对上述公知旋耕机变速总成的缺陷，提供了一种结构合理、性能稳定、故障率低、作业安全可靠的旋耕机变速箱总成。

三、主要证据介绍

无效宣告请求人主张涉案专利权利要求 1 保护的技术方案在证据 6 的基础上结合证据 5 和公知常识不具有创造性。

证据 5 为授权公告号为 CN202056209U 的中国实用新型专利说明书。

证据 6 为授权公告号为 CN201180766Y 的中国实用新型专利说明书。

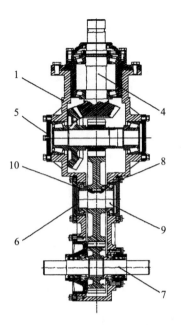

图 1-4 "一种农用旋耕机
变速箱总成"的结构示意图

证据 6 为最接近的现有技术，公开了一种旋耕机变速箱。其技术方案如图 1-5 所示，它包括变速箱箱体 1、动力输入轴 2、变速箱内装于输入轴 2 上的主动锥齿轮 3、与主动锥齿轮相啮合的从动锥齿轮 4、与从动锥齿轮 4 装于同一轴 5 上的主动轮 6、与主动轮 6 相啮合的中间惰轮 7、与中间惰轮 7 相啮合的从动轮 8、从动轮装于输出轴 9 上，主动轮 6、中间惰轮 7、从动轮 8 构成三轴定轴轮系。

证据 5 公开了一种圆锥滚子轴承的调整结构，如图 1-6 所示，在箱体 1 上设计一种带内螺纹的轴承孔，调整端盖 4 上设计一种带两个矩形槽和三个螺纹孔的外螺纹，其中，有一个螺纹孔贯通一个矩形槽，另外，两个螺纹孔对称分布。调整端盖 4 通过外螺纹与箱体 1 联结，并压在圆锥滚子轴承 5 的外圈上，旋转调整端盖 4 使圆锥滚子轴承 5 的间隙为零，再根据外螺纹螺距的大小反向旋转一定角度，直至使圆锥滚子轴承 5 获得理想的间隙。再用螺栓 3 旋入螺纹孔，使调整端盖 4 的两矩形槽之间的部分发生挤压变形，从而实现螺纹止退，最后将防尘盖 2 压入箱体 1，实现防尘。证据 5 可以在不拆总成的同时，快速调整出圆锥滚子轴承的合适游隙，并能够实现螺纹止退，从而防止圆锥滚子轴承外圈发生轴向位移，整体结构维修方便、简单实用。

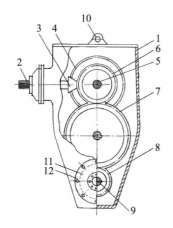

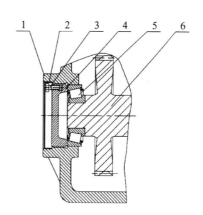

图1-5 "一种旋耕机变速箱"的
结构示意图

图1-6 "一种圆锥滚子轴承的
调整结构"的结构示意图

【案件焦点】

争议各方均认可涉案专利权利要求1相对于证据6存在两个区别技术特征。区别技术特征①：箱体壳上安装加油放气螺栓；区别技术特征②：三轴轴承安装在箱体壳两侧，三轴安装在三轴轴承上，三轴压盖固定在箱体壳两侧，用于调节三轴轴承的轴向位置。

争议各方均认可，基于区别技术特征②，涉案专利实际解决的技术问题在于使变速箱总成的结构合理、性能稳定，降低故障率。

第三人（即无效宣告请求人）以及被告国家知识产权局均认为：证据5中的圆锥辊子轴承相当于涉案专利中的三轴轴承，其也是位于箱体壳的两侧，调整端盖相当于涉案专利中的三轴压盖。证据5通过调整端盖解决来调整三轴轴承的轴向位置，使得变速箱总成的结构合理、性能稳定，降低故障率，因此给出了技术启示。

原告认为，证据5中的圆锥辊子轴承不能相当于涉案专利中的三轴压盖，其设置位置是位于箱体壳的内侧，不是外侧。与涉案专利不同，证据5没有公开区别技术特征②，也没有给出相应的技术启示。

因此，本案案件焦点在于：如何理解涉案专利权利要求1中记载的"三轴压盖固定在箱体壳两侧"，以及其是否被证据5公开。

被告以及第三人主张，涉案专利并未限定三轴压盖位于箱体壳的两侧孔内或外，只要是公开位于箱体壳两侧，无论是位于两侧孔内还是外，均可以认定公开涉案专利的上述区别技术特征②，根据证据5的图1-6可获知圆锥辊子轴承设置在箱体1的两侧孔内，因此，证据5公开了上述区别技术特征②。

原告主张，涉案专利权利要求1中限定的"三轴压盖固定在箱体壳两侧"是指三轴压盖位于箱体壳外部的两侧，也即侧孔外的两侧。根据涉案专利"背景技术"

中记载的内容可知，现有的变速箱中三轴压盖安装在变速箱壳体的两侧孔内，存在成本高、性能不稳定、易损坏变速箱壳的缺陷，而涉案专利的发明目的就是要改进这种结构的缺陷，提供一种"三轴压盖（6）固定在箱体壳（1）两侧，用于调节三轴轴承（10）的轴向位置"的技术方案。因此，权利要求1中限定"三轴压盖（6）固定在箱体壳（1）两侧"必然排除了现有技术中的这种压盖位于两侧孔内的技术方案，而证据5中的轴承盖恰恰就是现有技术中这种位于两侧孔内的形式。因此，证据5没有公开上述区别技术特征②，也没有给出相应的技术启示。

【官方结论】

北京知识产权法院行政判决书中认定如下：

区别技术特征②中所述的三轴压盖固定在箱体壳两侧，仅从字面含义看，通常可以理解为压盖位于箱体壳的两外侧，或者位于箱体壳内的两侧。此时，应当结合说明书和附图对权利要求进行解释，且不应将不能实现发明目的、效果的技术方案解释到权利要求的保护范围中。本案中，涉案专利说明书背景技术部分记载："目前公知的旋耕机变速箱总成，三级变速机构采用将轴承安装在变速齿轮内部，三轴及三轴压盖安装在变速箱壳体两侧孔内，此结构存在着成本费用高，性能不稳定，易破坏变速箱壳等缺陷"。说明书记载涉案专利技术效果为"结构合理、性能稳定，大大降低了机具故障率，减少了三包费用，且作业安全可靠"。同时，从说明书附图可以看出，三轴压盖6位于箱体壳1的外侧。因此，根据涉案专利的发明目的并结合说明书附图可见，权利要求1所述三轴压盖固定在箱体壳两侧，该压盖与箱体壳的位置关系应是压盖位于箱体壳的两外侧，而非包含在箱体壳内的两侧，并由此带来了阻挡杂物、泥土等进入变速箱内部以提高变速箱稳定性、降低故障率的技术效果。

然而，证据5中的端盖4位于箱体1的内侧孔内，与涉案专利背景技术部分描述的现有技术基本一致。虽然端盖4也起到了便于调节轴承间隙的作用，但与涉案专利中位于箱体壳外侧的三轴压盖相比，不能够阻挡杂物进入变速箱内部，并且证据5为了解决杂物进入的问题还设置了防尘盖2，由此可知，在证据5公开内容的基础上，本领域技术人员并不能够意识到将端盖设置在箱体外以防止杂物进入，亦即证据5并未给出将端盖设置在箱体外以提高密封性、降低故障率的技术启示。因此，被诉决定认定权利要求1相对于证据6结合证据5以及本领域常规技术手段不具备创造性，缺乏事实和法律依据。

【律师观点】

在专利确权程序中，经常会涉及权利要求的解释，能否合理地解释权利要求的保护范围对争议各方都至关重要。

北京市高级人民法院《专利侵权判定指南（2017）》明确了权利要求的解释原则包括符合发明目的原则，即"在确定专利权保护范围时，不应将不能实现发明目的、效果的技术方案解释到权利要求的保护范围中，即不应当将本领域普通技术人员在结合本领域的技术背景的基础上，在阅读了说明书及附图的全部内容之后，仍然认为不能解决专利的技术问题、实现专利的技术效果的技术方案解释到专利权的保护范围内"。

虽然上述权利要求保护范围的解释原则是专利侵权程序中的解释原则，但是实践中也同样适用于专利确权程序。

例如，在最高人民法院再审的青岛美嘉隆包装机械有限公司与被申请人青岛市知识产权局、一审第三人王承君专利侵权行政处理纠纷案［（2018）最高法行申1545号］中，裁定书中明确了应从涉案专利的发明目的出发，结合说明书和附图对某一技术特征进行解释。在江苏省高级人民法院二审的金立公司诉道盛公司侵害发明专利权纠纷案［（2015）苏知民终字第00237号］以及江苏省高级人民法院二审的梅耶博格（瑞士）公司诉无锡上机数控股份有限公司、扬州伟业创新科技有限公司侵害发明专利权纠纷案［（2018）苏民终945号］中均提出，在进行专利权利要求解释时，应当结合发明目的、发明所要解决的技术问题来准确界定权利要求中所使用词语的含义，不能脱离具体的技术背景作抽象理解，在说明书中无相应技术手段或方案予以支持说明的技术特征属于现有技术范畴，不应作为保护范围。

发明目的原则实际是为了确保对权利要求解释的内容与专利权人所作的贡献一致。当权利要求技术特征的含义存在多种理解的时候，往往需要使用该原则结合说明书及其附图中的有关内容对权利要求进行解释。例如，当专利权利要求某个技术特征可以被解释为包含 A 和 B 两种技术方案，而技术方案 A 实际为专利作为改进基础的现有技术，专利的说明书和附图都显示，实际想保护的是不同于技术方案 A 的技术方案 B，则专利权人可以基于专利的发明目的，结合说明书文字和附图的记载将权利要求的保护范围合理地限缩解释为技术方案 B，即合理地排除技术方案 A。如果对权利要求中某一技术特征的解释导致权利要求所限定的技术方案无法实现其发明目的，则该种解释往往是不恰当的。

因此，基于发明目的原则，根据背景技术记载的现有技术状况以及涉案专利的发明目的，可以确定涉案专利保护的技术方案与现有技术的区别，可以在解释权利要求时将现有技术中的技术方案合理地排除在权利要求的保护范围之外。

本案的审理过程充分体现了上述发明目的原则在实践中的应用。其技术方案中记载的"三轴压盖固定在箱体壳两侧"既可以理解为三轴压盖位于箱体壳内的两侧，又可以理解位于箱体外部的两侧，证据 5 显然公开了轴盖位于箱体壳内的情形。然而，涉案专利已经在背景技术部分明确指出其正是基于压盖位于箱体壳内侧的现有技术提出的改进，即将压盖位于内侧的情形明确排除在涉案专利发明内容之外。因而，运用发明目的原则解释权利要求的保护范围之后，便可清晰地将证据 5 与涉案专利的技术方案相区分，从而合理地界定涉案专利相对于现有技术所作的贡献。

三、说明书记载的技术方案对专利保护范围的影响

——"PG 电机故障自动检测的方法"专利无效宣告案

【本案看点】

在理解专利保护范围时，应当根据权利要求的记载，结合本领域技术人员阅读说明书及附图后对权利要求的理解，结合涉案专利的发明背景、发明目的、解决的技术问题、具体技术手段以及带来的技术效果，并结合本领域的基本常识等，综合理解权利要求的保护范围。

【案情介绍】

一、案件基本信息介绍

涉案专利号：ZL201010039703.7
专利名称：PG 电机故障自动检测的方法
案件类型：发明专利无效宣告案
无效宣告请求审查决定号：第 38760 号

二、涉案专利方案介绍

目前挂壁分体式空调室内机风机电机采用的基本为 PG 电机。PG 电机是一种带有霍尔元件的电机，单片机自动调整控制电机可控硅的导通角，从而调整 PG 电机的工作电压，来使电机达到设定的目标转速。但 PG 电机在使用过程中故障率相对较高，电机出现故障后导致空调器无法使用，现有技术中没有一种 PG 电机故障自动检测的方法，这样在生产过程中和售后服务中一时难以查找空调器故障的根源，不能够迅速排除空调器故障，较大程度上困扰空调售后服务和生产过程中的品质管控。

涉案专利要解决的技术问题是，提供一种能方便空调售后服务和生产过程中品质管控的 PG 电机故障自动检测的方法。

涉案专利授权公告的权利要求 1 如下：

一种 PG 电机故障自动检测的方法，其特征在于：它包括以下步骤：（1）空调器启动时，设置空调控制器中的单片机一直检测 PG 电机的反馈信号；（2）若单片

机在设定的时间 t1 之内未接收到 PG 电机的反馈信号时，关闭 PG 电机的电源；
（3）经过设定的时间 t2 之后，单片机打开 PG 电机的电源，并开始检测 PG 电机的反
馈信号；（4）若单片机在设定的时间 t1 之内仍未接收到 PG 电机的反馈信号，则判
定 PG 电机出现故障，并在空调器显示屏上显示 PG 电机故障的故障代码。图 1 - 7 示
出了主要的工作模块，图 1 - 8 示出了故障检测过程。

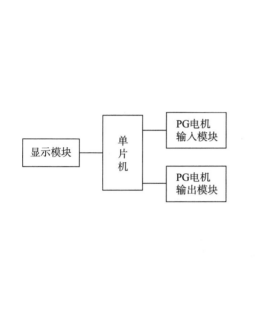

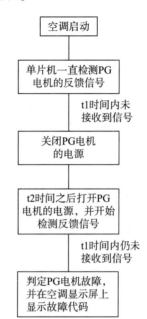

017

图 1 - 7 PG 电机的工作模块图　　　图 1 - 8　PG 电机的故障检测过程图

三、主要证据介绍

请求人认为涉案专利的权利要求 1 在证据 1 的基础之上结合公知常识不具有创
造性。

证据 1 为《伊莱克斯空调微电脑控制原理》[1]。证据 1 作为最接近的现有技术，
公开了伊莱克斯空调微电脑控制原理，具体公开了如下内容：伊莱克斯空调的微电
脑控制电路主要包括中央控制微处理器（CPU）、存储器、传感器电路、室内风机控
制电路、操作指令接收电路和室外机控制电路；中央控制微处理器与存储器是整个
微电脑板的核心，其作用是对空调各组成部件进行协调有序的控制……中间控制环
节包括对 PG 电机进行控制的光耦和可控硅元件以及对室外机风扇电机、压缩机和四
通阀进行控制的反相阀和继电器。

对室内风机停转实施保护的过程如下：CPU 启动室内风机后，若室内风机运转
正常，将产生的 PG 脉冲信号送入 CPU，如果贯轮风叶断裂、阻力大或 PG 电机本身

---

[1]　葛春生. 伊莱克斯空调微电脑控制原理 [J]. 家电维修，2004（8）：23 - 25.

故障，使 CPU 在 15 秒钟内不能收到 PG 脉冲信号，CPU 就判断 PG 电机没有工作，停止室内风机转动，30 秒后再次启动室内电机；若 15 秒内仍未收到反馈信号，则关闭整机，定时灯闪烁，进入保护状态。

【案件焦点】

请求人认为，证据 1 已经公开涉案专利权利要求 1 中的绝大部分技术特征，只是没有公开通过在空调器显示屏上显示 PG 电机故障的故障代码的方式来显示故障这一技术特征。

专利权人认为，证据 1 没有公开"一种 PG 电机故障自动检测的方法"，且证据 1 中没有公开专门设置的给 PG 电机供电的电源，因此，也没有公开涉案专利的步骤（2）和步骤（3）。

本案的焦点之一在于，涉案专利权利要求 1 的主题"一种 PG 电机故障自动检测的方法"的具体含义，是 PG 电机自身故障的一种检测方法，还是 PG 电机不转的一种检测方法。

专利权人认为，涉案专利中"一种 PG 电机故障自动检测的方法"是 PG 电机自身故障的一种检测方法，排除了 PG 电机自身故障之外的其他故障导致的 PG 电机不转，不同于证据 1 中只能检测出电机不转，而不能检测出是否是 PG 电机自身故障。

请求人认为，涉案专利中"一种 PG 电机故障自动检测的方法"只是能够检测出 PG 电机不转的一种检测方法，实际上是用 PG 电机不转来表征 PG 电机故障。这结合涉案专利说明书中记载的检测原理以及本领域的公知常识就可以明确得出。涉案专利权利要求中检测 PG 电机故障的原理/方法在于：单片机检测 PG 电机的反馈信号；如果在一定时间 $t1$ 内没有接收到反馈信号，则关闭 PG 电源，经过时间 $t2$，再次打开 PG 电机电源，并检测 PG 电机的反馈信号；如果在一定时间 $t1$ 内又没有接收到反馈信号，则判断 PG 电机故障，并进行故障显示。其检测的根本原理是，PG 电机上电，若转动正常，则产生脉冲信号；不转动时，不产生脉冲信号，单片机根据是否有脉冲信号来判断 PG 电机是否不转，即是否出现故障。而根据上述原理，不能排除例如电机风轮断裂等其他原因导致的 PG 电机不转。

因此，涉案专利记载的"PG 电机故障自动检测的方法"并不能解读是 PG 电机本身故障的含义，根据是否能接受到 PG 电机反馈的脉冲信号来判断所谓的"PG 电机故障"，证据 1 的原理与涉案专利完全相同，也只能判断 PG 电机不转。至于这种不转是基于什么原因，是因为风叶断裂、阻力大还是因为电机本身故障，涉案专利和证据 1 均无法判断。

本案的焦点之二在于，专利权利要求 1 步骤（2）中"若单片机在设定的时间 $t1$ 之内未接收到 PG 电机的反馈信号时，关闭 PG 电机的电源"以及步骤（3）中"经过设定的时间 $t2$ 之后，单片机打开 PG 电机的电源，并开始检测 PG 电机的反馈信号"中电源的含义。

专利权人认为，上述电源是指控制器上设置的专门用于给 PG 电机供电的动力电源，不需要外部的动力电源，不同于证据 1 中通过隔离光耦和可控硅来控制 PG 电机还需要外部动力电源的方式。

请求人认为，专利权人所主张的内容没有依据，根据涉案专利说明书的记载以及本领域的通常理解，不能解读涉案专利的电源是专门用于给 PG 电机供电的动力电源。

首先，根据涉案专利中记载的 PG 电机供电/断电模式，不能得出在控制器上设置独立电源的含义。涉案专利【0018】段记载："关闭 PG 电源，即关闭控制器上向 PG 电机供电的输出电压。"【0020】段记载："单片机通过 PG 电机的输出模块再向 PG 电机施加电压。"由此可知，涉案专利中通过输出模块来控制 PG 电机上电压的通断，也即控制 PG 电机电源的通断。而涉案专利【0014】段具体记载了输出模块的含义为"输出模块由隔离光耦以及驱动 PG 电机的可控硅组成"，即涉案专利中实际上是通过隔离光耦和可控硅来控制 PG 电机电源的通断。这与证据 1 记载的 PG 电机供电方式完全相同，均不能解读出是设置一个独立的电源来专门为 PG 电机供电。

其次，主张控制器上设置一个独立的为 PG 电机供电的动力电源与常理相悖。PG 电机的动力电源需要高压电，一般为 220V，而控制器的电路板上能够实现的是五六伏的低压电。因此，涉案专利中不可能脱离外部的高压电输入而仅仅通过在控制器上设置独立的 PG 电机动力电源来为 PG 电机供电。

【官方结论】

无效宣告请求审查决定中认为：

第一，针对故障检测。虽然涉案专利权利要求 1 技术方案的保护主题为 PG 电机故障自动检测的方法，但依据该方法的具体步骤可知，是通过检测 PG 电机的反馈信号来获知电机是否正常转动，如果该电机不能正常转动并发送反馈信号，则判断该电机发生故障。然而，本领域技术人员均知晓，导致电机发生故障的原因有多种情况，包括电机内部电路发生故障、由于外部原因造成电机不能发送反馈信号等。如上所述，证据 1 公开的内容中同样包括通过检测由 PG 电机发送的脉冲信号来获知该电机是否正常转动的方案：经检测，如果发现电机没有正常转动，就能够获知室内风机发生停转进而启动保护措施（关闭整机，定时灯闪烁），其认为造成电机不能正常转动并发送反馈信号的情况包括 PG 电机本身发生故障，还可能存在贯轮风叶断裂或阻力大等外部原因造成的室内风机的停转。因此，两种技术方案均是在不能接收到由 PG 电机发送的反馈信号后即判断电机的运转出现问题，并且均没有具体判断出是电机内部还是电机外部原因造成的电机不能正常转动，通常将这一问题归于电机故障的故障类型中。可见，两者对电机是否正常转动的检测方法实质上是相同的，故障检测方法和检测结果的内容实质上也是相同的。

第二，针对电源问题。首先，依据涉案专利说明书【0014】段所记载的"如图1 所示，适用本发明方法的空调的控制模块包括……"可知，涉案专利是通过与空调控制模块连接的由隔离光耦、可控硅组成的电路来驱动 PG 电机，也就是提供 PG 电机运行的电源供应，依据上述记载并不能得出专利权人所声称的该电路结构中设置有专门用于给 PG 电机供电的电源。其次，依据说明书【0018】段所记载的"若单片机在 10s 内未检测到 PG 电机反馈的脉冲信号，则关闭 PG 电机的电源，即关闭控制器上向 PG 电机供电的输出电压"可知，涉案专利通过关闭控制器上向 PG 电机供电的输出电压来关闭向 PG 电机供电的电源，也就是通过关闭与单片机控制模块连接的由隔离光耦和可控硅组成的输出模块来关闭向 PG 电机输出的供电电压，依据上述记载也不能得出专利权人所声称的该电路结构中设置有专门用于给 PG 电机供电的电源。上述对 PG 电机的供电和控制方式与证据 1 所公开的通过光耦和可控硅来控制对 PG 电机的供电方式相同，因此证据 1 已公开涉案专利权利要求 1 中关于 PC 电机的驱动电源及控制方式的相关技术特征。

【律师观点】

《专利法》第五十九条第一款规定："发明或者实用新型专利权的保护范围以其权利要求的内容为准，说明书及附图可以用于解释权利要求的内容"。《最高人民法院关于审理侵犯专利权纠纷案件应用法律若干问题的解释》第二条进一步明确规定："人民法院应当根据权利要求的记载，结合本领域普通技术人员阅读说明书及附图后对权利要求的理解，确定专利法第五十九条第一款规定的权利要求的内容。"

上述法律明确了说明书在权利要求解释中的作用，而上述司法解释则明确了在侵权程序中利用说明书解释权利要求的一般原则，即应该在本领域技术人员阅读专利全文的基础之上，结合说明书以及附图的记载来理解权利要求的保护范围。同理，在专利确权程序中，也应该参考这一原则。

最高人民法院在（2010）知行字第 53-1 号无效宣告专利再审行政裁定书中，对利用说明书以及附图来解释权利要求作了如下论述："权利要求由语言文字表达形成，通过记载解决技术问题的必要技术特征的方式来描述和反映发明的技术方案，清楚、简要地表述请求保护的范围。任何语言只有置于特定语境中才能得到理解。同时，基于语言表达的局限性和文字篇幅的限制，权利要求不可能对发明所涉及的全部问题表述无遗，需要通过说明书对要求保护的技术方案的技术领域、背景技术、发明内容、附图及具体实施方式等加以说明。为此，《专利法》明确规定了权利要求书和说明书之间的关系，要求说明书应该充分公开发明的技术方案，使得所属技术领域的技术人员能够实现；权利要求书应当以说明书为依据，清楚、简要地限定要求专利保护的范围。在《专利法》的上述法定要求下，说明书记载的上述内容对于理解权利要求含义更是不可或缺的，两者具有法律意义上的密切关联性。说明书的上述内容构成权利要求所处的语境或者上下文，只有结合说明书的记载，才能正确理解权利要求的含义。在这一意义上，说明书乃权利要求之母，不参考说明书及其附图，仅仅通过阅读权利要求书即可正确理解权利要求及其用语的含义，在通常情况下是不可能的。权利要求的解释就是理解和确定权利要求含义的过程。在这个过程中，必须结合说明书及其附图才能正确解释权利要求。"

最高人民法院在上述专利确权判决中进一步明确了结合说明书全文对权利要求的保护范围进行理解的必要性，并进一步明确了在结合说明书的过程中应该结合技术方案的技术领域、背景技术、发明内容、附图及具体实施方式等。

具体到本案，从涉案专利的主题名称"PG 电机故障自动检测的方法"中是否能够解读出其针对的是 PG 电机自身故障的检测方法，需要结合权利要求记载的检测步骤、说明书中记载的检测原理以及方案来综合评定。根据涉案专利权利要求书和说明书的记载，涉案专利是根据 PG 电机反馈的脉冲信号来判断 PG 电机是否发生故障，根据的是 PG 脉冲的原理，PG 电机转动时，会发出脉冲信号，而当电机不转动时，就不能发出脉冲信号，这时系统由于检测不到脉冲信号而判断电机可能出现故障，权利要求利用该检测原理设置具体的检测步骤也仅能检测出 PG 电机不转。本领域技术人员都知道，导致电机不能正常转动的原因有很多，可能是 PG 电机本身故障，或者风叶断裂，抑或阻力大等，因此，根据上述检测原理，只能判断出电机不能正常转动的故障，而不能将该故障限定为 PG 电机自身的故障并排除外部原因。

针对本案中 PG 电机电源的含义，第一，根据本领域技术人员的通常理解，"电源"是"Power supply"的意思，是"为……提供电力"的意思。也就是说，"关闭/开启 PG 电机的电源"应当理解为"关闭/开启 PG 电机的供电"的意思。因此，仅凭"PG 电机的电源"这一措辞无法理解成必然是设置 PG 电机独立电源的意思。第二，涉案专利的说明书中没有记载 PG 电机具有独立电源，更没有记载设置 PG 电机独立电源有任何技术效果。第三，根据涉案专利的记载，可以毫无疑义地确定，涉案专利中记载的 PG 电机的电源，就是 PG 电机的输出模块，由隔离光耦、驱动 PG 电机的可控硅组成。第四，专利权人主张在控制器上设置一个独立电源来单独为 PG 电机供电，与常识相悖。众所周知，给 PG 电机供电的电源一般都是 220V 的高压电源，而控制器上的电压都是弱电，一般为 2～5V 的弱电压。本领域技术人员在设计电路系统时通常会考虑强弱电隔离的安全性问题，会考虑避免严重电磁干扰的问题，如果如专利权人声称的涉案专利的 PG 电机独立电源设置在控制器（即控制电路板）上，将会带来一系列问题。

综上所述，对于权利要求保护范围的理解，应当根据权利要求的记载，结合本领域技术人员阅读说明书及附图后对权利要求的理解，结合涉案专利的发明背景、发明目的、解决的技术问题、具体技术手段以及带来的技术效果，并结合本领域的基本常识等，综合理解权利要求的保护范围。

四、利用专利说明书中的术语来解释权利要求中术语的含义

——"水槽式清洗机的箱体结构"专利无效宣告案

【本案看点】

对权利要求术语含义的理解，应该从本领域技术人员的角度，以权利要求所限定的技术方案为基础，立足说明书全文，结合方案所属技术领域、所解决的技术问题以及所达到的技术效果，客观地确定权利要求中术语的含义，从而保证权利要求中已经存在的术语的理解不脱离发明创造本身。

022 【案情介绍】

一、案件基本信息介绍

涉案专利号：ZL201320888659.6

专利名称：水槽式清洗机的箱体结构

案件类型：实用新型专利无效宣告案

无效宣告请求审查决定号：第 34101 号

二、涉案专利方案介绍

涉案专利所解决的技术问题是：现有技术中的洗碗机对水进行加热的电加热器设置在内桶的底部，从而导致结构复杂、清洗不便。为了解决前述技术问题，涉案专利在水槽本体的底部设置局部下凹区域，并将加热组件设置在局部下凹区域内，从而在利用加热组件对水进行加热时不需要额外设置软水装置，加热组件的设置使其结构简单、便于清洗。

在无效宣告程序中专利权人修改了权利要求，修改后的权利要求 1 具体保护一种水槽式清洗机的箱体结构，其包括形成洗涤空间的箱体，箱体包括水槽本体（1）和水槽本体（1）的底部设置的局部下凹区域，局部下凹区域内设置有加热组件（6），底板的局部下凹区域的上方覆盖有沥水板（3）。具体结构如图 1–9 和图1–10所示。

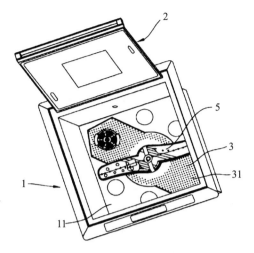

图 1 – 9　"水槽式清洗机箱体
结构"的结构示意图

图 1 – 10　水槽式清洗机水槽
本体结构示意图

三、主要证据介绍

　　无效宣告请求人认为涉案专利修改后的权利要求 1 相对于证据 1 不具有新颖性。

　　证据 1 为授权公告号为 CN2873092Y 的中国实用新型专利文件。证据 1 中公开了一种水槽式清洗机，其包含水槽本体 7，水槽本体 7 内形成洗涤空间，水槽本体 7 的底部设置有出水口，出水口连接排水管，排水管口设置有滤网 2，加热管 12 设置在排水管内，与风机配合用于对餐具进行吹干。其结构如图 1 – 11 所示。

023

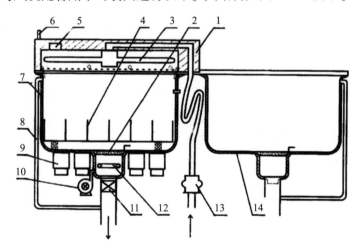

图 1 – 11　证据 1 水槽式清洗机的结构示意图

【案件焦点】

无效宣告请求人认为，证据1中"水槽排水口下方的区域"和"滤网"分别相当于权利要求1中的"下凹区域"和"沥水板"，"加热管12设置在排水管内"相当于权利要求1的"加热组件"，"排水管口设置有滤网2"相当于权利要求1中"底板的局部下凹区域的上方覆盖有沥水板"，权利要求1的全部技术特征都被证据1公开，权利要求1不具备新颖性。

专利权人认为，证据1没有公开"水槽本体（1）的底部设置的局部下凹区域，局部下凹区域内设置有加热组件（6），底板的局部下凹区域的上方覆盖有沥水板（3）"。

本案的焦点在于如何理解和解释权利要求1中技术特征的"局部下凹区域内设置有加热组件（6）"中加热组件的含义。

专利权人认为，涉案专利中加热组件的作用与证据1中加热管的作用完全不同。涉案专利权利要求1中加热组件的作用为在清洗时对水进行加热，证据1中加热管12的作用并不是在清洗时对水进行加热，而是与风机配合使用，对清洗后的餐具进行吹干。进一步地，证据1中的加热管12客观上也不能起到对清洗水进行加热的作用。证据1的清洗机包含超声波清洗、喷淋、电吹风烘干以及臭氧消毒工序，并且前述工序之间顺序不同，弯曲软管的一端与进水管上的高压水泵13连接，另一端与盖内的喷水装置连接，超声波发生器关闭后，打开电磁阀将水槽中的水放掉后，开启高压水泵对餐具进行喷淋冲洗后，启动风机和加热管对餐具进行吹干。由于证据1的喷淋水装置直接连接外接的高压水泵，喷淋冲洗时排水口的电磁阀必须打开。也就是说，即使打开加热管，也起不到加热清洗水的作用。因此，证据1中没有公开加热组件。

无效宣告请求人则认为，涉案专利权利要求1中并未记载加热组件的作用是对清洗水进行加热，凡是具有加热功能的部件，都可以相当于加热组件，证据1中的加热管具有加热功能，因此是加热组件。

【官方结论】

无效宣告请求审查决定中认为，涉案专利和证据1中加热组件的作用不同：涉案专利是在水槽底板上设置专门的下凹区域来放置加热组件，该加热组件用于在清洗过程中加热清洗水；而证据1是把加热管设置在排水口下方区域（管状无底板结构），完成清洗后配合风机风干餐具。综上，证据1中未公开加热组件。

【律师观点】

《专利法》第五十九条第一款规定："发明或实用新型专利权的保护范围以其权利要求的内容为准，说明书及附图可以用于解释权利要求的内容。"该法条规定了说明书及附图可以用于解释权利要求的内容。《最高人民法院关于审理侵犯专利权纠纷案件应用法律若干问题的解释》第二条也规定了："人民法院应当根据权利要求的记载，结合本领域普通技术人员阅读说明书及附图后对权利要求的理解，确定专利法第五十九条第一款规定的权利要求的内容。"在专利确权程序中也应参照上述侵权司法解释中对于权利要求的解释方法，即在对权利要求的技术特征进行理解和解释时，应当站位本领域技术人员，在全面理解说明书内容的基础上，结合发明构思对权利要求的技术特征进行合理的解释，如此才能明确专利权人真正想要保护的技术方案，进而界定合理的保护范围。

在处理本案的过程中，当理解涉案专利权利要求中加热组件的具体含义时，不能脱离涉案专利记载的技术方案，以及技术方案产生的技术背景等。

根据涉案专利背景技术部分的记载，现有技术中的洗碗机存在对水进行加热的电加热器设置在内桶的底部而导致的结构复杂、清洗不便的缺陷，涉案专利在前述技术问题的基础上进行改进，主要通过在水槽本体的底部设置局部下凹区域，并将加热组件设置在局部下凹区域内，从而在利用加热组件对水进行加热时不需要额外设置软水装置，加热组件的设置使其结构简单、便于清洗。通过考察涉案专利技术方案产生的上述背景可知，涉案专利是对现有技术加热组件的设置位置以及相关的技术特征进行改进，并没有改变加热组件原本的用于加热清洗水的功能。因此，涉案专利中加热组件用于加热清洗水是其应有之义。另外，涉案专利的说明书中也明确记载了加热组件的作用是加热清洗水。因此，本领域技术人员在阅读说明书的技术背景以及记载的技术方案之后，能够理解权利要求中记载的加热组件的作用是加热清洗水。

本案中，如果仅从权利要求本身出发，涉案专利权利要求的技术特征均已经被证据1公开，而当进一步阅读说明书及附图后，明确了权利要求中加热组件的作用，也基于此明确了涉案专利的加热组件与证据1中加热管的本质区别，即涉案专利的加热组件用于在清洗过程中加热清洗水，而证据1的加热管是为了完成清洗后配合风机风干餐具。以此为切入点，详细阐述了两者之间的不同，结合新颖性判断的标准，论述涉案专利相对于证据1具备新颖性，而前述观点也被合议组接受。

本案给出的启示在于，在理解权利要求的保护范围以及某一技术术语的具体含义时，不仅要立足于权利要求本身的限定，更应该结合说明书记载的技术方案以及技术方案的产生背景、发明目的、技术术语的作用以及功能等综合理解，从而更好地判断权利要求的保护范围，维护专利权人的合法权益。

五、以专利说明书中术语的定义解释
权利要求中术语含义

—— "带特制用户识别卡的移动台式电话机" 专利行政诉讼案

【本案看点】

如果权利要求中包含非本领域常规的技术术语，导致本领域技术人员无法理解该技术术语的具体含义，那么可以根据 "内部证据优先" 的原则，依据说明书中记载的内容来解释该技术术语的含义。

【案情介绍】

一、案件基本信息介绍

涉案专利号：ZL200320128893.5

专利名称：带特制用户识别卡的移动台式电话机

案件类型：专利行政诉讼案

北京市高级人民法院二审判决书：（2011）高行终字第 1645 号

被诉无效宣告请求审查决定号：第 15651 号

案件程序概况：国家知识产权局作出第 15651 号无效宣告请求审查决定，宣告涉案专利部分无效。专利权人不服该无效决定，向北京市第一中级人民法院提起行政诉讼。北京市第一中级人民法院判决撤销第 15651 号决定，责令国家知识产权局对涉案专利重新作出审查决定。国家知识产权局和无效宣告请求人均向北京市高级人民法院提起上诉，北京市高级人民法院审理后维持一审判决。

二、涉案专利方案介绍

涉案专利权利要求 1 要求保护：一种带特制用户识别卡的移动台式电话机，包括座机和听筒，座机上设有按键、LCD 显示屏以及天线，其特征在于：还包括特制用户识别卡和专用用户识别卡卡座，专用用户识别卡卡座设置于座机上，所述特制用户识别卡插接在专用用户识别卡卡座中，专用用户识别卡卡座的接线端子与座机内主电路板的相应端子连接。

涉案专利具体为，公知的移动台式电话机均采用普通的手机通用用户识别卡，很容易发生用户将用户识别卡的资料解码后将卡放入手机使用的问题。由于移动运营商规定的手机通话资费和移动台式电话机通话资费不同，当将移动台式电话机的用户识别卡放入手机使用后，此手机则按移动台式电话机通话资费收费，使移动运营商的利益受损。公知的移动台式电话机之 GSM 无线模块和 CPU 部分仅仅用于移动通信，不能接入固定电话网络使用，这种设计方案不能充分利用 CPU 的资源。

为了克服现有技术存在的上述不足，涉案专利提供一种带特制用户识别卡的移动台式电话机。该带特制用户识别卡的移动台式电话机设置有特制用户识别卡和专用卡座，该特制用户识别卡的形状、大小和电连接方式三者中至少有一项特征是不同于普通手机的通用用户识别卡的，特制用户识别卡不能插入普通手机中使用，能有效保护移动运营商的利益。同时，涉案专利充分利用了 CPU 部分的硬件和软件资源，创造了一种有线/无线结合为一体的新型电话模式，具有固定电话、移动无线电话拨打和接收功能，有线、无线可以自动转接，用户可根据移动网和固话网的通话资费灵活选择通话网络。

三、主要证据介绍

上诉人（无效宣告请求人）在无效宣告阶段提交了证据 1～4，其中与案件结论最相关的为证据 1。

证据 1 为专利申请号为 CN97227588.6 的中国实用新型专利文件。证据 1 公开了一种台式无线电移动电话机，所述台式无线电移动电话机设有听筒和机壳，机壳由面盖和底壳组成，在面盖上装有液晶显示屏和按键盘，底壳右侧面设置有机身天线；底壳的底面设有 SIM 大卡插取孔，底壳的背面设有 SIM 小卡插卡架及其面盖板，在底壳上开有方形孔，以方便 SIM 小卡插取。

【案件焦点】

关于权利要求 1 与证据 1 之间的区别技术特征的认定，被上诉人与上诉人存在争议。

被上诉人认为，上诉人国家知识产权局对"特制用户识别卡"的含义中不排除证据 1 中公开的 SIM 卡大卡和 SIM 卡小卡认定错误，涉案专利说明书已经对"特制用户识别卡"进行明确的限定，该内容说明"特制用户识别卡"的本质特点就是专用于台式电话机，不能插入手机中使用，必然不同于现在所有普通手机的 SIM 卡，这对本领域的技术人员来说是唯一确定的。证据 1 中公开的是一种台式无线电移动电话机，其使用的是已有的手机用 SIM 大卡或者 SIM 小卡。因此，证据 1 未公开涉案专利中的特制用户识别卡，涉案专利权利要求 1 要求保护的技术方案与证据 1 相比，至少存在特制用户识别卡和专用用户识别卡卡座这两个区别技术特征。

上诉人国家知识产权局认为，权利要求的保护范围应当以权利要求记载的内容为准，虽然说明书和附图可以用于解释权利要求，但这并不意味着可以随意使用说明书和附图中记载的内容来任意解释或限定权利要求的保护范围。"特制用户识别卡"实质上是指针对某种目的用户识别卡，所谓"特制"的含义只是"针对某种目的"而言，所涵盖的范围是很广的。权利要求1中并没有对"特制用户识别卡"进行明确的限定，因此所述"特制用户识别卡"可以被理解为包括任何类型的用户识别卡，当然也不排除证据1中公开的SIM大卡和SIM小卡。

上诉人（无效宣告请求人）认为，"普通手机的通用用户识别卡"的含义为"用于现有的普通手机的SIM卡"，与对事实的认定并不矛盾，"特制用户识别卡"这一技术特征已为证据1公开。

因此，本案的焦点在于如何理解权利要求1中的技术术语"特制用户识别卡"。

【官方结论】

北京市第一中级人民法院认为，对于权利要求保护范围的确定，应当以权利要求所用文字的含义来理解，说明书和附图可以用于帮助理解权利要求，但不得用于限缩权利要求。涉案专利权利要求1涉及的是特制用户识别卡，虽然权利要求1未明确何为"特制"，但"特制用户识别卡"显然与"用户识别卡"限定的范围不同。"特制"一词并非本领域的专用词汇，通常含义为"特地制造""特别制造"，即使在有相关文字解释的情况下，本领域技术人员对于何为"特制"也无法了解，而涉案专利说明书中对于"特制用户识别卡"有明确解释，因此，可以使用涉案专利说明书对权利要求1进行解释。涉案专利说明书中记载"特制用户识别卡的形状、大小和电连接方式三者中至少有一项特征是不同于普通手机的通用用户识别卡的，特制用户识别卡不能插入普通手机中使用"，说明在涉案专利中"特制用户识别卡"的形状、大小和电连接方式三者中至少有一项特征不同于普通手机的通用用户识别卡。因此，应理解"特制用户识别卡"不包括证据1中公开的SIM大卡和SIM小卡。故原告关于第15651号决定遗漏上述区别技术特征的理由成立。

北京市高级人民法院的观点与北京市第一中级人民法院基本相同，认为涉案专利说明书对"特制用户识别卡"有明确定义，因此可以使用涉案专利说明书对权利要求1进行解释。涉案专利说明书中记载"特制用户识别卡的形状、大小和电连接方式三者中至少有一项特征是不同于普通手机的通用用户识别卡的，特制用户识别卡不能插入普通手机中使用"，说明涉案专利中的"特制用户识别卡"在形状、大小和电连接方式中至少有一项不同于普通手机的用户识别卡。因此，一审法院认为"特制用户识别卡"是涉案专利权利要求1与证据1的区别技术特征之一，第15651号决定遗漏了该区别技术特征，并无不当。

【律师观点】

　　本案涉及非本领域常规的技术术语的解释问题。《专利法》第五十九条第一款规定："发明或实用新型专利权的保护范围以其权利要求的内容为准，说明书及附图可以用于解释权利要求的内容。"该法条规定了对权利要求进行解释的基本原则，即当权利要求中存在非本领域惯用术语时，应当首先在说明书及附图中寻求解释。此时可以参考《最高人民法院关于审理侵犯专利权纠纷案件应用法律若干问题的解释》第三条规定的"内部证据优先"原则，即对权利要求进行解释时，可以先运用说明书及附图、权利要求书中的相关权利要求、专利审查档案等"内部证据"进行解释，以上述方法仍不能明确权利要求含义的，可以结合工具书、教科书等公知文献等"外部证据"以及本领域技术人员的通常理解进行解释。而关于"内部证据"的范围，《最高人民法院关于审理侵犯专利权纠纷案件应用法律若干问题的解释（二）》第六条也有明确的规定，即"人民法院可以运用与涉案专利存在分案申请关系的其他专利及其专利审查档案、生效的专利授权确权裁判文书解释涉案专利的权利要求。专利审查档案，包括专利审查、复审、无效程序中专利申请人或者专利权人提交的书面材料，国务院专利行政部门及其专利复审委员会制作的审查意见通知书、会晤记录、口头审理记录、生效的专利复审请求审查决定书和专利权无效宣告请求审查决定书等"。也就是说，涉案专利的说明书等"内部证据"相当于权利要求的"词典"，当需要对权利要求中的术语进行解释时，应该首先在这些"词典"中寻找答案。只有在这些"词典"中无法找到答案时，才去寻求"外部证据"的解释。

　　在本案中，权利要求1中的"特制用户识别卡"不是本领域的专用术语或惯用术语，本领域技术人员无法确定其含义，此时应该遵循上述"内部证据优先"原则，首先从内部证据中寻求解释依据，而涉案专利说明书中对于"特制用户识别卡"有明确定义，即"特制用户识别卡的形状、大小和电连接方式三者中至少有一项特征是不同于普通手机的通用用户识别卡的，特制用户识别卡不能插入普通手机中使用"，因此该术语"特制用户识别卡"就应该按照该定义来进行解释。国家知识产权局没有遵循"内部证据优先"原则。而直接从外部证据出发来解释该术语，因此没有得到法院的支持。

　　本案给出的启示在于，对权利要求中非本领域惯用术语的解释是有顺序的，需要遵循先内后外的"内部证据优先"原则。只有在说明书、附图和所有相关的审查档案等内部证据均无法解释所述术语的情况下，才可以去寻求外部证据；否则，对权利要求保护范围的理解就可能存在偏差，进而影响对涉案专利"三性"的判断。

六、说明书具体语境对专利保护范围的影响

——"电机转向安装座"专利无效宣告案

【本案看点】

在专利确权程序中，即使权利要求的相关技术特征的含义清楚，也可能需要引入说明书对权利要求进行解释，以清晰地划分权利要求的边界，使其与专利权人真实的技术贡献相匹配。

【案情介绍】

一、案件基本信息介绍

涉案专利申请号：ZL201520143902.0

专利名称：电机转向安装座

案件类型：实用新型无效宣告案

本次无效宣告请求审查决定号：第 38959 号

在先无效宣告请求审查决定号：第 34344 号

案件程序概况：涉案专利在进行此次无效宣告请求之前已有一次在先无效宣告请求，国家知识产权局于 2017 年 12 月 27 日针对在先无效宣告请求发出第 34344 号无效宣告请求审查决定书，该决定书中认定涉案专利在修改后权利要求 1、权利要求 2 的基础之上有效。此次无效宣告请求于在先无效宣告请求作出之后提出，国家知识产权局针对此次无效宣告请求作出第 38959 号无效宣告请求审查决定，宣告涉案专利全部无效。

二、涉案专利方案介绍

涉案专利授权公告的权利要求书如下：

1. 一种电机转向安装座，包括机座（10）以及设置在所述机座（10）上的电机安装孔以及机座安装孔，其特征在于，所述电机安装孔的轴线与所述机座安装孔的轴线不在同一方向上。

2. 如权利要求 1 所述的电机转向安装座，其特征在于，所述电机安装孔的轴线

与所述机座安装孔的轴线之间的夹角为70°～110°。

3. 如权利要求2所述的电机转向安装座，其特征在于，所述电机安装孔的轴线与所述机座安装孔的轴线夹角为90°。

4. 如权利要求1所述的电机转向安装座，其特征在于，所述电机安装孔包括设置在所述机座（10）上部的第一电机安装孔（11）以及设置在所述机座（10）下部的第二电机安装孔（12），所述机座安装孔包括设置在所述机座（10）上部的第一机座安装孔（21）以及设置在所述机座（10）下部的第二机座安装孔（31）。

5. 如权利要求4所述的电机转向安装座，其特征在于，还包括设置在所述机座（10）上部的第一吊耳（20）以及设置在所述机座（10）下部的第二吊耳（30），所述第一机座安装孔（21）设置在所述第一吊耳（20）上，所述第二机座安装孔（31）设置在所述第二吊耳（30）上。

6. 如权利要求4或5所述的电机转向安装座，其特征在于，所述机座安装孔是通孔。

7. 如权利要求1至4任一项所述的电机转向安装座，其特征在于，还包括设置在所述机座（10）上部的电机孔（13），所述电机孔（13）为通孔。

在先无效宣告请求程序中，专利权人于2017年12月13日提交了权利要求书的修改版本，修改版本如下：

1. 一种电机转向安装座，包括机座（10）以及设置在所述机座（10）上的电机安装孔以及机座安装孔，其特征在于，所述电机安装孔的轴线与所述机座安装孔的轴线不在同一方向上；所述电机安装孔包括设置在所述机座（10）上部的第一电机安装孔（11）以及设置在所述机座（10）下部的第二电机安装孔（12），所述机座安装孔包括设置在所述机座（10）上部的第一机座安装孔（21）以及设置在所述机座（10）下部的第二机座安装孔（31）；还包括设置在所述机座（10）上部的第一吊耳（20）以及设置在所述机座（10）下部的第二吊耳（30），所述第一机座安装孔（21）设置在所述第一吊耳（20）上，所述第二机座安装孔（31）设置在所述第二吊耳（30）上。

2. 如权利要求1所述的电机转向安装座，其特征在于，所述机座安装孔是通孔。

国家知识产权局于2017年12月27日作出第34344号无效宣告请求审查决定书，宣告本实用新型专利授权公告文本中的权利要求1～4、权利要求6引用权利要求4的技术方案、权利要求7无效，在权利要求5及权利要求6引用权利要求5的技术方案即专利权人于2017年12月13日提交的权利要求1和2的基础上继续维持该专利有效。

在本案的口头审理中，专利权人当庭确认了本案所针对的权利要求书为专利权人于2017年12月13日提交的权利要求1和权利要求2，请求人对此无异议。因此，本决定所针对的权利要求书为专利权人于2017年12月13日提交的权利要求第1～2项。

涉案专利保护的"电机转向安装座"的具体结构如图 1−11 和图 1−12 所示。

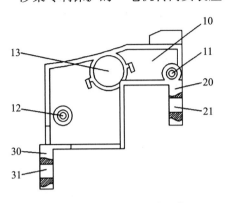

图 1−12　从一个方向看的"电机
转向安装座"的结构示意图

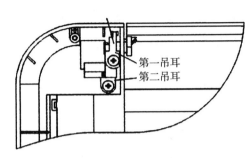

图 1−13　从另一方向看的"电机
转向安装座"的结构示意图

涉案专利的说明书"背景技术"部分介绍了现有技术存在的技术问题为：常用的空调室内机导风板往往采用步进电机直接驱动，这就要求步进电机转子的轴线与导风板处于同一方向，即要求步进电机的安装方向与导风板处于同一方向。而为了将步进电机装配在空调室内机机体上，往往在空调室内机外壳上加工安装孔或者将步进电机与导风板预装为一体再安装在空调室内机上，否则由于空调室内机外壳的干涉，装配难度过大。

因此，涉案专利通过将电机安装孔的方向与机座安装孔的方向设置为基本互相垂直，使得电机的安装方向与机座的安装方向基本相互垂直，在装配的过程中，先将电机安装在电机转向安装座上，然后将装有电机的电机转向安装座安装在空调室内机上，此时电机转向安装座的安装方向与导风板是基本垂直的，而且空调室内机壳体不再干涉电机转向安装座的安装，因为电机转向安装座将电机沿着导风板方向的安装转换为电机转向安装座垂直于导风板方向的安装。更直观地说，从正视空调室内机的方向看，由左向右或由右向左安装电机空调室内机壳体会产生干涉，而在没有安装面板时，由外向内安装电机转向安装座不会有任何干涉。

三、主要证据介绍

在先无效宣告请求程序中，请求人认为涉案专利修改后的权利要求 1 和权利要求 2 相对于证据 2 不具有新颖性。

证据 2 为授权公告号为 CN202550745U 的实用新型专利文件。证据 2 公开了一种变频多联机的电机支架结构，用于空调室外机中，电机支架结构包括板条状的主体 1，主体前后侧面即长度方向的两端各设有一处立壁 14，立壁中间各设有一个翻边孔 13；主体 1 的中间设有一处向下凹的长方形压筋 15，长方形压筋 15 中间设有一组六边形孔 17，供铆接螺母用，直流电机 2 通过四个螺栓固定在电机支架结构的主体 1 上面，具体如图 1−14 所示。

在此次无效宣告程序中，请求人提出了新的证据5，并认为涉案专利的权利要求1和权利要求2相对于证据5不具有新颖性。

证据5为公开号为CN101017015A的中国实用新型专利文件。证据5公开的是一种空调机室内单元中驱动马达固定件的结构，如图1-15所示。驱动马达210安装在具有马达固定件250的前部面板30的背面上。换句话说，将驱动马达210紧固到马达固定件250上，并将具有驱动马达210的马达固定件250紧固到前部面板30的背面上。马达固定件250包括用于环绕驱动马达210的外部圆周的主体部分251，用于紧固到前部面板30

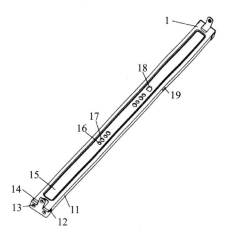

图1-14　"一种变频多联机的电机支架结构"示意图

上的、与前部面板30的背面平行延伸的面板紧固部分254，和垂直于面板紧固部分254从主体部分251上延伸并连接至驱动马达210的凸缘214的马达紧固部分252。马达固定件250的主体部分251用于环绕驱动马达210的外部圆周，并且马达紧固部分252和面板紧固部分254从主体部分251的一侧伸出，以使得马达紧固部分252和面板紧固部分254的平面相互垂直。在这个示例中，驱动马达安放在马达固定件250的主体部分251上，以使得驱动马达轴212平行于前部面板30的背面，从而位于驱动马达210的凸缘214中的紧固孔215也平行于前部面板30的背面，并且马达固定件250的马达紧固部分252与凸缘214相对，以使得将马达紧固部分252紧固到驱动马达210的凸缘214上。换句话说，马达紧固部分252垂直于驱动马达轴212，并且位于马达紧固部分252中的紧固孔253是沿左/右方向的，即平行于前部面板30背面

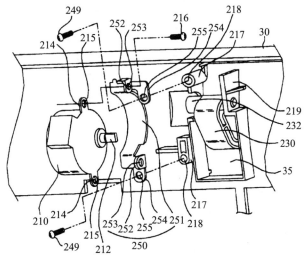

图1-15　"一种空调机室内单元中驱动马达固定件的结构"示意图

的方向的，以使得该紧固孔 253 与驱动马达 210 的凸缘 214 相对。与此同时，马达固定件 250 的面板紧固部分 254 垂直于马达紧固部分 252，即平行于驱动马达 210 的驱动马达轴 212。在实施例中，马达固定件 250 的面板紧固部分 254 与前部面板 30 的背面紧密接触，从而位于面板紧固部分 254 中的紧固孔 255 是沿前/后方向的，即垂直于前部面板 30 的背面。根据证据 5 公开的上述内容，位于马达紧固部分 252 中的紧固孔 253 是沿左/右方向的，即平行于前部面板 30 背面的方向；位于面板紧固部分 254 中的紧固孔 255 是沿前/后方向的，即垂直于前部面板 30 的背面。

【案件焦点】

在先无效宣告程序中，请求人认为涉案专利并未在权利要求中限定"电机转向安装座"的应用场合。因此，权利要求保护的应该是所有领域的电机安装座。由于证据 2 公开的是空调室外机中安装电机的底座，同时证据 2 公开的产品结构、解决的技术问题和达到的技术效果也与涉案专利相同。因此，涉案专利的权利要求 1 和权利要求 2 保护的技术方案相对于证据 2 不具有新颖性。

在先无效宣告程序中，专利权人认为，根据涉案专利说明书的背景技术记载的内容可知，其解决的是空调室内机的导风板安装电机时产生的与室内机壳体的干涉问题。而证据 2 中的空调室外机中安装空间比较大，根本不存在这一技术问题。因此，证据 2 并没有公开和涉案专利相同的电机转向安装座。

对于请求人和专利权人产生的上述争议，在先无效宣告请求审查决定具有以下认定："本专利权利要求 1 请求保护一种电机转向安装座，根据本专利说明书技术领域及背景技术部分的记载，本专利涉及一种空调上步进电机的安装座，具体涉及一种可以转换安装方向的电机转向安装座，现有技术中，采用步进电机直驱导风板时，步进电机转子的轴线与导风板处于同一方向上，即步进电机的安装方向与导风板也处于同一方向上，而为了将步进电机装配在空调室内机机体上，往往在空调室内机外壳上加工安装孔或者将步进电机与导风板预装为一体再安装在空调室内机上，否则由于空调室内机外壳的干涉，装配难度过大。为解决上述问题，本专利保持电机轴线方向不变，而将电机安装座的方向转向为垂直电机轴线，并设置相应的安装吊耳，在安装电机时就避免了与室内机壳体干涉的问题。可见，本专利的技术方案专注于解决空调室内机导风板电机的安装问题，其安装空间位于室内机一端的外壳内，较为狭小，权利要求 1 的主题名称'电机转向安装座'应理解为适用于安装空调室内机导风板驱动电机的电机转向安装座。"

因此，在先无效宣告请求审查决定认为，上述证据 2 由于用于空调室外机的直流电机，其技术领域与涉案专利的并不相同。同时，证据 2 公开的技术内容解决的技术问题也与涉案专利不相同，因此，涉案专利相对于证据 2 具有新颖性。

在先无效请求人认为专利的保护范围应以权利要求的记载为准，在权利要求清楚的情形下，不应引入说明书的记载对权利要求进行过度解释，因此，涉案专利保护的主题是适用于所有场合电机安装的电机转向安装座。

而在先无效宣告请求审查决定认为涉案专利所要解决的技术问题与空调室内机安装空间狭小息息相关，因此，其保护的主题或者所属的技术领域应当被理解为适用于空调室内机导风板的电机安装，即在先决定对涉案专利权利要求的适用场合作了认定。

在此次无效宣告请求进行的过程中，在先无效宣告请求审查决定尚未生效，是否应该将涉案专利仅仅记载在说明书中的应用于空调室内机导风板这一具体应用领域限定在权利要求的保护范围内，即是否应该将权利要求保护的"电机转向安装座"解释为"适用于安装空调室内机导风板驱动电机的电机转向安装座"是该案的焦点所在。

【官方结论】

此次无效宣告请求审查决定虽然未对上述焦点问题过多着墨，但在论述涉案专利的新颖性时，针对证据 5 的技术领域与涉案专利是否相同进行了认定，具体为："权利要求 1 请求保护一种电机转向安装座。证据 5 公开了一种空调机的室内单元，与本专利属于相同技术领域。"实际表明此次无效宣告请求审查决定也认可在先无效宣告请求审查决定中的认定，即此次无效宣告请求审查决定在确定权利要求保护范围时，实际已经考虑涉案专利的具体应用领域，并基于证据 5 公开的是空调室内机的马达固定件而认定证据 5 的技术领域与涉案专利相同。

035

【律师观点】

《专利法》第五十九条第一款规定：专利权的保护范围以其权利要求的内容为准，说明书及附图可以用于解释权利要求的范围。但在什么情况下可以用说明书和附图对权利要求进行解释，法律未作明确规定。

业界有一种观点认为，只有在权利要求不清楚时，才需要引入说明书，即认为权利要求不清楚是引入说明书解释的前提条件。此为权利要求解释的"时机论"。另一种观点认为，权利要求的解释不需要时机，要理解权利要求的含义，必须结合涉案专利包括说明书在内的全文记载、专利审查档案等"语境"，此为权利要求解释的"语境论"。

2013 年最高人民法院在（2010）知行字第 53－1 号无效宣告专利再审行政裁定中针对权利要求的解释时机作了如下规定："关于权利要求用语含义的解释时机，权利要求由语言文字表达形成，通过记载解决技术问题的必要技术特征的方式来描述和反映发明的技术方案，清楚、简要地表述请求保护的范围。任何语言只有置于特定语境中才能得到理解。同时，基于语言表达的局限性和文字篇幅的限制，权利要求不可能对发明所涉及的全部问题表述无遗，需要通过说明书对要求保护技术方案的技术领域、背景技术、发明内容、附图及具体实施方式等加以说明。为此，《专利法》明确规定了权利要求书和说明书之间的关系，要求说明书应该充分公开发明的技术方案，使得所属技术领域的技术人员能够实现；权利要求书应当以说明书为依据，清楚、简要地限定要求专利保护的范围。在《专利法》的上述法定要求下，说明书记载的上述内容对于理解权利要求含义更是不可或缺，两者具有法律意义上的密切关联性。说明书的上述内容构成权利要求所处的语境或者上下文，只有结合说明书的记载，才能正确理解权利要求的含义。在这一意义上，说明书乃权利要求之母，不参考说明书及其附图，仅仅通过阅读权利要求书即可正确理解权利要求及其用语的含义，在通常情况下是不可能的。权利要求的解释就是理解和确定权利要求含义的过程。在这个过程中，必须结合说明书及其附图才能正确解释权利要求。国家知识产权局关于权利要求的解释应严格把握解释时机，以权利要求不清楚或者没有明确的唯一含义为前提的主张，既违背文本解释的逻辑，又不符合权利要求解释的实践，本院无法赞同。"

如此可见，根据最高人民法院的最新观点，权利要求的解释应该考虑说明书所限定的语境，而不论权利要求书本身是否对技术方案作出了清楚的限定。只有结合说明书所限定的具体语境，将权利要求保护范围放在语境中去考虑，才能根据技术方案所处的技术领域、所解决的技术问题等，合理确定权利要求的保护范围，从而准确划定专利相对于现有技术所作的贡献。

而实践当中，技术问题往往产生于生产实践中具体应用场合，在该具体应用场合下存在这个技术问题，专利针对该具体应用场合提出技术方案，解决该场合下的具体技术问题。而如果应用场合发生变化，技术问题就可能不存在。因此，很多情况下，专利权利要求提出的技术方案中虽然没有明确限定具体应用的技术领域或场合，但是，如果本领域技术人员阅读涉案专利全文后能够理解，涉案专利是专门针对某一具体应用场合下存在的技术问题提出解决方案，则该专利的保护范围中包含该应用场合是其应有之义。

以本案为例，虽然涉案专利的权利要求中"电机"和"转向安装座"在技术上的含义是清晰的，但是这里的电机应用于什么场合对区分涉案专利相对于现有技术的贡献，即确定权利要求的保护范围具有重要的影响。在本案中，根据涉案专利"背景技术"记载的内容可知，其发明该"电机转向安装座"的起因在于，空调室内机的壳体内空间非常有限，在安装电机时常常出现室内机壳体产生干涉的技术问题，因而才想到调整电机安装孔和机座安装孔之间的相对方向。因此，涉案专利对现有技术的贡献就在于处理空调室内机这种狭小空间内电机的安装问题，而不是所有场合下电机的安装问题。因而，引入说明书中记载的相关技术问题将涉案专利保护的电机转向安装座理解为适用于空调室内机相对比较合理，与专利权人作出的技术贡献相符。这也是在先无效宣告请求审查决定作出上述论断并被在后无效宣告请求审查决定认可的原因。

综上，在确定权利要求的保护范围时，即使权利要求的相关技术特征的含义清楚，也可能需要引入说明书对权利要求进行解释，以清晰地划分权利要求的边界，使其与专利权人真实的技术贡献相匹配。

七、技术术语具有多种含义时权利要求术语含义的确定

——"分区鳞板干式除渣机"专利无效宣告案

【本案看点】

当某一技术术语在不同技术领域具有不同含义时，要准确确定该技术术语的含义进而准确理解权利要求的保护范围，必须站位本领域技术人员并全面理解发明之后再对该技术术语的含义进行解释。

【案情介绍】

一、案件基本信息介绍

涉案专利号：ZL201120353572.X
专利名称：分区鳞板干式除渣机
案件类型：实用新型专利无效宣告案
专利权人：青岛达能环保设备股份有限公司
无效宣告请求人：刘某敏
无效宣告请求审查决定号：第 23392 号

二、涉案专利方案介绍

涉案专利权利要求 1 要求保护：一种分区鳞板干式除渣机，包括与锅炉储渣斗（8）密封连接的密封箱体（1），其特征在于，还包括密封箱体（1）内设有经过锅炉储渣斗（8）出渣口的接受和输送炉渣的耐高温鳞板输送带（2），拖动耐高温鳞板输送带（2）运行的两侧精密模锻链条，箱体内设置的高温冷却段（a）与低温冷却段（b）分区挡板（4）；所述的链条，采用销轴联结，链条与销轴为面接触；所述的鳞板输送带，呈槽型结构，位于两侧链条的中部，灰渣落于鳞板槽内，与链条不接触。其结构如图 1-16 所示。

涉案专利具体为，电站燃煤锅炉干式除渣机主要采用金属输送网带与履带两种结构形式，但这两种设备都存在不足，例如运行不稳定、影响锅炉效率、寿命短等。因此，涉案专利的目的在于提供一种运行可靠、安全性高、清扫效率高、结构简单、

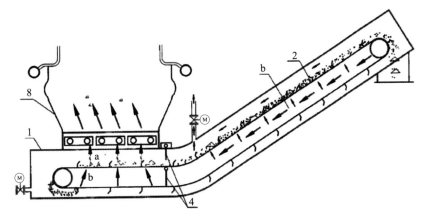

图 1-16 "分区鳞板干式除渣机"的结构示意图

锅炉效率高、使用寿命长的分区鳞板干式除渣机。涉案专利的分区鳞板干式除渣机输送鳞板输送带自配清扫机构，可有效清扫底部积灰，不需附加设置清扫链，而且清扫物料的方向沿除渣机斜升段向下运行，清扫效果不受设备倾角影响，清扫效率高。涉案专利的分区鳞板干式除渣机采用大倾角输送，可节省布置空间，直接将冷却后的渣输送至渣仓，省去大量后续设备，系统简单可靠。

039

三、主要证据介绍

请求人认为涉案专利的权利要求 1 在证据 1 的基础上结合证据 2、证据 6 和公知常识不具有创造性。

证据 1 为申请公布号为 CN102187156A 的中国发明专利申请公开文件；

证据 2 为申请公布号为 CN101008492A 的中国发明专利申请公开文件；

证据 6 为编号为 GB/T 14521.6—1993 的中华人民共和国国家标准《运输机械术语　板式输送机》。

证据 1 作为最接近的现有技术，公开了一种用于燃烧锅炉的传送装置，如图 1-17 所示，具体公开内容如下：燃烧锅炉的传送装置包括外壳 5，外壳 5 与燃烧锅炉 3 连接，燃烧锅炉的传送装置的左侧区域中示出收集区 6。在这个收集区 6 中，所述外壳 5 例如具有开口，材料 2 通过所述开口被送到传送带 4 上，在此，所述收集区 6 具有第二长度 32，所述第二长度特别是短于 10m。那么，所述材料 2 由于传送带 4 的输送运动从所述收集区 6 朝着处理区 7 移出。所述处理区 7 为传送带 4 或外壳 5 的区段，所述区段具有至少 10m，但是优选长于 30m 的第一长度 9。此外，所述处理区 7 以坡度 10 相对于水平线 31 倾斜。所述坡度优选位于 40°和 45°之间，但是需要时还可以选择为更陡。此外，所述传送带 4 与驱动装置 30 耦联，所述驱动装置也特别是定位在用于所述材料 2 的排出口 6 的附近。因此，所述材料在处理区 7 中燃烧或冷却，然后在传送带 4 的上端上由于万有引力经由排出口 6 向下掉落，并且因此离开所述装置1。所述传送带4像金属板输送机一样构成。各个板35铰接地且部分重叠地相互连接。所述传送带优选如钢板式传送带构成，在所述钢板式传送带中，多个钢板以相互覆盖的方式铰接地设置成排，并且通过驱动装置或导向辊运动。因此，作为用于传送带的材料特别是可以考虑抗冲击的、抗腐蚀的和耐高温的钢材。所述板35与链条37连接，所述链条在这里通过链轮36转向。在此，所述链轮36啮合在链条37的各个链结中。所述传送带，特别是在两侧，与环绕的链条连接。所述链条例如通过由相应马达驱动的齿轮运动。所述传送带4设置有多个板35，其中，分隔的板35具有腹板36，所述腹板基本上垂直于所述板35延伸，所述腹板16阻止或限制材料2的由于万有引力向回沿转向区13的方向的滚动运动。

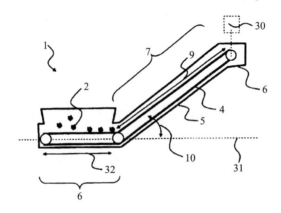

图1-17 "一种用于燃烧锅炉的传送装置"的结构示意图

证据2公开了一种燃煤锅炉干式排渣装置，具体公开了锅炉通过储渣斗与箱体密封连接的连接方式，以及"箱体内设置有高温冷却段与低温冷却段分区挡板"的相应结构。

证据6公开了板式输送机的类型中包括鳞板输送机，鳞板承载面为鳞形的底板，其中挡边深型鳞板为由具有侧挡板的、波谷较深的波浪形板块组成的鳞板。

【案件焦点】

请求人和专利权人均认为，权利要求1与证据1公开的内容相比，存在以下区别技术特征：①权利要求1中密封箱体与锅炉储渣斗密封连接，证据1中外壳5与燃烧锅炉3（密封地）连接，未公开储渣斗；②权利要求1中箱体内设置有高温冷却段与低温冷却段分区挡板；③权利要求1中输送带为鳞板输送带，并且呈槽型结构，证据1中传送带4为钢板式传送带，各个板35铰接地且部分重叠地相互连接，并具有沿宽度方向布置的腹板36；④权利要求1中链条为精密模锻形成，并采用销轴联结，链条与销轴为面接触，证据1中没有公开链条的形成方式以及联结结构。

请求人认为上述区别技术特征①和区别技术特征②被证据2公开且给出了技术

启示，上述区别技术特征④属于本领域的公知常识。因区别技术特征①、区别技术特征②以及区别技术特征④与如下要阐述的主题不相关，在此不多作论述。

关于上述区别技术特征③中所涉及的鳞板输送带的结构，以及权利要求的主题名称是干式除渣机还是实质上为一种运输机，请求人与专利权人存在争议。

请求人认为，证据6为国家标准，其公开：板式输送机的类型中包括鳞板输送机，鳞板承载面为鳞形的底板，其中挡边深型鳞板为由具有侧挡板的、波谷较深的波浪形板块组成的鳞板，相当于公开了涉案专利的呈槽型的鳞板输送带，因此，权利要求1与证据1相比的上述区别技术特征③被证据6公开。

专利权人认为，证据6鳞板呈鱼鳞形或波浪形，与自身搭接；涉案专利鳞板为槽型，与钢管搭接。并且证据6为输送机，涉案专利为干式除渣机，不但具有输送功能，同时为换热器。因此，证据6没有公开涉案专利的鳞板结构，没有公开区别技术特征③。

因此，本案的焦点在于，权利要求1的主题名称"分区鳞板干式除渣机"对权利要求的保护范围有何种影响。

【官方结论】

041

无效宣告请求审查决定中认为，证据6中挡边深型鳞板相当于涉案专利权利要求1中呈槽型结构的鳞板输送带，在所述国家标准已经公开该结构的情况下，选用该结构形成锅炉除渣机的输送带对本领域技术人员而言是显而易见的，并且其技术效果也是本领域技术人员能够预料到的。针对专利权人的意见，合议组认为：首先，鳞板搭接方式未在权利要求1中限定，不构成权利要求1与证据6鳞板的区别；其次，涉案专利主题名称虽为干式除渣机，但其输送带部分的作用是输送煤渣，实质上为输送机，其换热的作用是由于运送的物料是热的，并且干式除渣机中通有冷却风等带来的，涉案专利权利要求1中并未对干式除渣机输送带具有换热器的特殊结构进行限定。因此，专利权人的主张不能成立。

【律师观点】

专利权的保护范围是专利授权、确权和专利权保护的基础。《专利法》第五十九条第一款规定："发明或实用新型专利权的保护范围以其权利要求的内容为准，说明书及附图可以用于解释权利要求的内容。"即权利要求界定了专利权的保护范围，因此对权利要求如何进行解读非常重要。《专利审查指南2010》第二部分第二章第3.2.2节中规定"权利要求中的用词应当理解为相关领域通常具有的含义"，即当权利要求中的用语是本领域中普遍使用的常规技术术语时，应按照其含义理解权利要求。然而某些技术术语在不同的技术领域中可能具有不同的含义，要真正理解这种技术术语的含义，准确界定权利要求的保护范围，必须首先站位本领域技术人员，然后在全面理解发明内容的基础上，以该技术术语在该领域的通常所具有的含义来进行解释，避免仅从字面上机械地理解该技术术语。权利要求的主题名称属于权利要求的一部分，是一种特殊的技术用语，对主题名称的理解也应该遵循上述原则。

具体到本案，请求人与专利权人对权利要求 1 的主题名称"分区鳞板干式除渣机"的理解存在分歧。请求人认为证据 6 公开了涉案专利的鳞板结构，是一种分区鳞板干式除渣机，而专利权人认为涉案专利为干式除渣机，证据 6 为输送机，因此证据 6 没有公开涉案专利的分区鳞板干式除渣机。对主题名称"分区鳞板干式除渣机"的理解应该按照上述原则，从本领域技术人员的角度，在专利说明书和附图公开的内容的基础上全面理解发明之后，确定该主题名称的具体含义。涉案专利的干式除渣机是将燃煤锅炉排渣通过鳞板输送带运输到下级破碎和输送机构，因此虽然主题名称为"干式除渣机"，但其实质上仍然是将炉渣运送走的输送机，因此，可以认为证据 6 公开了涉案专利的鳞板结构。

本案给出的启示在于，当某一技术术语（如本案中的"干式除渣机"）在不同技术领域具有不同含义时，要准确确定该技术术语的含义进而准确理解权利要求的保护范围，必须站位本领域技术人员并全面理解发明之后再对该技术术语的含义进行解释。

第一章　专利保护范围的确定

八、主题名称对专利保护范围的影响

——"湿态覆膜砂及其制备工艺"专利行政诉讼案

【本案看点】

主题名称对于专利的保护范围有限定作用，具体有何种限定作用取决于主题名称对权利要求保护技术方案的结构和/或组成等产生何种影响。在判断具体产生何种影响时，不能想当然地根据字面含义来进行简单判断。

【案情介绍】

一、案件基本信息介绍

043

涉案专利号：ZL00108081.4

专利名称：湿态覆膜砂及其制备工艺

案件类型：专利行政诉讼案

北京市高级人民法院二审判决书：（2019）京行终2438号

被诉无效宣告请求审查决定：第33831号

案件程序概况：国家知识产权局于2017年11月8日作出第33831号无效宣告请求审查决定，维持专利权有效。无效宣告请求人不服该无效决定，向北京知识产权法院提起诉讼。北京知识产权法院于2018年12月24日作出一审判决，撤销该无效决定，责令国家知识产权局重新作出无效决定。专利权人不服，上诉至北京市高级人民法院。北京市高级人民法院于2019年12月30日作出二审判决，判决撤销一审判决，维持国家知识产权的无效宣告请求审查决定。

二、涉案专利方案介绍

涉案专利权利要求1要求保护一种湿态覆膜砂，其包括原砂、树脂黏结剂、固化剂，其特征在于，该覆膜砂中还包括有机油酯，其加入量与原砂的比例按重量份数计为0.01~0.5：100。

现有的湿态覆膜砂具有成本低、生产周期短的优点，但其流动性差，难以形成各部位均致密的型芯，而且其初成型后的湿强度低，射砂头脱开时不能保证型芯的尺寸精度，从而不能满足大批量、高精度铸件生产的要求。为了克服上述缺陷，涉案专利提供一种湿态覆膜砂及其制备工艺。涉案专利的关键技术手段在于有机油酯的加入平衡了湿态覆膜砂的流动性，并提高了其湿强度，从而可以获得致密的型芯，满足大批量、高精度铸件生产的要求。

三、主要证据介绍

在专利无效宣告程序中，请求人主要用证据 1～3 单独评价涉案专利的新颖性，并结合评价涉案专利的创造性。

证据 1 为 JP 特开昭 51 – 124625 日本专利文件；

证据 2 为 GB835792 英国专利文件；

证据 3 为《型砂》（第二版）❶ 的封面页、扉页、作者页、版权页、第 332～346 页。

证据 1 作为最接近的现有技术，公开了一种铸型造型砂用添加剂，具体公开了两个技术方案：方案一，在热芯盒用树脂砂的混制调配过程中加入硅油，以使砂的流动性良好，从而提高砂的紧实率；方案二，在使用热覆膜法制造壳型用覆膜砂的过程中加入硅油，以提供更优越的耐热性，从而改善铸件表面。

证据 2 公开了对制造干态覆膜砂的冷加工非溶剂工艺的改进，公开了在干态覆膜砂的制造过程中或制备好的干态覆膜砂中加入润滑剂，例如邻苯二甲酸二丁酯（属于有机油酯中的一种），以提高覆膜砂的流动性以及覆膜砂制成模型的强度。

证据 3 公开了热壳法覆膜砂用原材料包括树脂黏结剂、原砂、硬化剂、其他附加物。

专利权人提交了反证 1、3、4，主要包括：反证 1：《机械工人（热加工）》期刊登载的标题为《覆膜砂及其应用》一文；反证 3：《型砂》（第二版）的封面页、扉页、版权页、目录页、第 332～367 页；反证 4：《铸造手册 造型材料4》封面、扉页、版权页、第Ⅷ页、目录页、第 176 页、第 180 页、第 181 页。专利权人使用反证1、反证 3、反证 4 证明湿态覆膜砂、热芯盒砂、干态覆膜砂三者是不同类型的砂。

【案件焦点】

本案无效宣告请求人（二审被上诉人，一审原告）认为涉案专利权利要求 1 相对于证据 1 不具备新颖性，相对于证据 3 结合证据 1 或者证据 3 结合证据 2 或者证据 3 结合证据 1 和 2 不具备创造性。本案一审判决认为，证据 1 的实施例 2 的干性热覆膜法制备的热壳法覆膜砂完全公开了涉案专利要求 1 的技术方案，涉案专利权利要求 1 相对于证据 1 不具有新颖性，因此也不具有创造性。

---

❶ 胡彭生. 型砂（第二版）[M]. 上海：上海科学技术出版社，1994.

上诉人（一审第三人，无效宣告程序专利权人）不服一审判决，上诉人上诉认为，覆膜砂分为干态覆膜砂和湿态覆膜砂，其中湿态覆膜砂和热芯盒砂是两种不同的砂，而干态覆膜砂就是壳型覆膜砂，故干态覆膜砂、湿态覆膜砂、热芯盒砂是三种不同的砂。湿态覆膜砂是专业的技术术语，在本领域具有通常的含义，并不是所有湿的覆膜砂就是湿态覆膜砂，本领域技术人员可以理解，湿态覆膜砂具有独特的特性，即常温下是湿态，且能够保持半年以上。证据1的实施例2是壳型覆膜砂，虽然其在制备过程中加入有机油脂，但这只是中间形态是湿的，成品砂是壳型覆膜砂，是干砂，与涉案专利的湿态覆膜砂不同，故没有公开涉案专利权利要求1中的"湿态覆膜砂"，权利要求1具备新颖性。关于创造性，证据3是干态覆膜砂，证据1的实施例1是热芯盒砂，实施例2是干态覆膜砂，证据2最终产品也是干态覆膜砂，不能因为中间步骤出现湿态就是湿态覆膜砂，所有证据都没有给出在湿态覆膜砂中加入有机油酯的技术启示。

被上诉人（无效宣告程序请求人）认为，只要是湿润状态的覆膜砂就是湿态覆膜砂；证据1的实施例2中提到壳型覆膜砂制备中加入有机油脂，从而能够得到湿态，因此，证据1中壳型覆膜砂是湿态覆膜砂，可评价权利要求1的新颖性。证据3公开的是干态的壳型覆膜砂，权利要求1与证据3的区别仅在于湿态和有机油酯及其含量，其作用是提高流动性以改善紧实度；证据1、证据2均公开了添加有机油酯的特征，作用也是提高流动性以改善紧实度；本领域根据形态分为干态覆膜砂和湿态覆膜砂是常规的，其制造工艺是可以相互借用的，另外，证据2也公开了用液态树脂将砂子弄湿成湿态覆膜砂并加入有机油酯，因此证据3结合证据1或证据2或证据1和证据2均能够得到涉案专利的技术方案。

因此，本案的焦点在于，权利要求1的主题名称"湿态覆膜砂"的含义是什么，以及其对权利要求的保护范围有何种影响。

【官方结论】

无效宣告请求审查决定中认为，权利要求1中"湿态覆膜砂"应理解为说明书中所记载的特定含义，其为背景技术 CN1033743C 所公开的湿态覆膜砂，是一种在现有干态覆膜砂的基础上经改进得到的、具有特定制造方法和特性的砂。也就是说，涉案专利的"湿态覆膜砂"是具有特定含义的技术术语，对本领域的技术人员来说，不应简单理解为字面上"湿形态的覆膜砂"的含义，也不能将其与上述证据或反证中的"热芯盒用树脂砂"或"壳型用覆膜砂"等特征混同。故证据1的方案一或方案二均与涉案专利的"湿态覆膜砂"不能等同，即证据1没有公开权利要求1的全部技术特征，因此权利要求1具备新颖性。关于权利要求1的创造性，证据1和证据2均未公开区别技术特征湿态覆膜砂，尽管证据2在干态覆膜砂的制造过程中存在湿的形态，但这并不是覆膜砂的最终产品，故证据2干态覆膜砂在其制造过程中呈现出的湿形态并不能等同于涉案专利的湿态覆膜砂，因此该权利要求1具备创造性。

北京市高级人员法院在二审判决书中认为，参照《最高人民法院关于审理侵犯专利权纠纷案件应用法律若干问题的解释（二）》第五条的规定——"在人民法院确定专利权的保护范围时，独立权利要求的前序部分、特征部分以及从属权利要求的引用部分均具有限定作用"，主题名称显然属于权利要求前序部分的特征，故通常情况下，在确定权利要求的保护范围时，权利要求记载的主题名称应当予以考虑。在专利授权确权程序中，确定权利要求保护范围的目的在于通过明确权利要求的含义及其保护范围，对专利权是否符合专利授权条件或者其效力如何进行判断，以尽可能保证真正有创造性的发明创造取得授权和获得保护。因此，在专利授权和确权程序中确定权利要求保护范围时，是否考虑前序部分记载的技术特征对保护范围确定的限定作用，应该以本领域技术人员为判断主体，以前序部分记载的主题名称、应用环境等对权利要求请求保护的技术方案中组成、结构关系等是否具有实质性影响为基本的判断原则。涉案专利说明书中明确记载有："目前现有的湿态覆膜砂可分为干态和湿态两种……现有的湿态覆膜砂具有成本低、成产周期短的优点，但其流动性差，难以形成各部位致密的型芯，而且其初成型后的湿强度低，射砂头脱开时不能保证型芯的尺寸精度，从而不能满足大批量高精度的铸件生产要求""本发明的目的就是克服现有技术的上述不足，提供一种湿态覆膜砂及其制备工艺，提高湿态覆膜砂的湿强度及其流动性"。根据上述规定，本领域技术人员可知，涉案专利权利要求1限定的湿态覆膜砂具有特定的含义，即其要求覆膜砂"室温下为湿态，且长时间存放不会自然干燥"。可见，涉案专利权利要求1限定的湿态覆膜砂对其请求保护技术方案的原料、加工工艺以及最终的产品形态等均具有实质性影响。因此，在判断涉案专利权利要求的新颖性时对"湿态覆膜砂"这一特征应该予以考虑。证据1实施例2中为在已知的干性热覆膜法制造壳型用覆膜砂过程中向乌洛托品溶液中添加硅油的技术方案，其获得的覆膜砂并非涉案专利的"湿态覆膜砂"。

【律师观点】

本案涉及在专利确权程序中如何考虑主题名称对专利保护范围的影响问题。《最高人民法院关于审理侵犯专利权纠纷案件应用法律若干问题的解释（二）》第五条明确规定了在专利侵权程序中要考虑主题名称的限定作用，即"在人民法院确定专利权的保护范围时，独立权利要求的前序部分、特征部分以及从属权利要求的引用部分均具有限定作用。"《专利法实施细则》第二十一条明确规定了"发明或者实用新型的独立权利要求应当包括前序部分和特征部分""前序部分：写明要求保护的发明或者实用新型技术方案的主题名称和发明或者实用新型主题与最接近的现有技术共有的必要技术特征"。因此，主题名称显然是权利要求前序部分的组成部分，在专利侵权程序中要考虑主题名称的限定作用。

目前，虽然没有明确的法律明文规定在专利授权和确权程序中要考虑主题名称的限定作用，但是，无论是专利授权、确权程序还是侵权程序，显然都涉及权利要求保护范围的确定问题，权利要求保护范围的确定实际上是将专利权人享有垄断权的专利技术与社会公众可以自由实施的技术进行划界。《专利法》第五十九条第一款规定："发明或实用新型专利权的保护范围以其权利要求的内容为准，说明书及附图可以用于解释权利要求的内容。"虽然专利授权、确权以及侵权这三种不同的程序具有各自不同的特点，但无疑权利要求的保护范围都由权利要求书的内容即其全部技术特征共同决定，而主题名称显然是一种特殊的技术特征，是对权利要求保护技术的抽象概括，在确定专利权的保护范围时自然要考虑主题名称对于保护范围的影响。

在考虑主题名称对于权利要求保护范围的影响时，要实际考察在具体的案件中主题名称对权利要求具体保护的技术的限定作用，即要考虑主题名称对于其保护的产品结构和/或组成，或保护的方法具体步骤等是否产生实际的限定作用。

在实践当中，主题名称可以进行不同的分类：一类为主题名称是对独立权利要求记载的全部其他技术特征的概括，内涵和外延完全由其他技术特征来确定，即主题名称不具有额外的限定作用；而另一类则为主题名称隐含其他限定信息，而这些限定信息超出了独立权利要求其他全部技术特征的限定作用，则该种类型的主题名称对于权利要求的保护范围产生了具体的限定作用。

在实践当中，应该对主题名称属于上述哪一种具体类型进行判断。在判断过程中，应当结合权利要求中对于主题名称的文字记载，先考察在本案的说明书中是否对主题名称进行定义，如果有这种定义，则以该种定义确定的范围来理解主题名称；如果没有定义，则要站位本领域技术人员，在全面理解发明的情况下，包括发明的背景、解决的技术问题、采用的技术方案以及达到的技术效果等，结合其掌握的现有技术，以本领域的通常含义来理解权利要求中的主题名称，要避免脱离技术含义进行机械的字面理解而导致不合逻辑的理解。

在具体实践中，主题名称对权利要求的保护范围具有重要的限定作用，进而对权利要求新颖性以及创造性的判断有重要的影响。在判断权利要求的主题名称对其保护范围有何限定作用时，不能当然地依据对主题名称的一般理解或其字面含义来确定该限定作用，而应当基于该权利要求所限定的技术方案，同时结合专利说明书中对相关技术内容的记载，在整体理解该技术方案的基础上进行确定。

具体到本案，关于主题名称"湿态覆膜砂"含义的理解，不能仅从字面的含义理解为湿的覆膜砂，而应从涉案专利的背景技术出发，结合说明书中对制备工艺和技术效果的描述，确定涉案专利是在现有的湿态覆膜砂的基础上进行的改进，得到的是一种改进了流动性和湿强度的湿态覆膜砂。进一步结合本领域的公知常识可知，湿态覆膜砂是独立于干态覆膜砂的一种产品，在室温下保持湿状态并且能够长时间保存不会自然干燥。因此，可以确定权利要求的主题名称"湿态覆膜砂"是具有特定组成、结构和性能的一种产品，绝不仅仅是一种湿的覆膜砂，也不是干态覆膜砂制备过程中存在的一种状态。因此，权利要求 1 相对于证据 1～3 及其组合具备新颖性和创造性。

　　本案给出的启示在于，实务中不应忽视主题名称对权利要求保护范围的影响，同时也不应简单地凭字面含义来判断主题名称对权利要求保护范围的限定作用，否则可能导致对权利要求保护范围的理解产生偏差，进而影响对权利要求新颖性和创造性的判断。

九、制备方法限定产品的权利要求保护范围的确定

—— "一种乘用车轻量化发动机气缸套及其制备方法"专利无效宣告案

【本案看点】

在理解含有制备方法特征的产品权利要求的保护范围时，本领域技术人员应当基于申请日之前的背景技术去考察制备方法特征是否会对产品的结构或组成产生影响，"对结构或组成产生影响"既可以指产品的宏观结构或组成因制备方法的改变而发生变化，在某些特定的微观结构对其性能具有相关性的产品中，还可以指制备方法对与产品性能相关的微观结构或组成产生影响。

049

【案情介绍】

一、案件基本信息介绍

涉案专利号：ZL201410838049.4

专利名称：一种乘用车轻量化发动机气缸套及其制备方法

案件类型：发明专利无效宣告案

无效宣告请求审查决定号：第 37253 号

二、涉案专利方案介绍

本案争议的权利要求 1 要求保护：一种乘用车轻量化发动机气缸套，其特征在于：气缸套外圆表面分布有麻点，麻点的形状有哑铃状、正置锥台状、蠕虫状、鹰嘴状四种形状，四种形状的麻点在气缸套外圆表面随机分布，麻点的高度为 0.25 ~ 1.1mm；所述气缸套采用如下方法制备得到：①将如下重量百分比的各成分在 1480 ~ 1550℃熔炼成铁液后出炉：C 2.8% ~ 3.8%、S 0.03% ~ 0.06%、Si 1.8% ~ 2.9%、P ≤ 0.7%、Mn 0.5% ~ 0.9%、Cr 0.1% ~ 0.4%、Cu 0.1% ~ 0.7%，余量为铁；②制备涂液：以重量份数计，取硅藻土 10 ~ 45 份、膨润土 2.5 ~ 25 份、十二烷基苯磺酸钠 0.1 ~ 0.5 份、水 30 ~ 85 份，将膨润土加入水中，浸泡 20 ~ 28 小时后加入搅拌机中搅拌 1 ~ 6 小时，加入硅藻土，搅拌 200 ~ 400 分钟，加入十二烷基苯磺酸钠，

搅拌均匀即可得到涂液;③离心铸造:将配置好的涂液加入压力涂料罐中,压力调整为 0.3~0.5MPa;启动离心铸管机,转速设定为 1400~1700r/min,将模具的温度加热到 150~450℃,然后涂液喷管开始向模具内壁喷洒涂液,喷洒的涂液的厚度为 0.3~1.2mm;将温度为 1480~1550℃ 的铁液转入浇铸包中,同时加入铁液质量 0.6%~1.0% 的孕育剂进行孕育,除去铁液表面浮渣即可浇注入模具中,冷却结晶后在毛坯上形成麻点。

涉案专利说明书论述了外圆铸态气缸套外表面的较高凸起会造成铸造过程中缸套过快冷却,导致金相组织恶化,并由此降低气缸套的应用性能,而且较高凸起会引起铝缸体铸造过程中圆度波动较大进而影响尾气排放。与此相对应,涉案专利说明书论述了采用涉案专利权利要求 1 的技术方案能改善麻点的高度,并获得优良的金相组织,从而解决现有技术的上述技术问题。

三、主要证据介绍

请求人认为,权利要求 1 相对于在证据 1 基础上结合证据 4 和公知常识,或在证据 1 基础上结合证据 5 和公知常识不具有创造性。

证据 1 为申请公布号为 CN103016723A 的中国发明专利申请文件;

证据 3 为《铸件配料手册》❶,作为公知常识性证据使用;

证据 4 为申请公布号为 US20020157571A1 的美国专利申请文件;

证据 5 为申请公布号为 CN1905969A 的中国发明专利申请文件。

证据 1 作为最接近的现有技术,公开了一种铝包容气缸套及其制备方法。该气缸套的外表面密集分布着 Ω 状凸刺形颗粒,Ω 状凸刺形颗粒可以有四种形状即 T 形、P 形、山丘形、柱形,颗粒的高度为 0.3~1.1mm,该气缸套的具体制备方法是:[步骤一] 向模具中注入 1300~1500℃ 的铁水,该铸铁成分为 T.C 以重量计 2.9%~3.7%、Si:以重量计 1.6%~2.8%、Mn:以重量计 0.2%~1.0%、P:以重量计 0.05%~4%。T.C 指材料中所包含的总碳量。必要时可以增加下列物质,Cr:以重量计 0.05%~0.4%、B:以重量计 0.03%~0.08%、Cu:以重量计 0.3%~0.5%,其余成分即从以重量计 100% 中减去上列物质的总和所得到的值是铁;其采用陶瓷软膏作为铸造涂料,配料为硅粉 15%~25%、硅藻土 0.5%~5%、黏结剂 4%~8% 及软水 55%~85%,先将它们充分混合调配成陶瓷软膏配料,成分的配比以重量计作为测量标准,然后将通过上述步骤制成的陶瓷软膏配料中添加表面活性剂来形成陶瓷软膏,其中表面活性剂的添加量为以重量计 0.001%~0.1%。[步骤二] 其先通过火枪将外圆模具温度控制在 260~320℃。[步骤三] 喷涂时模具的转速控制在 700±50r/min,喷涂压力是 3.9~4.1kg,喷涂行速为 180~200mm/s。[步骤四] 之后经过 60±15s 的烘干,在高温下,陶瓷软膏中的活性剂出现膨胀的表面张力并在

---

❶ 陈琦. 铸件配料手册 (第 2 版) [M]. 北京:机械工业出版社,2009.

瞬间产生局部微爆,生成表面密集的 Ω 形内凹空穴,从而形成陶瓷保护层。[步骤五] 向模具中注入 1300~1500℃ 的铁水。[步骤六] 采用冲入法在铁水中投入 30~35g 的特殊金属进行孕育处理,提升铁水重量。[步骤七] 浇注的过程控制在 3~5s 内,同时模具的转速应控制在 1300~1500r/min。[步骤八] 和 [步骤九] 涉及脱模和外表面处理步骤。

证据 3 第 5 章第 5.2 节介绍了灰铸铁(孕育铸铁)的熔制特点及其配料,并记载灰铸铁件的化学成分应根据灰铸铁件的合金牌号性能要求和灰铸铁件的壁厚状况等确定。通常在碳当量较低时,适当提高 Si/C 的比例,强度性能会有所提高,切削性能有较大改善,但要注意缩松渗漏倾向的增加和珠光体数量的减少;当碳当量较高时,提高 Si/C 的比例反而会使抗拉强度下降,但此时提高 Si/C 的比例仍能有减少白口倾向的优点,适用于性能要求不高的薄壁灰铸铁件铸造。

证据 4 意图以低成本铸造一种具有较高黏附力的圆筒形铸造部件,其示例采用了 4 重量% 的膨润土(黏合剂)、15 重量% 的硅藻土(热绝缘剂)和 0.005 重量% 的阴离子表面活性剂(发泡剂)溶解于纯净水(溶剂)以制备用于离心铸造模具的脱模剂,该脱模剂处于浆体状态且黏度为 2.1 泊,之后进行涂料喷涂、离心浇注、脱模、外表面处理等工序,从而制成圆筒形铸造部件。另外,样例 3、样例 7、样例 8、样例 13、样例 20、样例 22 所采用的配料组分为膨润土、硅藻土和阴离子表面活性剂,其中前两者的组分重量比落入涉案专利的数值范围,阴离子表面活性剂的取值 0.1 与涉案专利十二烷基苯磺酸钠的取值范围 0.1~0.5 存在端点值重合。此外,样例 40 所采用的配料组分也为膨润土、硅藻土和阴离子表面活性剂,前两者的组分重量比落入涉案专利的数值范围,阴离子表面活性剂的取值 0.15 落入涉案专利十二烷基苯磺酸钠的取值范围 0.1~0.5。

证据 5 同样选择耐火材料、黏结剂、水、表面活性剂作为涂料组分,公开了表面活性剂的添加量范围大于 0.005 但小于等于 0.1%。另外,其公开的对比示例 2 采用的配料组分硅藻土 20、膨润土 5.5、表面活性剂 0.15,余量为水落入涉案专利限定的涂料组成范围。

【案件焦点】

针对上述证据公开的内容,以及与权利要求特征之间的对应关系,无效宣告请求人和专利权人没有异议,双方均认可将权利要求 1 要求保护的技术方案与证据 1 比较后可知,证据 1 公开了与涉案专利外圆表面麻点的形状、分布、高度有关的结构特征,但在制备方法上存在如下区别:(1) 在铁液熔炼工序中,证据 1 中除铁以外的其他元素有六种,涉案专利则比证据 1 的成分多出一种含量为 0.03~0.06 的元素 S(硫)。(2) 在涂液制备工序中,首先,两者所采用的基础配料不同,证据 1 除膨润土、水之外,包括硅粉 15%~25%、硅藻土 0.5%~5%,而涉案专利除膨润土、水之外采用的是 10 ~ 45 份的硅藻土；其次，证据 1 仅说明了表面活性剂的添加量为 0.001% ~ 0.1%，而涉案专利采用的表面活性剂为"十二烷基苯磺酸钠 0.1 ~ 0.5 份"；再次，涉案专利限定了各配料的添加顺序及混合工艺，即"将膨润土加入水中，浸泡 20 ~ 28 小时后加入搅拌机中搅拌 1 ~ 6 小时，加入硅藻土，搅拌 200 ~ 400 分钟"，证据 1 则描述为"充分混合调配而成"。（3）在离心铸造工序中，首先，证据 1 在喷涂陶瓷软膏时的模具转速为 700r/min ± 50r/min，而涉案专利为 1400 ~ 1700r/min；其次，证据 1 仅公开孕育金属的重量，而未公开其质量比为 0.6% ~ 1.0%。

请求人认为，上述区别技术特征对于权利要求 1 产品结构或组成没有限定作用，虽然没有完全被证据 4 和证据 5 公开，但是证据 4 和证据 5 公开了类似的步骤和工艺条件，只是在具体的操作条件、工艺参数以及原料成分的含量上有些区别，上述区别是本领域的公知常识。

专利权人则认为，上述多个区别技术特征对于权利要求有限定作用。这些特征联合作用共同影响权利要求所保护的气缸套的结构以及组成，使得涉案专利的气缸套获得了合理的麻点高度以及改善的金相组织，从而改善了气缸套的应用性能，涉案专利具有创造性。

因此，本案的焦点在于，权利要求 1 中包含制备方法特征，对权利要求 1 所保护的气缸套产品是否有限定作用，是否会影响权利要求 1 的创造性。

【官方结论】

无效宣告请求审查决定认为，在理解含有制备方法特征的产品权利要求的保护范围时，本领域技术人员应当基于申请日之前的技术背景去考察制备方法特征是否会对产品的结构或组成产生影响，"对结构或组成产生影响"既可以指产品的宏观结构或组成因制备方法的改变而发生变化，在某些特定的微观结构对其性能具有相关性的产品中，还可以指制备方法对与产品性能相关的微观结构或组成产生影响。

关于如何理解本案中权利要求 1 的保护范围，合议组在查明证据 1 ~ 7 相关事实的基础上并结合气缸套离心铸造领域的基本常识，认为权利要求 1 中的制备方法特征对权利要求 1 的保护范围具有限定作用。

（1）关于涉案专利制备方法中的铁液熔炼步骤，即特征"将如下重量百分比的各成分在 1480 ~ 1550℃ 熔炼成铁液后出炉：C 2.8% ~ 3.8%、S 0.03% ~ 0.06%、Si 1.8% ~ 2.9%、P≤0.7%、Mn 0.5% ~ 0.9%、Cr 0.1% ~ 0.4%、Cu 0.1% ~ 0.7%，余量为铁"。

经查，证据 1 说明书【0135】~【0146】段公开了如下内容："考虑到耐磨性、抗咬合性和可成形性，用于气缸套 I 的材料的铸铁的成分优选设定如下：T.C 以重量计 2.9% ~ 3.7%、Si：以重量计 1.6% ~ 2.8%、Mn：以重量计 0.2% ~ 1.0%、P：以重量计 0.05% ~ 4%。T.C 指材料中所包含的总碳量。必要时可以增加下列物质：

Cr：以重量计 0.05% ~ 0.4% B：以重量计 0.03% ~ 0.08% Cu：以重量计 0.3% ~ 0.5% 其余成分即从以重量计 100% 中减去上列物质的总和所得到的值是铁。"

另查，证据 2 第 3 章第 3.2.4 节介绍了灰铸铁的化学成分，并总结到"无论是机床铸件还是发动机缸体、缸盖，高强度灰铸铁的发展方向是在提高铁液冶金质量的基础上，适度提高 CE 和 Si/C，使抗拉强度达到 300MPa 或 350MPa，从而实现以高强度为中心的力学性能、铸造性能和可加工性的较好综合（参见证据 2 第 93 ~ 99 页）"。

再查，证据 3 第 5 章第 5.2 节介绍了灰铸铁（孕育铸铁）的熔制特点及其配料，并记载"灰铸铁件的化学成分应根据灰铸铁件的合金牌号性能要求和灰铸铁件的壁厚状况等确定。通常在碳当量较低时，适当提高 Si/C 比，强度性能会有所提高，切削性能有较大改善，但要注意缩松渗漏倾向的增加和珠光体数量的减少；当碳当量较高时，提高 Si/C 比反而会使抗拉强度下降，但此时提高 Si/C 比仍能有减少白口倾向的优点，适用于性能要求不高的薄壁灰铸铁件铸造（参见证据 3 第 212 页）"。

如涉案专利说明书【0002】段、【0013】段所述，基于发动机的工作需要，铸铁气缸套的耐磨性、抗拉强度等性能应当满足一定要求，而上述现有技术证据表明铁液成分与所述性能之间存在相关性，且会影响铸件的金相组织结构，而微观层面的金相组织结构又对铸件的耐磨性、强度等产生主要影响，因此，合议组认为该特征对权利要求 1 的保护范围具有限定作用。

（2）关于涉案专利的制备涂液步骤，即特征"以重量份数计，取硅藻土 10 ~ 45 份、膨润土 2.5 ~ 25 份、十二烷基苯磺酸钠 0.1 ~ 0.5 份、水 30 ~ 85 份，将膨润土加入水中，浸泡 20 ~ 28 小时后加入搅拌机中搅拌 1 ~ 6 小时，加入硅藻土，搅拌 200 ~ 400 分钟，加入十二烷基苯磺酸钠，搅拌均匀即可得到涂液"。

综合分析证据 1、证据 4、证据 5 公开的相关内容，涂料制备工艺既对气缸套外表面突出部分的形状、高度、分布等气缸套外表面的结构或组成有重要影响，还基于涂料的隔热性能及其内外部构造等影响气缸套的微观金相结构，从而影响到气缸套的耐磨性、强度等性能。因此，合议组认为，该特征对权利要求 1 的保护范围具有限定作用。

（3）关于涉案专利的离心铸造步骤，即特征"将配置好的涂液加入压力涂料罐中，压力调整为 0.3 ~ 0.5MPa；启动离心铸管机，转速设定为 1400 ~ 1700r/min，将模具的温度加热到 150 ~ 450℃，然后涂液喷管开始向模具内壁喷洒涂液，喷洒的涂液的厚度为 0.3 ~ 1.2mm；将温度为 1480 ~ 1550℃ 的铁液转入到浇铸包中，同时加入铁液质量 0.6% ~ 1.0% 的孕育剂进行孕育，除去铁液表面浮渣即可浇注入模中，冷却结晶后在毛坯上形成麻点"。

本领域技术人员皆知，气缸套通常采用离心铸造工艺进行制备，铁液成分及其冷却速度、浇注温度、浇注速度、模具转速等因素会影响金属冷却结晶过程，进而会对气缸套内外表面的结构或组成以及微观层面的金相结构产生影响，因此，上述特征对权利要求 1 的保护范围具有限定作用。

综上所述，权利要求 1 中由上述特征构成的制备方法对气缸套产生了影响，即对缸套宏观上内外表面的结构以及微观层面金相结构均产生了影响，对权利要求 1 的保护范围具有限定作用，在评述权利要求 1 的创造性时应予考虑。进一步地，合议组结合在案所有证据认定利用上述区别技术特征获得改善的内外表面结构以及微观层面金相结构的气缸套并不是本领域的公知常识，从而认定涉案专利具有创造性。

【律师观点】

在确定权利要求的保护范围时，权利要求中的所有技术特征均应当考虑，而每一个技术特征的实际限定作用都应当最终体现在该权利要求所保护的主题上。其中，产品权利要求通常用结构特征进行表示。但当产品权利要求中的一个或多个技术特征无法用结构特征并且也不能用参数特征予以清楚地表征时，允许借助于方法特征表征。方法特征表征的产品权利要求保护主题仍然是产品，实际限定作用取决于对所要求保护的产品本身带来何种影响。

在无效宣告过程中，会遇到以下情况：产品权利要求的技术方案包括该产品的制备方法以及具体结构，专利权人声称其结构是基于该制备方法所进行的改进。如果产品结构已经被现有技术公开，区别技术特征仅为制备方法，但制备方法究竟对产品产生何种影响，影响有多大，这在创造性判断时会引起争议：究竟是认为产品结构已经被现有技术公开，制备方法对于产品本身没有实际限定作用，从而认为产品权利要求不具备创造性，还是应该考虑制备方法和产品结构作为整体相对于现有技术作出的贡献，从而肯定其创造性。

我们认为，结论不是绝对的，必须具体案情具体分析。创造性的判断过程中要基于现有技术和本领域技术人员的水平和能力来准确客观地进行事实认定，减少和避免主观因素的影响。一方面，可以借助现有技术，包括请求人提供的证据，证明制备方法与产品性能之间存在相关性，这种相关性不仅可以体现在产品的宏观结构上的影响，还可以体现在产品微观结构上的影响。具体到本案，不同的制备方法影响铸件的金相组织结构，而微观层面的金相组织结构又对铸件的耐磨性、强度等产生影响。另一方面，还需站位本领域技术人员，关注技术特征之间的相互关联以及在整个技术方案中的共同作用，判断这种协同作用对产品本身的实际限定作用及其是否具有显而易见性。只有这样，才能对这类发明是否具有创造性作出客观的判断，得出客观准确的结论。

另外，在产品权利要求的技术手段表述中，如果要借助方法特征进行表征，需说明该方法特征对产品本身的实际限定作用，使之能够区别于现有技术。合理的表述方式不仅能够避免本领域技术人员在新颖性/创造性判断时对权利要求是否区别于现有技术产生疑问，还能有效保护申请人的合法权益，避免申请人在确权、侵权阶段承担不利后果。

十、用途限定产品权利要求保护范围的确定

——"同步电动机定子的接线结构"专利无效宣告案

【本案看点】

对于主题名称中含有用途限定的产品权利要求，若该用途限定对权利要求所保护的产品本身没有带来任何影响，则该用途限定在判断是否给出结合启示时不予考虑。

【案情介绍】

一、案件基本信息介绍

涉案专利号：ZL201120206654.1

专利名称：同步电动机定子的接线结构

案件类型：实用新型专利无效宣告案

无效宣告请求审查决定号：第 38116 号

二、涉案专利方案介绍

涉案专利权利要求 1 要求保护一种同步电动机定子的接线结构，包括设置在同步电动机内的定子总成（1），定子总成上设置有接线凸台（11），接线凸台（11）上设置有电极（12），接线凸台（11）外侧还连接有护罩（2），其特征是接线凸台（11）上轴向设置有凹部（14），凹部（14）沿轴向方向插接有接线插头（3）。其接线结构如图 1 - 18 和图 1 - 19 所示。

现有技术中同步电动机定子接线结构的护罩与接线凸台的连接部分没有定位固定结构，而且 110 型电源接线端子与导线需另外焊接，一定程度上可以降低装配效率，需要加以改进和完善。涉案专利旨在提供一种结构简单合理、装配快捷、制作成本低的同步电动机定子的接线结构，以克服现有技术中的不足。涉案专利定子总成的接线凸台先与护罩固定连接，接线插头再插进接线凸台的凹部，即可与电极的接线端连接，接线插头还与护罩固定连接，产品安全可靠，装配简便快捷，生产效率高，废品率低，而且还具有结构更合理、制作成本低的特点，特别适合企业的大批量生产。

055

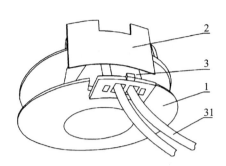

图 1-18 装配有护罩的"同步电动机
定子的接线结构"示意图

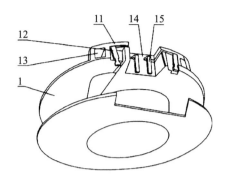

图 1-19 未装配护罩的"同步电动机
定子的接线结构"示意图

三、主要证据介绍

请求人认为，涉案专利的权利要求 1 相对于在证据 7 的基础之上结合证据 2 不具有创造性。

证据 2 为德国专利文献 DE10045471A1 及其中文译文；

证据 7 为授权公告号为 CN201590687U 的中国实用新型专利文件。

证据 7 作为最接近的现有技术，公开了一种爪极式同步微型电机，并具体公开了以下内容：爪极式同步微型电机包括设置在带爪极的机壳 6 内的定子总成 3，定子总成上设置有接线凸台 3.1，接线凸台 3.1 上设置有接线柱 3.4，接线凸台 3.1 外侧还设置有护罩 4，接线凸台 3.1 中设置有开口槽 3.6，接线头 3.2 位于开口槽 3.6 中，导线 5 通过接线端子 8 与接线头 3.2 相接，护罩 4 上设置有装配孔 4.2，定位块 7 镶嵌在装配孔中，定位块 7 上设置有两个以上相互隔断的第一插孔 7.1，接线端子 8 及导线 5 的端部穿过第一插孔 7.1 后与接线头 3.2 相接。定位块 7 的另一侧设置有限位槽 7.3。当接线端子 8 与接线头 3.2 连接后，弹片 8.1 可勾挂在限位槽 7.3 中，防止接线端子 8 与接线头 3.2 之间出现松动。

证据 2 公开了一种异步电动机定子的接线结构，包括设置在异步电动机内的定子，公开了定子上设置有插头底座 121，插头底座 121 外侧还连接有围绕单点接触 125 的插头框架 126，由于该插头框架 126 与插头底座 121 连接，并插置于插头底座 121 的外围将单点接触 125 围绕在插头框架 126 所形成的框形空间内，因此，插头框架 126 相当于权利要求 1 中的护罩，插头底座 121 轴向设置有接触室 120，接触室 120 沿轴向、径向或沿切线插入方向延伸，同时证据 2【0012】段公开了接触室形成用于与外部电机电源连接的插座，使用连接插头形成一个一级插入区域。

【案件焦点】

请求人和专利权人均认可：权利要求 1 保护的技术方案与证据 7 公开的技术内

容相比，区别技术特征在于接线凸台上轴向设置有凹部，凹部沿轴向方向插接接线插头。基于上述区别技术特征，可以确定涉案专利权利要求1实际所要解决的技术问题是，在实现定子总成的接线凸台和护罩固定连接同时，轴向插接接线插头，从而实现便捷可靠的电连接。

而在关于证据2是否给出技术启示的问题上，双方存在争议，其中具体的争议体现在关于权利要求1主题名称"一种同步电动机定子的接线结构"中的"同步电动机"这一用途限定是否对权利要求的定子接线结构产生具体的限定作用。

专利权人认为，同步电机和异步电机的工作原理存在区别，异步电机的定子不能用于同步电机，证据2是异步感应电机，其定子结构与涉案专利的技术方案不同。因此，证据2没有给出用上述区别技术特征所限定的插接方式来解决涉案专利解决的技术问题的技术启示。

请求人认为，同步电机和异步电机只是转速是否同步的区别，其接线的插接方式不存在区别，异步电机定子的接线方式也可以转用至同步电机。涉案专利保护的是接线结构，同步电机和异步电机只是转子上有差异，该差异不影响内部绕组跟外部电器连接的通用性。因此，不影响技术启示的判断。

【官方结论】

无效宣告请求审查决定中认为，权利要求1请求保护的技术方案与证据7公开的技术内容相比，区别技术特征在于：接线凸台上轴向设置有凹部，凹部沿轴向方向插接接线插头；基于上述区别技术特征，可以确定涉案专利权利要求1实际所要解决的技术问题是，在实现定子总成接线凸台和护罩固定连接的同时，轴向插接接线插头，从而实现便捷可靠的电连接。证据2的技术方案给出了通过同时设置护罩、接线凸台、轴向插接接线插头，从而实现便捷可靠的电连接的技术启示，还给出了在接线凸台上轴向设置凹部，并且沿着轴向插接接线插头的技术启示。在证据7公开的同步电机定子接线结构的基础上，本领域技术人员在实现定子总成接线凸台和护罩固定连接的同时，轴向插接接线插头，从而实现便捷可靠的电连接，容易想到从证据2的接线凸台中寻找技术启示，将证据7的接线结构设置为轴向插接，并进行相应的结构改动，从而得到涉案专利的技术方案。

对于上述具体案件焦点，无效宣告请求审查决定认为，证据7作为最接近的现有技术已经公开同步电机的定子总成，与涉案专利电机类型相同，区别仅在于接头插接方向不同，而证据2只是给出了在接线凸台上设置凹部轴向容纳接线插头插入的技术启示，对于本领域的技术人员来说，证据7已经公开同步电机定子总成具有接线凸台、外罩及接线插头的总体结构，为了实现便捷可靠的电连接，而将径向插入的接线插头改为轴向插接是容易实现的，不存在结合的技术障碍。

【律师观点】

权利要求的主题名称属于权利要求技术特征之一，是构成专利技术方案的重要组成部分。在确定权利要求保护范围时应当考虑主题名称对于权利要求保护范围的影响，至于产生何种影响，要考虑主题名称究竟产生何种限定作用。而关于主题名称中的用途限定，《专利审查指南 2010》第二部分第二章第 3.1.1 节规定："对于主题名称中含有用途限定的产品权利要求，其中的用途限定在确定该产品权利要求的保护范围时应当予以考虑，但其实际的限定作用取决于对所要求保护的产品本身带来何种影响。"这种影响可以体现在该用途所限定的使用环境对权利要求所保护产品的限定作用上：如果该用途限定所表达的产品使用环境给要求保护的产品带来组成或结构上的影响，则可以认为该用途限定对权利要求保护的主题具有限定作用，对权利要求的保护范围存在影响；反之，如果该用途限定对要求保护产品的结构和组成没有影响，只是对产品的用途或使用方式的描述，那么该用途限定在确定产品权利要求的保护范围时不予考虑。

在本案中，权利要求 1 要求保护的是"接线结构"，"同步电动机定子"是该"接线结构"的使用环境。虽然现有技术证据 2 公开的是"异步电动机定子的接线结构"，但是本领域公知同步电动机和异步电动机的差别主要在于同步电机速度与电磁速度同步，而异步电机的速度低于电磁速度，该差别并不影响接线的插接方式。也就是说，权利要求 1 主题名称中的用途限定"同步电动机定子"所描述的使用环境没有使该"接线结构"的组成和结构产生额外的变化。因此，本领域技术人员可以从证据 2 公开的具体插接方式中得到技术启示，进而与作为最接近的现有技术证据 7 结合得到权利要求 1 的技术方案，其中并不存在由于使用环境的不同而带来的技术障碍，这也是无效决定中对具体案件焦点进行上述论述的核心所在。

本案给出的启示在于，在实践中，应站位本领域技术人员角度来具体分析案件中用途限定的技术特征对保护范围的影响。同时，对这种影响的判断并不局限于权利要求与最接近的现有技术相比确定区别技术特征，而是贯穿"三步法"评判权利要求创造性的整个过程，比如本案就是在判断现有技术是否给出结合启示的步骤中，确定用途限定对保护范围是否有影响。

十一、中药领域专利封闭式权利要求保护范围的确定

—— "一种药物金刚藤微丸及其制备方法" 专利行政诉讼案

【本案看点】

中药组合物权利要求中，封闭式权利要求保护范围的确定并不拘泥于特定的表达方式限定，而要站位本领域技术人员的角度，结合权利要求的字面含义、发明目的、专利文本及其审查过程中间文件，合理确定其权利要求的保护范围。

【案情介绍】

一、案件基本信息介绍

涉案专利号：ZL200510080293.X

专利名称：一种药物金刚藤微丸及其制备方法

案件类型：专利行政诉讼案

北京市高级人民法院二审判决书：（2015）高行（知）终字第3375号

案件程序概况：国家知识产权局于2014年8月13日作出维持专利权有效的无效宣告请求审查决定，无效宣告请求人不服该无效审查决定向北京知识产权法院提起诉讼，北京知识产权法院于2015年3月20日作出一审判决，维持国家知识产权局的无效宣告请求审查决定。请求人对该一审判决不服，上诉至北京市高级人民法院，2016年2月22日，北京市高级人民法院作出二审判决，维持北京知识产权法院的一审判决。

二、涉案专利方案介绍

涉案专利权利要求1保护一种药物微丸，并进一步限定了：该药物微丸是由下述重量份的原料制成的：金刚藤干浸膏45~150重量份、微晶纤维素50~90重量份、交联聚维酮5~15重量份。

【案件焦点】

在专利无效宣告程序中，请求人认为权利要求1为封闭式权利要求，对活性成

分和辅料都封闭，黏合剂中不含水；而根据说明书的记载，处方设计中是水为黏合剂，且制备方法中皆有"加水适量搅拌制软材"的步骤，根据本领域的公知常识，微丸制备的原料中必然需要黏合剂。并据此认为权利要求 1 得不到说明书的支持，不符合《专利法》第二十六条第四款的规定。对此，本案合议组在第 23542 号无效宣告请求审查决定中认为，对于权利要求技术方案的理解，应从所属领域技术人员的角度出发，同时，说明书及附图可以用于解释权利要求的内容：制备涉案专利药物微丸的中间过程中使用水作为黏合剂将金刚藤干浸膏、微晶纤维素和交联聚维酮的混合物制成软材，在制备微丸的最后过程中，水被干燥除去，从终产品的角度来看，制备涉案专利微丸的原料可以视为只有金刚藤干浸膏、微晶纤维素和交联聚维酮。因此，本领域技术人员基于以上信息能够概括得出权利要求 1 的技术方案。

原告对上述专利无效宣告请求审查决定不服，提起行政诉讼，其主张，涉案专利权利要求 1 "由……制成"应理解为封闭式权利要求，对活性成分和辅料都封闭，其原料中不含水；而根据说明书的记载，水是作为黏合剂使用的，且制备方法中皆有"加水适量搅拌制软材"的步骤。根据本领域的公知常识，微丸制备中必然需要黏合剂。虽然被诉无效决定认定在制备微丸的最后过程中水被干燥除去，从终产品来看，微丸只含有金刚藤干浸膏、微晶纤维素和交联聚维酮，但根据涉案专利说明书实施例 3、实施例 7～11 的记载，金刚藤干浸膏、微晶纤维素和交联聚维酮的重量份合计不足 200 克，而制成的微丸重量却为 200 克，其中必含有其他不属于杂质的成分；基于上述理由，原告认为涉案专利权利要求书 1 得不到说明书的支持。

被告国家知识产权局认为，涉案专利权利要求 1 "由……制成"的撰写方式应该理解为开放式，即制成微丸的原料还可以含有权利要求 1 未限定的其他物质，包括水；权利要求 1 的此种撰写方式也是本领域技术人员可以理解的，尤其体现在原辅料较多的中药领域。

第三人——专利权人认为，涉案专利权利要求 1 为开放式权利要求，更确切地说，是以方法限定的产品权利要求；"由……制成"不仅表达了主要原料是开放式的，不排斥可以加入本领域技术人员可以接受的制备微丸过程中的常规辅料或溶媒，更为重要的是表达了该微丸是由特别限定的原料，以本领域技术人员知晓的常规制备方法制成，这些常规方法可以是现有技术中的任何制备微丸的方法。就涉案专利而言，制备微丸的原料包括金刚藤干浸膏、微晶纤维素和交联聚维酮，这是实现涉案专利的必要技术特征，但由于微丸制备的工艺不同，终产品中还可能包括制备过程中残留下来的水分或其他杂质；从涉案专利实施例也可以看出，等量的金刚藤原料药获得的金刚藤干浸膏量有所不同，其清膏密度各不相同，这也说明了金刚藤微丸这一终产品的组分并非绝对确定的，这恰恰是中药领域的一种特有现象。

在一审判决维持国家知识产权局的无效审查决定，认定涉案专利权利要求 1 为开放式权利要求后，请求人不服提起上诉；在二审程序中，各方对涉案专利权利要求 1 属于封闭式权利要求或开放式权利要求仍然持有不同意见。

对于涉案专利权利要求 1 究竟是开放式权利要求还是封闭式权利要求，贯穿涉案专利的无效宣告程序、行政诉讼一审及二审程序，是本案的焦点问题之一。

【官方结论】

本案一审作为北京知识产权法院成立以后的第一案，对上述焦点问题作出了非常详细的论述。

原告主张涉案专利权利要求 1 仅限定了制备微丸的三种原料，为封闭式权利要求，被告和第三人则主张其为开放式权利要求。由于上述两种权利要求类型在保护范围上存在明显差异，并将直接影响到相关专利授权确权及侵权纠纷的结果，合议组对权利要求 1 的理解作出如下认定：

封闭式权利要求是指专利保护范围限于权利要求所记载技术特征的一种权利要求类型。开放式权利要求则是指专利保护范围除权利要求所限定的技术特征外，还可以包括权利要求未限定技术特征的一种权利要求类型。

1. 字面解释

在最高人民法院在（2009）民提字第 20 号案件中，专利权利要求 1 为组合物权利要求，采用"由下述重量配比的原料制成的药剂"的表达方式。权利要求 1 的这种表达方式并不属于国家知识产权局制定的《专利审查指南 2010》所列举的封闭式表达方式的形式。

具体到本案，涉案专利权利要求 1 采用"一种药物微丸，其特征在于该药物微丸是由下述重量份的原料制成的"撰写方式，与上述最高人民法院判决中所涉及的权利要求的撰写方式基本相同，在无相反证据推翻的情况下，本案应当保持与最高人民法院审理标准的一致。因此，若仅从字面解释的角度出发，涉案专利权利要求 1 并不属于《专利审查指南 2010》中列举的封闭式权利要求的情形。

2. 结合发明目的的解释

如果权利要求使用的语词与《专利审查指南 2010》列举的具体情形不符，或即便相符但仍需进一步解释，则应当结合发明内容进行解释，主要有以下两种方法：

（1）从属权利要求解释。从属权利要求是对独立权利要求的限定而非扩张，故在从属权利要求还进一步限定了独立权利要求中未记载的技术特征的情况下，该独立权利要求亦应相应地被解释为开放式权利要求。

具体到本案，尽管涉案专利权利要求 1 仅限定了制备所述药物微丸的三种原料，但其从属权利要求 5 和权利要求 6 进一步限定了权利要求 1 所述药物微丸的制备过程中还需加入水和乙醇。基于从属权利要求对独立权利要求的解释作用，涉案专利权利要求 1 亦应被界定为开放式权利要求。

（2）内部证据解释。说明书、专利审查档案等内部证据记载了与发明相关的更为全面的技术信息，为权利要求相关语词的解释提供了语境，故可以在界定封闭式或开放式权利要求时予以运用。

北京市高级人民法院在（2011）高行终字第 607 号发明专利权无效行政纠纷案中认定："涉案专利权利要求 2、3 并非严格意义上的封闭式权利要求。同时，根据涉案专利说明书的记载，涉案专利权利要求 2、3 的产品是粉煤灰与黏土通过相关工序制成的物，其不可能排除其他杂质的存在。"由此可以看出，北京市高级人民法院在界定涉案权利要求为开放式或封闭式时，就借助了说明书的解释作用。具体到本案，涉案专利说明书记载了在制备金刚藤微丸时，除权利要求 1 限定的金刚藤干浸膏、微晶纤维素和交联聚维酮外，还需加入水、乙醇等必需且明显不属杂质的物质，故根据说明书的内部证据解释作用，涉案专利权利要求 1 亦应为开放式权利要求。

3. 本领域技术人员的解释

某些情形下，本领域技术人员在面对权利要求所述技术方案时，基于所具备的技术能力，能够显而易见地认识到，如果将权利要求解读为封闭式，则仅以该权利要求所限定的技术特征，不可能实现发明目的。只有将权利要求解读为开放式即还包含有权利要求未限定的技术特征，才可能与发明实际情况相符。此时，应当允许从本领域技术人员的立场出发，对开放式或封闭式权利要求加以界定，但此时应当注意审查权利要求是否能够得到说明书的支持。

具体到本案，涉案专利权利要求 1 限定了所述药物微丸由金刚藤干浸膏、微晶纤维素和交联聚维酮三种原料制成。但是，本领域技术人员能够显而易见地认识到，仅有上述三种固态原料的混合，无法制备得到所述药物微丸，相关制备过程必然还需加入水或乙醇等其他溶剂作为黏合剂，才可能使上述药物原料混合均匀，进而得到成丸所需之软材。本领域技术人员同样还能认识到，制备过程即便经过干燥步骤，最终所得的金刚藤微丸中含有水或乙醇等成分也是与制药领域实际情况相符的。因此，从本领域技术人员的立场出发，涉案专利权利要求 1 亦应为开放式权利要求。

一审法院基于上述分析认为涉案专利权利要求 1 应为开放式权利要求。

原告不服该一审判决，向北京市高级人民法院提起了上诉。

北京市高级人民法院经审理后认为，权利要求 1 是否属于开放式权利要求，要根据中药特点及本领域技术人员对涉案专利技术方案的理解来判断。中药领域有其特殊性，药物组分根据在整个技术方案中的作用分为君臣佐使四种类型，各种药物组分含量以及其制备方法均非精确恒一，一般会存在一定范围的差异，但只要在本领域技术人员所能够掌握的范围内即可。因此，涉案专利权利要求 1 所采用的"由……制成"撰写方式对本领域技术人员而言是常见的，应当认为涉案专利权利要求采用的是开放式的权利要求。开放式权利要求可以只写重要的、起关键作用的原料，对于次要的、辅助的原料可以省略不写。也就是说，北京市高级人民法院亦认定涉案专利权利要求 1 为开放式权利要求。

【律师观点】

本案一审程序作为北京知识产权法院成立后审理的第一案，备受瞩目，在经过一审、二审程序后，在多个角度确立、引领了专利行政案件司法审判的规则和方向。这里仅就本案所涉及的上述较为特殊的中药领域封闭式权利要求保护范围的确定进行探讨。

《专利审查指南 2010》第二部分第二章第 3.3 节中规定，开放式的权利要求宜采用"包含""包括""主要由……组成"的表达方式，其解释为还可以含有该权利要求中没有述及的组成部分或方法步骤。封闭式的权利要求则宜采用"由……组成"的表达方式，其一般解释为不含有该权利要求所述以外的组成部分或方法步骤。

中药组合物权利要求常通过原料配比、制备工艺对所获产物进行限定，在这种情况下，不同的表述方式可能会对权利要求的保护范围产生不同的影响。例如，从字面上看，"由……制成"表达了某些原料制成某种中药组合物，而这种中药组合物的成分除了主要原料药成分外，当然不应当排除制备过程中所用到或者残留的溶媒、杂质等。究其原因，当与中药组合物原料成分的复杂性、制备工艺的特殊性有关。

本案审理完结后，2016 年 3 月 21 日发布的《最高人民法院关于审理侵犯专利权纠纷案件应用法律若干问题的解释（二）》第七条明确规定："被诉侵权技术方案在包含封闭式组合物权利要求全部技术特征的基础上增加其他技术特征的，人民法院应当认定被诉侵权技术方案未落入专利权的保护范围，但该增加的技术特征属于不可避免的常规数量杂质的除外。前款所称封闭式组合物权利要求，一般不包括中药组合物权利要求。"

可见，该司法解释更加明确了封闭式组合物权利要求的解释规则：在与《专利审查指南 2010》保持一致的基础上，特别指出中药组合物权利要求的解释方法不适用该规则。

本案的重要意义之一就在于明确了中药组合物封闭式权利要求保护范围的确定并不拘泥于特定的表达方式限定，而要站位本领域技术人员的角度，结合权利要求的字面含义、发明目的、专利文本及其审查过程中间文件，合理确定其权利要求的保护范围。

063

第二章

现有技术/现有设计的认定

一、说明书附图公开内容的确定

——"一种燃油暖风机"专利行政诉讼案

【本案看点】

在判断附图所公开的内容时，应站位本领域技术人员的角度，在附图已公开内容的基础上，结合专利说明书文字记载的内容，并结合对于说明书记载的整体技术方案的理解，以及该技术领域的公知常识，来确定附图中公开内容的确切含义。值得注意的是，附图中的信息作为公开内容时不应该是"推测"的，而应该是"直接地、毫无疑义地确定的"内容。

【案情介绍】

067

一、案件基本信息介绍

涉案专利号：ZL200720109764. X

专利名称：一种燃油暖风机

案件类型：专利行政诉讼案

北京市高级人民法院二审行政判决书：（2016）京行终 3766 号

被诉无效宣告请求审查决定号：第 23264 号

案件程序概况：2013 年 10 月 10 日，请求人针对涉案专利向国家知识产权局提出无效宣告请求。2014 年 7 月 22 日，国家知识产权局作出第 23264 号无效宣告请求审查决定，宣告涉案专利全部无效。专利权人不服第 23264 号无效宣告请求审查决定，向北京市第一中级人民法院提起行政诉讼，北京市第一中级人民法院在（2015）一中行（知）初字第 995 号行政判决书中判决撤销被诉决定。请求人和国家知识产权局不服该一审判决，向北京市高级人民法院提起上诉，北京市高级人员法院在（2016）京行终 3766 号行政判决书中判决撤销一审判决，维持国家知识产权局第 23264 号无效宣告请求审查决定。后专利权人向最高人民法院申请再审，最高人民法院在（2017）最高法行申 2987 号行政裁定书中裁定驳回其再审申请。

二、涉案专利方案介绍

涉案专利权利要求1要求保护：一种燃油暖风机，包括油箱（1）、位于所述油箱（1）上方的外筒（2）、套于所述外筒（2）内的燃烧筒（3），所述的燃烧筒（3）内设有点火组件（4），其特征在于：还包括电机（7）、受所述电机（7）驱动的气泵（8）、通过气管（9）与所述的气泵（8）连接并可产生负压的喷油嘴（10），所述的喷油嘴（10）内具有油道，所述的油道通过油管（11）与所述的油箱（1）连通，所述喷油嘴（10）的喷油口伸入所述的燃烧筒（3）内且与所述的点火组件（4）相靠近。

从属权利要求2引用权利要求1，其特征在于：所述的气泵（8）由自前往后依次固接的环形泵体（12）、气泵盖（13）和气泵压盖（14）组成，所述的环形泵体（12）与所述电机（7）的后端盖固接，所述的环形泵体（12）和电机（7）的后端盖之间、环形泵体（12）和气泵盖（13）之间、气泵盖（13）和气泵压盖（14）之间均气密封；所述电机（7）的后端盖、环形泵体（12）和所述的气泵盖（13）围成泵气腔，所述的泵气腔内偏心设置有与所述电机的输出轴后端连接的泵盘（15），所述的泵盘（15）具有径向的泵叶槽（31），所述的泵叶槽（31）内置有可沿泵叶槽（31）滑动的泵叶（16）；所述气泵盖（13）的后端面上设有一隔筋（17），所述的隔筋（17）将所述气泵盖（13）的后端面分隔为进气区和出气区，所述的进气区上开设有与所述的泵气腔及大气连通的进气孔（18），所述的出气区上开设有与所述的泵气腔连通的出气孔（19），所述的出气区（19）与所述的气泵压盖围成出气腔，所述气泵盖的侧面开设有与所述出气腔连通的通气孔（20）；所述的喷油嘴包括喷油头（25）、油气管（26）和位于所述油气管（26）的头部的油嘴芯（27），所述的油嘴芯（27）上开设有螺旋槽（28），所述油气管（26）的前端套入所述的喷油头（25）内并与之螺纹连接使得所述的油嘴芯（27）固定于喷油头（25）和油气管（26）之间；所述的喷油头、油嘴芯和油气管均具有轴向的中心孔，喷油头的中心孔、油嘴芯的中心孔和油气管的中心孔组成油道；所述的油管与所述油气管的中心孔连通，所述的气管套接于所述的油气管外从而在两者之间形成气道。

现有燃油暖风机采用齿轮泵输送燃油，将油箱内的燃料泵到燃烧筒内进行燃烧，然而燃油的雾化颗粒大，燃烧时氧气供给少，因此燃烧不充分，浪费能源，产生烟尘。

涉案专利所要解决的技术问题是使燃油暖风机的燃油燃烧充分、氧气供给量足、燃油雾化颗粒小。

涉案专利的具体技术手段是通过气泵8泵送气流在喷油嘴内产生负压，利用油压将油箱1内的燃油压入油管11并最终由喷油嘴喷出，由此喷出时产生的雾化颗粒小，且因混合了气流，因而燃烧时氧气补给充足，燃烧充分。其结构如图2-1所示。

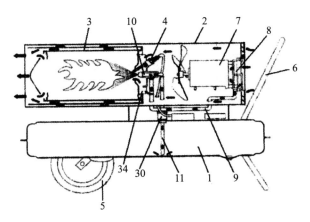

图2-1　"燃油暖风机"的结构示意图

三、主要证据介绍

上诉人认为，涉案专利权利要求 1 相对于证据 1 不具备新颖性，从属权利要求 2 在证据 1 进一步结合证据 2 和证据 5 的基础之上不具备创造性。

证据 5 是申请公布号为 CN1846096A 的中国专利申请文件。证据 5 公开了一种用于液体燃料的空气辅助雾化的喷嘴，包括壳体 102、燃料供给元件 104、芯元件 106 以及喷嘴元件 108。燃料供应通道 110 延伸通过燃料供给元件 104 和芯元件，燃料供给元件在燃料供应通道的大直径截面与直径减小截面之间的过渡段确定了向内呈锥形的部分 112。空气供应通道 114 从壳体 102 的上游端 116 延伸到涡流室 118，涡流室 118 在壳体内布置在中心，并与燃料供应通道 110 对准。空气供应通道 114 的上游部分形成三个不同的凹槽，该三个不同的凹槽沿着燃料供给元件 104 的外周向表面布置，并且这些凹槽设置在燃料供给元件的螺纹部分 115。空气供应通道 114 的下游部分形成为芯元件中的凹槽 120，这些凹槽向内向着涡流室 118 延伸。燃料供给元件 104 的螺纹部分 115 与壳体的相应内螺纹部分接合，使得燃料供给元件 104 邻接并压靠在芯元件 106 上，芯元件 106 进而邻接喷嘴元件 108，喷嘴元件 108 邻接端壁或凸缘或壳体的内表面。

证据 5 说明书记载了如下内容：为了在空气出口的下游获得有效的空气流，可以通过使至少一部分空气旁路通道在垂直于旋转轴的横截面中弯曲而产生旋转的空气流。或者，旋转空气流可以通过导流叶片或凹槽产生。空气流的旋转方向可以与燃料离开涡流室的旋转方向相同，或者可以与燃料离开涡轮室的旋转相反。取决于工作特性，例如空气和燃料的流量和压力，可以期望，在一个或多个空气出口及其下游处的空气流动是扰动的。一部分空气旁路通道可以在平行于旋转轴的横截面中基本平行于旋转轴。如图 2-2 所示。

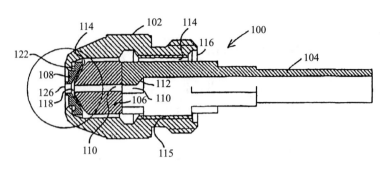

图 2 - 2   "用于液体燃料的空气辅助雾化喷嘴"结构示意图

【案件焦点】

争议各方对于涉案专利权利要求 1 的技术方案相对于证据 1 不具备新颖性无异议。针对从属权利要求 2 的创造性，争议各方对于从属权利要求 2 的附加技术特征中与气泵相关的技术特征已被证据 2 公开无争议，对于权利要求 2 中与油嘴相关的技术特征是否被公开有争议。

北京市第一中级人民法院在一审判决中认为，涉案专利权利要求 2 还进一步限定了与喷油嘴相关技术特征，证据 5 中并未公开涉案专利权利要求 2 中所述"油嘴芯上开设有螺旋槽"的技术特征。虽然证据 5 说明书图 2 - 2 中示出的设置在芯元件 106 中的 4 条凹槽 120 在视觉效果上略有弯曲，但在证据 5 说明书中并未对该凹槽 120 的结构形状及功能作用进行描述，本领域技术人员无法从中得到设置螺旋槽的技术启示，国家知识产权局认为由证据 5 公开的凹槽 120 容易想到设置螺旋槽以实现液体燃料雾化的认定依据不足。

本案的焦点在于从属权利要求 2 的附加技术特征中与油嘴相关的技术特征"油嘴芯上开设有螺旋槽"是否被证据 5 公开，以及相应技术特征在证据 5 中的作用与其在涉案专利中的作用是否相同。

上诉人认为，证据 5 的图 2 - 2 示出了芯元件 106 上设置的 4 条凹槽 120 略有弯曲；并且，证据 5 说明书中已经就"凹槽"的作用进行描述，其所起的作用是使空气流旋转，即产生气旋，这与涉案专利所述旋转槽的作用完全相同。因此，证据 5 公开了权利要求 2 中的"油嘴芯上开设有螺旋槽"并给出了技术启示。

被上诉人认为，虽然证据 5 说明书图 2 - 2 中示出设置在芯元件 106 中的 4 条凹槽 120 在视觉效果上略有弯曲，但在证据 5 说明书中并未对该凹槽 120 的结构形状及功能作用进行描述，本领域技术人员无法从中得到设置螺旋槽的技术启示。

【官方结论】

北京市高级人民法院在二审行政判决书中认为，涉案专利说明书中并未对"油嘴芯上开设有螺旋槽"产生的功能和效果进行进一步的说明，仅仅在说明书具体实施方式中载明"气流……在油嘴芯27的螺旋槽28处产生气旋，从而形成负压"。并且，根据涉案专利的发明目的和技术方案，应当认为涉案专利权利要求2中"油嘴芯上开设有螺旋槽"这一技术特征的功能或效果在于使气流产生气旋，形成负压，从而将燃油吸入喷油嘴。然而，证据5说明书中明确记载"芯元件106中的4条凹槽120"的作用是"产生旋转空气流"，根据本领域的公知常识，产生旋转空气流就会形成负压。并且，证据5的图2-2示出了设置在芯元件106中的4条凹槽120在视觉效果上略有弯曲，结合说明书及图2-2，本领域技术人员可以确定，凹槽120的作用与涉案专利权利要求2中的"螺旋槽"相同，都是使空气流旋转，产生气旋，形成负压。因此，证据5公开了权利要求2中的"油嘴芯上开设有螺旋槽"。

【律师观点】

《专利审查指南2010》第一部分第二章第7.3节规定：附图是说明书的一个组成部分。附图的作用在于用图形补充说明书文字部分的描述，使人能够直观地、形象化地理解发明或者实用新型的每个技术特征和整体技术方案。

《专利审查指南2010》第二部分第三章第2.3节规定："……引用对比文件判断发明或者实用新型的新颖性和创造性等时，应当以对比文件公开的技术内容为准。该技术内容不仅包括明确记载在对比文件中的内容，而且包括对于所属技术领域的技术人员来说，隐含的且可直接地、毫无疑义地确定的技术内容。……对比文件中包括附图的，也可以引用附图。……在引用附图时必须注意，只有能够从附图中直接地、毫无疑义地确定的技术特征才属于公开的内容，由附图中推测的内容，或者无文字说明、仅仅是从附图中测量得出的尺寸及其关系，不应当作为已公开的内容。"

由此可见，对比文件（包括专利文件和非专利文件等现有技术）中，附图是文件的重要组成部分。以专利文献为例，说明书附图是说明书的组成部分，附图的作用在于用图形补充说明书文字部分的描述，使人能够直观地、形象地理解发明或者实用新型的每个技术特征和整体技术方案，附图合理公开的内容也应当视为说明书整体公开的内容的一部分。也就是说，专利文件所公开的内容不仅包括文字部分公开的内容，而且还包括附图中提供的技术信息，用来判断发明或者实用新型是否具备新颖性或创造性。

在判断附图所公开内容时，具体方法是：不应脱离现有技术所属的技术领域，且应结合该领域的公知常识，并结合文献的整体技术方案来综合判断。具体而言，应站位本领域技术人员的角度，在附图已公开内容的基础上，结合专利说明书文字记载的内容，结合本领域技术人员针对已经公开的技术内容对于说明书记载的整体技术方案的理解，以及该技术领域的公知常识，来确定附图中公开内容的确切含义。

值得注意的是，附图中的信息作为公开内容时不应该是"推测"的，而应该是"直接地、毫无疑义地确定的"内容。

　　具体到本案来说，针对"油嘴芯上开设有螺旋槽"这一技术特征是否被证据5公开，从证据5的说明书附图中可以观测到芯元件106中的4条凹槽120在视觉效果上略有弯曲，可以基本确定凹槽120是螺旋形，但是仅仅根据附图只能确定凹槽120是螺旋形，还不能确定该凹槽就相当于涉案专利中的设置于油嘴芯上的螺旋槽；除了要判断形状之外，还需要进一步判断该凹槽120的具体作用。虽然证据5的文字部分记载了"芯元件106中的4条凹槽120"的作用是"产生旋转空气流"，但是仅仅根据上述文字记载还不能确定凹槽120"产生旋转空气流"的作用等同于涉案专利中螺旋槽形成负压的作用，在本案中，还需要进一步结合本领域的公知常识——产生旋转空气流就会形成负压，据此才能够认定凹槽120的作用与螺旋槽的作用相同，因此，证据5公开了"油嘴芯上开设有螺旋槽"。

二、现有技术是否公开区别技术特征的判断

——"嵌入式床护栏"专利无效宣告案

【本案看点】

在判断现有技术是否公开涉案专利中某一技术特征时，不能仅仅根据技术特征的名称是否相同进行判断。如果针对涉案专利中的某一技术特征，某一现有技术公开了在形状、结构、功能、作用、使用情况等方面均与其相同的相应技术特征，则即使两者名称不同，也可以认定现有技术中公开该技术特征。

【案情介绍】

073

一、案件基本信息介绍

涉案专利号：ZL201120023110.1
专利名称：嵌入式床护栏
案件类型：实用新型专利无效宣告案
无效宣告请求审查决定号：第 26432 号

二、涉案专利方案介绍

涉案专利权利要求 1 保护：一种嵌入式床护栏，其包括网布，左侧支杆，右侧支杆，与左、右侧支杆连接的上横杆，下横杆，左支撑杆和右支撑杆，所述的左侧支杆、右侧支杆、上横杆和下横杆构成框架，网布包覆在框架构成挡板，其特征在于，所述的左侧支杆和右侧支杆的底端分别连接有扁平短杆，所述的扁平短杆再相应地与左支撑杆和右支撑杆连接。其结构如图 2-3 所示。

涉案专利记载的现有技术中存在的技术问题在于，现有床护栏不可拆卸，因而

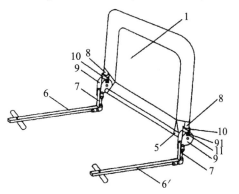

图 2-3　"嵌入式床护栏"的结构示意图

不便于收纳和携带，并且不能应用于床垫嵌入床架里的床。

涉案专利的目的在于提供一种嵌入式床护栏，可应用于床垫嵌入床架里的床，其左、右支撑杆可放置于床垫下方。

三、主要证据介绍

无效宣告请求人主张涉案专利权利要求 1 保护的技术方案相对于证据 4 不具有新颖性。

证据 4 为申请公布号为 TWM313460 的中国台湾专利申请文件。证据 4 公开了一种可拆解收纳之床铺护栏，该护栏包括：固定件 10 可穿置夹设在床垫下方，其包括相互套接在一直线上的杆体 11 以及与其垂直的杆体 11；与固定件 10 连接之设置装置，系具有两 L 形定位件 21、两关节 22、两连接管 23、两弹簧 24 与两卡合筒 25，该 L 形定位件 21 系与该固定件 10 两端连接而具有垂直部 211 与水平部 212，该水平部 212 与该杆体 11 间系以一接合件 214 连接，该垂直部 211 上形成复数之定位孔 213，该关节 22 上设有一锁定件 224，而令该关节 22 可于该垂直部 211 上下移动与定位，连接管 23 一端穿过固定槽 223 与该关节 22 连接；两水平接合管 30，系形成ㄣ字形，一端系与该连接管 23 顶端连接；两支撑杆 40，系连接在该水平接合管 30 间且靠近端部处，且两支撑杆 40 之间相互套接；护杆件 50，系由复数之杆体 51 相互枢接而形成ㄇ字形且与该水平接合管 30 连接，其中同一直线上之杆体 51 间系以一第一枢接件 52 连接，而垂直杆体 51 间则是以一第二枢接件 53 连接；一护布（未示），系套设在该护杆件 50 上。其结构如图 2 - 4 所示。

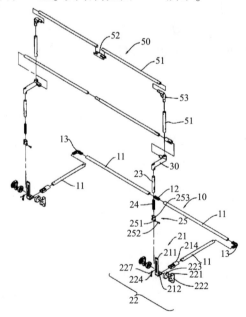

图 2 - 4 "可拆解收纳之床铺护栏"的结构示意图

【案件焦点】

本案的争议焦点在于，证据 4 是否公开了涉案专利权利要求 1 中的技术特征"扁平短杆"，从而权利要求 1 相对于证据 4 不具有新颖性。

请求人认为，证据 4 中 L 形定位件 21 相当于权利要求 1 中的扁平短杆，而证据 4 也公开了权利要求 1 中记载的护布、左右侧支杆，上横杆、下横杆，左、右支撑杆，框架挡板等技术特征，并且，证据 4 与涉案专利所属技术领域、采用的技术方案、解决的技术问题和达到的技术效果都相同，因此，涉案专利权利要求 1 相对于证据 4 不具有新颖性。

专利权人主张，证据 4 中的 L 形定位件 21 与涉案专利中的扁平短杆技术名称不相同，属于不同的技术特征，并且，定位件 21 的作用在于定位，而涉案专利中扁平短杆的作用在于连接，因此，证据 4 中的定位件 21 不能等同于权利要求 1 中的"扁平短杆"。因而，两者的技术方案不同，涉案专利的权利要求 1 具有新颖性。

【官方结论】

无效宣告请求审查决定中对于上述争议焦点的认定如下：

本案合议组认为，基于设置位置、形状及作用方面考虑，证据 4 中的具有水平部和竖直部的 L 形定位件 21 相当于涉案专利中的扁平短杆。具体而言，证据 4 中的 L 形定位件 21 呈扁平状，具有竖直部和水平部，其中，所述竖直部 211 与由左、右水平接合管 30 接合杆体 51 与连接管 23 后形成的左、右侧支杆的底端相连接，所述水平部 212 通过接合件 214 与杆体 11 相连接，而结合涉案专利说明书及附图可知，涉案专利权利要求 1 中的左、右扁平短杆也分别具有竖直部和水平部，所述左、右两竖直部分别与左侧支杆、右侧支杆的底端相连接，所述两水平部分别与左支撑杆和右支撑杆相连接。可见，证据 4 中的 L 形定位件与权利要求 1 中的扁平短杆形状相同，在床铺护栏中的设置位置及连接对象与涉案专利中的扁平短杆的配置位置和连接对象均相同，因此所发挥的作用也相同，证据 4 公开了权利要求 1 中的扁平短杆。

【律师观点】

判断权利要求的技术特征是否被证据公开是专利权无效宣告程序中最基础且非常重要的步骤，其结论可以直接决定该权利要求技术方案的新颖性或者创造性的有无，因此，裁判人员以及与专利权利益相关各方都应重点考虑和对待该问题。

由于技术特征的文字表述存在局限性，例如，一词多义，采用非本领域技术术语的自造词等，同样的文字表述在不同的背景下可能具有不同的含义，也可能造成同样的含义在不同的背景下用不同的文字进行描述。因此，对比技术特征并不能完全以文字表述为准。也就是说，既不能仅因技术特征文字表述相同而判定两者相同，也不能仅因文字表述不同而判定两者不同，应着重对比相应的技术特征在证据中形状、结构、位置、实现的功能和所起的作用是否与涉案专利中相应的技术特征相同或相似。

具体到本案，证据4中的L形定位件虽然与涉案专利中的扁平短杆技术名称不相同，但是根据涉案专利和证据4的附图显示，可以确定证据4中的L形定位件与涉案专利中的扁平短杆实际都是由扁平杆件构成的L形部件。同时，基于证据4的文字记载，可以确定L形定位件的作用也在于接合护栏的垂直部分和水平部分，即起到了与涉案专利中的扁平短杆相同的作用。因而，即使定位件和扁平短杆技术名称不一致，两者实质上也是相同的技术特征，即证据4公开了涉案专利中的扁平短杆。

综上，如果涉案专利公开的技术方案与属于相同的技术领域的一篇证据相比，区别仅在于对具备同样结构、功能和作用的部件采用了不同的技术名称来命名，则该证据实质上公开了涉案专利技术方案的全部技术特征，两者技术方案实质上相同，那么涉案专利的技术方案不具备新颖性。

三、技术特征在证据中技术效果的认定

——"多喉型孔板"专利行政诉讼案

【案件看点】

如果证据中记载了与涉案专利相同的技术特征，则即使证据中没有记载该技术特征在证据的整体方案中所能达到的技术效果，也需要结合证据的整体方案，来判断该技术特征在证据中客观上所达到的技术效果与该技术特征在涉案专利的整体技术方案中所达到的技术效果是否相同。

【案情介绍】

一、案件基本信息介绍

涉案专利号：ZL200720032332.3

实用新型名称：多喉型孔板

案件类型：专利行政诉讼案

北京市高级人民法院二审行政判决书：（2010）高行终字第456号

被诉无效宣告请求审查决定号：第13765号

案件程序概况：国家知识产权局于2009年7月13日作出宣告涉案专利权全部无效的决定，专利权人不服向北京市第一中级人民法院提起行政诉讼，北京市第一中级人民法院判决维持第13765号无效宣告请求审查决定，专利权人不服，上诉至北京市高级人民法院，北京市高级人民法院判决驳回上诉，维持一审判决。

二、涉案专利方案介绍

现有技术中流量测量节流装置使用的节流元件为标准孔板，即只在中心具有一个流通孔的圆板。然而这种标准孔板阻力大、压损大，因而能耗大，同时，其锐角边容易磨损，导致流出系数不稳定，使测量精度受到影响。

由此，涉案专利基于现有的标准孔板设计出一款多喉型孔板，即除了中心主流通孔之外，围绕主流通孔还设有若干小流通孔，多喉型孔板通过两片法兰被夹持安装在管道的截面上。其除了具有标准孔板成本低、测量精度高的优点之外，还具有压损小、耐磨的优势。除此之外，还可测气液两相和测双向流，同时缩短了直管段的长度，使用条件不受限，并且兼具了流场整形的功能，即当流体穿过多孔的圆盘时，流体将被整流，涡流被最小化，形成近似理想的流畅。其结构如图2-5和图2-6所示。

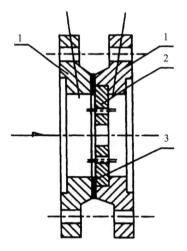
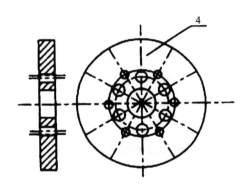

图2-5　从一个方向看"多喉型
孔板"的结构示意图

图2-6　从另一方向看"多喉型
孔板"的结构示意图

涉案专利的权利要求书只记载了一个权利要求，具体如下：一种多喉孔板，其特征在于，在孔板（2）上开有多于一个以上的孔，并被两片法兰（1）所夹持。

三、主要证据介绍

无效宣告请求人在提起无效宣告请求时只提交了一份证据，即证据1。第13765号无效宣告请求审查决定认为涉案专利保护的技术方案相对于证据1不具有新颖性，北京市第一中级人民法院一审判决维持第13765号无效宣告请求审查决定。

证据1为申请公布号为CN1646885A的中国发明专利申请文件。证据1公开了一种平均孔板基本流量元件，其固定在流体输送管8端部的两个相对的安装法兰4和6之间，并且包括绕板2的中心对称地设置的四个孔22的圆形板。改进的基础也为现有的具有单中心开口的孔板流量计，认为现有这种孔板流量计设置在上游具有流动扰动的短管中时，测量精度降低，因此，提供一种即使管道上游没有较长流段也能具有高测量精确度的流量元件。其结构如图2-7和图2-8所示。

证据1解决的技术问题在于，传统的具有单中心开口的孔板流量计，流体流过管的速度分布倾斜时，孔板上产生的压差不能真正地指示流体流动的速率，从而采用具有多个设置在不同位置的孔的孔板，以提供平均的静压压差。

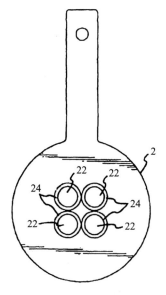

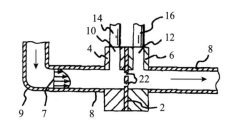

图 2-7　从孔板的下游位置朝上看的
平均孔板基本流量元件的结构示意图

图 2-8　输送管和基本流量元件的
部分横截面视图

【案件焦点】

本案的争议焦点在于，涉案专利权利要求中限定的"孔板（2）上开有多于一个以上的孔"是否包含其具有主孔和小孔的含义，从而具有区别于证据 1 的技术效果，使得其相对于证据 1 具有新颖性。

上诉人认为，根据涉案专利说明书中的相关记载，所谓孔板即带有中心主孔的板，"一个以上的孔"是区别于中心主孔的孔，并且涉案专利具有降低涡流、振动和信号噪音，提高流场稳定性的作用，而证据 1 没有记载其具有与涉案专利相同的技术效果，因此，涉案专利相对于证据 1 具有新颖性。

原审第三人认为，上述技术特征并不能读出涉案专利权利要求包括中心主孔和其他孔的含义，孔板只能认为是设有孔的板，例如，开有多于一个以上的孔即符合孔板的含义。并且，证据 1 中虽然没有在文字部分记载与涉案专利相同的技术效果，但其结构与涉案专利中限定的结构相同，客观上必然具有与涉案专利一样的技术效果。故证据 1 公开了涉案专利权利要求的技术方案。

【官方结论】

北京市高级人民法院二审判决书与无效宣告请求审查决定书中的观点基本一致：在进行新颖性判断时，是将权利要求所限定的技术方案与证据公开的技术方案进行对比，而不是将说明书所记载的内容与证据公开的技术方案进行对比。对于只记载于说明书中而未记载在权利要求中的技术特征，不能成为判断权利要求是否具备新颖性的依据。而专利权人上诉意见中所称的孔板上的孔包括"主孔"和"小孔"等技术特征均没有记载在涉案专利权利要求1中，不能成为涉案专利权利要求1相对于证据1具备新颖性的依据。

当证据1中的孔板基本流量元件具有与涉案专利权利要求1中所限定的多喉孔板相同的结构时，本领域技术人员可以确定，证据1中的孔板基本流量也必然具有降低涡流、振动和信号噪音，提高流程稳定性的作用，并且获得相同的技术效果。因此，涉案专利权利要求1与证据1所属的技术领域相同，所能解决的技术问题和能获得的技术效果均相同，涉案专利权利要求1相对于证据1不具备新颖性。

【律师观点】

在评价专利新颖性或创造性时，涉及的一个关键问题是，证据中公开的相同技术特征是否起到与涉案专利相同的作用或者达到相同技术效果。判断是否达到相同的技术效果，最直接的依据是证据的文字记载。但是，很多情形下，证据可能并没有在文字部分记载与涉案专利相同的技术效果。此时，本领域技术人员应进一步判断其在客观上是否达到相同的技术效果。例如，在本案中，证据1中并没有在文字部分明确记载其具有与涉案专利相同的"降低涡流、振动和信号噪音，提高流畅稳定性"的作用，但是，鉴于涉案专利实现上述作用本质是在孔板上设置多个孔，本领域的技术人员可以确定证据1中孔板上的多孔布局同样可以起到相同的作用。换而言之，证据中公开了相同的技术特征，并不必然意味着具有与涉案专利相同的作用，需要在证据的整体工作方案中考虑上述技术特征是否达到相同的技术效果。通常认为，如果证据与涉案专利技术领域完全相同，且公开在相同环境中使用完全相同的技术特征，则虽然证据中没有记载其技术效果，也可确定客观上达到与涉案专利记载的技术效果相同的技术效果。

四、互联网证据真实性的认定

—— "变频器用键盘和控制板连接装置"专利无效宣告案

【本案看点】

网络证据的真实性往往从证据来源网站的可靠性、证据的获取以及固定方式的可靠性角度来进行考量，核心是确定网络证据公开时间和公开内容的真实性。证据来源网站的可靠性可从网站资质、网站的信息监管能力、网站发布信息的真实性等方面着重考虑。如果现有证据能够证明待证事实的存在具有高度可能性，对方当事人对相应证据的质疑或者提供的反证不足以削弱相关证据的证明力达到高度盖然性的证明标准的，就应该对该待证事实予以认定。

【案情介绍】

一、案件基本信息介绍

涉案专利号：ZL201020558211.4
实用新型专利名称：变频器用键盘和控制板连接装置
案件类型：实用新型专利无效宣告案
无效宣告请求审查决定号：第 29759 号

二、涉案专利方案介绍

现有技术中变频器的控制板（也称控制电路板）与键盘（变频器的输入面板）分体设计，需要单独安装，设计成本和安装成本高。

涉案专利保护：一种变频器用和键盘和控制板连接装置，其包括键盘转接壳（1）和控制板固定件（2），键盘转接壳（1）上设有放置键盘用的放置槽（14），键盘转接壳（1）上开有一个以上的固定孔（11），控制板固定件（2）上对应于键盘转接壳（1）上固定孔（11）位置固定设置有与固定孔（11）相同数量的第一连接柱（21），键盘转接壳（1）安装在第一连接柱（21）顶部，控制板固定件（2）上固定设置有安装主控制板（42）用的连接柱，控制板固定件（2）上开有第二安装孔（28）。其结构如图 2-9 所示。

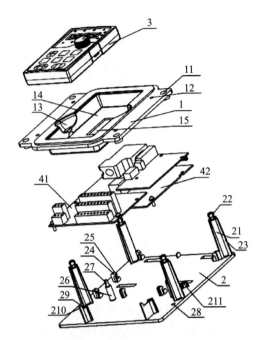

图 2 - 9 "变频器用键盘和控制板连接装置"的结构示意图

根据涉案专利说明书的记载，上述结构带来了如下的技术效果：控制板与键盘的一体化设计使得涉案专利在不同的机器上使用时，只需要固定板上开设与控制板固定件对应的安装孔，就可以将控制板安装在固定板上，安装更方便。

三、主要证据介绍

请求人提交多份证据，如下仅介绍与本案相关的证据。

证据 1：三菱通用变频器 F700 使用手册 FR - F740 - 0.75K ~ 55K - CHT1 FR - F740 - S75K ~ S630K - CHT 纸件及其所附光盘电子件，来源为 http：//cn. mitsubishielectric. com/fa/zh/download/dwn_idx_manual. asp，是最接近的现有技术，为在互联网上公开的一份产品使用手册，具体为下载自三菱电机（中国）有限公司官方网站的 "三菱通用变频器 F700 使用手册"。

证据 7：实物证据三菱变频器 FR - F740 - 5.5K - CHT，三菱通用变频器 F700 使用手册 FR - F740 - 0.75K ~ 55K - CHT1 FR - F740 - S75K ~ S630K - CHT，由中华人民共和国北京市海诚公证处于 2015 年 12 月 15 日出具（2015）京海诚内民证字第 14816 号公证书。口头审理当庭，请求人当庭提交北京市海诚公证处于 2015 年 12 月 11 日封存的证据 7 的实物证据，合议组和双方当事人现场对证据 7 的实物证据进行拆封，拆封之前所有封条完整无缺损。拆封之后，取出型号为 FR - F740 - 5.5K - CHT 的三菱牌通用变频器一台、发票一张以及产品使用手册一本。发票为北京市增值税普通发票，购买方名称为孚瑞肯电器（深圳）有限公司，销售方名称为北京智创翔和科技有限公司，开票日期为 2015 年 12 月 11 日，并盖有销售方的发票专用章。产品使用手册名称为"三菱通用变频器 F700 使用手册，FR－F740－0.75～55K－CHT1，FR－F740－S75K～S630K－CHT"，系 FR－F740－5.5K－CHT 的三菱牌通用变频器的印刷版使用手册。

证据 8：《变频器从原理到完全应用：三菱、安川》❶，封面、扉页、版权页及第88 页、第 89 页、第 223 页、第 224 页、第 243 页。

证据 9：《变频器原理与维修》❷，封面、扉页、版权页及第 11～13 页。

证据 10：豆丁网文档上传及上传后修改的示例及豆丁网关于文档上传、修改规则的帮助文档的网页打印件。

请求人主张，涉案专利的权利要求 1 相对于证据 1 不具有新颖性。

【案件焦点】

由于本案中最接近的现有技术（证据 1）是互联网公开的电子证据，对于该电子证据真实性、公开时间及公开内容的确认，尤其是证据真实性及公开时间的确认，成为双方争议的焦点问题。

对此，请求人认为：

关于证据 1 的真实性：首先，请求人对证据 1 的获取途径、公开时间及公开内容进行了公证证据保全：使用公证处专用计算机登录"三菱电机自动化（中国）有限公司"网站，通过关键词及上传时间搜索并下载变频器使用手册，上述网页打印件、公证书及所附光盘中存储的网页屏录文件及所下载的变频器使用手册电子文档完整地反映了公证当时网页的显示情况；该公证书对于下载过程的记载也能够证明该网络证据的来源。

其次，"三菱电机自动化（中国）有限公司"网站的主办单位为三菱电机自动化（中国）有限公司，系知名大型跨国公司，请求人与该网站权利人也不存在关联关系，也没有相应证据且没有合理怀疑表明请求人与该网站之间具有利害关系；进一步结合网站的内在管理机制，其网页监督机制由网站的系统管理员负责，从而，"三菱电机自动化（中国）有限公司"的网站不存在主动修改网页内容以及上传时间的主观动机；该网站部分网页的 URL 地址中包含 .asp 等类似内容，上述 URL 地址表明该网站采用 .NET 的网站架构模式，由于 .NET 与 J2EE 标准均属于 BS（Brower－Server）结构下的典型网站架构模式，具有一定的安全性，通过非法访问方式对其内容进行修改的可能性极小。

最后，请求人公证购买了与证据 1 型号相同的产品，该产品附随的使用手册与

---

❶ 龚仲华. 变频器从原理到完全应用：三菱、安川 [M]. 北京：人民邮电出版社，2009.

❷ 李方园. 变频器原理与维修 [M]. 北京：机械工业出版社，2010.

证据 1 进行比较，发现除了 2009 年 7 月最后一次修订的内容外，使用手册未作任何实质改动，上述证据体现在证据 7 中，这也可以佐证证据 1 的真实性。

关于证据 1 的公开时间，首先，公证书记载了证据 1 公开时间的获取途径。通过在"上传日期"填入 2009 年 1 月至 2009 年 12 月获得上传时间 2009 年 3 月 23 日。由于网页上记载的时间通常采用网页进入网站内容发布系统时获得的服务器时间，所以证据 1 的"上传时间 2009 年 3 月 23 日"能够表明，该网页进入内容发布系统时服务器的时间系 2009 年 3 月 23 日，故可认定该网页的公开时间系 2009 年 3 月 23 日。

其次，通过进一步限定上传时间搜索可以发现，仅包含 2009 年 3 ~ 4 月的时间段才能够检索到上述证据，2009 年 2 ~ 3 月或者 2009 年 4 ~ 5 月的时间范围均无法检索到上述证据，可以进一步证明证据 1 的上传时间即为 2009 年 3 月 23 日。

再次，使用手册的修订记录页清楚地记载了相应使用手册的印刷日期，该印刷日期均在涉案专利的申请日之前，这也佐证了证据 1 公开的三菱变频器结构在涉案专利申请日之前已经成为现有技术。

最后，请求人另外提供的与证据 1 同型号的产品实物及附随的使用手册（即证据 7）、相关专业的高校教科书等也用于进一步佐证证据 1 的技术方案在涉案专利的申请日之前已经属于现有技术。

专利权人认为，证据 1 在上传之后是否被修改过无法确认，即上传后存在被修改的可能性，因此，对于证据 1 的真实性持有异议。

【官方结论】

无效宣告请求审查决定中认为，在审查判断以公证书形式固定的互联网站发布的网页或电子证据的真实性时，应当从网页或电子证据的获取和固定方式、网页或电子证据来源的可靠性等方面加以认定。其中，网页或电子证据来源的可靠性可从网站资质、网站的信息监管能力、网站发布信息的真实性等方面着重考虑。在审查判断以公证书形式固定的互联网站网页发布时间的真实性和证明力时，应考虑公证书的制作过程、该网页及其发布时间的形成过程、管理该网页的网站资质等相关因素。如果确信现有证据能够证明待证事实的存在具有高度可能性，对方当事人对相应证据的质疑或者提供的反证不足以削弱相关证据的证明力达到高度盖然性的证明标准的，应该认定该待证事实的存在。

具体到本案，在请求人公证获取证据 1 的前提下，专利权人在法定期限内并没有提出相关证据或者合理怀疑的理由，用于表明请求人与证据获取网站之间存在关联关系或利害关系；合议组综合考虑证据来源网站性质等情况，认为该网站不存在主动修改其网页内容的主观动机，由此排除该网站主动修改证据 1 电子文档的可能性；从网站的监管能力而言，该网站的架构模式本身即具有一定的安全性，他人通过非法访问方式对其内容进行修改的可能性极小；对于该网站发布的证据 1 的真实性，请求人另外提交了公证获取的当前市场上产品附随的使用手册，佐证证据 1 随着产品更新换代进行了部分修订，但这些修订并未涉及产品结构的实质内容。

综合以上，合议组对证据 1 的真实性予以认可。

【律师观点】

在无效宣告程序中，评价专利是否具备新颖性和创造性时，需要回归到专利申请时的状态，即需要使用现有技术来进行评价。《专利审查指南 2010》第二部分第三章第 2.1.2 节按公开方式规定了三种现有技术的类型，即出版物公开、使用公开和以其他方式公开。无论是哪一种现有技术，均需包含公开时间和公开内容的统一，即需要证明的是在涉案专利申请日之前技术的状态。

互联网证据由于产生于互联网，存在证据容易灭失、容易被更改的特点。在实践当中，互联网证据的真实性认定，往往是案件的焦点所在，争议双方往往也是围绕互联网证据的公开时间以及公开内容来阐述其真实性是否能够被认可。

实践当中，针对互联网证据，一般从如下几个方面考察其真实性：第一，证据的具体来源，即证据具体来源于什么样的网站，即应着重从网站的经营主体、网站资质、是否备案、网站的流量、网站监管是否正规、网站的知名度等角度考察网站的稳定性以及公信力。第二，证据的获取以及固定途径，主要考察获取以及固定途径是否能够如实反映证据的原貌，即在证据被固定之后，是否可以根据该证据考察互联网证据公开的原貌。针对互联网证据，一般可以采用对网站公开内容进行公证以及采用可信时间戳进行固定的方式。第三，考察证据的公开时间，互联网中存在上传时间、发布时间等与公开时间相关的时间节点，《专利审查指南 2010》第四部分第八章第 5.1 节对"互联网证据的公开时间"作出了规定："公众能够浏览互联网信息的最早时间为该互联网信息的公开时间，一般以互联网信息的发布时间为准。"一般来说，发布时间可以认为是公开时间，而上传时间是否可以认定为是公开时间要根据不同网站的管理规则来具体确定。第四，考察证据内容是否被更改过。由于互联网证据在上传互联网并发布之后，容易被更改、替换之后再行发布，此时需要考察证据中展示的技术内容是否是涉案专利申请日之前已经公开的内容。也就是说，即便一份互联网证据的发布时间在涉案专利申请日之前，且已经公开涉案专利的全部技术信息，仍需要证明其公开的技术信息是发布之后是未经更改的，或至少不是通过在涉案专利申请日之后经过修改才导致与涉案专利的技术信息一致。如果确信现有证据能够证明待证事实的存在具有高度可能性，对方当事人对相应证据的质疑或者提供的反证不足以削弱相关证据的证明力达到高度盖然性的证明标准的，就应该认定该待证事实的存在。

在本案中，为了使得最接近的现有技术证据 1 站稳脚跟，围绕证据 1 请求人一方还组织了多份证据，不但考虑单体证据本身的完整性，更考虑补强证据与核心证据形成的证据链，从而多角度加强合议组对证据 1 的内心确认。

从证据 1 本身来看，对上传时间搜索关键词的限定、各时间段分别搜索的尝试、本身的修订记录及印刷时间均可以对公开时间进行佐证。

除证据 1 之外，请求人提供了证据 7，公证获取了当前市售的相同型号变频器产品，并获得了附随的产品使用手册，佐证证据 1 使用手册存在的客观性，内容变迁以及内容虽有变迁，但未涉及产品结构的实质改变。

请求人另外还提供了在其他知名网站如豆丁网中类似的公开内容，以及与证据 1 变频器产品型号相关的教科书或者技术手册（证据 8、证据 9、证据 10），其中也公开了部分的产品结构，这些证据内容均在涉案专利申请日以前上传或出版，因此，进一步佐证证据 1 的公开时间及公开内容。

由此，围绕证据 1 形成了多条证据链，证据 1 本身的内容可以自相印证，也可以结合其他证据，如当前市售产品辅助理解产品结构并用市售产品附随的使用手册佐证证据 1 的修订过程、修订时间及内容；其他网站公开的文献或者教科书类证据对证据 1 实体内容的公开时间、公开内容也可予以佐证。以上从单条证据链各环节之间的印证以及不同证据链条之间的相互佐证、印证的多角度证明三菱公司的该产品在涉案专利申请日之前已经公开相同的变频器结构。

合议组综合考虑这些证据，并在对方当事人对于上传时间作为发布时间（公开时间）没有异议的情况下，采用上传时间作为公开时间，最终认定了涉案专利无效。

五、论坛类互联网证据公开时间和公开内容的认定

——"横流泵"专利无效宣告案

【本案看点】

一般的论坛类网络公开证据，由于并非如政府官网、知名非政府组织官网等被一般消费者熟知，公信力、可信度的证明通常需要依靠当事人的举证。当证据本身的真实性达到高度盖然性的标准而又未有明确地相反证据的情况下，这类证据就可能会被认可。

【案情介绍】

一、案件基本信息介绍

涉案专利号：ZL201430373365.X

专利名称：横流泵

案件类型：外观设计专利无效宣告案

无效宣告请求审查决定号：第 30916 号

二、涉案专利方案介绍

涉案专利的外观设计由组件 1（本体部分）和组件 2（盖板）两部分组合而成，组件 1 包括泵体和支架两部分。泵体包括近似圆柱形的壳套和沿着壳套轴向安装在两端的圆柱形轴筒，轴筒相对于壳套对称设置，壳套的底部外壁上设置一个方形框。

轴筒的后部和底部为镂空状，沿轴向设置一道加强筋。轴筒顶部对应组件 2 的部分为封闭状。两个轴筒不与壳套连接的一端上均设有盖子。泵体上部有近似"M"形支架，包括位于两侧的两个连接架，每个连接架都由两条前后布置的筋相隔一定间隙形成，两个连接架的一端分别与两个盖子对应连接，另一端分别对应连接一个安装板，两个安装板之间为内凹的中架，

图 2-10 "横流泵"的结构示意图

中架的中部具有两条槽和位于两条槽两侧的两个孔。组件 2 为板状，分为三个矩形区域，两侧板底部对应紧贴组件 1 设置两个安装板，中部板侧部设有凹槽，中部板安装后对应组件 1 支架部分内凹的中架。其结构如图 2 – 10 所示。

三、主要证据介绍

本案最接近的现有设计为证据 1。

证据 1 为经过公证保全的网页。证据 1 主要内容是百度搜索"迈光 Maxspect 全球首款超强环流器造流器"。获得相关网页的过程：通过百度搜索"迈光 Maxspect 全球首款超强环流器造流器"，获得"南美水族家园"网站上注册用户"waters 水族"发表的题为"迈光 Maxspect 全球首款超强环流器造流器旋影漩影十级调速包邮"的帖子相关内容，含有涉及漩影环流器产品图片的主贴和跟帖的发表时间均为2014 年 09 月 05 日，涉及产品的介绍、图片以及销售信息，如图 2 – 11 所示。

图 2 – 11　"迈光 Maxspect 全球首款超强环流器造流器"的相关信息

【案件焦点】

本案最接近的现有设计（证据1）为在互联网中"南美水族家园"论坛上获取的相关产品介绍。在该种网络证据公开的形式下，如何认定证据1的公开时间和公开内容，是本案的关键问题。

【官方结论】

无效宣告请求审查决定中认为，证据1公证书形式上无瑕疵，专利权人亦对其真实性没有提出异议，故合议组对证据1公证书本身的真实性予以确认。根据公证书依法具有的证据效力，能够确认证据1公证书内所示相关网页内容的合法来源和公证当时的真实存在。

对于公证保全所获取的内容，"南美水族家园"是具有备案信息的合法网站，除鱼友交流论坛外，还提供相关产品信息、拍卖信息等。合议组口头审理当庭核实，该网站页面显示会员数约为57万人，发帖数量为2000多万帖，具有一定规模和行业知名度。论坛网页所显示的帖子发表时间均由其服务器自动生成，如经过编辑，会显示最后一次编辑时间。综合考虑该网站上述信息体现的信誉度和论坛发帖编辑修改管理机制，在专利权人未提出异议也无其他反证可以证明上述论坛信息不真实的情况下，上述论坛内容的真实性可以确认。

由于上述内容通过搜索即可获得，且论坛信息对所有人公开，因此可以认定上述论坛帖子中所示的图片在其发布日即处于公众想得知即可得知的状态，构成专利法意义的公开。因上述帖子发表时间早于涉案专利的申请日2014年9月30日，上述帖子中所示图片中的产品设计可以作为现有设计，用以评价涉案专利是否符合《专利法》第二十三条第二款的规定。

在对证据1的真实性和公开时间予以认定的基础上，合议组进一步对涉案专利与证据1进行了对比，认为两者的组成部分及各部分整体形状基本相同；相比两者的相同点而言，两者的区别不容易引起一般消费者的关注，不足以对整体视觉效果产生显著影响，两者不具有明显区别，因此，涉案专利不符合《专利法》第二十三条第二款的规定。

【律师观点】

相对于专利文献、期刊等类型的现有技术/现有设计证据来说，网络证据的认定具有一定的特殊性，主要原因在于其信息的生成、存储、传递都只有依赖于计算机才能完成，而计算机的数据交互方式及规则决定了其存在被修改的可能，因此，对于该类证据的真实性以及公开时间的认定都更为谨慎。

一般来说，网络证据的证明力应当考虑信息发布来源的可信度，来自信誉度较高网站的信息具有较强的可信度，例如政府官网、知名非政府组织官网、大型科研院所官网、正规大专院校官网、大型知名企业官网、大型知名商业或社交门户网站。上述网络证据在通过公证保全、当庭上网演示等方式确认其来源可靠的情形下，一般可以认定其真实性，但有相反证据的除外。

由于本案的论坛类网络公开证据并非如政府官网、知名非政府组织官网等被一般消费者熟知，其公信力、可信度通常需要当事人的举证，在证据本身的真实性达到高度盖然性的标准而又未有明确相反证据的情况下，就可能会被认可。本案中，为了将这一论坛网站公开的关键证据作扎实，即采取两条途径分别来证明、加强、巩固。

第一，对于证据1论坛本身，从论坛的经营主体、工业和信息化部网站备案系统的查询结果、论坛的用户量、发帖量等方面，证明该网站属于正规经营、用户数量多、体量大的社交网站，众多网友在该网站互动、交流、交易，具有一定的规模和行业知名度，在没有明确相反证据证明的前提下，对其中帖子的真实性和发布时间应当予以认可；根据该论坛提供的编辑、修改规则可知，如果帖子被编辑，则会显示最后一次的编辑时间，而非"发表时间"，进一步佐证该帖没有被编辑过，其发表时间就是公开时间，在发表后没有被修改过。

第二，为了加强合议组的内心确认，请求人另外提供了其他网络公证证据，如证据2海友乐园网站的用户Maxspect于2014年6月6日发表的帖子（其内容为Maxspect-广州迈光参加2014年德国Interzoo国际宠物水族展，显示了如涉案专利产品的部分照片）、证据7迈光公司网站材料、证据8迈光公司商标注册资料等，证明"Maxspect"正是本案的专利权人广州迈光公司的英文名称及商标名称，也正是专利权人自己在涉案专利申请日之前在互联网上将涉案专利产品公开。

至此，合议组根据在案的证据，认为已经足以认定最接近的现有设计证据1的真实性、公开时间、公开内容，从而作出了涉案专利全部无效的审查决定。

六、电子商务类网站互联网证据 公开时间和公开内容的认定

——"自行车可调手机支架"专利无效宣告案

【本案看点】

电子商务类网站发布产品宣传图片的公开时间本身通常难以确定，即使网页上标明了"上架时间"，由于"上架时间"存在被修改的可能，并且在"上架时间"不变的情况下，对于同一链接下的网页图片也可能通过编辑进行修改。因此，对于该类网站发布的产品信息，可以通过进一步查询产品销售记录中用户发布的晒图评价予以弥补。

【案情介绍】

一、案件基本信息介绍

涉案专利号：ZL201530190409.X
专利名称：自行车可调手机支架
案件类型：外观设计专利无效宣告案
无效宣告请求审查决定号：第30233号

二、涉案专利方案介绍

涉案专利的外观设计保护一种自行车可调手机支架，主要分为两部分，前部为用于固定手机的固定板，后部为用于连接自行车的卡孔。前部固定板整体呈八边形平板状，表面有一形状相同但尺寸略小的八边形框；固定板顶面和底面四角处有可固定手机的抓手，变化状态图显示抓手部位可伸缩；固定板背部表面有一较大的"X"形结构，中间位置有旋钮，旋钮下方为凸出的连接自行车的卡孔，该卡孔通过万向球与固定板背部相连接，万向球顶部以及卡孔上还有用于固定卡孔的竖向及横向的旋钮。其结构如图2-12所示。

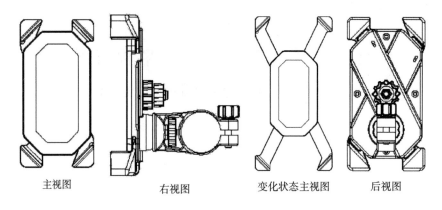

主视图　　　　　　　右视图　　　　　变化状态主视图　　　　后视图

图 2 - 12　"自行车可调手机支架"的主视结构示意图

三、主要证据介绍

最接近的现有设计为证据 1。证据 1 是京东网中一家名称为"奥赛运动用品专营店"的店铺销售 PB02A 型锁车把手机支架的销售记录。证据 1 为公证形式的证据保全，进入京东主页，搜索"奥赛运动用品专营店"，在结果中搜索"山地手机支架"，可查看产品宣传页面，产品宣传图片，如图 2 - 13 所示。

092

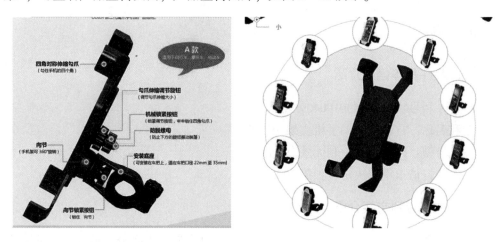

图 2 - 13　"奥赛运动用品专营店"发布的关于 PB02A 型锁车把手机支架的宣传图片

查看"累计评价"后，可见：

某京东银牌会员于 2015 年 3 月 29 日 12：53 在"收货 6 天后"发表评论："PB02A 锁车把""不错，还没装车，装上去应该挺好用，质量挺好的"，同时发布了两幅产品图片，如图 2 - 14 所示。

图 2 – 14　某京东银牌会员发布的"PB02A 锁车把"手机支架的图片

京东钻石会员"Y – BOC"于 2015 年 5 月 25 日 10：11，在收货 3 天后评论："PB02A 锁车把""工艺上乘，质量过硬。很喜欢"，并发布了两幅所购产品的图片，如图 2 – 15 所示。

093

图 2 – 15　某京东钻石会员"Y – BOC"发布的关于"PB02A 锁车把"手机支架的图片

【案件焦点】

无效宣告请求人主张，证据 1 的上述内容证明该"PB02A 锁车把"手机支架至少在涉案专利申请日 2015 年 6 月 11 日前已经公开销售。涉案专利与证据 1 相比，二者整体结构相同，各部分位置、形状大致相同，不同之处主要在于证据 1 的旋钮下方卡扣内设有软垫片，而涉案专利没有。但是垫片的设计可以根据车把的口径选择是否设置以及设置几个；该设计位于产品背面，使用时不易看到，对产品整体而言属于局部细微变化，因此该差别不足以对整体视觉效果产生显著影响，涉案专利不符合《专利法》第二十三条第二款的规定。

专利权人认为，请求人的上述证据无法证明与涉案专利相关的外观设计的公开时间，证据1不能作为现有设计评价涉案专利是否符合《专利法》第二十三条第二款的规定。

由于本案中关键性的证据1系电子商务类互联网公开证据，而互联网公开证据作为电子证据，因其本身所具有的数字性及易修改性，对该证据公开时间及公开内容的确认成为案件的焦点。

【官方结论】

无效宣告请求审查决定中认为，京东网站属于信誉度较高的知名经营性交易网站，网站上的商品评价内容真实记录了顾客在购买商品后对其所购商品拍照上传并发表的文字评论，照片上传及评价的生成时间由计算机自动形成，评价所针对的型号是对顾客所购商品信息的提取，所有数据维护由网站进行管理，买卖双方或第三人均无法自行修改。因此，在没有相反证据的情况下，可以确认该型号商品在其评价时间已在互联网上公开销售。

证据1显示的产品宣传页面中已经包含"PB02A锁车把"手机支架的相关介绍及图片展示，且京东会员购买该产品后的晒图也显示了"PB02A锁车把"手机支架的结构，两者相较可见其与涉案专利整体形状、各部分组成及位置比例关系均基本相同，因此，京东会员晒图及网站产品宣传页面图示均针对同一型号产品、可以结合使用确定产品外观。该"PB02A锁车把"手机支架的商品评价时间早于涉案专利申请日。因此，京东会员晒图及网站产品宣传页面图示所公开的"PB02A锁车把"可以作为涉案专利的现有设计。

【律师观点】

本案系京东商城网站在涉案专利的申请日之前售出的产品导致涉案专利的外观设计被使用公开的案例。

网络公开证据近年来成为无效宣告案件，特别是外观设计专利无效宣告案件中关注度日益提高的证据类型。究其原因，一方面，外观设计专利图片或照片的表现形式与产品实物非常贴近，通过产品图片一般即可判断是否与拟无效宣告专利的产品外观设计相同或者相近；另一方面，外观设计与发明、实用新型不同的无效审理标准，使得符合"相同""实质相同""不具有明显区别"无效标准的专利文件证据的获取难度巨大，促使大家将证据检索的注意力转向了使用公开。在使用公开证据中，互联网的使用公开证据获取途径又较为方便，因此被频繁使用。

随之而来的问题是，虽然互联网公开证据获取方便又易于固定，但是其公开时间以及公开内容的确定容易产生分歧。不同网站、不同信息发布平台或主体的天然公信力不同，信息的发布或修改规则不同，使得不同的互联网公开证据需要当事人尽到不同程度的举证义务。例如，对于通过网络发布的新闻报道，鉴于新闻的时效性以及新闻媒体的公信力，通常可以认为该新闻于网页或新闻客户端上所显示的时间为其公开日，当然，如果新闻报道仅能表明某事件的发生，而没有披露相关技术的实质性内容，则不能认定该事件的新闻报道使得相关技术内容处于公众想得知就能够得知的状态。[1]

再如本案中京东商城网站等电子商务类网站，不仅是产品信息的发布和销售平台，还提供交易完成后卖家商品评价或发布附有图片的晒单功能。其网站发布产品宣传图片的时间本身通常难以确定，即使网页上标明"上架时间"等信息，由于"上架时间"是否被修改无法确定，并且在"上架时间"不变的情况下，对于同一链接下的网页图片也可能通过编辑进行修改，因此，仅通过产品展示页面显示的上架时间及产品图片尚无法确定其公开时间及公开内容。此时，如果针对该特定产品存在涉案专利申请日之前发表的晒单评价，就可以弥补这一不足：在晒单评价发表日，晒单照片中显示的产品外观已经被公开。

网络销售证据作为证据中的一种特殊类型，也要遵循证据举证责任的分配规则。在请求人初步举证证明，在涉案专利申请日之前存在通过网络在先宣传或销售已经公开与涉案专利相同或近似的外观设计时，针对这种特定的公开方式，专利权人通常会对该公开时间和公开内容提出质疑，此时的晒单评价时间和内容可消除这种质疑，保障该证据的证明力。

---

[1]　国家知识产权局专利复审委员会. 以案说法：专利复审、无效典型案例指引［M］. 北京：知识产权出版社，2018.

七、微博类互联网证据公开时间和公开内容的认定

——"手持式冲击理疗枪"专利无效宣告案

【本案看点】

针对新浪微博的发布内容，包括文字、图片以及视频等形式，原创微博和转发微博都可以被编辑，目前仅支持对文本和图片的编辑，并且被编辑过的微博将会显示"已编辑"的标识，而对于视频信息无法编辑。因此，对于视频信息，公证显示的信息状态就是公开当时的信息状态。对于文本以及图片等信息，如果未显示"已编辑"，则公证显示的信息状态就是公开当时的信息状态；如果显示"已编辑"，则编辑时间才是公开时间，编辑时显示的信息状态才是公开当时的信息状态。

【案情介绍】

一、案件基本信息介绍

涉案专利号：ZL201830084604.8
实用新型专利名称：手持式冲击理疗枪
案件类型：外观设计专利无效宣告案
无效宣告请求审查决定号：第 41302 号

二、涉案专利方案介绍

涉案专利要求保护一种手持式冲击理疗枪。其结构如图 2－16 所示。

其主要包括理疗枪主体、连接于主体下方的手持部，以及连接于主体前端的按摩头。

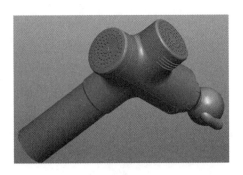

图 2－16 "手持式冲击理疗枪"的结构示意图

三、主要证据介绍

本案中，使用的最接近的现有设计为证据 1。

证据 1 是新浪微博的一条微博内容，具体为专利权人 HYPERICE 在新浪的官方微博发布于 2018 年 3 月 2 日的一条筋膜枪产品使用、宣传微博。请求人提供了该条微博的查询路径、微博内容（包括文字说明及产品使用视频），通过其官方微博链接到 HYPERICE 中国官网的公证证据保全内容，以及新浪微博的微博编辑功能说明。该条微博公开了如图 2-17 所示的筋膜枪产品外观。

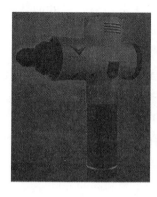

图 2-17　专利权人 HYPERICE 发布的筋膜枪图片

【案件焦点】

请求人认为，新浪微博是国内知名的社交平台，在国内使用者众多，影响力大、信誉度高，管理机制也十分规范。上述微博为 HYPERICE 的官方微博，其发布的微博主要用于宣传的目的，因此微博中的产品视频于微博的发布日期即处于公众想得知即可得知的状态，构成专利法意义的公开。同时，新浪微博对其修改、编辑规则作出说明：博主可以在个人主页、微博正文页以及首页信息流中找到编辑微博选项，原创微博和转发微博都可以被编辑，目前仅支持对文本和图片的编辑。并且，被编辑过的微博将会显示"已编辑"的标识；而 HYPERICE 官方微博于 2018 年 3 月 2 日 01：33 发布的微博视频既不属于可以编辑的"文本和图片"，也未显示"已编辑"的标识，因此，该微博发布后未被修改过，其视频附件也未被修改过。

综上，请求人认为，HYPERICE 官方微博于 2018 年 3 月 2 日发布的微博视频已经公开与涉案专利近似的筋膜枪产品外观，且自微博发布日起未经过更改。

对于请求人的上述观点，专利权人持不同意见。对于新浪微博的公开内容，专利权人仅认可公证书原件与复印件的一致性，即仅认可公证书本身的真实性。专利权人不认可新浪微博的公开时间和公开内容。

据此，本案的焦点为，新浪微博是否确实在涉案专利申请日之前公开如涉案专利的外观设计。这一是否"公开"的判断既包括公开时间、公开内容，又包括在宣称的公开时间之后是否存在被修改的可能。

【官方结论】

无效宣告请求审查决定中认为，新浪微博是第三方知名门户网站新浪网设立的公众交流平台，个人、政府机构、公司企业均可通过注册成为平台用户并发布微博，且可以浏览他人公开发布的微博。鉴于公证时该微博处于对所有人公开的状态，且其文字内容显示用户发布该微博旨在向公众发送消息进行商品推广，说明该微博自发布时起对所有人公开状态的盖然性极高，且根据微博修改规则说明，自2017年10月1日之后，微博博主可以在个人主页、微博正文以及首页信息流中找到编辑微博选项，原创微博和转发微博都可以被编辑，目前仅支持对文本和图片的编辑，并且被编辑过的微博将会显示"已编辑"的标识；HYPERICE官方微博于2018年3月2日01：33发布微博并无"已编辑"的标识，且视频附件无法编辑，因此，该微博发布后未被修改过的盖然性极高，其视频发布时间早于涉案专利申请日，属于涉案专利申请日之前的现有设计。

对于产品外观的具体比对，合议组认为，对于按摩器产品而言，通常由主体和按摩头组成，其中主体具体形状更为一般消费者关注，对产品的整体视觉效果会具有较大的影响。涉案专利与现有设计相比，二者整体外形即各部分的构成、比例、连接关系相同，主体部分的形状和具体设计基本相同，整体上形成了基本一致的视觉印象；二者的区别点则或者属于一般消费者在使用该产品时不容易注意的部位，或者在产品整体设计中占比很小不容易被关注，使得这些差别对产品的整体视觉效果不足以产生显著影响。因此，涉案专利相对于现有设计不符合《专利法》第二十三条第二款的规定。

【律师观点】

本案涉及微博类网络证据真实性的认定。微博类网络证据是电子数据证据的一种类型。2019年12月25日，最高人民法院公布了《最高人民法院关于修改〈关于民事诉讼证据的若干规定〉的决定》，修改后的《最高人民法院关于民事诉讼证据的若干规定》于2020年5月1日起施行，其中第十四条规定了电子数据证据的具体类型，明确微博、博客等平台发布的信息可以作为电子数据证据。新浪微博是知名的微博平台，其发布的信息在外观设计无效宣告中被越来越多地作为证据使用。

针对新浪微博发布信息的时间和内容，目前，比较一致的观点为，新浪微博作为国内知名的第三方社交媒体平台，运营机制较为规范、管理相对严格。尽管作为互联网平台，其根据用户需求和管理需要在不断调整用户权限，但是根据对新浪微博平台管理机制的了解和用户经验可知：新浪微博中上传图片一经发布，发布时间由系统自动生成且无法修改；每一条微博发布的公开范围包括对所有人公开、好友圈公开和仅自己可见,微博公开范围仅能修改一次,公开可以转换成私密,但私密不能转换成公开。因此,一旦微博信息被公证保全,则说明该微博自发布时起就处于对所有人公开的状态。对此,第43101号、第42239号、第41547号、第41546号无效宣告请求审查决定中均有相关论述。由此可以确定,针对新浪微博发布信息的公开时间,如果在公证时,微博处于对所有人可见的状态,则可以认定信息的发布时间就是信息的公开时间。

针对新浪微博的发布内容,包括文字、图片以及视频等形式,根据微博修改规则说明,自2017年10月1日之后,微博博主可以在个人主页、微博正文以及首页信息流中找到编辑微博选项,原创微博和转发微博都可以被编辑,目前仅支持对文本和图片的编辑,并且被编辑过的微博将会显示"已编辑"的标识,而对于视频信息无法编辑。因此,对于视频信息,公证显示的信息状态就是公开当时的信息状态。对于文本以及图片等信息,如果未显示"已编辑",则公证显示的信息状态就是公开当时的信息状态;如果显示"已编辑",则编辑时间才是公开时间,编辑时显示的信息状态才是公开当时的信息状态。

具体到本案,由于微博公开范围仅能修改一次,公开可以转换成私密,但私密不能转换成公开,而HYPERICE官方微博于2018年3月2日01:33发布微博可以被公证,则说明其一直处于对于所有人可见的公开状态,因此,可以确定公开时间为2018年3月2日。而HYPERICE官方微博发布的微博并无"已编辑"的标识,且视频附件无法编辑,因此,该微博发布后未被修改过的盖然性极高,视频中展示的信息,属于涉案专利申请日之前的现有设计。

八、使用公开证据作为现有技术的认定

——"一种光学测试用高亮度卤素灯发光箱"专利无效宣告案

【本案看点】

在通过使用公开证据来评价涉案专利的新颖性和创造性时，要充分考虑所采用的使用公开证据能否再现涉案专利申请日前的技术状态。在判断使用公开证据能否再现涉案专利申请日前的技术状态时，要结合争议各方提供的在案所有证据，采纳高度盖然性的判断原则。

【案情介绍】

一、案件基本信息介绍

涉案专利号：ZL201020150016.8
涉案专利名称：一种光学测试用高亮度卤素灯发光箱
案件类型：实用新型专利无效宣告案
无效宣告请求审查决定号：第29874号

二、涉案专利方案介绍

涉案专利权利要求1保护：一种光学测试用高亮度卤素灯发光箱，由箱体（1）、散热出光支架（9）和卤素灯灯座（4）组成，其特征是，所述卤素灯灯座（4）固定在散热出光支架（9）内，所述箱体（1）上设有卤素灯泡安装孔；所述散热出光支架（9）由长方形中空外框架（18）、内框架（11）和盖板（12）组成，所述外框架（18）带有压缩空气进气口和出气口，所述内框架（11）设在外框架（18）内，外框架（18）和内框架（11）之间形成压缩空气散热槽，所述卤素灯灯座（4）固定在内框架（11）内边，灯座的前方设有所述出光孔（13），所述盖（12）板上设有和所述出光口（13）相应的孔，盖板（13）从所述散热出光支架（9）前部密封覆盖压缩空气散热槽；所述散热出光支架（9）后部对应卤素灯泡安装孔位置安装在所述箱体（1）上。其结构如图2-18所示。

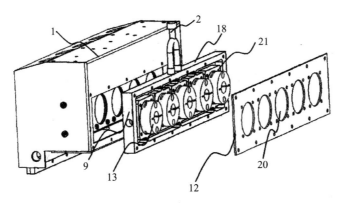

图 2 - 18　"一种光学测试用高亮度卤素灯发光箱"的结构示意图

三、主要证据介绍

无效宣告请求人提交了使用公开证据 1 ~ 12，用于证明涉案专利权利要求 1 保护的技术方案在申请日前便已经公开，处于公众想要得知便能得知的状态，涉案专利不具备新颖性和创造性，其中主要证据链为证据 1、证据 7 以及证据 8。

证据 1：北京市中信公证处于 2013 年 3 月 15 日出具的（2013）京中信内经证字第 05331 号公证书，具体记载了公证设备为奥宝深圳于 2013 年 3 月 15 日通过公证处进行保全的一台奥宝深圳销售给竞华公司的 Discovery 8200 型自动光学检测机。该公证书中包含记账凭证、系统外汇买卖单、支付凭证、订购单、买卖合约、抵押合同、机器设备清查评估汇总表和明细表、动产抵押注销登记书、进口货物报关单、报关设备的电子档案打印件、通过 ERP 系统查询的固定资产卡片和大修记录等相关文件，而且公证书中对设备拍摄的照片均涉及型号为 Discovery 8200 的自动光学检测机，而且这些证据可以相互关联、印证。

证据 7：深圳市盐田公证处于 2016 年 1 月 18 日出具的（2016）深盐证字第 1301 号公证书，该公证书显示，2016 年 1 月 18 日，在公证人员的监督下，委托代理人将证据 1 中封存设备上的发光箱进行了拆解并拍照，对发光箱进行了封存。

证据 8：竞华公司于 2013 年 3 月 13 日出具的一份证人证言，用于证明自动光学检测机（型号：Discovery 8200）的维护仅涉及软件升级和替换易损件，并无重大维修。

专利权人提供了反证 1：电子发烧友网于 2012 年 11 月 28 日在其网站上刊登的奥宝科技推出新一代的 PCB Discovery AOI 系列产品的报道的打印件，网址为 http：//www. elecfans. com/xinpian/ic/20121128299827. html。

专利权人用上述反证 1 证明 Discovery 8200 从 2006 年至产品公证这段时间内有过产品更新的事实。

【案件焦点】

本案的争议焦点在于,使用公开证据是否公开涉案专利限定的卤素灯发光箱的具体结构内容。

无效宣告请求人认为涉案专利权利要求1~6的内容在申请日前便已经被公开,具体来说,证据1、证据7以及证据8形成使用公开证据链,公开了权利要求的全部内容。

请求人认为,根据证据1可以得知,采用涉案专利技术方案的产品在申请日前便已经进行公开销售,即奥宝深圳销售给竞华公司的安装有卤素灯发光箱的Discovery 8200型自动光学检测机,并提供了买卖合约、抵押合同、支付凭证、记账凭证等用于证明销售时间早于涉案专利申请日;证据7对卤素灯发光箱进行了拆解,用于说明其已经公开涉案专利权利要求1的全部技术特征。前述文件以及拆解过程均进行了公证。证据8证明产品从销售到公证之日未经过更新以及重大维修,公证的产品即为销售的产品。

专利权人则认为,前述使用公开证据的证据链并不完整,并未公开涉案专利权利要求所限定的卤素发光箱的具体结构。

证据1的公证书中所用于公证的产品来源于请求人的客户,其两者之间存在利益关系。另外,证据1的公证书的公证时间晚于产品的销售时间,属于事后公证,无法证明产品从销售到公证的时间段内没有经过改造和变造,因此无法证明公证时产品的技术状态即为销售时产品的技术状态。

证据7的公证时间是在证据1展示的产品销售之后,请求人无法证明证据7中产品结构等同于2007年销售之时(涉案专利申请日之前)的产品结构。为此,专利权人提交了涉案型号产品从2007年被销售到产品被公证之时,相同型号产品经过更新换代的网页证据,用于证明请求人无法证明其公证的产品是未经过更新的产品。

证据8为竞华公司出具的一份证人证言,该证人无正当理由未出庭接受质证,因此,该份证据在形式上不能单独作为认定案件事实的证据。而且,通过阅读此份证人证言,也无法确定产品在销售之后涉及发光灯箱的部分是否有过部件的更换以及维修,因此,无法证明涉案专利保护的产品具体结构在申请日前便已经公开。

【官方结论】

无效宣告请求审查决定书中认为,证据1中的公证设备为奥宝深圳于2013年3月15日通过公证处进行保全的一台奥宝深圳销售给竞华公司的Discovery 8200型自动光学检测机。根据该公证书中包含的记账凭证、系统外汇买卖水单、支付凭证、订购单、买卖合约、抵押合同、机器设备清查评估汇总表和明细表、动产抵押注销登记书、进口货物报关单、报关设备的电子档案打印件、通过 ERP 系统查询的固定资产卡片和大修记录等相关文件，再结合公证书中对设备拍摄的照片，可以确认这些证据中均涉及型号为 Discovery 8200 的自动光学检测机，而且这些证据可以相互关联、印证，因此合议组可以确认在 2007 年竞华公司向奥宝亚洲购买了一台 Discovery 8200 型自动光学检测机的事实，即该设备在 2007 年已经被公开销售。

该设备中具有一个卤素灯发光箱，请求人认为该发光箱与涉案专利请求保护的发光箱完全一致。为了进一步证明该发光箱与涉案专利请求保护的发光箱完全一致，请求人提交了证据 7 的公证书。该公证书中显示，2016 年 1 月 18 日，在公证人员的监督下，申请人的委托代理人将证据 1 中封存的设备上的发光箱进行了拆解，对发光箱进行了封存，并于口审当庭打开了贴有公证处封条的用于封存该发光箱的封存箱。虽然可以理解，请求人认为整个设备过于庞大，无法带到口审现场进行设备演示，因此单独拆解出发光箱以便于进行特征对比，但是，由于将发光箱这个部件从自动光学检测机上进行了分离拆解，检测机与发光箱固定连接部分的原有痕迹已经被破坏，拆解过程也使得检测机的原样不复存在，无法对该检测机是否进行过拆解、维修、零部件的更换等进行判断。虽然证据 1 和证据 7 的公证书中均含有检测机及其发光箱的照片，但仅凭照片也无法辨识上述细节。换个角度讲，口审当庭合议组对封存的发光箱进行查验时，并未发现拆解而导致发光箱这一部件的外观或与检测机整体连接的部位出现损坏。这也就意味着，发光箱作为一个独立部件，与检测机整体的分离并不需要进行破坏性的拆除，并且发光箱的主要功能是依靠电力发光，其内部结构是否变化与机器整体运行之间在技术上并不存在很强的关联性。由此可以推定，在检测机使用过程中，即使对发光箱进行过更换、维修等操作，仅从检测机或发光箱外观上也难以发现相关的痕迹，虽然该封存的发光箱看上去存在已经被使用过的痕迹和发旧的状态，但由于该设备是于 2007 年销售给竞华公司的，证据 1 中公证的设备封存时间为 2013 年 3 月 15 日，二者之间相隔 5 年多的时间，与口审开庭 2016 年 5 月 16 日又相隔 3 年多的时间，如此长跨度的时间过程中也会导致其呈现出上述状态，因此基于目前的状况，合议组已无法确定该发光箱在该设备于 2007 年销售时或涉案专利的申请日以前便存在于该设备之上，也无法确定该发光箱在该设备的使用过程中是否发生过替换和变更。证据 1 公证书中还包含通过竞华公司的 ERP 系统调出该台设备的固定资产卡片，其上显示该台设备没有大修的记录。一方面，该 ERP 系统为竞华公司的内部系统，其内容的维护和修改都是由竞华公司来进行操作的，随意修改的可能性较大；另一方面，即便排除任意修改的可能性，其也仅能证明在制作该公证书时该设备不存在大修记录的情况，无法确定"大修"涉及的事项和范围，并不能证明使用过程中是否进行零部件的更换或维修等操作。因此，合议组无法对该内容的真实性以及对该检测机是否仍然保持销售行为发生时或涉案专利申请日以前的状态或部件组成的事实进行认定。

证据 8 为竞华公司出具的一份证人证言，然而该证人华某军无正当理由未出庭接受质证，因此根据《专利审查指南 2010》第四部分第八章第 4.3.1 节的规定，该份证据在形式上不能单独作为认定案件事实的证据。此外，即使通过阅读该份证人证言，也并不能够清晰明确地获知奥宝深圳的售后工程师对机器进行维保服务所填写的服务报告与竞华公司归档的固定财产卡片之间存在何种关联关系，也无法确定产生的服务报告具体包括什么内容，该内容是否需要备案在固定财产卡片上，并且所谓的"对该自动光学检测机（型号：Discovery 8200）的维护仅涉及软件升级和替换易损件，并无重大维修"中限定的重大维修是竞华公司内部的一个标准，其具体范围是什么、更换自动检测机的发光箱是否属于重大维修的事项均不清楚。因此，该份证据在内容上也无法证明证据中的光学检测机的发光箱没有进行过替换和变更。

综上所述，结合上述证据来看，仅能够确定在涉案专利的申请日之前，奥宝深圳已经公开销售 Discovery 8200 型自动光学检测机，该检测机上具有卤素灯发光箱，但是无法确定经过公证的该发光箱在涉案专利申请日之前就存在于该台光学检测机上，或者涉案专利申请日以前安装于该检测机上的发光箱与经过公证的发光箱具有相同结构，即基于目前的证据无法确定证据中涉及的发光箱在涉案专利申请日之前就已经公开使用。因此，无论将上述证据单独使用还是作为证据链，均不能证明涉案专利请求保护的发光箱已经被使用公开，无法用于否定涉案专利的新颖性。

104

【律师观点】

关于使用公开，《专利审查指南 2010》第二部分第三章第 2.1.2.2 节规定："由于使用而导致技术方案的公开，或者导致技术方案处于公众可以得知的状态，这种公开方式称为使用公开。使用公开的方式包括能够使公众得知其技术内容的制造、使用、销售、进口、交换、馈赠、演示、展出等方式。只要通过上述方式使有关技术内容处于公众想得知就能够得知的状态，就构成使用公开，而不取决于是否有公众得知。但是，未给出任何有关技术内容的说明，以致所属技术领域的技术人员无法得知其结构和功能或材料成分的产品展示，不属于使用公开。"也就是说，申请日之前的销售行为，会导致专利技术方案的使用公开，然而这需要完整的证据链来证明此销售行为。对于使用被销售的实物产品来证明使用公开的情况，请求人至少需要证明以下内容：一是证明销售行为真实存在并确定公开时间，其往往是销售日期；二是销售对象的确认，即目前进行取证的产品是否就是之前销售的产品，这往往与该产品自销售之日起至取证之日为止，是否进行过维修、改动、更换零部件等相关；三是该销售产品的结构组成与涉案专利权利要求的技术方案是否一致。以上任一个环节的证据出现瑕疵，均会导致无法认定为使用公开。

具体到本案，销售的 Discovery 8200 型自动光学检测机中与涉案专利技术方案密切相关的关键部件卤素灯发光箱（证据 7 中封存）已经与整机分离，无法核实发光箱与整机装配的原始状态，即无法确定该卤素灯发光箱在申请日之后没有经过维修、改动或更换，从而无法确定其在申请日之前的技术状态。因此不能认定该关键部件被使用公开，进而无法用于评价涉案专利的新颖性。

需要注意的是，在判断使用公开证据链能否再现涉案专利申请日前的技术状态时，要结合争议各方提供的在案所有证据，采纳高度盖然性的判断原则。本案中，请求人为了证明其公证的箱体结构与产品销售之时（涉案专利申请日之前）的结构一致，提供了产品未经过更新以及未有过重大维修的证人证言，专利权人则提供了相应的反证，包括从产品销售到产品公证这长达数年的时间里，涉案同一型号的产品有过更新换代的事实。合议组在充分考虑争议双方的证据之后，结合箱体结构从整机上分离无法评判箱体原始状态的事实，根据高度盖然性的判断原则，认定请求人提供的证据尚无法证明产品结构未被改变，因而无法用来评价新颖性和创造性。

因此，本案给出的启示在于，在专利无效案件中，如果通过使用公开证据来使专利无效，则使用公开证据链需能够证明产品从销售到公证的时间内技术状态未发生过变化，即公证时产品的技术状态便为销售时产品的技术状态。而争议各方为了证明产品的技术状态被改变或未被改变的情况，均需要提供相应的证据予以积极证明。

九、使用公开证据中公开内容的认定

——"一种农用旋耕机用防尘旋耕刀轴"专利无效宣告案

【本案看点】

在通过使用公开证据来评价涉案专利的新颖性和创造性时，要充分考虑所采用的使用公开证据能否再现涉案专利申请日前的技术状态。如果根据证据无法确定申请日之前的技术状态，则无法证明涉案专利技术在其申请日前已经公开。

【案情介绍】

一、案件基本信息介绍

涉案专利号：ZL201420272938.4
涉案专利名称：一种农用旋耕机用防尘旋耕刀轴
案件类型：实用新型专利无效宣告案
无效宣告请求审查决定号：第33460号

二、涉案专利方案介绍

涉案专利权利要求1保护：一种农用旋耕机用防尘旋耕刀轴，其特征在于：包括有旋耕刀轴轴管（1），在旋耕刀轴轴管（1）圆周上焊接有旋耕刀座（2），轴头（3）和连接法兰（4）分别焊接在旋耕刀轴轴管（1）两端，联接套（5）安装在连接法兰（4）上，在轴头（3）和联接套（5）上分别焊接有挡土环（6），轴头（3）上的挡土环（6）与侧板轴承室（7）的卡槽相配合，联接套（5）上的挡土环（6）与箱体轴承室（8）的卡槽相配合，防止作业时尘土进入侧板轴承室和箱体轴承室的轴承（9）内。其结构如图2-19所示。

三、主要证据介绍

请求人在此次无效宣告请求中评价新颖性和创造性时既使用了专利文件，也使用了使用公开证据，下文仅从使用公开证据的角度进行评述。请求人所提交的使用公开证据为（2017）鄂天门证字第1126号公证书和发票号码为00005046的湖北省

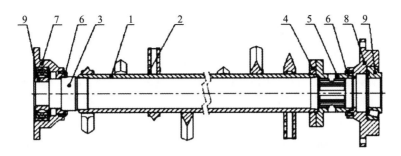

图 2-19　"一种农用旋耕机用防尘旋耕刀轴"的结构示意图

税务局通用机打发票的复印件。请求人在口头审理过程中明确涉案专利权利要求 1 相对于前述使用公开证据不具备新颖性。

（2017）鄂天门证字第 1126 号公证书是对天门威鹏农业机械股份有限公司内的一台旋耕机进行拍照并取得照片 12 张，照片的内容主要涉及旋耕机的整体结构以及外部可以直接观察的结构，并未对旋耕机进行拆卸拍照获取内部的具体结构；00005046 号发票表明天门市周某林曾于 2014 年 4 月 28 日购得型号为 1GQN-250、出厂编号为 SH250X1404003HB 的旋耕机一台。另外，公证书拍照的旋耕机铭牌内容中的型号、出厂编号、制造日期与发票中旋耕机的型号及出厂编号一致。

【案件焦点】

本案的争议焦点在于使用公开证据是否公开涉案专利权利要求 1 的全部技术内容。

无效宣告请求人认为，根据发票的开具日期可以确定公证书中旋耕机的购买时间为 2014 年 4 月 28 日，早于涉案专利的申请日——2014 年 5 月 27 日，因此，与涉案专利技术方案相关的产品早在申请日前便已经公开销售，构成了专利法意义上的使用公开。而且，公证书中旋耕机的照片内容也完全展现了涉案专利技术方案的内容，涉案专利不具备新颖性。

专利权人则认为，使用公开证据无法证明涉案专利技术方案在申请日前已经公开。

首先，虽然发票中记载的信息与公证书中旋耕机的铭牌信息一致，但是由于旋耕机铭牌上的铆钉位置存在更换过的痕迹，无法直接根据一个被更换过的铭牌来确定产品的公开销售时间。

其次，使用公开证据是在 2017 年 4 月 26 日进行的公证，而旋耕机在 2014 年 4 月份便已经完成销售，旋耕机从完成销售到进行公证的时间长达 3 年之久，而且旋耕机使用环境恶劣，刀轴又属于易损部件，所以在这 3 年的使用过程中发生损坏进行更换的可能性非常大，因此也无法证明公证时的产品结构状态便是销售当时的产品结构状态。

最后，使用公开证据的照片仅涉及旋耕机的外部技术特征，而权利要求 1 中不仅限定了外部技术特征，也限定了部分内部技术特征，即"轴头（3）上的挡土环（6）与侧板轴承室（7）的卡槽相配合，联接套（5）上的挡土环（6）与箱体轴承室（8）的卡槽相配合"，而上述内部技术特征照片中未进行展现。

因此，请求人所提交的使用公开证据链存在证据瑕疵，无法证明与涉案专利对应的产品在申请日前便已经公开销售，而且对产品拍照的照片也无法展现涉案专利的全部技术特征，因此使用公开证据无法用于评价涉案专利的新颖性。

【官方结论】

无效宣告请求审查决定中认为，根据涉案专利权利要求 1 的记载，其保护的农用旋耕机用防尘旋耕刀轴既包含外部结构部件及其连接关系，也包含内部结构部件及其相应的部件连接关系，而使用公开证据中所附照片仅能显示出型号为 1GQN – 250 的旋耕机的某些外部结构特征，并未显示或反映其内部结构构件的组成、连接关系、配合关系及工作方式，因此，仅凭公证书所附的照片并不能反映该旋耕机完整的技术方案。而且，旋耕机的使用环境和工作条件比较恶劣，某些部件（例如旋耕刀、旋耕刀座、轴承等）在使用过程中容易损坏，而某些易损部件的维修、更换也相对简单容易，不需要专业技术人员或专用设备。公证书所附的照片仅能反映照片拍摄时旋耕机的状态，而请求人未提供相应的证据表明该旋耕机在购买之日起未更换过零部件，未作过结构方面的改动。此外，在无相关佐证存在的情况下，仅凭这些照片无法确定该旋耕机出厂时的结构组成、部件连接关系和工作方式。

【律师观点】

在无效宣告程序中，评价专利是否具备新颖性和创造性，需要回归到专利申请时的状态，即需要使用现有技术来进行评价。现有技术包含两方面的内容，即公开时间的认定和公开内容的认定。《专利审查指南 2010》按公开方式规定了三种现有技术的类型，即出版物公开、使用公开和以其他方式公开。关于使用公开，《专利审查指南 2010》第二部分第三章第 2.1.2.2 节规定："由于使用而导致技术方案的公开，或者导致技术方案处于公众可以得知的状态，这种公开方式称为使用公开。使用公开的方式包括能够使公众得知其技术内容的制造、使用、销售、进口、交换、馈赠、演示、展出等方式。只要通过上述方式使有关技术内容处于公众想得知就能够得知的状态，就构成使用公开，而不取决于是否有公众得知。但是，未给出任何有关技术内容的说明，以致所属技术领域的技术人员无法得知其结构和功能或材料成分的产品展示，不属于使用公开。"也就是说，对于使用公开而言，请求人既要证明使用公开证据公开了与涉案专利技术方案相关的内容，又要证明其公开的内容在整体上均为涉案专利申请日之前就处于公众可以得知的状态。

在实践中，专利争议发生的时间往往晚于使用公开证据的形成时间，而在争议一方提供的使用公开证据链中，用于证明专利申请日之前详细技术信息的证据往往是制造或销售在先的产品或装置。为了证明产品或装置的详细信息，证据提供一方往往需要通过公证的方式来确定产品或装置的技术信息，然而，这种公证往往发生于产品制造或销售之后，相对于证据形成时间而言，是一种事后公证，这种事后公证的产品或装置的技术信息是否能够如实反映专利申请日之前的技术状态，经常存在较大的争议。

具体到本案，请求人认为权利要求 1 相对于使用公开证据不具备新颖性。然而，一方面，使用公开证据的照片仅能看出旋耕机的外部结构特征，并不能确定其内部结构及连接关系，即该使用公开证据的公开内容并未覆盖权利要求的全部技术特征；另一方面，请求人提供的证据也不能证明该旋耕机自购买之日起未进行过零件更换或结构更改，即没有证据证明该使用公开证据的公开内容在整体上均是申请日之前就处于公开的状态。因此，使用公开证据不能评价涉案专利权利要求 1 的新颖性。

本案给出的启示在于，在专利无效宣告案件中，如果通过使用公开证据来无效专利，需要达到技术内容和公开时间的统一，即需要证明的是在涉案专利申请日之前技术的状态。对于如上所述的事后公证来说，使用公开证据需能够证明产品从销售到公证的时间内并未进行过修改，公证时产品的状态便为产品销售时的状态，只有如此才可以用于评价专利的新颖性和创造性。如果不能证明公证时产品的状态即为销售时的状态，则产品即便公开权利要求的技术特征，也不能说明涉案专利的技术方案已在申请日前被公开。

109

十、以销售方式导致使用公开时公开时间的认定

——"一种农用旋耕机用防尘旋耕刀轴"专利无效宣告案

【本案看点】

对于通常批量生产后销售的产品来说，由于交易习惯一般是先付款再开发票，开发票时一般销售行为已经完成，即已经因销售而公开；即使销售行为并没有完成，只要发票已经开具，就足以说明产品已经处于公开销售状态，属于公众想得知就能得知的状态，构成专利法意义上的公开。

【案情介绍】

一、案件基本信息介绍

涉案专利号：ZL201420272938.4
专利名称：一种农用旋耕机用防尘旋耕刀轴
案件类型：实用新型专利无效宣告案
无效宣告请求审查决定号：第 33460 号

二、涉案专利方案介绍

涉案专利权利要求 1 保护：一种农用旋耕机用防尘旋耕刀轴，其特征在于：包括旋耕刀轴轴管（1），在旋耕刀轴轴管（1）圆周上焊接有旋耕刀座（2），轴头（3）和连接法兰（4）分别焊接在旋耕刀轴轴管（1）两端，连接套（5）安装在连接法兰（4）上，在轴头（3）和连接套（5）上分别焊接有挡土环（6），轴头（3）上的挡土环（6）与侧板轴承室（7）的卡槽相配合，连接套（5）上的挡土环（6）与箱体轴承室（8）的卡槽相配合，防止作业时尘土进入侧板轴承室和箱体轴承室的轴承（9）内。如上图 2-19 所示。

三、主要证据介绍

请求人在此次无效宣告请求中评价新颖性和创造性时既使用了专利文件，也使用了使用公开证据，下文仅从使用公开证据的角度进行评述。请求人所提交的使用

公开证据为（2017）鄂天门证字第 1126 号公证书和发票号码为 00005046 的湖北省税务局通用机打发票的复印件。请求人在口头审理过程中明确涉案专利权利要求 1 相对于前述使用公开证据不具备新颖性。

（2017）鄂天门证字第 1126 号公证书是对天门威鹏农业机械股份有限公司内的一台旋耕机进行拍照并取得照片 12 张，照片的内容主要涉及旋耕机的整体结构以及外部可以直接观察的结构，并未对旋耕机进行拆卸拍照获取内部的具体结构；00005046 号发票表明天门市周某林曾于 2014 年 4 月 28 日购得型号为 1GQN－250、出厂编号为 SH250X1404003HB 的旋耕机一台。请求人据此主张在 2014 年 4 月 28 日通过该旋耕机产品销售行为公开了涉案专利的技术方案。

【案件焦点】

请求人主张，发票证明在早于涉案专利申请日的 2014 年 4 月 28 日，以公开销售的方式已经使得涉案专利的产品结构处于公众想得知就能得知的状态，因此涉案专利不具有新颖性。

专利权人则认为，使用公开证据中产品的公开时间无法确定。虽然发票的时间早于涉案专利的申请日，但鉴于请求人未提供与发票对应的产品销售合同等证明真实的产品销售时间早于涉案专利申请日的证据，无法确定使用公开证据中产品的公开时间早日涉案专利申请日。

因此，对于证据中产品的公开销售时间是否能确定为对应发票的时间，是本案事实认定中的焦点问题。

【官方结论】

对于上述争议焦点，无效宣告请求审查决定中认为，根据旋耕机作为商品的一般销售方式、产品特性等及请求人在口头审理过程中的当庭陈述，该旋耕机应系周某林通过正当渠道购买获得，在没有充分理由或相反证据存在的情况下，应当认为型号为 1GQN－250 的旋耕机至少在发票开具日 2014 年 4 月 28 日已处于公众通过正常渠道可以购买并获知其结构组成、各部件之间的连接关系及工作方式等技术内容的状态。

对于专利权人提出上述发票的开票日期有可能在产品实际销售行为发生之前的主张：就批量生产的非定制商品而言，按照一般的交易习惯，只有在卖方将商品交付给买方、买方支付商品对价后，卖方才会向买方开具发票。本案中的旋耕机应属于批量生产的非定制商品，在没有充分的理由或相应的反证存在的情况下，该商品的发票开具日期应当就是销售行为的完成时间。此外，《专利审查指南 2010》第二部分第三章第 2.1.2.2 节明确规定："由于使用而导致技术方案的公开，或者导致技术方案处于公众可以得知的状态，这种公开方式成为使用公开。使用公开的方式包括能够使公众得知其技术内容的制造、使用、销售、进口、交换、馈赠、演示、展出等方式。只要通过上述方式使有关技术内容处于公众想得知就能够得知的状态，就构成使用公开"。对于本案而言，卖方向买方开具发票已经表明相关产品处于公开销售状态，至于开具发票时该销售行为是否完成，除非有相反的证据存在，否则销售行为是否完成并不妨碍该产品所反映的技术方案已处于公开状态。

【律师观点】

实践当中，如何判断使用公开证据的技术内容处于公众想得知就能得知的状态，是该类使用公开证据在运用中的关键所在。一般而言，以销售行为构成的使用公开证据为例，从如下几个方面考察：第一，针对销售行为所涉及的标的以及相关技术信息，买卖双方是否已经明确约定保密义务，或虽然没有明示，但根据交易习惯或诚实信用原则，买卖双方或一方有默示的保密义务。如果存在上述保密义务，则一般认为即便存在销售行为，也不构成使用公开。但是如果有证据证明，承担保密义务的一方或双方违反保密义务，则技术信息处于公众想得知就能得知的状态。第二，考察产品的特点、实际交易状况等。一般而言，对于一般非定制类的产品，只要存在公开销售行为，即便为许诺销售，也意味着公众对于产品信息想得知就能得知。第三，考察产品在销售之后的使用状况以及所处环境等，例如，产品是否难以拆解，以及产品销售之后在使用中是否处于秘密状态等。总之，针对使用公开，以"使有关技术内容处于公众想得知就能够得知的状态"为唯一的判断标准，而非以公众实际上是否已经得知为标准。

具体到本案，对于以产品销售方式导致的专利技术方案公开，公开时间的认定应当根据产品的性质和特点，例如，批量生产类产品或者定制类产品具有不同的交易习惯：对于通常批量生产后销售的产品来说，交易习惯一般是先付款，再开发票。因此，开发票时一般销售行为已经完成，即已经因销售而公开；而如本案合议组所认定的，即使销售行为并没有完成，只要发票已经开具，就足以说明产品已经处于公开销售状态，属于公众想得知就能得知的状态，已经构成专利法意义上的公开。

虽然本案使用公开证据最终因为公证书所附的照片未能反映该旋耕机所具有的完整技术方案，也不能证明照片所反映的技术方案就是旋耕机出厂时（涉专利申请日之前）所具有的技术方案而未能在实体上获得认定，但对于因销售造成使用公开的案件，本案在公开时间认定标准上具有重要的参考价值。

当然，可以作进一步思考的是，假设在本案中，专利权人能够提供虽然销售发票已经开具、但是该销售行为实际上并未发生的证据，也就是对请求人的证据提供反证，在以上分析结论上可能会有所不同。"谁主张，谁举证"是基本的举证责任分配原则，在案件的审理过程中，合议组会权衡双方的证据情况，根据高度盖然性的标准，确定采信哪一方主张的事实。

十一、互联网公开证据的证据链的构建

——"振动按摩枪"专利无效宣告案

【本案看点】

在最接近现有设计显示，涉案专利申请日之前公开的设计内容不完整或不足以用来评价涉案外观设计时，利用涉案专利申请日之后公开证据记载的内容来补强涉案专利申请日之前公开的设计内容的关键是，建立证据与最接近现有设计之间的关联性。

【案情介绍】

113

一、案件基本信息介绍

涉案专利号：ZL201830409294.2
专利名称：振动按摩枪
案件类型：外观设计专利无效宣告案
无效宣告请求审查决定号：第44539号

二、涉案专利方案介绍

涉案专利要求保护一种振动按摩枪，结构如图2-20所示。其主要包括操作部和手柄部，手柄部包括横向的圆柱体部分，电机外壳自该部分一侧垂直向上延伸，手柄部自相对侧垂直向下延伸，安装部设置于横向的圆柱体部的一端，用于连接按摩头。

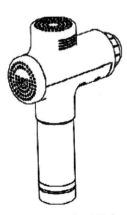

三、主要证据介绍

本案中，使用的最接近现有设计为证据1.2。请求人认为，涉案专利的外观设计相对于证据1.2中公开的按摩枪的外观设计不具有明显区别。

证据1.2为请求人提供的一份公证书，包括证据1.2.1

图2-20　"振动按摩枪"的结构示意图

发布在腾讯体育 – 腾讯网上的 NBA 比赛视频、证据 1.2.2 新浪 NBA 官方微博发布的
微博以及证据 1.2.3 专利权人 Hyperice 官方微博发布的微博。

　　证据 1.2.1 中的视频为 NBA 常规赛中 2018 年 2 月 12 日进行的 "骑士 vs 凯尔特
人" 比赛第 2 节的直播视频，第 7 分 20 秒至 7 分 38 秒播出了 NBA 巨星——骑士队
的詹姆斯由于膝盖不适在休息区休息的镜头，可以看到球队工作人员正在使用一款
振动按摩枪为詹姆斯按摩膝盖，其中振动按摩枪的大部分设计特征已经展现，手柄
部分由于握持并展示完整，如图 2 – 21 所示。

图 2 – 21　詹姆斯所使用振动按摩枪的外观

　　证据 1.2.2 是新浪 NBA 官方微博于 2019 年 4 月 16 日 21：16 在其微博主页发布
的一条微博，正文记载了 "重磅福利来袭！转发本条微博一句话送给你最喜欢的球
星，同时关注@ HYPERICE 运动康复，主页将送出詹姆斯同款 Hypervolt 按摩枪一
部"，并配图展示所要赠送的按摩枪，其中第二幅配图为正文所述要送出的詹姆斯同
款 Hypervolt 按摩枪的立体图，如图 2 – 22 所示，第三幅图为 GIF 图，显示詹姆斯正
在使用该按摩枪按摩膝盖。该幅 GIF 图来源于证据 1.2.1 的比赛视频。

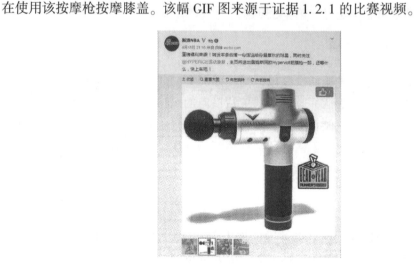

图 2 – 22　詹姆斯同款 Hypervolt 按摩枪 GIF 图

证据 1.2.3 显示专利权人官方微博在不同时间多次宣传其按摩枪产品，其中 2019 年 4 月 16 日的微博转发了证据 1.2.2 的上述微博，并在正文中记载 "HYPERICE 主页定期送大礼，欢迎各位前来参与，我们很荣幸为 NBA 球星及广大球迷提供最先进的健康科技设备，助力大家畅快享受篮球的热血与刺激"，图片显示了与证据 1.2.2 中设计内容相同的 "詹姆斯同款 Hypervolt 按摩枪"。

【案件焦点】

请求人认为，证据 1.2.1、证据 1.2.2 以及证据 1.2.3 形成证据链，证明证据 1.2.1 中的按摩枪于 2018 年 2 月 12 日公开，而证据 1.2.2 以及证据 1.2.3 中的按摩枪与证据 1.2.1 是同款按摩枪，因此，证据 1.2.2 和证据 1.2.3 中按摩枪的具体设计可以作为现有设计。

具体来说，证据 1.2.1 腾讯视频回放展示了 2018 年 2 月 12 日公开比赛的实况直播，其中第 7 分 20 秒至 7 分 38 秒播出了 NBA 巨星——骑士队的詹姆斯由于膝盖不适在休息区休息的镜头，其中可以清楚看到球队工作人员正在使用一款振动按摩枪为詹姆斯按摩膝盖，可见骑士队球星詹姆斯在 2018 年 2 月 12 日当天的比赛现场公开使用了一款振动按摩枪。

证据 1.2.2 新浪 NBA 官方微博于 2019 年 4 月 16 日 21：16 在其微博主页发布了一条微博，正文记载了 "重磅福利来袭！转发本条微博一句话送给你最喜欢的球星，同时关注@ HYPERICE 运动康复，主页将送出詹姆斯同款 Hypervolt 按摩枪一部"，并配图展示所要赠送的按摩枪，其中第二幅配图为正文所述要送出的詹姆斯同款 Hypervolt 按摩枪的立体图，第三幅图为 gif 图，显示詹姆斯正在使用该按摩枪按摩膝盖。该幅 GIF 图来源于证据 1.2.1 的比赛视频，表明新浪 NBA 官方微博主办的活动所要送出的 "詹姆斯同款 Hypervolt 按摩枪" 已于 2018 年 2 月 12 日公开。

证据 1.2.3 显示专利权人官方微博在不同时间多次宣传其按摩枪产品，其中 2019 年 4 月 16 日的微博转发了证据 1.2.2 的上述微博，并在正文中记载 "HYPERICE 主页定期送大礼，欢迎各位前来参与，我们很荣幸为 NBA 球星及广大球迷提供最先进的健康科技设备，助力大家畅快享受篮球的热血与刺激"。可见，Hyperice 官方微博认可新浪 NBA 官方微博的宣传内容，还于 2019 年 4 月 15 日发布的微博中记载 "詹蜜们，老詹同款Hypervolt 按摩枪，免费带回家!? ……详情下见海报"，并配四幅图展示所要赠送的按摩枪，其中第一幅为活动海报，该海报上显示了所述振动按摩枪，第二幅配图即为前述来源于证据 1.2.1 比赛视频的 GIF 图片。

综上，请求人认为，Hyperice 官方微博图片上所公开的 "詹姆斯同款 Hypervolt 按摩枪" 已经于 2018 年 2 月 12 日公开。

对于请求人的上述观点，专利权人持不同意见：证据 1.2.1 的视频上传以及发布时间不明，且视频中的按摩枪基于使用人知晓并履行了保密义务而采取了遮挡措施，其设计并未被完全公开；证据1.2.1中使用的按摩枪是试用版，证据1.2.2和证据1.2.3公开的是产品上市后的正式版，试用版不是正式版；证据1.2.2和证据1.2.3的公开时间在涉案专利申请日之后，不能将其与证据1.2.1视频结合构成现有设计。

据此，本案的焦点为：证据1.2.1～证据1.2.3所示的按摩枪是否于2018年2月12日公开，以及证据1.2.2以及证据1.2.3中公开的按摩枪具体设计内容是否可以作为现有设计。

【官方结论】

无效宣告请求审查决定中认为，关于证据1.2的真实性，由于证据1.2公证书形式完整，且专利权人未对其真实性提出异议，合议组经核实对该证据的真实性予以确认。

关于证据1.2.1的公开性，首先，NBA即美国职业篮球联赛是世界知名的体育赛事之一，比赛公开进行，门票向公众公开发售，不特定人通过正常销售渠道可以购票并现场观看比赛，同时NBA主办机构还授权媒体对赛事进行直播，专利权人认可比赛在美国确已发生，则比赛现场和直播视频的公开构成专利法意义上的公开。其次，证据1.2公证书显示证据1.2.1的比赛视频源自腾讯体育_腾讯网的NBA版块，点击该板块首页显示有"NBA中文官网"字样，点击该页面下方"关于腾讯NBA"能获得腾讯体育于2015年5月21日19：52发布的题为"打造全民篮球狂欢腾讯NBA战略布局全面开启"的报道，其中载明腾讯未来5年独家运营NBA赛事资源的相关内容，包括赛事直播等方面。证据1.2.1的视频是在点击NBA版块中的"赛程"栏后，选择2018年2月12日，找到骑士队与凯尔特人的比赛场次，在"直播/回放"栏点击视频回放而获得。证据1.2.1的获取过程表明证据1.2.1的视频源自回放的直播视频，腾讯体育的相关报道和页面信息也表明其为用户提供NBA赛事直播。且如前所述，NBA比赛当时会对赛事进行直播，即便并非由腾讯体育进行直播，该视频源自直播视频的内容，并于2018年2月12日已通过直播为公众所知的事实也不会改变。最后，视频第7分20秒至7分38秒播出了NBA巨星——骑士队詹姆斯由于膝盖不适在休息区休息的镜头，其中可以清楚看到球队工作人员正在使用一款振动按摩枪为詹姆斯按摩膝盖。由此，所述按摩枪通过直播视频以及现场的公开而构成专利法意义上的公开。由于比赛日期早于涉案专利申请日，比赛中公开的按摩枪的设计构成涉案专利的现有设计。

关于证据1.2.2和证据1.2.3与证据1.2.1的关联，证据1.2.2新浪NBA官方微博和证据1.2.3 Hyperice官方微博均知晓并明确记载，其文中所称詹姆斯同款Hypervolt按摩枪为2018年2月12日詹姆斯参加NBA比赛时所用的同款按摩枪。因此，证据1.2.2和证据1.2.3可与证据1.2.1关联。

关于按摩枪公开的具体内容，首先，从证据1.2.1的视频内容来看，工作人员使用按摩枪时一只手握持枪体手柄部，另一只手辅助完成按摩操作，按摩对象詹姆斯的手于膝盖处自然下垂。由该视频内容不能表明工作人员或詹姆斯用手对按摩枪进行故意遮挡，同时视频中也未显示有其他有意实施的遮挡手段，专利权人强调的所谓遮挡其实是镜头拍摄角度的限制以及使用时的握持所知，而非故意遮挡所致。尽管仅从视频角度并未完整显示所述按摩枪的本体，但NBA赛事公开进行，每场赛事的观赛人员都不特定，同时现场还开放供媒体拍摄、采访且同步进行直播，而按摩枪在场地公开使用，其外观公开展示于现场人员的视角和拍摄机器的拍摄角度下，比赛现场的不特定人员和拍摄机器均可能从不特定角度看到或拍摄到产品外观。因此，所述按摩枪处于公众想得知就能得知的状态，构成专利法意义上的公开。其次，如前所述，"新浪NBA官方微博"和"Hyperice官方微博"均明确记载上述活动中所要送出的按摩枪为2018年2月12日詹姆斯参加NBA比赛时所用的同款按摩枪，并以此为后续产品宣传点，则同款按摩枪的设计特征相同。专利权人虽欲通过主张比赛现场为试用版而微博宣传的是正式版来表达二者的不同，然而上述主张与两官方微博的意思表示，尤其是专利权人自己的官方微博的意思表示不一致，如若设计特征确有不同，应予举证。尽管证据1.2.1视频所展示的视角受拍摄角度限制，未显示按摩枪的全部设计细节，但在"新浪NBA官方微博"和"Hyperice官方微博"均明确记载比赛现场和微博所示按摩枪为同款的情况下，微博中所示按摩枪立体图中的设计特征可以用于表明比赛现场公开的按摩枪的具体设计特征。

基于上述理由，合议组认为证据1.2.1～1.2.3公开了同款按摩枪产品，于证据1.2.1所示2018年2月12日的NBA比赛中公开，早于涉案专利申请日，构成涉案专利的现有设计，证据1.2.2和证据1.2.3中引用了该场比赛GIF图微博所示的按摩枪图片，可以用于表明比赛现场公开的按摩枪的具体设计特征。

【律师观点】

专利法意义上的现有设计，是指在涉案专利申请日之前已经公开，处于公众想得知就能得知的状态，而不论公众是否已经实际得知。现有设计是公开时间与公开内容的统一。实践中，一方面要证明公开时间，另一方面要证明在公开时间公开的具体设计内容。对于使用互联网证据作为现有设计的无效宣告案件来说，如何证明公开时间以及公开内容是难点，尤其在证据显示涉案专利申请日之前公开的设计内容不完整，不足以用来评价涉案外观设计时，如何利用涉案专利申请日之后公开证据记载的内容来证明涉案专利申请日之前公开的设计内容则成为案件的关键。

具体到本案，证据1.2.1中所示体育比赛的公开时间早于涉案专利申请日，其中詹姆斯在休息期间使用的按摩枪也同时公开。但是该证据中显示的按摩枪的设计内容不是很完整，其中手柄部分由于握持而被部分遮挡，单独使用该份证据作为现有设计，则存在由于设计内容公开不完整而无法评价涉案专利外观设计的风险。请求人补充了证据1.2.2以及证据1.2.3与证据1.2.1形成证据链，证据1.2.2以及证据1.2.3是涉案专利申请日之后公开的微博内容，其中完整展示了振动按摩枪的设计内容。此时，如果请求人能够证明证据1.2.2以及证据1.2.3中公开的按摩枪与1.2.1中的按摩枪是同一产品，则可以用证据1.2.2以及证据1.2.3公开的设计内容来评价涉案专利的外观设计。但是，由于证据1.2.2以及证据1.2.3是涉案专利申请日之后公开的证据，在认定其记载的设计内容是现有设计时，必须严格审查证据1.2.2、证据1.2.3与证据1.2.1之间的关联性。

本案中，证据1.2.2以及证据1.2.3两官方微博中均引用了证据1.2.1的NBA比赛视频中球星詹姆斯使用涉案按摩枪的GIF动图，并且证据1.2.2以及证据1.2.3均表述其公开的按摩枪是"詹姆斯同款按摩枪"，如此，将新浪NBA官方微博以及专利权人官方微博中在涉案专利申请日之后发布的按摩枪产品图示与涉案专利申请日之前球星詹姆斯在NBA比赛中使用的该按摩枪产品关联起来。这就形成了证据链：一是证明在涉案专利申请日之前，NBA球星詹姆斯在比赛中现场使用了涉案按摩枪产品；二是专利权人知晓并认可NBA球星詹姆斯在前述比赛中公开使用了涉案按摩枪产品，并使用该比赛现场视频进行后续产品宣传，宣传内容同时包括该"詹姆斯同款"按摩枪的完整视图，进一步证明了该按摩枪的外观。

虽然专利权人试图提交证据证明，专利申请日之前在NBA比赛现场对按摩枪的使用是在保密协议的约束下进行的，处于保密状态的技术内容不属于现有设计，但是，且不论这些证据本身是否足以被认定，更重要的事实是，无论是否存在保密义务或者处于保密状态，客观上已经发生的公开使用行为已经导致相关设计的公开。

对于本案中使用的互联网公开证据链，由于证据来源的腾讯体育属于公信力较高的网络平台，信息来源真实可靠。在此基础上，作为请求人一方，对该证据的补强主要在于比赛现场所使用的产品外观是否足以完整公开涉案专利外观。为此，请求人提供了同样公信力较高的新浪NBA微博引用该比赛视频的微博内容以及专利权人官方微博引用该新浪NBA微博对同款按摩枪进行宣传。对于专利权人来说，这种引用和表述应当认为是对涉案按摩枪产品公开使用的认可，因此，可以证明，证据1.2.2以及证据1.2.3中公开的按摩枪于2018年12月2日就已经在NBA比赛中公开。本案也作出了如下认定：对于一方当事人在其官方微博中明确记载的事实，若其在无效宣告程序中予以否认，应当提供相反证据加以证明，在相反证据不足以推翻其事实的情况下，合议组对其明确记载的事实予以确认。

十二、域外证据真实性的认定

——"互联网门禁临时用户授权装置和方法"专利无效宣告案

【本案看点】

对域外证据，通常的规则是需要履行公证认证手续来证明证据的真实性，但是这既不意味着履行公证认证手续的域外证据必然具有真实性，也不意味着未履行公证认证手续的域外证据当然就不具有真实性。对域外证据真实性的认定要结合证据的表现形式、公证认证的内容及形式、证据内容等方面综合进行。

【案情介绍】

一、案件基本信息介绍

涉案专利号：ZL201310630670.7
实用新型专利名称：互联网门禁临时用户授权装置和方法
案件类型：发明专利无效宣告案
无效宣告请求审查决定号：第 34304 号

二、涉案专利方案介绍

涉案专利保护一种互联网门禁临时用户授权装置和方法，其独立权利要求 1 为：一种互联网门禁临时用户授权装置，其特征在于：由临时用户授权装置和通信终端组成，临时用户授权装置包括：授权策略管理模块（201），用于管理互联网门禁系统内不同用户具有的临时用户授权的权限策略；临时用户管理模块（202），用于进行临时用户授权验证，对收到的临时用户授权申请进行授权检测，首先进行发起方的权限检测，用以检查发起方具备的临时用户授权范围；然后将收到的临时用户授权申请范围与发起方具备的临时用户授权范围对比并取交集，取交集结果不为空，则授权验证通过，反之，授权验证未通过；生成并管理临时授权令牌，管理临时用户在系统内的权限；消息模块（203），用于与临时用户进行消息交互；通信终端包括授权管理模块，用于通过与门禁系统的交互，发起临时用户授权申请，完成临时用户权限的增加、修改及删除操作。

三、主要证据介绍

请求人认为，涉案专利不具备《专利法》所规定的创造性，提供的证据中包含如证据 5 的外文证据。

证据 5 书名为《数据管理系统中的访问控制》❶。请求人用证据 5 证明涉案专利相关的技术特征属于公知常识。

请求人在提出无效宣告请求时提交了证据 5 的网页打印件，并在口审时补充提交了国家图书馆科技查新中心出具并加盖有"国家图书馆科技查新中心"红章和骑缝章的证明编号为 2017 – NLC – GCZM – 0702 的文献复制证明（以下简称"证明文件"）。

【案件焦点】

请求人认为，证明文件可以证明其与国家图书馆的馆藏书籍原件是一致的，而证据 5 与证明文件是一致的，因此可以证明证据 5 的真实性；基于公众可以在国内通过合法渠道获得该书籍，进一步认为证据 5 属于《专利审查指南 2010》中规定的不需要进行公证认证的证据。

专利权人则认为，证据 5 与证明文件在形式上存在差异，并且属于域外证据，没有履行相关公证认证的手续，其提交的证明文件仅能证明证据 5 被国家图书馆收录的时间，因此不认可其真实性。

因此，本案的焦点在于，针对外文书籍证据 5，是否必须履行公证认证手续，其真实性才能被认可。

【官方结论】

合议组认为，国家图书馆科技查新中心是科学技术部认可的查新机构和国家图书馆科技文献咨询专职机构，出具的证明文件真实可信。证据 5 与证明文件经过比对，证明文件多出的一页是一个类似于封面页的内容，两者除在字号上存在一点细微的差异外，实质内容上完全相同，记载的 ISBN 号也相同，因此可以确认，证据 5 中公开的相关内容与证明文件中相关复印件的内容是相同的，并且这部分内容已经被国家图书馆收录。虽然证据 5 与证明文件并非指向同一本书，但是实质是指向相同的出处和内容，即均指向由摩根和克莱普尔出版社（Morgan & Claypool Publishers）于 2010 年出版的、埃琳娜·法拉利（Elena Ferrari）著的《数据管理系统中的访问

---

❶ FERRARI E. Access control in data management system［M］. San Rafael：Morgan & Claypool Publishers，2010.

控制》。因此，证据 5 的真实性可以确认，由于请求人已经提交证明文件来证明证据 5 是从公共图书馆能够获得的国外文献资料，在无效宣告程序中不再需要办理相关的证明手续。

【律师观点】

对于域外形成的证据，之所以要求办理公证认证，意在通过公证认证程序对在域外获得证据的真实性予以证明。

根据我国《专利审查指南 2010》第四部分第八章第 2.2.2 节的规定，域外证据是指在中华人民共和国领域外形成的证据，该证据应当经所在国公证机关予以证明，并经中华人民共和国驻该国使领馆予以认证，或者履行中华人民共和国与该所在国订立的有关条约中规定的证明手续。……但是在以下三种情况下，当事人可以在无效宣告程序中不办理相关的证明手续：一是该证据是能够从除我国香港特别行政区、澳门特别行政区、台湾地区外的国内公共渠道获得的，如从专利局获得的国外专利文件，或者从公共图书馆获得的国外文献资料；二是有其他证据足以证明该证据真实性的；三是对方当事人认可该证据的真实性的。

根据上述规定，域外证据并非一定要履行公证认证手续，例如，通过其他方式能够证明其真实性的，就不需要办理公证认证手续。

本案中，请求人首先从互联网上检索到了一份外文书籍的扫描件，该书籍出版信息显示其由国外出版社出版，请求人提交了该外文书籍扫描件的复制件。但是由于检索途径是谷歌网站，而谷歌网站在国内无法直接访问，仅凭该获取途径无法确定证据 5 的真实性，而且，国外出版的书籍本身也当属于域外证据，因此，为了进一步证明证据 5 的真实性，请求人补充提交了国家图书馆出具的文献复制证明作为证明文件。经过对比，证据 5 与证明文件在形式上存在区别：一是证明文件中显示的馆藏书籍相比请求人最初提交的证据 5 多出一页，多出的一页是这本书的扉页；二是在某些页的部分字体略有差异。除此之外，证据 5 与证明文件中涉及的书籍名称、作者、出版社、出版时间以及内容均是相同的。在此基础上可以判断，最为可能的情况是书籍经过扫描等图像处理方式形成电子件，再将该电子件上传到网络时，受操作人操作习惯、设备等因素影响，会呈现不同的视觉效果。根据高度盖然性的证据规则，可以认定，证据 5 与证明文件均指向同一个出处，即由摩根和克莱普尔出版社于 2010 年出版的、作者为埃琳娜·法拉利的《数据管理系统中的访问控制》，且该书于国内公众图书馆馆藏，公众通过公开渠道可以合法获得，属于《专利审查指南 2010》规定的"从公共图书馆获得的国外文献资料"，因此不必履行公证认证手续。

对域外证据，通常的规则是需要履行公证认证手续来证明证据的真实性。但是这并不意味着履行公证认证手续的域外证据必然具有真实性，例如，公证认证手续所针对的仅仅是某份证据的翻译行为，并没有证明该证据的来源（参见国家知识产权局第 20736 号无效宣告请求审查决定）；也不意味着不履行公证认证手续的证据当然就不具有真实性，例如，本案当中有其他证据可以证明证据真实性的情况。因此，总的说来，对域外证据真实性的认定要结合证据的总体情况，从证据的表现形式、公证认证的内容及形式、证据内容等方面综合进行。

最高人民法院公布了《最高人民法院关于修改〈关于民事诉讼证据的若干规定〉的决定》，修改后的《最高人民法院关于民事诉讼证据的若干规定》（以下简称"新证据规定"）于 2020 年 5 月 1 日起施行，其中，第十六条对域外证据进行了规定："当事人提供的公文书证系在中华人民共和国领域外形成的，该证据应当经所在国公证机关证明，或者履行中华人民共和国与该所在国订立的有关条约中规定的证明手续。中华人民共和国领域外形成的涉及身份关系的证据，应当经所在国公证机关证明并经中华人民共和国驻该国使领馆认证，或者履行中华人民共和国与该所在国订立的有关条约中规定的证明手续。当事人向人民法院提供的证据是在香港、澳门、台湾地区形成的，应当履行相关的证明手续。"上述规定是对原《最高人民法院关于民事诉讼证据的若干规定》（以下简称"旧证据规定"）第十一条的修改，旧证据规定第十一条规定："当事人提供的证据系在中华人民共和国领域外形成的，该证据应当经所在国公证机关证明，并经中华人民共和国驻该国使领馆予以认证，或者履行中华人民共和国与该所在国订立的有关条约中规定的证明手续。当事人向人民法院提供的证据是在香港、澳门、台湾地区形成的，应当履行相关的证明手续。"从新证据规定和旧证据规定对于域外证据的规定来看，新证据规定大幅度减少了"应当"履行公证和认证的域外证据的范围。除公文证据和涉及身份关系的域外证据以外，当事人可自行选择是否办理域外证据的公证认证的证明手续。而上述新证据规定对于域外证据的规定，除了程序法上的意义之外，还进一步让案件当事人明确，公证认证本身并不必然能够证明域外证据的真实性，实践当中，还是需要根据具体案情来判断当事人提供的全部证据是否可以证明域外证据的真实性。上述新证据规定对于专利确权程序同样具有重要的参考意义。

第三章

专利创造性技术启示的判断

一、技术启示判断中最接近的现有技术的考量

（一）最接近的现有技术是否存在涉案专利基于区别技术特征解决的技术问题是技术启示判断的关键

——"一种置物架支架穿管连接固定装置"
专利无效行政诉讼案

【本案看点】

在创造性技术启示判断的过程中，最接近的现有技术存在涉案专利基于区别技术特征解决的技术问题是本领域技术人员对其进行改进的内在动机。如果经整体判断，最接近的现有技术不存在该技术问题，则本领域技术人员就没有动机向着涉案专利的方向改进最接近的现有技术，现有技术没有给出技术启示。

125

【案情介绍】

一、案件基本信息介绍

涉案专利号：ZL201420288783.3
专利名称：一种置物架支架穿管连接固定装置
案件类型：实用新型专利无效宣告案
无效宣告请求审查决定号：第 27387 号

二、涉案专利方案介绍

涉案专利保护一种置物架支架穿管连接固定装置，在请求人提出无效请求后，专利权人对原授权的权利要求进行了修改，将授权公告文本的权利要求 2 修改为新的权利要求 1，将授权公告文本的权利要求 2 分别与权利要求 3、4 合并成新的权利要求 2、3。

修改后的权利要求 1 为：置物架支架管连接固定装置，包括水平支架（1），水

平支架（1）两侧分别设置有水平的管支撑部（2），管支撑部（2）内穿插有钢管（3），钢管（3）用于插接水平支架（1）两侧的垂直支架或连接件，管支撑部（2）在水平支架（1）的两端为完整的通孔（11），在中间部分为半封闭的凹槽状（12）。其结构如图3-1和图3-2所示。

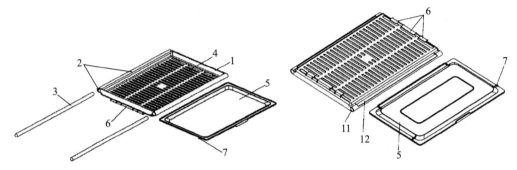

图3-1　置物架穿管连接固定
装置的正面结构示意图

图3-2　置物架穿管连接固定
装置的背面结构示意图

现有技术中水平置物支架多为多片支架并列，通过卡扣卡在横向钢管上。由多片支架组合起来的置物支架平面不平整、间隙大、浪费材料，不利于物品摆放。

涉案专利提供如上的置物架支架穿管连接固定装置，通过中部的半封闭凹槽实现整体支撑，不但节省原材料，而且固定更加稳定，管支撑部与水平支架一次注塑成型，加工过程更加简单，可以避免现有技术中利用卡扣连接，结构不够稳定且容易浪费材料的问题。

三、主要证据介绍

请求人提供的主要证据为证据1、证据2以及证据3。请求人主张涉案专利的权利要求在证据1的基础之上进一步结合证据2，或在证据3的基础之上进一步结合证据2没有创造性。

证据1：授权公告号为CN201375503Y的中国实用新型专利文件；

证据2：申请公布号为CN103671390A的中国发明专利申请文件；

证据3：授权公告号为CN203555663U的中国实用新型专利文件。

证据1为其中一份最接近的现有技术，公开了一种碗盘沥水架，包括翼型盘架1和多孔型碗架2，多孔型碗架2包括一主体，该主体相对的两侧边分别设有套管21，该套管21内设有定位元件，定位元件包括管体6以及伸缩定位杆63，伸缩定位杆63前端的凸部631配合插设于支撑杆，该支撑杆固定设于墙面形成悬设状，定位元件也可焊固于框架。证据1的主要结构如图3-3和图3-4所示。

证据3为另一份最接近的现有技术，涉及一种多功能台面碗盘沥水架，其中公开了如下技术特征（参见说明书第【0015】段）：包括翼状盘架1、多孔碗架2、G形侧档圈6，两个G形侧档圈6通过连接件7围成一框架，用于收纳连接件7的管状结构相当于涉案专利权利要求 1 中的"管支撑部"。其结构如图 3-5 和图 3-6 所示。

图 3-3　翼型盘架和多孔型碗架的结构示意图

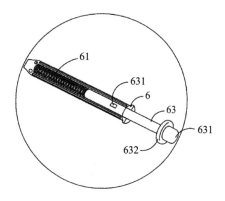

图 3-4　翼型盘架的局部放大结构示意图

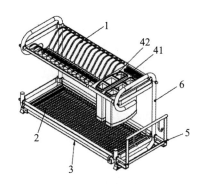

图 3-5　"多功能台面碗盘
沥水架"的立体结构示意图

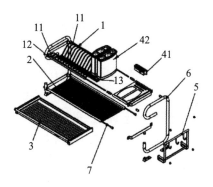

图 3-6　"多功能台面碗盘
沥水架"的分解结构示意图

127

证据 2 涉及一种连接件及使用该连接件的组合置物架，其中公开了如下技术特征（参见说明书【0029】段及图 3-7）：板体 2 略呈矩形的板状结构，该板体 2 具相对的一第一端及一第二端，该第一端及该第二端分别设有一接合部 21，该接合部 21 由板体 2 第一端及第二端弯折而成，接合部 21 略呈弧形的态样。

【案件焦点】

涉案专利权利要求 1 与证据 1 相比，区别技术特征在于：①涉案专利权利要求 1 中所述的管支撑部内穿插有钢管，证据 1 中的

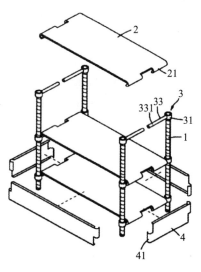

图 3-7　"组合置物架"的
分解结构示意图

伸缩定位杆63仅仅可以确认其是插入到了管体6［相当于涉案专利中水平支架（1）两侧分别设置有水平的管支撑部（2）］中，但无法确认其是否穿插所述管体6，且证据1也未公开该"管"是"钢管"；②涉案专利权利要求1中进一步限定"管支撑部（2）在水平支架（1）的两端为完整的通孔（11），在中间部分为半封闭的凹槽状（12）"，证据1未公开该特征。

区别技术特征①通过嵌插钢管实现水平置物架的连接固定，结构简单、整体结构牢固、平整，能承受物体更多的重量，从而可以解决现有技术中利用卡扣连接的置物架结构不够稳定的问题。在此基础上，区别技术特征②可以进一步解决避免浪费管支撑部支架材料的问题。因此，基于上述区别技术特征，涉案专利权利要求1实际要解决的技术问题是，在实现牢固支撑的基础上节约原材料。

无效宣告请求人与专利权人对上述内容没有争议。双方争议在于证据2是否给出技术启示。

请求人认为，证据1公开的套管21的两端为完整的通孔（结合图3-3可知），套管21包含完整的管体，这存在浪费原材料的技术问题，而这与涉案专利权利要求1的技术特征"管支撑部（2）在水平支架（1）的两端为完整的通孔（11），在中间部分为半封闭的凹槽状（12）"要解决的技术问题实质相同，证据2中将接合部设置为"略呈弧形的态样"，虽然在文字上没有直接表述该结构具有节省原材料的效果，但本领域技术人员可以毫无疑义地得知该结构必然相对于将接合部21设置为"长孔样态"更加节省原材料。因此，当面对证据1中存在浪费原材料的技术问题，根据证据2的技术启示，本领域技术人员很容易会想到将套管21的两端保持为完整的通孔状，在中间部分设置为半封闭的凹槽状，从而得到权利要求2要求保护的技术方案。

在证据3作为最接近的现有技术时，由于涉案专利权利要求1与证据3相比的区别技术特征与其相对于证据1的区别技术特征相同，对该组证据的评价方式与以证据1作为最接近的现有技术时相同。

专利权人认为，证据2没有公开上述区别技术特征。证据2中是通过弧形的接合部将置物架卡扣在钢管上，没有给出任何技术启示。

【官方结论】

针对在证据1的基础之上结合证据2的技术方案，无效宣告请求审查决定中认为：首先，从证据1所公开的内容，尚无法确认管体6究竟是通孔还是盲孔；其次，应当从整体上理解涉案专利权利要求1的技术方案，而不应割裂地看待其中每个技术特征。涉案专利权利要求1的技术方案从整体而言，是为了解决"在实现牢固支撑的基础上节约原材料"的技术问题，而证据1和证据2均不存在该技术问题，而且也没有公开，为解决该技术问题而采用如涉案专利权利要求1中所述的技术特征和技术方案，本领域技术人员无法从证据 1 和证据 2 中得到技术启示，进而有动机改进现有技术并获得涉案专利权利要求 1 要求保护的技术方案。

针对在证据 3 的基础之上进一步结合证据 2 的技术方案，合议组经审理认为：首先，从证据 3 所公开的内容尚无法确认所述管状结构究竟是通孔还是盲孔；其次，应当从整体上理解涉案专利权利要求 1 的技术方案，而不应割裂地看待其中每个技术特征。涉案专利权利要求 1 的技术方案从整体而言，是为了解决"在实现牢固支撑的基础上节约原材料"的技术问题，而证据 3 和证据 2 均不存在该技术问题，而且也没有公开，为解决该技术问题而采用如涉案专利权利要求 1 中所述的技术特征和技术方案，本领域技术人员无法从证据 3 和证据 2 中得到技术启示，进而有动机改进现有技术并获得涉案专利权利要求 1 要求保护的技术方案。

【律师观点】

在创造性"三步法"第三步中，要求以实际解决的技术问题作为出发点，判断要求保护的发明对本领域技术人员来说是否显而易见，即现有技术整体上是否存在技术启示。

在创造性技术启示的判断中，要以涉案专利解决的技术问题为导向，以最接近的现有技术为起点来进行判断。由于最接近的现有技术作为发明创造改进的起点，需要使得本领域技术人员对其产生改进的内在动机，这种内在动机体现在最接近的现有技术已经记载与涉案专利所要解决的技术问题相同或者类似的问题，或者虽然没有记载，但本领域技术人员基于其技术方案能够意识到解决该技术问题是其客观上的需求。总之，只有在最接近的现有技术存在涉案专利基于区别技术特征解决的技术问题时，本领域技术人员才能对其产生改进的内在动机。在创造性技术启示的判断中，内在动机是前提，只有存在内在动机，本领域技术人员才会去关注、寻找现有技术中解决该技术问题的技术手段。如果现有技术中公开与涉案专利相同的技术手段可以解决上述技术问题，则本领域技术人员获得沿着与涉案专利相同的方向并采用相同的技术手段改进最接近的现有技术的外在动机，即获得技术启示。而如果最接近的现有技术中不存在上述技术问题，即便其他现有技术中公开与涉案专利相同的技术手段并记载可以用来解决涉案专利解决的技术问题，本领域技术人员也不能获得技术启示。

回看本案，涉案专利基于区别技术特征实际所要解决的技术问题是"实现牢固支撑的基础上节约原材料"，因此，存在支撑问题是最接近的现有技术存在解决牢固支撑并在此基础之上节约原材料这一技术问题的前提，而证据 1 中无法确认管体 6 究竟是通孔还是盲孔，证据 3 中也无法确认所述管状结构究竟是通孔还是盲孔，因此，不确定证据 1 和证据 3 存在支撑问题，自然也不能确定证据 1 和证据 3 存在解决实现牢固支撑并在此基础之上节约原材料这一技术问题的内在需求。

因此，在最接近的现有技术整体未公开、未揭示或根本不存在该技术问题的基础上，本领域技术人员就没有动机向着涉案专利的方向改进现有技术，也就是无法获得技术启示，从而无法获得涉案专利权利要求 1 的技术方案，因而得出涉案专利权利要求 1 具备创造性的结论。

（二）最接近的现有技术的限制对技术启示判断的影响

——"一种全自动木头加工机"专利无效宣告案

【本案看点】

虽然涉案专利相对于最接近的现有技术的区别技术特征被其他现有技术公开，但是基于最接近的现有技术本身条件的限制，在其中设置区别技术特征所限定的技术手段存在障碍，则本领域技术人员无法从其他现有技术中得到技术启示改进最接近的现有技术。

【案情介绍】

一、案件基本信息介绍

涉案专利号：ZL201410734893.2

专利名称：一种全自动木头加工机

案件类型：发明专利无效宣告案

无效宣告请求审查决定号：第 34335 号

二、涉案专利方案介绍

涉案专利权利要求 1 要求保护一种全自动木头加工机。家具用榫头加工目前一般采用人工手动加工，榫头的上面、前面、后面、左面和右面五个方向都需要加工，需要锯、钻、切割等工具进行多次手动加工，劳动强度大，加工时间长，加工成本高，加工精细度很难掌握。

涉案专利提供：一种全自动木头加工机，其包括工作台（1），工作台（1）的上、下、左、右、前五个方向分别固定有加工钻组件（2），及可在五个加工钻组件之间移动的木头固定机构（3），工作台（1）上还设有为木头固定机构移动提供数据的三维坐标定位系统，加工钻组件（2）包括固定在工作台上的固定板（21），固定板（21）上设有加工钻电机（22），加工钻电机（22）的输出轴上设有钻头（23），木头固定机构（30）包括底座（31），底座（31）设有带动底座在工作台上面上、下移动的升降机构（32），及带动底座（31）在工作台上面左、右移动的移动机构

(33)，底座（31）的上端还设有固定台（34），底座（31）与固定台（34）之间还设有带动固定台前进或后退的进退机构（35）。其结构如图3-8和图3-9所示。

涉案专利全自动木头加工机能够代替手工加工，具有加工方便、快捷，降低加工成本，加工精确度高，实现自动化加工的效果。

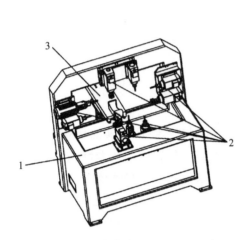

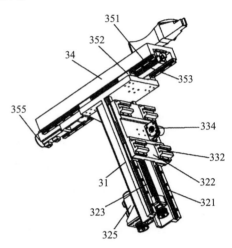

图3-8 "全自动木头加工机"的
立体结构示意图

图3-9 木头固定机构的结构示意图

三、主要证据介绍

请求人主要提交了两份证据，即证据3和证据4。请求人认为涉案专利权利要求1在证据3的基础上结合证据4以及公知常识不具备创造性。

证据3：申请公布号为CN103826797A的中国发明专利申请文件；

证据4：授权公告号为CN202964020U的中国实用新型专利文件。

证据3为最接近的现有技术，公开了一种机床，包括框架2，框架2界定工作空间4，在右方向和上方向设置第一加工模块43和第二加工模块47用于连杆42的加工。连杆42经夹爪52紧固至工件托架12，工

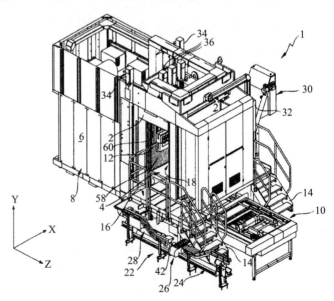

图3-10 机床的立体结构示意图

件托架能够沿着至少一个导轨，尤其是沿着 X 导轨和/或 Y 导轨和/或 Z 导轨移动。证据 3 还公开了机床可以具有多个加工模块。其结构如图 3－10 所示，另外，证据 3 公开了机床 1 的工作空间 4 的左下方及右上方方向具有入口 18，如图 3－11 所示，操作者可借助于两个梯子 14 进入工作空间 4，梯子 14 通向工作台 6，两个入口 18 允许从那里进入工作空间。

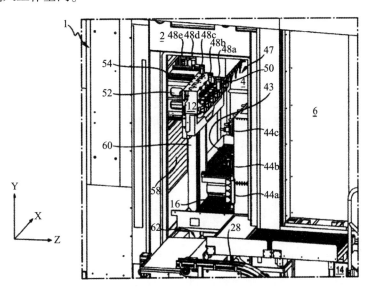

图 3－11 工作空间结构及其在机床上的布置形式图

【案件焦点】

涉案专利相对于最接近的现有技术证据 3 存在三个区别技术特征，对于其他两个区别技术特征争议双方不存在争议，该案的争议焦点主要集中在区别技术特征①。区别技术特征①的内容为：涉案专利权利要求 1 在工作台的上、下、左、右、前五个方向分别固定有加工钻组件，所述的加工钻组件包括固定在工作台上的固定板，所述的固定板上设有加工钻电机，所述的加工钻电机的输出轴上设有钻头；与之相比，证据 3 具有两组加工模块 43、47，分别位于如图 3－11 所示的上方（第二加工模块 47）和右侧（第一加工模块 43）。

请求人认为，证据 3 的权利要求 5 公开了机床可以具有多个加工模块，即证据 3 给出了设置多向加工钻组件以方便加工的技术启示，本领域技术人员在该技术启示之下，会在证据 3 的第一加工模块 43、第二加工模块 47 之外再设置 3 个方向或更多个方向的加工钻组件，这不需要付出创造性劳动。

专利权人认为，证据 3 没有公开工具托架 12 如何沿 X 方向移动，本领域技术人员也没有动机在证据 3 的第一加工模块 43、第二加工模块 47 之外再设置加工模块，而涉案专利全自动木头加工机能够在"上、下、左、右、前五个方向"加工，加工方便、快捷，降低了加工成本。

【官方结论】

无效宣告请求审查决定中认为，基于证据 3 所公开的机床 1 的结构，机床 1 的加工空间 4 的左下方及右上方方向具有入口 18。又如证据 3 说明书第【0018】段所述，"操作者可借助于两个梯子 14 进入工作空间 4。梯子 14 通向工作台 6。两个入口 18 允许从那里进入工作空间"，所属技术领域的技术人员基于证据 3 公开的上述内容能够了解，在机床 1 的工作空间 4 的六个方向上，有三个方向不适于设置加工模块，分别为设置有工件托架 12 的方向以及设置有两个入口 18 的方向。因此，基于证据 3 公开的内容，所属技术领域的技术人员即使需要在机床 1 的第一加工模块 43、第二加工模块 47 之外添加另外的加工模块，也不容易想到将加工模块设置于上述三个方向，即无法获得在"上、下、左、右、前五个方向"设置加工模块的技术启示。

【律师观点】

在根据"三步法"进行创造性判断时，需要将涉案专利权利要求保护的技术方案与最接近现有技术进行对比，找出两者的区别技术特征，并确定涉案专利技术方案基于该区别技术特征实际解决的技术问题，然后以该最接近现有技术作为起点，以该技术问题为导向，判断发明创造是否显而易见。其目的在于尽量还原发明创造的过程，从而保证创造性判断的客观性。最接近现有技术一旦确定，作为技术改进的起点，必然会对本领域技术人员的改进方向和思路有所限制。也即，最接近的现有技术不仅可以确定作为技术改进的主题，而且可以限定进一步改进的框架，也就是在该具体的技术框架内作进一步的改进。

因此，在判断发明创造是否显而易见时，需要考虑最接近现有技术本身是否会对改进产生障碍。

首先，需要考虑最接近的现有技术在结构上是否存在结合障碍。如果最接近的现有技术在结构上无法设置区别技术特征所限定的技术手段，即使在其他现有技术公开区别技术特征且其作用与涉案专利相同的情况下，由于最接近的现有技术和区别技术特征所限定的技术手段在结构上不能实现结合，仍无法获得涉案专利要求保护的技术方案。另外，还需要考虑最接近的现有技术其技术方案的整体性，如果将区别技术特征所限定的技术手段结合到最接近的现有技术中后，最接近的现有技术其他部分的结构需要改变，且该改变需要本领域技术人员付出创造性劳动，那么这种情况下无法获得涉案专利要求保护的技术方案。

其次，需要考虑最接近的现有技术在功能上是否存在结合障碍。如果区别技术特征所限定的技术手段结合到最接近的现有技术中后，会丧失其部分功能，并不能起到与涉案专利相同的作用，也达不到其效果，那么仍无法获得涉案专利要求保护的技术方案。如果最接近的现有技术部分技术特征在功能上存在关联关系，区别技术特征所限定的技术手段结合到最接近的现有技术中后，会影响整个技术方案或者相关联技术特征的功能，使得整个技术方案无法实施，那么仍无法获得涉案专利要求保护的技术方案。

具体到本案，证据3所公开的机床1在设置有工件托架12的方向以及设置有两个入口18的方向，不适于设置加工模块。也就是说，最接近现有技术在结构上和功能上存在结合的障碍。如果将区别技术特征所限定的技术手段（下、左、前三个方向上设置加工模块）结合到证据3，证据3的入口18与工件托架12的设置位置和布置方式需要进行改变，该改变需要本领域技术人员付出创造性劳动，且影响证据3机床1的部分功能。因此，本领域技术人员无法从其他现有技术中获得技术启示，在证据3的基础上获得涉案专利要求保护的技术方案。

综上，在创造性判断中，需要着重考虑最接近的现有技术在结构和功能上是否能够被改进为要求保护的技术方案。如果在最接近的现有技术中设置区别技术特征的技术手段在结构或功能上存在障碍，则本领域技术人员无法从其他现有技术中得到技术启示改进最接近的现有技术。

135

值得注意的是，不能僵化理解最接近的现有技术对技术改进的障碍，应该站在本领域技术人员的角度，以涉案专利解决的技术问题为导向，综合最接近的现有技术的技术构思、技术条件，综合判断本领域技术人员是否容易想到在该最接近现有技术上，以涉案专利相同的技术手段来进行改进。尤其在最接近的现有技术的技术构思、技术条件不同于涉案专利时，应考虑差异的程度，判断以与涉案专利相同的技术手段对最接近的现有技术进行改进是否会超出本领域技术人员的合理预期。

二、技术启示判断中技术问题的考量

（一）技术问题的发现及确认
在专利创造性判断中的运用
—— "低温膨化干燥果蔬的方法" 专利无效宣告案

【本案看点】

现有技术并没有意识到某一技术问题的存在，涉案专利在确认这一技术问题的基础之上，进一步提出解决技术问题的技术手段。技术问题的确认和技术手段的提出均属于涉案专利对现有技术有实质性贡献的部分。

【案情介绍】

一、案件基本信息介绍

涉案专利号：ZL201410065948.5
专利名称：低温膨化干燥果蔬的方法
案件类型：发明专利无效宣告案
无效宣告请求审查决定号：第 37188 号

二、涉案专利方案介绍

涉案专利权利要求 1 保护：一种低温膨化干燥果蔬的方法，并具体限定了按照以下的步骤顺序进行：（1）预处理：将新鲜果蔬洗净，去杂后，得物料 A；（2）脱除自由水：应用常规干燥技术脱除物料 A 中的自由水，至含水量为 20% ~ 40%，得物料 B；（3）低温膨化：将物料 B 移至膨化反应釜中，抽真空至压力为 0.05 ~ 0.1MPa，注入 N_2 和 CO_2 的混合气体，使反应釜内压力达到 1.0 ~ 5.5MPa，维持膨化反应釜中的温度至 4 ~ 10℃，保压 20 ~ 60min 后，3 ~ 20s 内瞬间降至常压，使物料膨化脱水，得物料 C，所述混合气体中 CO_2 的体积分数为 5% ~ 20%；（4）出料保存：干燥物料 C 至含水量为 3% ~ 5%，得产品。

涉案专利的上述技术方案利用无毒、无味的气体如 N_2 或 CO_2，在一定的压力下渗入果蔬细胞，通过瞬时减压膨化的方法，达到脱水干燥的目的。涉案专利方法中最核心的步骤在于步骤（3）的低温膨化步骤，在该步骤，涉案专利采用 N_2 和 CO_2 混合气体作为气体体系，并且进一步采用具体的工艺条件为温度 $4 \sim 10℃$、压力 $1.0 \sim 5.5MPa$ 对果蔬进行膨化干燥，克服了现有技术因单纯采用 CO_2 而对果蔬中碱性成分造成的损害，使得果蔬中的营养成分得以最大限度保留，产品复水性好，能保持原有果蔬颜色，膨化压力小。从涉案专利实施例的数据可以看出，涉案专利 N_2 和 CO_2 混合气体技术与 CO_2 单一气体技术相比具有加工成本低、维生素 B 保留更好、叶绿素保留更好等效果。

三、主要证据介绍

请求人提交了三份证据，分别是证据 1、证据 2 和证据 3。请求人认为，涉案专利权利要求 1 在证据 1 的基础之上进一步结合证据 2、证据 3 及本领域的常规技术手段不具备创造性。

证据 1：申请公布号为 CN1792284A 的中国发明专利申请文件；

证据 2：申请公布号为 CN101700055A 的中国发明专利申请文件；

证据 3：申请公布号为 CN1709075A 的中国发明专利申请文件。

证据 1 是最接近的现有技术，公开了一种采用单一的 CO_2 气体对果蔬进行膨化脱水的方法，并具体公开：将洗净的果蔬物料脱去自由水后，放入反应釜中，抽真空至压力为 $0.08 \sim 0.1MPa$，注入 CO_2 气体，使反应釜内压力达 $1.5 \sim 10.5MPa$，经过 $30s$ 至 $60min$ 后，在 $0.5 \sim 4min$ 内降压至常压，使物料膨化脱水。

证据 2 公开了一种利用超高压实现鲜切果蔬快速水分结构化的低成本保鲜方法，其中记载：鲜切果蔬是指新鲜水果、蔬菜原料经分级、清洗、整修、去皮、切分、保鲜、包装等工序能保持产品新鲜状态，在一定温度和压力条件下非极性气体会溶解在水中，水分子通过氢键形成多面体笼形结构，并将气体包含在结构的空隙中，形成的特殊化合物称为笼形水合物。果蔬组织水分经结构化形成水合物后，水分子的活动能力受到限制，并一定程度影响果蔬组织中蛋白质等大分子的空间结构，降低酶的活性，抑制组织的酶促反应和微生物作用，对果蔬有明显的保鲜效果。发明的目的是提供一种通过超高压水分快速结构化进行低成本保鲜鲜切果蔬的方法，货架期可延长到 $10 \sim 15$ 天。

证据 3 公开了延长易腐烂果蔬保鲜期的三段复合预处理方法，公开了 CO_2 与 Xe 的体积比为 $20 - 80：80 - 20$ 以及反应温度为 $2 \sim 15℃$。证据 3 用于新鲜易腐烂果蔬的贮藏保鲜，主要解决现有果蔬保鲜预处理技术中损耗高、贮藏期短、果蔬贮藏品质下降快的难题。

【案件焦点】

涉案专利权利要求 1 与证据 1 相比，区别技术特征在于：①注入气体不同，权利要求 1 使用 N_2 和 CO_2 混合气体，其中 CO_2 的体积分数为 5% ~ 20%，而证据 1 中使用单一 CO_2 气体；②温度不同，权利要求 1 为 4 ~ 10℃下进行，而证据 1 则为常温；③降压时间不同，权利要求 1 为 3 ~ 20s 内，证据 1 为 0.5 ~ 4min。

涉案专利采用 N_2 和 CO_2 混合气体克服了现有技术因采用单一 CO_2 气体而对果蔬中碱性成分造成损害。基于此，涉案专利权利要求 1 实际解决的技术问题是提供一种避免果蔬中碱性营养成分遭到破坏的低温膨化果蔬方法。

请求人认为，（1）证据 2 中公开了可选用低成本的非极性气体 Ar、Kr、N_2 或 CO_2 中任意两种以 1∶1 混合配比对果蔬进行干燥处理，其采用 CO_2 和 N_2 的混合气体所起的作用是使果蔬表面和组织中的水分快速结构化，也即使果蔬脱水膨化。并且针对单一使用 CO_2 对果蔬中碱性成分损害的技术问题，只有减少向反应釜中加入 CO_2 等酸性气体，或者采用其他非酸性气体替代 CO_2，减少 CO_2 的含量，才会减少对果蔬中碱性成分产生的损害，这是本领域技术人员很容易想到的。至于"混合气体中 CO_2 的体积分数为 5% ~ 20%"的数值范围，则可以通过调整实验参数获得。并且证据 3 中 CO_2 与 Xe 所起的作用也是为了实现果蔬的脱水膨化，采用的混合气体中 CO_2 的体积分数可以为 20%，Xe 和 N_2 均属于非极性气体，可以显而易见地将 Xe 和 N_2 的混合气体替换成 N_2 和 CO_2 的混合气体。可见，证据 2 和证据 3 的结合给出了 CO_2 和 N_2 混合气体中 CO_2 的体积分数为 5% ~ 20% 的技术启示。

（2）通过低温（4 ~ 10℃）方式来减少温度对果蔬品质的损害是本领域惯用的技术手段；在证据 3 公开有水分结构化中处理温度为 2 ~ 15℃，即公开了通过低温方式来减少温度对果蔬品质损害的方案。

（3）证据 1 的降压时间与权利要求 1 的 20s 相差不大，本领域技术人员稍作调整即可获得，属于本领域技术人员的惯用技术手段；证据 2 公开有超高压容器中加压 300 ~ 400MPa，泄压速度控制在 100MPa/s，泄压时间为 3 ~ 4s，可见证据 2 公开了瞬间降压时间为 3 ~ 20s 的技术启示。

专利权人认为，现有技术并没有意识到存在果蔬中碱性营养成分会遭到破坏这一技术问题。果蔬干燥膨化方法中影响果蔬干燥膨化效果的影响因素非常多，例如设备、工艺参数等，证据 1 已经确认单纯使用 CO_2 气体的技术方案具有良好的技术效果。

涉案专利的贡献在于发现了果蔬中营养成分损害的原因是营养成分中存在碱性成分，而 CO_2 气体与果蔬中的水结合后呈酸性，因此大量使用会破坏果蔬中的碱性营养成分，即发现了果蔬中营养成分被损害的原因及其与 CO_2 气体之间的关联关系。而证据 1 采用单一的 CO_2 气体对果蔬进行膨化脱水的方法，且说明书已经表明获得良好的技术效果；证据 2 和证据 3 均是鲜切果蔬保鲜领域技术，并不涉及采用 CO_2 气体对果蔬进行膨化脱水。因此，涉案专利发现这一技术问题本身就具有创造性。

【官方结论】

无效宣告请求审查决定中认为，针对涉案专利所提出的单一使用 CO_2 对果蔬中碱性成分损害的技术问题，首先，由于证据 1 即采用单一的 CO_2 气体成分，并在说明书中记载效果包括"不影响果蔬的原有口味及色泽；营养成分损失少"（参见说明书第 2 页第 6 段），表明其并未意识到单一 CO_2 对果蔬中碱性成分损害的技术问题，也没有其他证据表明本领域技术人员通过现有技术能够意识到该技术问题的存在。因此，涉案专利实质上是通过确认该技术问题后采用相应技术手段实现对证据 1 方法的进一步完善和改进，这种技术问题的提出以及相应技术手段的采用，均属于涉案专利相对于现有技术作出贡献的部分。其次，在证据 1 已确认使用 CO_2 气体的整个技术方案具有有益技术效果的基础上，请求人并未提供证据表明本领域技术人员存在动机对其气体组成进行有目的的调整，因此，在证据 1 的基础上，本领域技术人员不确定对其进行改进的方向，难以获得明确的技术指引，更无法很容易地想到利用特定比例的 N_2 和 CO_2 混合气体。

139

【律师观点】

创造性"三步法"第二步是基于区别技术特征所能达到的技术效果或起到的作用确定发明实际解决的技术问题。实际解决技术问题的实质是为获得更好的技术效果而对最接近的现有技术进行改进的技术任务。也就是说，只有本领域技术人员基于现有技术公开的内容能够意识到存在解决该问题的现实需求，才有动机对最接近的现有技术进行改进，从而得到涉案专利的技术方案。

在完成发明创造过程中，通常是先看到某一技术存在技术缺陷，然后根据该技术缺陷确认技术问题，最后以该技术问题作为指引寻找解决该技术问题的技术方案。对于本领域技术人员而言，如果无法认识到存在这一技术问题，那么也就没有办法完成发明创造，从而技术问题本身的发现就是涉案专利对于现有技术有实质性贡献的部分。

对于本案而言，在申请日之前，本领域技术人员难以认识到单一 CO_2 气体溶于果蔬中的水后呈酸性，会破坏果蔬中碱性营养成分这一技术问题。这一认识已经超出本领域技术人员在申请日前的认知水平和能力，本领域技术人员难以将该实际解决的技术问题作为需要完成的"技术任务"，难以去现有技术中寻找解决该技术问题的方案。也就是说，本领域技术人员缺少对最接近的现有技术进行改进的动机。

另外，"技术缺陷"是事物的"表象"，导致这一表象的内在原因如果存在多种可能性，本领域技术人员面对需要克服现有技术缺陷时就有多种改进方向，难以确定如涉案专利的改进方向。也就是说，本领域技术人员不会针对这一原因去寻找解决技术问题的方案，从而无法产生将区别技术特征所限定的技术手段引入最接近的现有技术以克服现有技术存在技术缺陷的合理成功预期。

综上，判断是否具有创造性，需要围绕实际解决的技术问题。如果在确认技术问题的基础之上，进一步提出解决技术问题的技术方案，那么技术问题的确认和技术方案的提出均属于涉案专利对于现有技术有实质性贡献的部分。

（二）产生技术问题的原因在专利创造性判断中的运用
——"醇的制备方法"专利无效宣告案

【本案看点】

如果申请日以前本领域技术人员并未发现涉案专利基于区别技术特征解决的技术问题，或者未认识到产生该技术问题的原因，或者并未将与区别技术特征所限定的技术手段相同或类似的技术手段与该技术问题相关联，那么即使证据中记载区别技术特征，涉案专利也具备创造性。

【案情介绍】

一、案件基本信息介绍

涉案专利号：ZL200380104935.4
专利名称：醇的制备方法
案件类型：发明专利无效宣告案
无效宣告请求审查决定号：第 22012 号

二、涉案专利方案介绍

涉案专利权利要求 1 要求保护一种醇的制备方法，该方法包括：采用氢化催化剂将醛氢化并对所得产物进行蒸馏醇化，其中，所得氢化产物的蒸馏纯化在氢化催化剂的量为 500ppm 以下的条件下进行。

制备醇主要是通过对醛氢化及对其产物纯化来完成。醛是产物醇质量最重要的影响因素之一，通常希望能够减少醛的浓度。现有技术采用的方法是蒸馏纯化，在分离塔和产物塔联用的蒸馏体系中，在第 1 塔中将醛作为低沸点成分分离。然而发现，在产物塔即第 2 塔中，醛含量依旧很高。也就是说，施加很小的热负荷的产物塔内也能形成醛。

涉案专利为了解决上述技术问题，通过最大量地清除氢化催化剂的粉末，使纯化系统中基本不形成醛，从而完成本发明。

三、主要证据介绍

请求人主要提供了两份证据，证据 1 和证据 2。请求人认为，涉案专利的权利要求 1 在证据 1 的基础之上进一步结合证据 2 不具有创造性。

证据 1：申请公布号为 CN1349484A 的中国发明专利文件；

证据 2：《化学工艺学》；❶

反证 1：WO96/26173 号 PCT 申请。

证据 1 是最接近的现有技术，其公开了一种四氟苯甲醇类的制备方法，在说明书中明确记载了"步骤（b）制得的式（3）的四氟苯甲醛再通过步骤（c）的还原反应就可制得式（4）的四氟苯甲醇""步骤（c）的反应可使用镍、钯、铂等金属催化剂"。从上述记载可知，步骤（c）反应为醛氢化生成醇的反应，相应地，所使用的金属催化剂即为氢化催化剂。此外，说明书中还明确公开了"在对催化剂进行了过滤、离心分离、沉降分离等操作后，再通过蒸馏、萃取和两层分离等方法就可完成对步骤（c）的反应并获得式（4）的四氟苯甲醇的精制"。

证据 2 公开了镍、铬、铜等金属催化剂不仅是氢化催化剂同时，也是典型的脱氢金属催化剂。

【案件焦点】

涉案专利权利要求 1 的技术方案相对于证据 1 公开的内容，区别技术特征为：氢化产物在蒸馏纯化时，在氢化催化剂的量为 500ppm 以下的条件下进行。

涉案专利实际解决的技术问题是减少蒸馏纯化过程中生成的醛的量，从而减少产物醇中醛的量。

本案的争议焦点主要集中在现有技术中是否给出通过清除产物醇中氢化催化剂的粉末以减少蒸馏纯化得到的醇中醛含量的启示。

请求人认为，在涉案专利说明书的背景技术部分已经明确公开"在 C3－C10 醇的纯化/蒸馏过程中，经证实，通过蒸馏塔底部的热负荷可以生成相应的醛"，从该记载可知，本领域技术人员已经认识到，在纯化/蒸馏时，塔底热负荷会使得醇转化为醛，而醇转化为醛的本质即发生了醇的脱氢反应。本领域技术人员公知对于氢化催化剂而言，部分氢化催化剂，同时也是脱氢催化剂，诸如涉案专利说明书第 6 页第 10 段中使用的镍、铬、铜等金属催化剂不仅是氢化催化剂，同时也是典型的脱氢金属催化剂。对于本领域技术人员而言，在对醛氢化后含有产物醇的物质进行蒸馏纯化时，很容易想到是塔底的热效应使得含有产物醇的物质中含有的氢化催化剂发挥其脱氢作用，产物醇在脱氢催化剂的作用下反向转变为醛，从而无须付出创造性

---

❶ 浙江大学 华东理工大学. 化学工艺学 [M]. 北京：高等教育出版社，2001：156，158.

劳动就有动机通过尽可能地降低含有产物醇的物质中氢化催化剂的量来避免蒸馏纯化过程中醇向醛的转化，并在此基础上通过有限的试验确定保证醇不会反向转变为醛的蒸馏纯化体系中氢化催化剂的量，并且也没有产生意想不到的技术效果。

专利权人认为，证据 1 关注的是如何在工业化生产中以高收率制得高纯度的四氟苯甲醇，其技术方案的关键在于合成原料和合成步骤，未提及对获得的醇进行蒸馏会产生醛，没有提示也没有给出任何应用以上区别技术特征从而解决以上技术问题的技术启示。涉案专利背景技术中的专利文献 4 是 WO96/26173 号 PCT 申请的日本国家阶段申请，而反证 1 是 WO96/26173 号 PCT 申请的中国国家阶段申请，因此反证 1 所记载的内容与涉案专利背景技术中的专利文献 4 是完全一致的。无论是在涉案专利的背景技术中还是反证 1 中，均仅仅指出热负荷会导致醇转化为醛，没有指出该转化与氢化催化剂之间的关系。事实上，高温同样可能导致醇向醛的转化。而且，涉案专利背景技术中还指出，"（专利文献 4）因此公开了一种在碱金属氢氧化物的存在下进行蒸馏作为抑制手段的方法"，可见反证 1 所采用的技术手段与本发明完全不同，碱金属氢氧化物既不是本发明中所采用的氢化催化剂，也不是脱氢催化剂。由以上分析可知，证据 1 所要解决的技术问题、所要实现的技术效果均与本发明不同，证据 1 中没有给出任何与本发明有关的技术启示，公知常识中也没有给出与本发明有关的技术启示，无效宣告请求人也没有给出任何证据来证明其所谓的公知常识。

证据 2 公开了脱氢催化剂和氢化催化剂在种类和组成上相似，有些催化剂在氢化时使用，在脱氢时也可使用。但是，研究表明，最佳氢化催化剂往往不是最佳脱氢催化剂，其中的原因往往与工艺条件有关，例如铜是加氢很好的催化剂，但脱氢时，若反应温度过高就不能应用，这说明氢化催化剂可作为脱氢催化剂是有条件限制的，因此，证据 2 没有给出技术启示。

【官方结论】

无效宣告请求审查决定中认为，判断权利要求 1 是否具有创造性的焦点在于，现有技术中是否给出通过清除产物醇中氢化催化剂的粉末以减少蒸馏纯化得到的醇中醛含量的启示。首先，涉案专利说明书背景技术部分提及的现有技术对于减少产物醇中醛含量的方法包括提高氢化反应中醛的转化率，在蒸馏纯化步骤中增加蒸馏塔塔板数、增加回流比等来提高醛的分离程度。另外，还发现蒸馏纯化的热负荷会导致醇转化为醛，并公开了一种在碱金属氢氧化物的存在下进行蒸馏作为抑制手段的方法（参见反证 1，即涉案专利说明书中提到的专利文献 4 的同族专利）。其次，证据 1 涉及具有杀虫作用的环丙羧酸酯类化合物的制备中间体——四氟苯甲醇类的制备，关注的是如何在工业化生产中以高收率制得高纯度的四氟苯甲醇，其技术方案的关键在于合成原料和合成步骤。实施例 17～19 关于醇的具体制备中使用的氢化催化剂都是海绵状镍。说明书第 11 页第 2 段记载的"在对催化剂进行了过滤、离心分离、沉降分离等操作后，再通过蒸馏、萃取和 2 层分离等方法就可完成对步骤（c）的反应获得式（4）的四氟苯甲醇的精制"也是化工领域常规的催化剂分离回收、产物提纯回收的步骤，并未提及对产物醇进行蒸馏会产生醛，对产物醇中醛的含量并没有特别的要求，不需要采取特别的手段尽可能地除去醛。再次，证据 2 公开了脱氢催化剂和氢化催化剂在种类和组成上相似，有些催化剂在氢化时使用，在脱氢时也可使用。研究表明，最佳氢化催化剂往往不是最佳脱氢催化剂，其中的原因往往与工艺条件有关，例如铜是加氢很好的催化剂，但脱氢时，若反应温度过高，就不能应用（证据 2 第 158 页第 4、5 段），这说明氢化催化剂可作为脱氢催化剂是有条件限制的。

综上，无论是涉案专利的背景技术部分还是证据 1 和证据 2，都没有揭示在对产物醇的蒸馏纯化过程中由醇向醛的转化是在氢化催化剂的存在下发生的，也没有揭示该转化与氢化催化剂之间的关系，也没有其他证据表明，上述内容属于本领域的公知常识；而在现有技术关注通过提高氢化反应中醛的转化率，在蒸馏纯化步骤中增加蒸馏塔塔板数、增加回流比等来提高醛的分离程度，以及蒸馏纯化的热负荷会导致醇转化为醛并采用加入碱金属氢氧化物抑制这种转化的情况下，本领域技术人员不会想到将蒸馏过程中醇转化为醛与其中含有微量的氢化催化剂关联起来；尤其是当氢化催化剂在上一步反应中还在起氢化催化作用的情况下，本领域技术人员也不会意识到在蒸馏过程中氢化催化剂实际起到脱氢催化作用，更不会想到通过除去氢化催化剂来抑制蒸馏过程中醛的转化，降低产物醇中醛的量，从而得到权利要求 1 的技术方案。

综上，证据 1 和证据 2 均没有给出启示使得本领域技术人员为减少蒸馏纯化后产物醇中醛的量而采用除去氢化催化剂的技术手段，权利要求 1 在证据 1 的基础之上进一步结合证据 2 具有突出的实质性特征和显著的进步，具有创造性。

【律师观点】

判断创造性的关键是对技术问题的把握。

首先，需要考虑涉案专利申请日以前本领域技术人员是否已经发现技术问题，是否已经找到产生问题的原因。常见的情况是，问题一经提出，解决的手段就是显而易见的，但是如果认识发明所要解决的技术问题超出本领域技术人员的认识水平，本领域的技术人员没有机会面对所述技术问题，就自然没有动机去找出技术方案。另外，还存在的情况是，本领域技术人员虽然认识到技术问题的存在，但是并未发现引起该技术问题的确切原因，在此基础之上，自然不会有针对性地提出解决该技术问题的技术方案。

其次，需要考虑的是，涉案专利申请日之前本领域技术人员是否已经将涉案专利相对于最接近的现有技术的区别技术特征所限定的技术手段与解决发明解决的技术问题相关联，即是否有证据表明区别技术特征在现有技术中的作用与在涉案专利中解决实际解决的技术问题时所起的作用相同。即便本领域技术人员认识到技术问题的存在以及引起技术问题的原因，即使区别技术特征本身已经被现有技术披露，但是如果现有技术并没有将该区别技术特征与涉案专利解决的技术问题关联起来，那么本领域技术人员不能从现有技术中得到技术启示。

最后，判断是否给出技术启示，不能局限于记载区别技术特征的证据，而应该综合考虑涉案专利申请日之前本领域技术人员掌握的全部现有技术状况，来综合评价现有技术水平，从而进一步判断本领域技术人员是否会显而易见地运用区别技术特征解决涉案专利实际解决的技术问题。

具体到本案来说，本案申请日以前本领域技术人员虽然面临氢化反应提高产物醇的收率这一技术问题，但是并没有意识到氢化催化剂是导致醇产品中含有醛杂质从而导致醇收率降低的原因，自然没有动机研究如何尽可能除去氢化催化剂。证据2虽然公开了铬、铜等金属催化剂不仅是氢化催化剂同时也是典型的脱氢金属催化剂，但是综合本领域技术人员掌握的其他现有技术可知，现有技术关注通过提高氢化反应中醛的转化率，在蒸馏纯化步骤中增加蒸馏塔塔板数、增加回流比等来提高醛的分离程度，以及蒸馏纯化的热负荷会导致醇转化为醛并采用加入碱金属氢氧化物抑制这种转化。据此，本领域技术人员不会想到将蒸馏过程中醇转化为醛与其中含有微量的氢化催化剂关联起来，尤其是当氢化催化剂在上一步反应中还在起氢化催化作用的情况下，本领域技术人员也不会意识到在蒸馏过程中氢化催化剂实际起到脱氢催化作用，更不会想到通过除去氢化催化剂来抑制蒸馏过程中醛的转化，降低产物醇中醛的量，从而得到权利要求1的技术方案。

综上，技术启示的判断是创造性"三步法"判断中的重要环节，需要从实际解决的技术问题出发综合考虑现有技术整体情况。

（三） 与区别技术特征相同或近似的技术手段在现有技术中所起的作用对创造性判断的影响

——"一种新型批式谷物干燥机撒粮装置"专利无效宣告案

【本案看点】

在判断涉案专利基于区别技术特征实际解决的技术问题时，应该将区别技术特征放入涉案专利的整体技术方案中判断其所起的作用；在判断与区别技术特征相同或相似的技术手段在现有技术中所起的作用或所解决的技术问题时，应该将该技术手段放入现有技术的整体技术方案中判断其所起的作用；如果与涉案专利的区别技术特征相同或相近似的技术手段在现有技术中所起的作用与区别技术特征在涉案专利中所起的作用不同，则认为现有技术没有给出将区别技术特征限定的技术手段运用到最接近的现有技术中得到技术方案解决该技术问题的技术启示。

【案情介绍】

一、案件基本信息介绍

涉案专利号：ZL201320250559.0
实用新型专利名称：一种新型批式谷物干燥机撒粮装置
案件类型：实用新型专利无效宣告案
无效宣告请求审查决定号：第 32271 号

二、涉案专利方案介绍

涉案专利保护一种批式谷物干燥机撒粮装置，其权利要求 1 为：

一种新型批式谷物干燥机撒粮装置，包括有入粮斗（1）、转轴（2）、轴罩（3）、撒粮圆盘（4）、连接螺钉（5）和撒粮叶片（6），其特征在于：所述撒粮圆盘（4）为一钢质圆板，圆盘中心开有通孔，与转轴（2）的一端连接，转轴（2）另一端连接到驱动装置，撒粮圆盘（4）面朝减速电机向上水平放置，入粮斗（1）安置在撒粮圆盘（4）斜上方，竖直转轴（2）与圆盘连接的外端由连接螺钉（5）紧固，内端安有轴套，圆盘朝电机面均布焊接有四个撒粮叶片（6），叶片面垂直于圆盘，叶片一端止于圆盘边，另一端止于靠近轴套处。

该撒粮装置工作时，打开电机驱动装置开始带动转轴2转动，进而带动撒粮圆盘4和叶片6一起转动，再从入粮斗1开始往撒粮圆盘倾倒谷物即可。该撒粮装置的结构如图3－12所示。

在涉案专利中，通过对撒粮盘的改进设计，用一个极其简单的钢制平盘，上面配以曲线形叶片，使得整体结构大大简化，谷物与撒粮盘接触时间短，冲击小，所需驱动功率减小，降低了谷物破碎的概率。

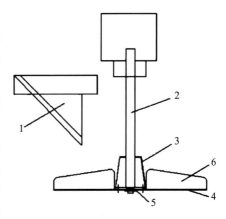

图3－12 "一种新型批式谷物干燥机撒粮装置"的结构示意图

三、主要证据介绍

请求人提供了两份证据，即证据1和证据2。请求人认为，涉案专利的权利要求1在证据1的基础之上进一步结合证据2和公知常识不具有创造性。

证据1：授权公告号为CN201700380U的中国实用新型专利文件；

证据2：授权公告号为CN201415868Y的中国实用新型专利文件。

证据1为最接近的现有技术，公开了一种旋转布料机构，包括减速机构1、旋转轴2及进料管3，旋转轴2的上端与减速机构1连接，旋转轴2的下端连接有布料转盘5，布料转盘5的上端面设有多个呈径向分布的布料叶片，进料管3下方连接有配料斗4，配料斗4的出料口对准布料转盘5的中心。工作中，减速机构1驱动转轴2以一定角速度旋转，物料经进料管3流淌至配料斗4，再从配料斗4淌至布料转盘5的中心，被布料转盘5上的布料叶片6带动做旋转运动，在离心力的作用下沿布料叶片6的表面向布料转盘5的边缘运动，最后被高速抛出，从各布料叶片上被抛出的物料线速度不等。其结构如图3－13所示。

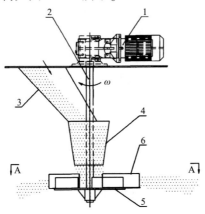

图3－13 "一种旋转布料机构"的结构示意图

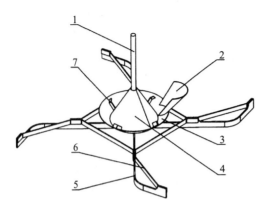

图 3-14 "一种新型布料机构"的结构示意图

证据 2 公开了一种新型布料机构，包括旋转轴 1、抛料盘 3 及进料管 2，进料管 2 位于抛料盘 3 上方，其出料口对准抛料盘 3，旋转轴 1 上安装有固定锥 4，抛料盘 3 为倒锥形，其内壁设有导向板 7，导向板 7 以旋转轴轴线为中心呈放射状均匀分布，抛料盘 3 的下部固定在固定锥 4 上，固定锥 4、抛料盘 3 与旋转轴 1 共有一根轴线。旋转轴 1 的下端设有以其轴线为中心对称分布的曲面推布板 5，曲面推布板 5 的上部设有支撑板 6，相邻的支撑板 6 之间相互连接，形成一个封闭的四边形。其结构如图 3-14 所示。

【案件焦点】

涉案专利相对于证据 1，主要区别在于：涉案专利的撒粮装置包括连接螺钉（5），入粮斗（1）安置在撒粮圆盘（4）斜上方，竖直转轴（2）与圆盘连接的外端由连接螺钉（5）紧固，内端安有轴罩（3），叶片一端止于圆盘边，另一端止于靠近轴罩（3）处。

请求人认为，基于上述区别技术特征，涉案专利实际解决的技术问题是谷物均匀分布以及降低破碎概率。证据 2 公开了上述区别技术特征，并且其作用也是保证谷物均匀分布以及降低破碎概率，证据 2 给出了利用区别技术特征解决上述技术问题的技术启示。

专利权人认为，基于上述区别技术特征，涉案专利实际解决的技术问题在于，降低撒粮圆盘对谷物的冲击，减小驱动功率，降低谷物的破损率。根据证据 2 的记载，其出料口对准抛料盘，旋转轴上安装有固定锥，抛料盘为倒锥形，抛料盘的下部固定在固定锥上，固定锥、抛料盘与旋转轴共有一根轴线；"在布料过程中，物料从进料管流出，首先落在倒锥形的抛料盘内，在离心力的作用下，从倒锥形的抛料盘在向外抛洒，起到缓冲作用，保证布料连续均匀，即其固定锥与倒锥形的抛料盘形成为一个整体，共同起到缓冲作用，保证布料连续均匀。"

可见，证据 2 固定锥所起的作用为对物料起缓冲作用、保证布料连续均匀，与上述区别技术特征在涉案专利中所起的作用"降低谷物破碎概率及降低驱动功率"完全不同，证据 2 并未提及任何降低粮食破损率以及降低驱动功率的问题，因此，证据 2 没有给出利用上述区别技术特征来解决降低粮食破损率以及降低驱动功率问题的技术启示。

148

因此，案件的争议焦点在于涉案专利实际解决的技术问题究竟是什么，以及与区别技术特征相似的技术手段在证据 2 中所解决的技术问题与涉案专利解决的技术问题是否相同。

【官方结论】

在无效宣告请求审查决定中，针对请求人认为涉案专利实际解决的技术问题是谷物均匀分布以及降低破碎概率的主张，合议组认为，根据涉案专利说明书记载的优点可知，涉案专利的撒粮装置使谷物与撒粮盘接触时间短，冲击小，所需驱动功率减小，降低了谷物破碎的概率（参见说明书第【0007】段）。可见，涉案专利文件中明确记载其会产生降低驱动功率和谷物破碎概率的技术效果。由权利要求 1 与证据 1 的区别技术特征可知，涉案专利的撒粮装置中轴罩或轴套位于转轴与圆盘连接的内端，叶片两端正好分别止于圆盘边和靠近轴罩外侧，入粮斗安置在撒粮装置的斜上方，这样的结构使得下落的谷物仅位于圆盘上由叶片、圆盘和轴罩外侧围成的限定空间中。这样的结构布置在实际使用过程中，一方面，由于入粮斗本身不用转轴来带动转动，转轴仅带动上部布置有叶片的圆盘和中间位置的轴罩，能够降低驱动转轴的驱动功率；同时，下落的谷物主要下落于上述限定空间的中外侧，容易从上述限定空间外侧的开口处抛出，有利于缩短谷物在圆盘上的停留时间，减小承载谷物的圆盘承载量，从而也减小驱动圆盘的驱动功率。另一方面，由于谷物限定在轴罩外侧，不会与转轴直接接触，不会产生转轴与谷物的直接摩擦；同时，由于谷物在圆盘上停留时间缩短，减少了谷物在圆盘上受摩擦的时间，所以，没有转轴的直接摩擦和减少谷物在圆盘上受摩擦时间均降低了谷物破碎概率。因此，涉案专利实际解决的技术问题在于同时降低驱动功率和谷物破碎概率。

针对请求人认为权利要求 1 在证据 1 的基础之上进一步结合证据 2 和公知常识不具有创造性的主张，合议组认为，涉案专利的撒粮装置中轴罩与其他部件配合所起的作用与证据 2 中固定锥与其他部件配合所起的作用是不同的。证据 2 公开的布料机构中抛料盘的下部固定在固定锥上，固定锥、抛料盘与旋转轴共有一根轴线（参见说明书第 1 页第 3 段、第 2 页第 2 段和图 1），固定锥主要在于固定抛料盘，由于固定锥处于抛料盘与旋转轴连接的内端，且抛料盘是倒圆锥形，物料仍可以长时间堆积于抛料盘内，加重抛物盘的承载重量，不利于降低驱动抛料盘的驱动功率。事实上，证据 2 全文中均未提及降低驱动功率的问题。证据 2 中的固定锥与抛料盘配合构成的布料机构在进料存在脉冲情况下仍然使物料均匀分布。正如证据 2 所述，在布料过程中，物料从进料管流出，首先落到倒锥形的抛料盘内，在离心力的作用下，从倒锥形的抛料盘再向外抛撒，当进料出现脉冲时，倒锥形抛料盘内的物料仍然继续向外抛撒，起到缓冲作用，保证布料连续均匀（参见说明书第 1 页第 5 段）。所以，证据 2 公开的固定锥结构没有教导其与其他部件配合可以降低驱动功率，所属领域技术人员在解决撒粮装置降低驱动功率的设置中，没有动机将证据 2 的固定锥结构用于解决降低驱动功率的问题。

证据 1 和证据 2 没有结合启示。证据 1 公开的布料机构通过长短不同的叶片布置造成物料抛出的线速度不等，从而使物料撒落在不同直径范围内，其关注的重点在于设置能够使撒料均匀的结构设置，全文没有涉及有关降低驱动功率和谷物破碎概率的内容。证据 2 公开的布料机构通过将固定锥固定的倒锥形抛料盘与旋转轴共轴设置，当谷物物料出现脉冲时，抛料盘内的谷物物料仍然继续向外抛撒，其关注的重点在于设置能保证抛撒布料连续均匀的结构设置，全文也没有涉及有关降低驱动功率和谷物破碎概率的内容。涉案专利的区别技术特征中轴罩位于转轴与圆盘连接的内端、叶片两端正好分别止于圆盘边和靠近轴罩外侧且入粮斗安置在撒粮装置的斜上方组合形成的结构，不是所属领域的公知常识或常规技术手段，这种结构共同使权利要求 1 限定的撒粮装置运行过程中，同时降低了驱动功率和谷物破碎概率。由此可见，证据 1 和证据 2 分别公开的布料机构的发明构思以及所要解决的技术问题不同，且均与涉案专利的发明构思及其解决的技术问题不同。因此，所属领域技术人员在面对涉案实用新型专利实际要解决的技术问题即同时降低驱动功率和谷物破碎概率时，没有动机将证据 1 与证据 2 分别公开的布料机构进行结合。综上所述，本案中，现有技术证据 1、证据 2 以及公知常识均没有给出同时降低驱动功率和谷物破碎概率的教导或启示。

【律师观点】

在创造性"三步法"的第二步中，需要找出涉案专利相对于最接近的现有技术的区别技术特征以及认定基于区别技术特征涉案专利实际解决的技术问题，在此过程中，需要将区别技术特征放入涉案专利的整体技术方案中去考量其作用，并以此判断涉案专利实际解决的技术问题。在考量区别技术特征在整体技术方案中的作用时，一般基于涉案专利文件中明确记载的区别技术特征在其中达到的技术效果。在涉案专利没有明确记载时，如果本领域技术人员可以确定区别技术特征在涉案专利中客观上所起的作用或达到的技术效果，也可以据此认定涉案专利实际解决的技术问题。

在创造性"三步法"第三步中，需要以实际解决的技术问题作为出发点，判断要求保护的发明对本领域技术人员来说是否显而易见，即现有技术整体上是否存在技术启示。

《专利审查指南 2010》第二部分第四章第 3.2.1.1 节列举了几种存在技术启示的情形，其中第三种情形是"所述区别特征为另一份对比文件中披露的相关技术手段，该技术手段在该对比文件中所起的作用与该区别特征在要求保护的发明中为解决该重新确定的技术问题所起的作用相同。"

通俗解释就是，在现有技术公开与区别技术特征相同或相似的技术手段的基础上，还需要进一步判断这个手段是不是用来解决涉案专利实际解决的技术问题，且为解决该技术问题所起的作用相同。如果脱离涉案专利实际解决的技术问题，仅仅在现有技术中寻找看上去与区别技术特征相同或相近的技术手段，将导致在创造性"三步法"的判断过程中，技术启示判断环节与前面的环节相脱离，造成错误的判断。也就是说，在创造性判断过程中，需要以实际解决的技术问题作为中心判断现有技术公开的技术手段的作用与该区别技术特征在涉案专利技术方案中所起的作用是否相同。值得注意的是，在判断现有技术中公开的与区别技术特征相同或相似的技术手段所起的作用时，应该将其放入现有技术的整体技术方案中考虑其在现有技术的方案中起到的作用，而不是孤立地看待其本身的功能和作用。

具体到本案，针对涉案专利基于区别技术特征实际解决的技术问题，涉案专利文件中明确记载会产生降低驱动功率和谷物破碎概率的技术效果。并且，本领域技术人员根据涉案专利的全文记载，也能够确定，降低驱动功率和谷物的破碎概率是上述区别技术特征在涉案专利中客观能够达到的技术效果（如上述无效宣告审查决定中所论述）。因此，可以确定涉案专利实际解决的技术问题在于同时降低驱动功率和谷物破碎概率。

针对与区别技术特征相似的技术手段在证据 2 中所起的作用，证据 2 并未提及任何降低粮食破损率以及降低驱动功率的问题。根据证据 2 的明确记载，证据 2 中固定锥所起的作用为对物料起缓冲作用、保证布料连续均匀，与区别技术特征在涉案专利中所起的作用"降低谷物破碎概率及降低驱动功率"完全不同。因此，证据 2 没有给出利用区别技术特征来解决涉案专利技术问题的技术启示。

综上，在判断涉案专利基于区别技术特征实际解决的技术问题时，应该将区别技术特征放入涉案专利的整体技术方案中判断其所起的作用；在判断与区别技术特征相同或相似的技术手段在现有技术中所起的作用或所解决的技术问题时，应该将该技术手段放入现有技术的整体技术方案中判断其所起的作用；如果与涉案专利的区别技术特征相同或相近似的技术手段在现有技术中所起的作用与区别技术特征在涉案专利中所起的作用不同，则认为现有技术没有给出使用该技术手段解决该技术问题的技术启示。

（四）区别技术特征的作用未被现有技术记载时技术启示的判断

——"一种风压开关的改进"专利无效宣告案

【本案看点】

在创造性"三步法"的显而易见性判断中，其他现有技术公开了与涉案专利相对于最接近的现有技术的区别技术特征相同的技术手段，但是该未记载该区别技术特征的作用，此时需要站位本领域技术人员角度，结合现有技术整体技术方案以及本领域公知常识判断该技术手段在该现有技术的作用与区别技术特征在涉案专利中的作用是否相同。

152

【案情介绍】

一、案件基本信息介绍

涉案专利号：ZL200920237387.7

专利名称：一种风压开关的改进

案件类型：专利行政诉讼案

北京知识产权法院行政判决书：（2015）京知行初字第 2406 号

被诉无效宣告请求审查决定号：第 25019 号

案件程序概况：国家知识产权局作出第 25019 号无效宣告请求审查决定，宣告涉案专利部分无效。专利权人不服该无效宣告请求审查决定，向北京知识产权法院提起行政诉讼。北京知识产权法院在（2015）京知行初字第 2406 号判决书中判决驳回原告诉讼请求，维持该无效决定，判决作出后，三方当事人均未上诉，判决已经生效。

二、涉案专利方案介绍

涉案专利权利要求 1 保护：一种风压开关的改进，包括上盖（2）、下盖（7）、隔膜（6）、小密封片（3）、活塞片（5）和弹簧（8），上盖（2）上有组装支架（10），组装支架（10）上安装有微动开关（1），其特征在于：所述的隔膜（6）为环状结构，活塞片（5）周边对应设有容隔膜（6）嵌入的环行沟槽，所述的小密封片（3）通过胶圈（4）压合在上盖（2）背面。其结构如图3－15和3－16所示。

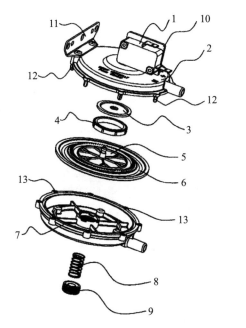 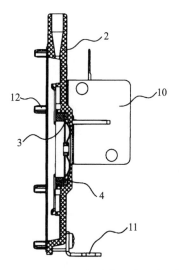

图3－15 风压开关的结构分解图　　图3－16 上盖、小密封片和胶圈的连接图　　153

涉案专利通过前述结构解决了现有技术中的风压开关所存在的"隔膜为整体圆片设计，圆片背面机上活塞片支撑，导致重量较大，降低了风压开关设定压力的精度，此外小密封片是夹在组装支架与上盖之间，使得密封性能不好控制"的技术问题，采用前述结构的有益效果是：由于隔膜为环状，减轻了重量，隔膜嵌入环行沟槽，提高了产品设定压力的精度，小密封片通过胶圈压合于上盖上，连接方式简单可靠，密封性好。

三、主要证据介绍

本案的无效阶段无效宣告请求人提交了两份证据，分别为证据1和证据3，请求人认为权利要求1在证据1的基础之上进一步结合证据3和公知常识不具备创造性。

证据1：授权公告号为CN2591758Y的中国实用新型专利文件；

证据3：申请公布号为JP特开2007－280812A的日本公开特许及其全文的中文译文。

证据1为最接近的现有技术，证据1公开了一种差压开关，包括底座1、罩盖13和微动开关15，从底座1下中心拧入调压螺丝2，弹簧3套入调压螺丝2，固定圈4一端套在弹簧3中，一端套入双金属片6，卡入托盘7和隔膜8，支持件9一端穿过固定圈4直至与调压螺丝2接触，支持件9另一端中孔嵌入顶头14，罩盖13上安装微动开关15，微动开关15的顶杆伸入罩盖13，而在罩盖13下用卡环12固定碗形密封圈11，碗形密封圈11的中蒂套入顶头14的端头，在底座1四周放衬垫5后用固定螺钉10与罩盖13联接固定在一起（参见证据1说明书第2页最后一段、附图3－17）。由证据1的上述记载可知，其罩盖13即相当于上盖，底座1即相当于下盖，隔膜8和微动开关15与涉案专利的隔膜和微动开关分别对应。从证据1的图3－17可以看出，罩盖13上设有一个安装微孔开关的支架，即相当于涉案专利的组装支架。

证据3公开了一种压力开关，具备上侧盖板2和下侧壳体3，由之间具有气密性的隔膜4分离。隔膜4采用在中心板4a的周围突出有树脂制的膜4b的结构；在实施方式1中，将膜4b的内缘部分（筋）嵌入设置在中心板的外缘上的槽部4f，从其上面通过超声波焊接等固装焊接环4d，将隔膜4一体形成；在实施方式2中，也是将膜4b的内缘部分嵌入槽部4f中，使用折弯部4g紧紧夹住膜（参见证据3中文译文第【0018】～【0019】段、第【0028】～【0029】段、图3－18、图3－19）。

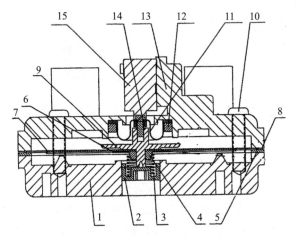

图3－17 "一种差压开关"的结构示意图

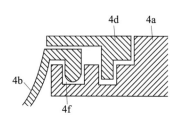 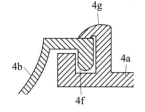

图3－18 "一种压力开关"　　　图3－19 "一种压力开关"
实施方式1的结构示意图　　　实施例2的结构示意图

【案件焦点】

权利要求1与证据1的区别技术特征在于：所述的隔膜（6）为环状结构，活塞片（5）周边对应设有容隔膜（6）嵌入的环行沟槽。基于该区别技术特征，权利要求1实际解决的技术问题在于，如何降低隔膜和活塞片的重量，从而提高风压开关的精度。

请求人认为，证据3中公开了前述区别技术特征，虽然并未记载其作用，但给出了相应的技术启示。

首先，证据3中压力开关的盖板和壳体之间通过具有气密性的隔膜分离，隔膜采用在中心板的周围突出有树脂制的膜的结构；在实施方式1中，将膜的内缘部分（筋）嵌入设置在中心板的外缘上的槽部，公开了在中心板周边对应设有容膜嵌入的环形沟槽的技术特征，也即公开了隔膜为环状结构、活塞片周边对应设有容隔膜嵌入的环行沟槽。

其次，上述技术手段在证据3中客观所起的作用与区别技术特征在涉案专利中所起的作用一致，都是将现有技术的膜片由整体圆片改为"外围环状膜片＋中部活塞片"的结构，达到减轻膜片的重量、提高产品设定压力精度的技术效果。本领域技术人员可以显而易见地将证据3公开的与区别技术特征相同的技术手段应用到证据1中，从而得到涉案专利权利要求1所保护的技术方案。

再次，虽然证据3中没有明确记载环形隔膜的作用，但给出了使用环形隔膜的可行性，并且降低隔膜以及中心板的重量以提高精度是本领域的普遍需求，本领域技术人员能够判断得出，证据3使用环形隔膜客观上能够起到降低重量提高精度的作用。在面对上述技术问题、需要提高风压开关的精度时，本领域技术人员能够从证据3获得将隔膜设置成环形的技术启示。

最后，证据3中记载了其是用作热水器的安全装置，这与涉案专利说明书中记载的使用场合是相同的，证据3与涉案专利存在相同的技术需求。

综上，在证据1的基础上结合证据3得到权利要求1的技术方案，对于本领域技术人员来说是显而易见的。

专利权人认为，不能确定上述与区别技术特征相同的技术手段在证据3中的作用与区别技术特征在涉案专利中的作用相同；并且，证据3的发明目的是让中心板上的柱塞不会因为外部冲击而在平面方向上错位从而脱离触点，因此证据3的隔膜倾向于增加重量，从而使得其不容易在平面方向上产生偏离，与涉案专利要减轻重量的改进方向是相反的；而且，涉案专利的环行沟槽形成在活塞片的周边侧面，证据3中嵌入隔膜的环形沟槽形成在中心板的上表面，因此，证据3无法给出技术启示将区别技术特征结合到证据1中。

因此，本案的争议焦点在于，在证据3中没有明确记载与区别技术特征相同的技术手段的作用与涉案专利相同时，证据3是否给出将上述区别技术特征结合到证据1中的技术启示。

155

【官方结论】

无效宣告请求审查决定中认为，权利要求与最接近的现有技术相比存在区别技术特征，该区别技术特征被另外的现有技术公开，且本领域技术人员能够判断出该特征在该现有技术中也起到与其在涉案专利中相同的作用，该现有技术能够给出将该区别技术特征结合到最接近的现有技术中的技术启示，则权利要求不具备创造性。

证据3公开了上述区别技术特征，虽然证据3中没有明确记载其环形隔膜的作用，但其至少给出了使用环形隔膜的可行性。并且，降低隔膜以及中心板的重量以提高精度是本领域的普遍需求，本领域技术人员能够判断得出，证据3使用环形隔膜客观上能够起到降低重量提高精度的作用；在面对上述技术问题、需要提高风压开关的精度时，本领域技术人员能够从证据3中获得将隔膜设置成环形的技术启示。

对于专利权人提到的证据3给出相反的技术启示，证据3的发明目的确实是在受到外部冲击时防止柱塞发生平面位置的偏移。但是，为了实现这一目的，证据3是通过在盖板上设置凹部、在中心板上方与柱塞同心的设置能够与凹部嵌合的凸部来实现的，并且通过扩大与柱塞接触的作用点的面积来保证即使柱塞发生稍微的水平偏移也不会产生动作不良。由此可见，证据3通过结构上的改进来实现其发明目的，没有记载也并不需要通过增加隔膜的重量来实现其发明目的。并且，证据3中文译文第【0002】段记载其是用作热水器的安全装置，这与涉案专利说明书中记载的使用场合是相同的，证据3与涉案专利存在相同的技术需求。因此，专利权人声称的证据3倾向于将隔膜增重设计的理由不成立。

【律师观点】

本案涉及与区别技术特征相同的技术手段在现有技术中的作用未被记载时技术启示的判断。在"三步法"的第三步"判断要求保护的发明对所属领域的技术人员来说是否显而易见"的步骤中，权利要求与最接近的现有技术相比存在区别技术特征，当所述区别技术特征为另一份对比文件中披露的相关技术手段，该技术手段在该对比文件中所起的作用与该区别技术特征在要求保护的发明中为解决该重新确定的技术问题所起的作用相同，则认为存在结合启示。这是专利创造性判断两篇现有技术存在结合启示的前提条件之一。在实践当中，当其他现有技术公开与涉案专利相对于最接近的现有技术的区别技术特征相同的技术手段、但未公开该技术手段在其中的作用时，应该判断该技术手段在现有技术中客观上所起的作用与涉案专利是否相同。

具体而言，应该站位本领域技术人员的角度，结合现有技术的整体技术方案、解决的技术问题、带来的技术效果以及本领域的公知常识，考察该技术手段在该现有技术中客观上中所能起到的作用。

具体到本案，证据 3 公开了与涉案专利相对于证据 1 相比的区别技术特征相同的技术手段，虽然没有公开该区别技术特征的作用，然而，证据 3 给出了使用环形隔膜的可行性。并且，降低隔膜以及中心板的重量以提高精度是本领域的普遍需求，本领域技术人员能够判断得出，证据 3 使用环形隔膜客观上能够起到降低重量提高精度的作用。

综上所述，在创造性"三步法"的显而易见性判断中，其他现有技术公开了与涉案专利相对于最接近的现有技术的区别技术特征相同的技术手段，但是未记载该区别技术特征的作用，此时需要站位本领域技术人员角度，结合现有技术整体技术方案以及本领域公知常识判断该技术手段在该现有技术的作用与区别技术特征在涉案专利中的作用是否相同。

（五）基于一个区别技术特征涉案专利解决多个技术问题时技术启示的判断

——"一种烟片微波回软的方法"专利行政诉讼案

【本案看点】

如果基于涉案专利相对于最接近的现有技术的区别技术特征，涉案专利实际解决两个技术问题，现有技术给出了利用区别技术特征所限定的技术手段解决其中一个技术问题的启示，而另一个技术问题则是该技术手段客观上可以解决的，那么可以认为现有技术给出将该区别技术特征应用于最接近的现有技术的启示。

【案情介绍】

一、案件基本信息介绍

涉案专利号：ZL02157268.2
专利名称：一种烟片微波回软的方法
案件类型：专利行政诉讼案
北京市高级人民法院行政判决书：（2010）高行终字第 1076 号
被诉无效宣告请求审查决定号：第 13896 号
案件程序概况：国家知识产权局作出第 13896 号无效宣告请求审查决定，宣告涉案专利全部无效。专利权人不服该无效决定，向北京市第一中级人民法院提起诉讼。北京市第一中级人民法院作出一审判决，维持该无效决定。专利权人不服一审判决，上诉至北京市高级人民法院。北京市高级人民法院作出二审判决，维持一审判决。

二、涉案专利方案介绍

涉案专利权利要求 1 保护：一种烟片微波回软的方法，包括先将烟块除去外包装，再切片，最后松散回潮，其特征是在烟块切片后或去包装后直接用微波设备对烟片进行回软和杀虫，再对烟片进行松散回潮。

在复烤烟片生产线上，通常采用的处理方法是这样的：烟箱进入生产线后，首先除去外包装,由切片机将烟块切成三刀四片或四刀五片,送入松散回潮滚筒进行松散和回潮,使烟片获得适当的温度和水分,然后送入下道工序。这种方法的主要缺点是,没有经过回软的烟片较碎,在松散回潮滚筒内松散回潮的过程中存在较大的造碎,并且这种方法对烟片中存在的虫卵基本上没有杀灭作用,这些虫卵日后还有可能孵化,对生产环境和产品质量产生不良影响。因此,涉案专利的目的是提供一种烟片微波回软的方法,用于处理复烤烟片,其可以达到减少造碎和杀灭虫卵的目的。使用涉案专利提供的技术方案,可以提高卷烟安全性,同时可以有效地降低卷烟的生产成本,提高卷烟企业的经济效益。

三、主要证据介绍

原审第三人(无效宣告请求人)在无效宣告阶段主要提供两份证据,即证据2和证据5。其认为涉案专利的权利要求1在证据5的基础之上进一步结合证据2不具有创造性。

证据2:授权公告号为US4600024B的美国专利说明书及相关部分的中文译文;

证据5:题为《卷烟企业片烟投料技术改造的工艺研究》的期刊论文。❶

证据5是最接近的现有技术,公开了一种片烟投料制丝工艺路线,其中公开了片烟投料制丝的主要工序,即开箱脱箱后进行切片工序,再进行润片工序;由证据5公开的"该工艺片烟脱去包装箱后,将烟垛分切成厚度和重量大致相等的数块送入润片机,通过叶板和耙钉的作用使叶片松开,以便于加温加湿,提高片烟的含水率和温度"可知,该润片工序即为涉案专利权利要求1中的松散回潮工序。因此,证据5中公开了涉案专利权利要求1的前序部分的特征,即先将烟块除去外包装,再切片,最后松散回潮。

证据2公开了一种烟草分离的预处理方法,其中披露为了避免烟叶包压得太紧、难于分离而导致后序工序的操作困难,在进行下一步加工工序前,用微波设备对烟包或切片后的烟片进行略少于5分钟的辐射,使烟包或烟片达到60~75℃的高温,以使烟包或烟片变软且易于分离,为下一步烟草松散分离做好准备。

【案件焦点】

原审第三人认为,涉案专利权利要求1相对于证据5的区别技术特征在于:权利要求1还包括在烟块去外包装或切片工序后和松散回潮工序前插入"用微波设备对烟片进行回软和杀虫"的工序。证据2给出了为减少造碎而在松散处理之前增加微波辐射工序的技术启示。证据2中的经微波设备辐射后的烟包或烟片的温度达到

❶ 陈家东,尹本良,张道义,等. 卷烟企业片烟投料技术改造的工艺研究[J]. 烟草科技,2000(5):6-9.

60～75℃的高温，并保持 5 分钟，通过该工序的烟包或烟片中的虫卵必然受到辐射，在高温中死亡。由此可见，证据 2 已公开上述区别技术特征，并且该特征在证据 2 中客观上也起到与其在涉案专利中相同的作用，因此，证据 2 已经给出采用上述区别技术特征的技术启示，本领域技术人员在证据 5 的基础上结合证据 2 可以显而易见地得到涉案专利权利要求 1 所要保护的技术方案。

上诉人认为，证据 2 没有披露其微波辐射工序可以用于杀灭烟叶或烟片中的虫卵，而将微波辐射用于杀灭烟叶或烟片虫卵也不是本领域的常规选择。证据 2、证据 5 证明，在涉案专利申请之前没有文献披露如何用微波加热技术解决烟片造碎问题，也没有文献披露烟片在投料阶段由于含水率低且稳定、利用微波选择性加热可能解决烟片虫害的问题。无效宣告请求审查决定认定在此给出相关技术启示没有事实依据。

因此，本案的争议焦点在于，证据 2 是否给出将"在烟块去外包装或切片工序后和松散回潮工序前插入'用微波设备对烟片进行回软和杀灭虫卵'的工序"这一区别技术特征应用到证据 5 以解决现有技术存在的技术问题的启示。

【官方结论】

北京市高级人民法院在判决中认为，证据 5 公开了先行"烟块去外包装或切片工序"，后行"润片（回潮）工序"的事实。而证据 2 涉及的也是烟草加工领域技术，要解决的技术问题是烟块结团难于分离，而难分离隐含造碎问题的存在不利于后续加工，采用的手段也是微波辐射，同时带有温度控制装置，由此可以达到软化烟块中的树脂，回软烟块，以实现分离松散烟块、减少造碎，故两者所要解决的技术问题、采取的技术手段和达到的技术效果相似，证据 2 给出了用于证据 5 以解决回软的技术启示。同时，利用高温杀灭虫卵和利用微波辐射使虫卵脱水达到杀灭虫卵目的也属于公知常识，系微波设施本身固有功能带来的。尽管证据 2 未直接公开其杀灭虫卵功效，但客观上存在该作用，即温度上限如 165 华氏度（74℃），下限如 140 华氏度（60℃），足以杀灭虫卵，该事实属于客观事实。证据 2 已经公开上述区别技术特征，并给出采用上述区别技术特征的技术启示，本领域技术人员在证据 5 的基础上结合证据 2 可以显而易见地得到涉案专利权利要求 1 所要保护的技术方案。

【律师观点】

《专利审查指南 2010》中规定通常使用"三步法"来判断权利要求是否具备创造性，"三步法"的第三步为"判断要求保护的发明对所属领域的技术人员来说是否显而易见"，即判断现有技术中是否存在将区别技术特征应用到最接近的现有技术中以解决发明实际解决的技术问题的技术启示。也就是说，是否存在技术启示应围绕发明实际解决的技术问题来判断，只有现有技术中存在上述区别技术特征能够解决上述技术问题的信息，才有可能构成技术启示。

如果基于权利要求的技术方案与最接近的现有技术的区别技术特征可以确定权利要求的技术方案，同时解决多个发明实际解决的技术问题，而另外一篇现有技术文献给出将该区别技术特征用于最接近的现有技术以解决其中某些技术问题的技术启示，那么此时应该判断剩下的那些技术问题的解决以及其取得的技术效果是否是本领域技术人员基于区别技术特征能够合理预期的。如果基于区别技术特征所限定的技术手段，这些技术问题及其取得的技术效果均是本领域技术人员基于专利申请日之前的现有技术能够合理预期到的，那么所述权利要求的技术方案不具备创造性；反之，如果是本领域技术人员基于专利申请日之前的现有技术无法合理预期，那么可以认为此技术方案取得预料不到的技术效果，因此具备创造性。

具体到本案，权利要求1与证据5的区别技术特征解决了发明实际解决的两个技术问题，即减少造碎和杀灭虫卵。证据2公开了所述区别技术特征可以解决减少造碎（即回软）的问题，而本领域技术人员也可以合理地预期该区别技术特征所限定的技术手段能够达到杀灭虫卵的技术效果。因此，权利要求1不具备创造性。

（六）部件表面功能相逆时技术启示的判断

——"一种可链条传动的管状电机"专利无效宣告案

【本案看点】

尽管现有技术中公开的某些装置部件实现的功能与一项权利要求中限定的某些装置部件的功能表面上不同甚至是相逆，但是本领域公知常识已经给出教导可以将现有技术中公开的某些装置部件的功能转换为该权利要求中限定的某些装置部件的功能，并且给出具体的转换方式的教导，那么本领域技术人员根据现有证据公开的内容以及公知常识的教导有动机进行两者之间的相互转换。

【案情介绍】

一、案件基本信息介绍

涉案专利号：ZL201420749231.8
专利名称：一种可链条传动的管状电机
案件类型：实用新型专利无效宣告案
无效宣告请求审查决定号：第 34918 号

二、涉案专利方案介绍

涉案专利保护：一种可链条传动的管状电机，包括外壳（1）、变速箱（2）、定子（3）、转子（4）和限位机构（5），限位机构（5）的左侧设有电容（6），转子（4）固定在转子轴（7）上，其特征在于：所述外壳（1）的左端设有前衬套（8），外壳（1）的右端设有后衬套（38），后衬套（38）的右端设有底座（9），底座（9）的内部设有固定在链轮轴（11）上的链轮（10），链轮（10）上绕有链条（12），链条（12）的底端由底座（9）的底部出口处伸出，链轮轴（11）的左端分别穿过限位机构（5）和电容（6）后通过离合机构（13）与转子轴（7）连接，离合机构（13）包括分别固定在链轮轴（11）和转子轴（7）上的上游传动套（14）和下游传动套（15），上游传动套（14）的右端外壁上套设第一轴承座（16）和大轴承（17），上游传动套（14）的左端外壁上设有若干呈圆周均匀分布的开口槽

（18），上游传动套（14）的左侧设有卡设在开口槽（18）内的上游同步环（19），上游同步环（19）与上游传动套（14）之间设有摩擦盘（20），摩擦盘（20）的侧壁上设有若干呈圆周均匀分布的插口（21），所述下游传动套（15）的内壁与转子轴（7）之间设有弹簧（22），弹簧（22）的一端固定在转子轴（7）上，弹簧（22）的另一端固定在下游传动套（15）上，下游传动套（15）侧壁上设有一圈台阶（23），下游传动套（15）的右端外壁上设有若干与插口（21）相互配合的支脚（24），支脚（24）由上游同步环（19）中空处穿过后插入摩擦盘（20）的插口（21）内，磨擦盘（20）的右侧设有支撑在上游传动套（14）内部的小轴承（25），小轴承（25）的内部固定在转子轴（7）上。其结构如图 3-20 和图 3-21 所示。

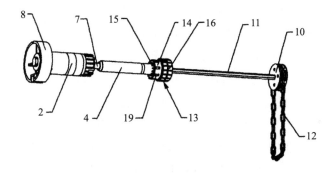

图 3-20 管状电机结构示意图

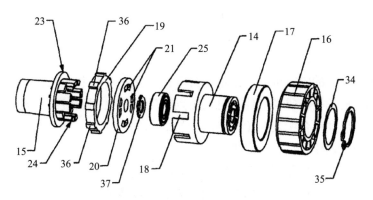

图 3-21 管状电机分解结构示意图

现有技术中电机的传动结构采用蜗轮、蜗杆组合形成。涉案专利可链条传动的管状电机在具体使用时，当电机断电手动操作时，离合机构中的上游传动套和下游传动套连接，将上游传动套和下游传动套之间的摩擦片夹紧，链轮轴带动上游传动套以及摩擦片转动，下游传动套的支脚穿过摩擦片上的凹口，因而被带动一起转动，从而将链轮轴的运动传递到电机的转子轴上；当电机通电进行电动操作时，在转子磁吸力的作用下，上游传动套和下游传动套分离，转子轴直接由电机驱动，链轮轴的运动不再传递给转子轴。

三、主要证据介绍

无效宣告请求人主要提供证据有证据1、证据2、证据7和证据8，请求人主张涉案专利权利要求1保护的技术方案在证据1的基础之上进一步结合证据2和公知常识不具有创造性。

证据1：授权公告号为CN202872553U的中国实用新型专利文件；

证据2：申请公布号为CN1793682A的中国发明专利申请文件；

证据7：公知常识性证据，《电磁铁与自动电磁元件》❶，封面、书名页、版权页、前言、目录页2页、正文第317~319页；

证据8：公知常识性证据，《机械零件知识》❷，封面、扉页、书名页、版权页、出版说明页、目录页2页、正文第115页、封底页。

证据1是最接近的现有技术，公开了一种手动管状电机，包括电机1、减速装置2、刹车装置，电机1的一端通过离合机构4连接到行程装置5，电机1包括转子11以及套装在转子11外的定子12，转子11的一端连接到离合机构4，电机1的转轴与减速装置2连接，电机1带动减速装置2转动，从而带动行程装置5的长轴51转动，行程装置5端部的底座内设有手拉机构的链条和齿轮62，离合机构4包括固定在转子11末端的上离合41，与行程装置5的长轴51带动转动的下离合42。当管状电机通电运动时，上离合41与下离合42处于脱离状态，电机1带动减速装置2转动，减速装置2输出轴带动转轮转动，转轮带动传动臂，从而带动负载和行程装置5；当管状电机断电手动操作时，下离合42与上离合41卡合，通过拉动链条使得电机1的转子11转动，从而带动负载转动。

从证据1公开的内容可知，证据1公开的也是一种管状电机，其使用方式与涉案专利相同，链轮手动驱动部件与电机电动驱动部件之间通过离合机构连接，通过离合机构的分离和接合实现链轮轴与转子轴之间的传动断开和连接。也即，其也具有手动模式和电动模式：手动模式下，离合机构结合，将链轮的动力传递给转子轴；电动模式下，离合机构分离，电机直接驱动转子轴。

证据2公开了一种管状电机制动刹车装置，包括配装在电机外壳1腔内的电机转子组件、电机定子组件、刹车总成，刹车总成包括有刹车弹簧6和刹车组件，该刹车弹簧6套装在电机转子组件的转子轴31上杆部，刹车组件包括相配合并具有制动刹车作用下的下刹车组件7和上刹车组件9，刹车组件还包括有位于下刹车组件7和上刹车组件9之间的、并分别与两者相对应配合具有止动刹车作用的中刹车组件8，下刹车组件7上部制有的凸条贯穿中刹车组件8空腔插入上刹车组价9制有的凹孔中，管状电机的刹车装置的工作过程如下：当电机定子4接通电源后，电机定子4

---

❶ 张冠生，陆俭国. 电磁铁与自动电磁元件［M］. 北京：机械工业出版社，1982.
❷ 技能士の友编集部. 机械零件知识［M］. 黄文，陆宏，译. 北京：机械工业出版社，2017.

产生磁场，电机转子 3 开始转动，电机正常工作，同步感应电机转子 3 产生的磁场对电机轴吸组件 5 产生吸力，吸力可以克服刹车弹簧 6 的弹力，把下刹车组件 7 吸合，下刹车组件 7 的向下移动使中刹车组件 8 与下刹车组件 7 和上刹车组件 9 同时产生间隙，刹车装置完全打开脱离，刹车弹簧 6、下刹车组件 7、上刹车组件 9 跟着电机转子 3 旋转，而中刹车组件 8 静止部分，刹车轴承座 10 是静止固定部分，当电机定子断电时，电机定子 4 磁场消失，电机转子 3 磁场同步消失，在刹车弹簧 6 的弹力作用下，顶压中刹车组件 8 并移动对上刹车组件 9 形成挤压，下刹车组件 7 和上刹车组件 9 同时与中刹车组件 8 产生摩擦制动，两面同时刹车，中刹车组件 8 上的凸体在刹

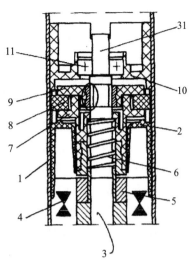

图 3 - 22 "一种管状电机制动刹车装置"的结构示意图

车轴承座 10 凹口的作用下，瞬间消除电机转子的惯性，从而控制电机停转，使电机转子 3 迅速制动，刹车刹牢。其结构如图 3 - 22 所示。

证据 2 的刹车装置同样是通过两对部件的分离或顶紧来实现运动状态的传递或断开，具体为：刹车轴承座 10 和中刹车组件 8 作为一对部件固定在外壳上保持同步相对静止，下刹车组件 7 和上刹车组件 9 作为一对部件与转子轴 3 连接，且下刹车组件 7 和上刹车组件 9 同步运动，两对部件轴向上相互分离时因为相互之间存在间隙因而不产生摩擦力，即为分离的状态，两对部件在轴向顶紧时面与面之间产生摩擦力，即为接合的状态。证据 2 图 3 - 22 中下侧的下刹车组件 7 下移，则几个部件分离产生间隙，导致上侧的刹车轴承座的静止状态无法传递至下侧，上下两侧的运动互不干扰，也即非刹车状态；接合时，下侧下刹车组件上移，使几个部件相互顶紧，导致上侧刹车轴承座的静止状态通过摩擦力传递至下侧，则下侧的电机轴被带动变为静止，即为刹车状态。

证据 7 公开的是电磁离合器既可用来连接或分离两根同轴线的传动轴，也可用来连接或分离传动轴与空套在其上的传动件。若电磁离合器的一侧与机械的固定部分相连，则电磁离合器还可作为制动器来使用。

证据 8 公开的是电磁制动器是电磁离合器的一种变型。电磁制动器与电磁离合器的不同之处仅在于，电磁离合器中与主动轴一起回转的零件在电磁制动器上是处于固定状态的。

【案件焦点】

专利权人认同请求人认定的涉案专利与证据 1 之间在离合机构的具体结构上的

区别，即认为涉案专利与证据 1 的主要区别在于：离合器的具体结构，即"上游传动套（14）的右端外壁上套设第一轴承座（16）和大轴承（17），上游传动套（14）的左端外壁上设有若干呈圆周均匀分布的开口槽（18），上游传动套（14）的左侧设有卡设在开口槽（18）内的上游同步环（19），上游同步环（19）与上游传动套（14）之间设有摩擦盘（20），摩擦盘（20）的侧壁上设有若干呈圆周均匀分布的插口（21），所述下游传动套（15）的内壁与转子轴（7）之间设有弹簧（22），弹簧（22）的一端固定在转子轴（7）上，弹簧（22）的另一端固定在下游传动套（15）上，下游传动套（15）侧壁上设有一圈台阶（23），下游传动套（15）的右端外壁上设有若干与插口（21）相互配合的支脚（24），支脚（24）由上游同步环（19）中空处穿过后插入磨擦盘（20）的插口（21）内，磨擦盘（20）的右侧设有支撑在上游传动套（14）内部的小轴承（25），小轴承（25）的内部固定在转子轴（7）上"。

本案争议焦点在于，本领域技术人员是否有动机用证据 2 中的制动刹车装置去替换证据 1 中的离合机构。

请求人认为，首先，证据 2 公开的内容与上述区别技术特征相比主要区别在于：涉案专利中上游传动套是一个转动的部件，其转动的运动状态被传递到下游，而证据 2 中的刹车轴承座 10 对应于上游传动套，刹车轴承座 10 是一个固定不动的部件，其静止的状态被传递到下游。

因此，证据 2 在传递运动状态时，同样也是利用面与面之间的摩擦力，其与涉案专利唯一的不同在于证据 2 的离合机构在接合时是把一侧部件的静止状态传递到另一侧原本运动的部件上，从而使得上述结构在证据 2 中起到的是刹车作用，而涉案专利是利用离合机构在接合时是把一侧部件的运动状态传递到另一侧的部件上，两者一同运动。

证据 7 明确公开了，若电磁离合器的一侧与机械的固定部分相连，则电磁离合器还可以作为制动器来使用。证据 8 已经明确公开电磁制动器是电磁离合器的一种变型，电磁制动器与电磁离合器的不同之处仅在于，电磁离合器中与主动轴一起回转的零件在电磁制动器上是处于固定状态的。公知常识证据 7 和证据 8 表明，制动器实际是一种变型的离合器，不同之处仅在于制动器把离合器中与主动轴一起回转的零件变为固定状态，因此，制动器和离合器的工作原理是相似的。

显然，作为本领域技术人员，在阅读证据 7 和证据 8 时，会从电磁离合器和电磁制动器的视角去看待证据 7 和证据 8。由于证据 7 和证据 8 已经公开电磁制动器与电磁离合器的不同之处仅在于，电磁离合器中与主动轴一起回转的零件在电磁制动器上是处于固定状态，且公开电磁离合器向电磁制动器转换的方式仅仅为将电磁离合器原本活动的一侧与机械的固定部分相连。因此，本领域技术人员在阅读证据 7 和证据 8 时，自然会得到电磁制动器向电磁离合器转换的方式，即当电磁制动器转换为电磁离合器使用时，仅需要将电磁制动器中与机械的固定部分相连的一侧改变为与旋转部分相连并一起旋转。

其次，由于证据 7、证据 8 已经教导电磁制动器可以转换为电磁离合器来使用，本领域技术人员会用电磁制动器向电磁离合器转换的视角去看待证据 2 的刹车机构，将证据 2 中的刹车机构转换为离合结构来使用，即证据 2 中的刹车轴承座 10 改为活动。因此，本领域技术人员在面对证据 1 要解决提供另外一种离合结构的技术问题时，会用证据 2 中改造的离合结构整体替换证据 1 原本的离合结构，把证据 1 中的长轴固定到证据 2 中的刹车轴承座上，使得已经不再固定的刹车轴承座可以在长轴带动下转动。在此过程中，不用改动管状电机中的其他部件，显然本领域技术人员无须付出任何创造性劳动就可以作出这一调整。

专利权人主张，证据 2 中公开的制动刹车装置与涉案专利中离合机构的工作原理和实现的功能完全不同：涉案专利中离合器的作用是将链轮轴的运动传递到转子轴上，从而实现两者的同步运动，而证据 2 中的制动刹车装置是通过摩擦片的摩擦作用使转动中的转子轴停下，从而迅速制动而刹牢刹车。鉴于此，证据 2 无法给出解决证据 1 中相应技术问题的技术启示。

【官方结论】

无效宣告请求审查决定中对于上述争议焦点的认定如下：

根据公知常识性证据 7 和证据 8 的记载可知，在本领域中众所周知，电磁离合器和电磁制动器之间可以相互转换，其基本结构均是电磁离合器。若将电磁离合器的一侧与机械的固定部分相连，则电磁离合器转换成电磁制动器；若将电磁制动器与固定部分相连的一侧改为与旋转部分相连一起旋转，则电磁制动器转换成电磁离合器。

根据证据 2 公开的内容可知，刹车装置实质上是一种摩擦片式的电磁制动器，而涉案专利实质是一种摩擦片式的电磁离合器。因此，本领域技术人员根据公知常识可以得到技术启示，将证据 2 的用作刹车装置的摩擦片式电磁制动器变换用作离合器。因此，本领域技术人员为了提供另一种离合器结构，有动机将证据 2 刹车装置的与固定部分相连的一侧转化为与旋转部分相连，这样证据 2 的刹车装置转换为电磁离合器，即将证据 2 的刹车装置转换为离合器后应用于证据 1 的离合机构中是显而易见的，不需要付出创造性劳动。

【律师观点】

用"三步法"评价创造性的第三步在于判断现有技术是否给出将区别技术特征运用到最接近的现有技术以解决涉案专利解决技术问题的技术启示。在这一步骤中，现有技术中相应技术特征发挥的功能或作用是否与涉案专利相同，是判断现有技术是否给出相应技术启示的关键因素。此处，功能或作用相同应指实质相同，而非文字表述上的相同。功能或作用相逆的部件，并不能仅凭文字表述不同就认定不存在相关技术启示。

当现有技术公开的结构与涉案专利相比表面功能或作用相逆时，一般可以从技术特征的构成、工作原理以及达到的技术效果等方面来判断现有技术是否给出技术启示，必要时应辅以教科书和工具书的教导以帮助判断。例如，当涉案专利与最接近的现有技术相比存在某一区别技术特征，而另一现有技术公开了与区别技术特征类似的技术特征，但文字记载的功能或作用与涉案专利的不同或者相逆时，如果现有技术与涉案专利的工作原理相同，并且教科书或者工具书教导了只需通过简单的改造就可以将现有技术中的部件转化为实现涉案专利功能或作用的部件，则应认为现有技术给出了技术启示。

具体到本案，涉案专利的技术方案中限定了一种离合机构，功能在于将上游部件的转动传递到下游部件，从而迫使下游部件与上游部件一起转动；证据2公开的是一种刹车装置，功能为将上游部件的静止状态传递到下游部件，从而迫使下游部件由转动状态转变为与上游部件相同的静止状态。从表面上看，涉案专利的离合机构是使下游部件由静止变为转动，证据2中的刹车装置是使下游机构由转动变为静止，即两者的功能相逆，但是，本领域技术人员基于其掌握的公知常识可以确定离合机构和制动机构的工作原理实际相同，即都是将上游部件的运动状态传递到下游部件。

在此基础上，对于现有技术是否给出了技术启示，还需要考虑将现有技术的部件应用在最接近的现有技术中并转化为涉案专利的功能时，是否存在结合障碍的问题。例如，在本案中，证据7和证据8证明离合机构和刹车装置的功能互换只需经过简单的变型即可实现，基于此，本领域技术人员在证据1的基础上结合证据2得到相同结构的离合机构是显而易见的。也就是说，如果基于上述教科书或工具书的教导，结合时仅需在最接近的现有技术的基础上进行公知或简单的替换或调整即可得到涉案专利的技术方案，则认为现有技术在转化运用的过程中不存在技术障碍，即认为本领域技术人员根据现有技术公开的内容以及公知常识的教导有动机进行两者之间的相互转换，因此现有技术给出了与最接近的现有技术进行结合的技术启示。

三、技术启示判断中技术手段的考量

（一）采用实质不同的技术方案解决同一技术问题时创造性的判断

——"排水车伸缩管"专利无效宣告案

【本案看点】

针对同一技术问题，如果涉案专利采用与现有技术不同的技术方案，就需要判断两者方案上的差异是否超出本领域技术人员的认知水平，是否构成实质性差异；如若构成实质性差异，则一般认为现有技术没有给出使用涉案专利的技术方案解决该技术问题的技术启示。

【案情介绍】

一、案件基本信息介绍

涉案专利号：ZL201621320214.8
实用新型专利名称：排水车伸缩管
案件类型：实用新型专利无效宣告案
无效宣告请求审查决定号：第 37705 号

二、涉案专利方案介绍

涉案专利保护一种排水车伸缩管，是一种用于排水车的进水管结构。根据说明书记载，针对现有技术中排水车的进水管为固定结构、不能伸缩导致的使用长度不灵活的问题，提供该排水车伸缩管，增加排水车的作业深度及半径，以解决上述技术问题。

针对请求人提出的无效宣告请求，专利权人在法定期限内进行了答复并对权利要求进行了修改，即将原权利要求 2 及权利要求 5 的附加技术特征加入权利要求 1 中对权利要求 1 进行了进一步的限定，修改后的权利要求 1 要求保护的：排水车伸缩管结构包括外管（2）以及滑动连接于外管（2）内的内管（1），外管（2）的端部内侧向内垂直设有环状挡板（3），内管（1）的端部外侧垂直向外设有环状滑块（4），环状挡板（3）的内径大于内管（1）的外径，外管（2）内部设有环状固定座（5），环状固定座（5）的内壁设有环状四氟板（6），四氟板（6）与内管（1）的外壁相接触，环状滑块（4）底部设有防尘圈（9），防尘圈（9）与外管（2）的内壁相接触。其结构如图3-23所示。

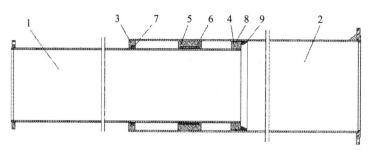

图3-23 "排水车伸缩管"的结构示意图

概言之，涉案专利保护一种内外管相对滑动连接的排水车伸缩管，并在内外管之间设置有环状挡板、环状滑块、环状固定座及环状四氟板等一系列结构，这些结构共同使得涉案专利获得"伸缩过程保证其稳定性及密封性好"的技术效果。具体来说，环状挡板的功能在于形成限位结构，阻止内管相对外管收缩时从外管中滑脱；环状滑块用于在内、外管之间作伸缩运动时起到密封作用；设置于内外管之间的环状固定座及环状四氟板，则由于"采用四氟板作为中间的滑动结构，其表面有极小的滑动摩擦系数、极大的耐磨性，方便滑动，延长使用寿命"而进一步保证了伸缩过程中的稳定性及密封性。

三、主要证据介绍

请求人主要提供了两份证据，即证据1和证据10。请求人认为，涉案专利修改后的权利要求1在证据1的基础之上进一步结合证据10和公知常识不具有创造性。

证据1：授权公告号为CN203611841U的中国实用新型专利文件；

证据10：授权公告号为CN201627922U的中国实用新型专利文件。

证据1为最接近的现有技术，公开了一种用于平移式伸缩排水抢险车的可伸缩排水管6、内套管7、外套管8和伸缩油缸9，内套管的前端外壁与外套管的后端外壁之间设置有伸缩油缸9，以利于带动内、外套管做伸缩运动。为了起到密封和限位作用，内套管7后端与外套管8内壁之间设置有密封结构22，外套管8前端内壁上设置有限位结构23。其结构如图3-24所示。

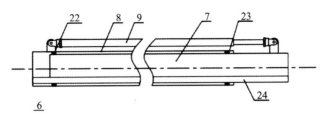

图3-24 "一种用于平移式伸缩排水抢险车的伸缩管"的结构示意图

证据10提供一种能确保内、外水管同轴度，不易磨损的排水车的伸缩管密封结构，其由螺钉4、固定套2和密封圈6组成，固定套2通过螺钉4安装在伸缩管的内管3和外管1之间，密封圈6设置在固定套2上；在固定套2内表面和外表面上加工有能安装密封圈6的沟槽，在固定套2内表面中部加工有润滑油槽5，在外管1内的内管3一端外表面上设置有与固定套2端面紧贴的密封圈6。其中，内管前端外表面紧贴固定套上的密封圈能起密封、缓冲、减振作用；在固定套内表面中部加工有润滑油槽，从而最大限度地减小了机件磨损，延长产品使用寿命（参见证据10说明书第【0003】段、【0007】段、【0010】～【0011】段）。证据10的说明书附图中示出了位于管中间部位的固定套2以及位于内管一端外表面的密封圈6。其结构如图3-25所示。

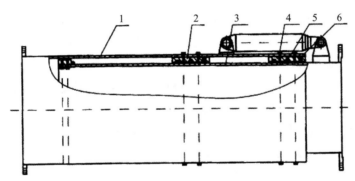

图3-25 "一种能确保内、外水管同轴度，不易磨损的排水车伸缩管"的结构示意图

【案件焦点】

涉案专利相对于证据1的区别技术特征在于：①涉案专利限定了挡板为环状的，证据1中未明确公开限位结构的具体形状；②涉案专利的外管内部设有环状固定座，环状固定座的内壁设有环状四氟板，四氟板与内管的外壁相接触，且环状滑块的底部设有防尘圈，防尘圈与外管的内壁相接触，而证据1并未公开该技术特征。

基于上述区别技术特征，涉案专利相对于证据1实际解决的技术问题在于如何解决伸缩管在伸缩过程中稳定性和密封性变差、使用寿命降低的问题。

对于区别技术特征②的认定是本案在审理中的焦点问题，即证据 10 是否公开区别技术特征②以及现有技术是否给出利用环状固定座内设的四氟板以解决伸缩管伸缩过程稳定性、密封性问题的技术启示。

对此，请求人主张其被证据 10 所公开并给出了技术启示。请求人认为，证据 10 中位于管中间部位的固定套相当于涉案专利中的环状固定座，密封圈 6 相当于涉案专利的四氟板。在此基础上进一步认为，涉案专利在证据 1 基础上结合证据 10 以及公知常识不具有创造性。

针对请求人的上述主张，专利权人持不同意见。

首先，证据 10 没有公开区别技术特征②：证据 10 仅记载在管的中间部位设置有固定套 2，在内管的一端设有密封圈；至于在管中间部位设置的固定套 2 内是否设置有密封圈并没有明确公开。因此，证据 10 没有公开"环状固定座的内壁设有环状四氟板"。

其次，证据 10 或者其他现有技术没有给出相应的技术启示：在证据 10 中，位于内管前端外表面密封圈的作用在于密封、缓冲、减振，与涉案专利中环状四氟板解决"伸缩过程中的稳定性及密封性，延长使用寿命"的作用不同。因此，证据 10 也没有给出在环状固定座内设置四氟板用来提高伸缩管伸缩过程稳定性、密封性问题的技术启示。

再次，退一步讲，即使假定证据 10 管中部的固定套内表面也设置有密封圈，其密封圈的作用仅在于"密封、缓冲、减振"，与涉案专利四氟板所起的耐磨、方便滑动、延长使用寿命的作用也不相同。

最后，证据 10 固定套中部加工有润滑油槽，该润滑油槽的作用在于"最大限度地减小了机件磨损，延长产品使用寿命"。换言之，证据 10 中使用润滑油槽来实现减少机件磨损、延长产品使用寿命的作用，与涉案专利在解决伸缩管稳定性和密封性变差、使用寿命降低的技术问题时，采用了不同的技术手段。虽然四氟板或者四氟乙烯作为密封材料在其他现有技术中有所公开，但是现有技术均未公开四氟板作为环状固定座的内壁解决伸缩管在伸缩过程中稳定性和密封性变差、使用寿命降低的问题。因此，证据 10 或者其他现有技术均没有给出相应的技术启示。

综合来看，证据 10 既没有公开区别技术特征②，现有技术整体也没有给出相应的技术启示；涉案专利权利要求 1 在证据 1 的基础之上进一步结合证据 10 及公知常识具有实质性特点和进步，符合《专利法》第二十二条第三款关于创造性的规定。

【官方结论】

无效宣告请求审查决定中认为，即使如请求人所述，位于管中间部位的固定套 2 上设置有密封圈 6，所述密封圈所起的作用为密封、缓冲、减振作用，与涉案专利中四氟板所起的耐磨、方便滑动、延长使用寿命的作用并不相同。进一步地，证据 10

公开了在固定套内表面中部加工有润滑油槽，从而最大限度地减小了机件磨损，延长产品使用寿命。也就是说，证据 10 中是采用润滑油槽解决伸缩管的稳定性和密封性变差、使用寿命降低的技术问题。因而，针对请求人主张的"密封圈 6 相当于本专利的四氟板"，合议组不予支持。

可见，证据 10 既未公开涉案专利的环状四氟板，也未给出采用四氟板作为中间滑动结构能够解决伸缩管在伸缩过程中稳定性和密封性变差、使用寿命降低问题的技术启示。

【律师观点】

在"三步法"判断专利的创造性过程中，事实认定是基础。"三步法"涉及的事实认定主要包括涉案专利和最接近现有技术的技术方案、解决的技术问题、采用的技术手段、带来的技术效果，涉案专利相对于最接近的现有技术的区别技术特征，以及区别技术特征是否被其他现有技术公开、在其他现有技术中的作用是什么等。

在事实认定准确的基础之上，再判断要求保护的发明对本领域技术人员来说是否显而易见。在是否显而易见的判断中，正确认识本领域技术人员掌握的现有技术水平是关键。

本领域技术人员掌握的现有技术水平实际表征了在本技术领域中，技术人员对于涉案专利解决的技术问题的认知程度，对于解决该技术问题的思路、原理以及手段、方案等认知程度，同时，还表征其对于涉案专利的解决该问题的技术方案本身以及该技术方案在现有技术中运用情况的认知等。

如果现有技术能够解决同样的技术问题，但是采用不同的技术方案，即现有技术没有公开利用与区别技术特征相同或相似的技术手段来解决涉案专利的技术问题，但是给出了解决涉案专利技术问题的其他思路或方案，这种情况之下，是否存在技术启示，需要结合如上所述的本领域技术人员掌握的现有技术水平来进行判断：

如果根据本领域技术人员掌握的现有技术水平判断得出，现有技术中解决涉案专利的技术问题的构思、原理等完全不同于涉案专利，涉案专利在构思和原理层面跳出了现有技术的框架，并进而提出了不同于现有技术的技术方案来解决该技术问题，则可以认为，涉案专利一般具有创造性。

如果根据本领域技术人员掌握的现有技术水平判断得出，现有技术中解决涉案专利技术问题的构思、原理等与涉案专利基本相同，但是具体的技术方案不同于涉案专利，则需要进一步判断技术方案上的差异程度是否会使得本领域技术人员从现有技术的技术方案联想到利用涉案专利的技术方案来解决技术问题。也即，站位本领域技术人员的角度，判断现有技术采用的技术方案与区别技术特征的差异是否是本领域技术人员仅仅通过合乎逻辑的分析、推理或者有限的试验可以得到的。如果该差异超出本领域技术人员的认知水平，构成实质性差异，即属于完全不同的技术方案，那么应当认为现有技术没有给出使用涉案专利技术方案解决该技术问题的技术启示。如果根据本领域技术人员掌握的现有技术水平判断得出，在现有技术中，涉案专利提出的技术方案往往用来解决其他技术问题，本领域技术人员对于运用该种技术方案解决该发明的技术问题没有合理预期，则涉案专利一般具有创造性。

　　具体到本案来说，请求人认为证据 10 中位于管中间部位的固定套相当于涉案专利中的环状固定座，密封圈 6 相当于涉案专利的四氟板。这里请求人存在事实认定错误。事实上，涉案专利采用环状固定座内壁设环状四氟板的方式，证据 10 采用固定套中部润滑油槽的方式分别解决伸缩管在伸缩过程中稳定性和密封性变差、使用寿命降低的问题，属于使用不同技术方案解决同一技术问题。请求人在错误的事实认定基础上，作出了错误的判断。而本案合议组结合在案所有证据，在进行了正确事实认定的基础之上，认定了针对同一技术问题，涉案专利采用环状固定座的内壁设环状四氟板的方式不同于证据 10 采用固定套中部润滑油槽的方式，并实际上在内心进行了确认，两者在技术方案上构成了实质性差异，从而本领域技术人员从证据 10 无法得到采用环状固定座的内壁设环状四氟板的方式解决涉案专利技术问题的技术启示。

　　综上，准确进行事实确定是进行创造性准确判断的基础。只有正确理解技术方案、采用的技术手段、解决的技术问题以及达到的技术效果，才能作出正确的创造性判断。当现有技术的技术方案能够解决涉案专利实际解决的技术问题，但是采用的技术方案存在差异时，需要判断该差异是否超出本领域技术人员的认知水平，构成实质性差异。

（二）现有技术公开与区别技术特征相似的技术手段时技术启示的判断

——"电磁式线性指针仪表"专利行政诉讼案

【本案看点】

如果一篇现有技术公开与区别技术特征非常接近的技术内容，另外一篇现有技术又给出为了解决相同的技术问题去调整该技术内容的技术教导，则本领域技术人员可以从这两篇现有技术中寻找到技术启示，获得涉案专利的技术方案。

【案情介绍】

一、案件基本信息介绍

涉案专利号：ZL200520071373.4

专利名称：电磁式线性指针仪表

案件类型：专利行政诉讼案

北京市高级人民法院行政判决书：（2009）高行终字第 950 号

被诉无效宣告请求审查决定号：第 11434 号

案件程序概况：国家知识产权局于 2008 年 5 月 4 日作出宣告专利权全部无效的决定。专利权人不服，向北京市第一中级人民法院提起行政诉讼，北京市第一中级人民法院判决维持第 11434 号决定。专利权人不服，上诉至北京市高级人民法院，北京市高级人民法院判决驳回上诉，维持一审判决。

二、涉案专利方案介绍

涉案专利保护：一种电磁式线性指针仪表，包括有表壳（10）和装在表壳（10）内的表盘（9）和表芯，表芯包括有线圈（12）及支架（2）、定铁组件（14）、动铁（15）、指针（1）和游丝（7），其中线圈（12）固定在支架上，定铁组件（14）套设在线圈（12）内，它包括有主铁（141）及贴合在其侧壁上的定铁（142），其特征在于：所述的定铁（142）展平形状为 T 形。其结构如图 3 - 26、图 3 - 27、图 3 - 28 所示。

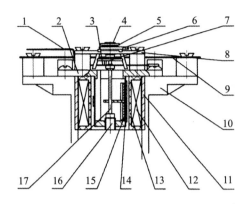

图 3 - 26 "电磁式线性指针仪表"的结构示意图

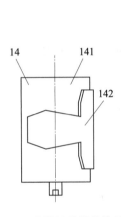

图 3 - 27 定铁组件的结构示意图

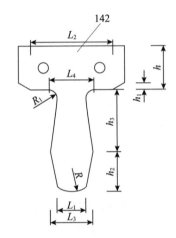

图 3 - 28 定铁的结构示意图

现有技术中电磁式仪表存在的缺陷是示读刻度线性不良。涉案专利通过将定铁设置成特定的"T"形，使指针的偏转角与被测量值成良好的线性关系，提高了测量的精确度，同时也相应使表盘刻度均匀，提高了整表的美观。

三、主要证据介绍

在无效宣告阶段，请求人提供的主要证据有证据 2、证据 3 和证据 5。请求人主张涉案专利权利要求 1 保护的技术方案在证据 2 的基础之上进一步结合证据 3 和证据 5 不具有创造性。

证据 2：授权公告号为 CN2056255U 的中国实用新型专利文件；

证据 3：《电测量指示仪表原理与使用》❶；

证据 5：《电工仪表及测量》❷。

❶ 李谦. 电测量指示仪表原理与使用 [M]. 长沙：湖南科学技术出版社，1996.

❷ 周启龙，李亚敏，刘立意. 电工仪表及测量 [M]. 北京：中国水利水电出版社，2003.

证据 2 是最接近的现有技术，公开了一种电磁式
仪表，如图 3 - 29 所示。该电磁式仪表包括表壳 1、
表盘 2、指针 3、游丝 4 和电磁转动部分，电磁转动部
分包括固定线圈 5、固定铁片 6、动铁片 7、转轴 8 和
轴承 9，固定铁片 6 被固定在套筒 10 上。此外，固定
线圈 5 被固定在表壳 1 内的一个支架上，套筒 10 位于
固定线圈 5 内部，固定铁片 6 的一端较宽且另一端较
窄（即分别位于套筒 10 上下侧壁外侧的两个斜线阴
影条），其中较宽的一端紧贴套筒 10 的下侧壁，较窄
的一端紧贴套筒 10 的上侧壁。

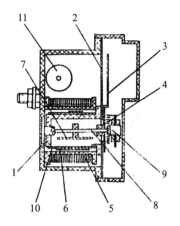

**图 3 - 29 "一种电磁式仪表"
的结构示意图**

证据 3 公开了一种排斥型电磁系仪表，如图
3 - 30 和图 3 - 31 所示，该仪表包括圆线圈以及位于
圆线圈内部的固定软铁片 2、可动软铁片 3、转轴 4。进一步示出了静铁片和动铁片
的形状，静铁片具有轴线 5，整体形状一端较宽且另一端较窄，较宽的一端为矩形横
条状，从该矩形横条与端面相对的长边的两个顶点分别以弧形对称收缩至静铁片的
较窄的另一端，且该弧形收缩段狭长成条状。

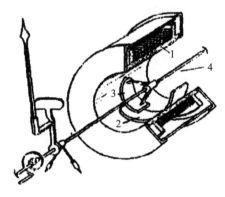

图 3 - 30 "排斥型电磁系
仪表"的结构示意图

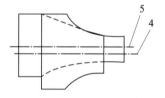

图 3 - 31 静铁片的结构示意图

证据 5 也公开了一种排斥型电磁系仪表。该仪表的固定部分包括固定线圈 1 和
线圈内侧的固定铁片 2，可动部分包括固定在转轴上的可动铁片 3、游丝 4 和指针 5。
证据 5 中明确公开了可以通过改变铁片的形状使标度尺的刻度更均匀。

【案件焦点】

涉案专利权利要求 1 的技术方案与证据 2 的技术方案相比，区别仅在于定铁的
展平形状不同：权利要求 1 中的定铁展平形状为 T 形，而证据 2 仅公开了定铁一端
较宽且另一端较窄。

本案的争议焦点主要在于证据 3 和包括证据 5 在内的公知常识是否给出在证据 2 中应用上述区别技术特征的技术启示。请求人和专利权人对此存在意见分歧，双方均作了充分的意见阐述。

请求人认为，图 3-31 中明确示出了定铁的形状为 T 形，即证据 3 公开了上述区别技术特征；退一步讲，即使认为图中定铁的形状不是 T 形，其也与"T"形类似。而证据 5 公开了可以通过改变铁片形状来使标度尺的刻度更均匀。因此，本领域技术人员有动机将证据 2 中的定铁设计为 T 形以使标度尺的刻度更均匀。

专利权人认为，权利要求 1 中的 T 形表示具有一个横条部和一个垂直连接于横条中心的竖条部，而证据 3 的图 3-30 和图 3-31 所示的定铁形状实际上是矩形和梯形的结合，因此其没有公开上述区别技术特征，也没有给出任何相关教导；证据 5 仅公开了可以通过改变铁片形状来使标度尺的刻度更均匀，并没有公开或教导将定铁设计为 T 形形状。因此，证据 3 和证据 5 没有给出在证据 2 中应用上述区别技术特征所限定的技术手段的技术启示。

【官方结论】

北京市高级人民法院的判决中认可无效宣告请求审查决定中的认定，无效宣告请求审查决定中认为，证据 2、证据 3 和证据 5 均属于与涉案专利相同的技术领域，虽然证据 3 所公开的静铁片（相当于权利要求 1 中的定铁）的形状不是严格的 T 形，但是该静铁片具有明显的横条部和细长形的竖条部，其形状已经与涉案专利中的 T 形非常近似；而证据 5 明确给出了通过改变铁片的形状使标度尺的刻度更均匀的启示，由于证据 3 和证据 5 均是描述电测量仪表原理性质的公开出版物，且证据 5 还是高等学校的教科书，属于公知常识性证据，因此证据 3 所公开的静铁片形状和证据 5 所披露的技术启示均是本领域技术人员所熟知的。在证据 2 所公开的电磁式仪表的基础上，为了解决电磁式仪表刻度不均匀和测量不精确的问题，本领域技术人员很容易想到对静铁片的形状进行改变，例如采用证据 3 中公开的静铁片形状，并通过有限的试验得到权利要求 1 的技术方案。因此，涉案专利权利要求 1 在证据 2 的基础之上进一步结合证据 3 和公知常识（即证据 5）不具有实质性特点和进步，不具备创造性。

【律师观点】

在专利制度中，新颖性的判断相对客观。当对一项发明创造和一项现有技术的技术方案进行对比时，即便是由不同的人来判断，得出的结论也通常是一致的。而创造性的判断则不同，是否具有"实质性特点"和"进步"以及是否"突出"和"显著"，都涉及程度的问题，不同的人由于主观认知上的差异通常会得出不同的结论。

为了避免这种主观认知差异对创造性判断的影响，专利制度中拟制了"本领域技术人员"。他是指一种假设的"人"，假定知晓申请日或者优先权日之前发明所属技术领域所有的普通技术知识，能够获知该领域中所有的现有技术，并且具有应用该日期之前常规实验手段的能力，但不具有创造能力。如果所要解决的技术问题能够促使本领域技术人员在其他技术领域寻找技术手段，也应具有从该其他技术领域中获知该申请日或优先权日之前的相关现有技术、普通技术知识和常规实验手段的能力。

由于"本领域技术人员"在现实中并不存在，判断者仍然是专利工作者本人，这就要求判断者将自己化身为"本领域技术人员"。此处需要注意的是，本领域技术人员除了客观地知晓所属领域的普通技术知识、能够获知该领域中所有的现有技术、具有应用常规实验手段的能力，还具有一定的主观能动性。这突出表现在创造性判断"三步法"的第三步中，当面对其他现有技术以文字、图形等形式公开的内容时，本领域技术人员不是机械地"所见即所得"，而是基于自己掌握的知识和技能，由表及里地理解该其他现有技术整体上传递出的技术信息，在此基础上判断其是否给出改进最接近的现有技术的启示。如果该其他现有技术公开的技术手段与区别技术特征看起来相似，则本领域技术人员会从技术的角度出发，理性分析这种相似的技术手段是否会让其得到启发而运用区别技术特征中的手段去解决本发明创造要解决的技术问题。

具体到本案，权利要求 1 与作为最接近的现有技术的证据 2 相比，区别仅在于所述的定铁展平形状为 T 形。根据涉案专利说明书的记载，该区别技术特征所起的作用是使电磁式仪表的指针偏转角与被测量值成良好的线性关系、提高测量精度以及使表盘刻度更均匀。

证据 3 的仪表与涉案专利的仪表都是排斥型测量机构，即利用处于线圈中的定铁和动铁的排斥作用而使活动部分（指针）发生偏转的测量机构。尽管专利权人主张 T 形应该明显具有一个横条部和一个垂直连接于横条中心的竖条部，而证据 3 中的定铁形状看不出明显的横条部和竖条部，所以不是 T 形，但是在理解和分析证据 3 公开的技术内容之后，本领域技术人员可以得到证据 3 的定铁展平形状可以看成由一个矩形和一个等腰梯形拼合而成的（等腰梯形的腰具有一定的弧度）结论，其同样具有相互垂直的横条部（矩形）和竖条部（等腰梯形），只是竖条部与横条部的连接处有圆弧过渡而已。由于在排斥型测量机构中定铁的基本作用是相同的，本领域技术人员容易想到将证据 2 中的定铁设计成证据 3 中的定铁形状。另外，证据 5 记载了可以通过改变铁片的形状使标度尺的刻度更加均匀。根据这一技术教导，本领域技术人员有动机尝试性地改变证据 3 中的定铁展平形状，例如将其设计为形状类似的 T 形，调整相关参数，例如横条部与竖条度的长度比例、各自的宽度等，并经有限的试验来验证其效果。因此，从整体上看，证据 3 和证据 5 给出了在证据 2

179

中应用上述区别技术特征的技术教导。

　　本案中两篇现有技术（证据3和公知常识性证据5）共同给出了在最接近的现有技术（证据2）中应用上述区别技术特征的技术启示。证据3给出了改进证据2的相似手段，即将其中的定铁设计成具有横条部和竖条部的形状，但是本领域技术人员通常不会止步于此，因为可以认识到，对于测量仪表而言标度尺的刻度均匀是所属领域的一种现实需求，且证据5还给出了以调整定铁形状的手段来满足这种现实需求的技术教导，因此本领域技术人员有动机进一步改变定铁形状来使得刻度尺的刻度更均匀。

　　由上可见，在分析多篇现有技术是否给出应用某一区别技术特征的技术启示时，应当在充分了解所属领域的普通技术知识和常规实验手段能力的基础上，理解该多篇现有技术公开的内容，消化整合它们传递的技术信息并分析在技术上的关联性，从整体上判断，想到应用该区别技术特征所限定的技术方案来解决相应的技术问题。

（三）改进方向和改进手段被不同现有技术公开时技术启示的考量

——"制备多羟甲基化合物的方法"专利无效宣告案

【本案看点】

如果一篇现有技术给出了改进最接近的现有技术的方向和目标，另外一篇现有技术给出了实现这种目标的具体手段，则本领域技术人员有动机为了实现该种目标，从这两篇现有技术中寻找到技术启示，获得涉案专利的技术方案。

【案情介绍】

181

一、案件基本信息介绍

涉案专利号：ZL200910258005.3
专利名称：制备多羟甲基化合物的方法
案件类型：发明专利无效宣告案
无效宣告请求审查决定号：第 37526 号

二、涉案专利方案介绍

涉案专利权利要求 1 要求保护：一种蒸馏包含式（Ⅰ）的多羟甲基化合物、叔胺、水和叔胺与甲酸的加合物的含水多羟甲基化合物混合物的方法，

$$(HOCH_2)_2{-}\underset{\underset{R}{|}}{C}{-}R \qquad\qquad (Ⅰ)$$

其中，R 各自独立地为另一羟甲基或具有 1~22 个碳原子的烷基或具有 6~22 个碳原子的芳基或芳烷基，其中所述含水多羟甲基化合物混合物在多步反应中得到，所述多步反应包括在步骤 a）中使链烷醛以醛醇缩合反应与甲醛在叔胺作为催化剂存在下缩合，得到其中 R 如上所定义的式（Ⅱ）的羟甲基链烷醛：

$$(HOCH_2){-}\underset{\underset{R}{|}}{C}{-}CHO \qquad\qquad (Ⅱ)$$

然后在步骤 b）中将由步骤 a）得到的反应混合物蒸馏分离成主要包含式（Ⅱ）

化合物的底部料流和包含低沸物的顶部料流，并在步骤 c）中氢化来自步骤 b）的底部排出料，其中来自氢化（步骤 c））的反应排出料是所述含水多羟甲基化合物混合物，所述含水多羟甲基化合物混合物通过蒸馏从其中除去低沸物而提纯，调节塔顶的回流以使主要量的多羟甲基化合物的甲酸酯保留在塔中，由蒸发器底部排出主要包含多羟甲基化合物的排出料，其中在底部连接于蒸发器的蒸馏塔中，底部温度高于在蒸馏过程中形成的甲酸和多羟甲基化合物的单酯的蒸发温度。

现有技术中，在氢化法制备多羟甲基化合物的过程中，通常可以观察到副反应，如羟甲基链烷醛再解离成游离链烷醛和甲醛，并且额外形成醚、酯和缩醛。这些副反应导致低氢化选择性和多羟甲基化合物的低收率。这些副产物还可能损害形成的多羟甲基化合物的质量及其在特定应用中的使用，例如存在于终产物中的甲酸酯可能分解形成甲酸，甲酸可能催化氨基甲酸酯或酯键的水解，导致涂料和聚合物的加速老化。

为了解决上述技术问题，涉案专利权利要求 1 提供一种提纯含水多羟甲基化合物混合物，以获得多羟甲基化合物的甲酸酯含量低的多羟甲基化合物的方法，核心步骤是调节塔顶的回流，以使主要量的多羟甲基化合物的甲酸酯保留在塔中，底部温度高于在蒸馏过程中形成的甲酸和多羟甲基化合物的单酯的蒸发温度。

涉案专利通过设置蒸馏塔底的蒸发温度高于副产物多羟甲基甲酸酯的温度，将多羟甲基化合物与其形成的甲酸酯蒸馏分离，从而提高产物纯度，同时通过调节塔顶的回流将分离的多羟甲基化合物的甲酸酯的大部分保留在塔内使其水解成多羟甲基化合物，使大部分多羟甲基化合物的甲酸酯转化为产物多羟甲基化合物，从而提高产物收率。

三、主要证据介绍

请求人采用的主要证据是证据 1、证据 6、证据 7 和公知常识（证据 4）。请求人认为涉案专利权利要求 1 在证据 1 的基础上结合证据 6、证据 7 以及公知常识不具备创造性。

证据 1：申请公布号为 CN1414935A 的中国发明专利申请文件；

证据 4：《化工原理》（下）❶；

证据 6：授权公告号为 CN111626C 的中国实用新型专利文件；

证据 7：《反应精馏技术及其应用》❷。

证据 1 是最接近的现有技术，公开了对从 2，2 - 二羟甲基丁醛的氢化产生的三羟甲基丙烷进行纯化的方法。所述方法包括以下步骤：（a）使正丁醛与甲醛在催化量的叔胺存在下反应，再将所得混合物氢化，产生了含有三羟甲基丙烷的混合物；

---

❶ 天津大学化工原理教研室. 化工原理 [M]. 天津：天津科学技术出版社，1983.

❷ 杨照，王志祥. 反应精馏技术及其应用 [J]. 化工时刊，2004（11）：10 - 12.

（b）通过蒸馏来分离水、甲醇、三烷基胺和/或甲酸三烷基胺；（c）将在步骤（b）中获得的残余物加热到其中三羟甲基丙烷挥发且沸点在三羟甲基丙烷之上的化合物至少部分裂解的温度，以便通过蒸馏分离三羟甲基丙烷和比三羟甲基丙烷更易挥发的化合物；（d）蒸馏在步骤（c）中获得的流出物，以便分离更易挥发的化合物和回收纯三羟甲基丙烷；（e）任选对步骤（d）中获得的三羟甲基丙烷进行蒸馏，以便回收具有低 APHA 颜色指数的三羟甲基丙烷（TMP）。在对上述实施方式进行变型后的一种实施方式中，将上述方案中的步骤（b）和步骤（d）进行合并，致使来源于步骤（a）的混合物以使得所有比 TMP 更易挥发的化合物被蒸馏掉的这样一种方式蒸馏，再在步骤（c）中通过高沸点组分的蒸馏分离来回收纯 TMP。

证据 4 公开精馏塔必须有塔底再沸器和塔顶冷凝器，才能实现整个操作，冷凝器的作用是获得液相产品及保证有适宜的液相回流。

证据 6 公开了一种三羟甲基丙烷烃的生产方法，并具体公开了甲酸叔胺盐热分解产生的甲酸与三羟甲基烷烃反应生成三羟甲基烷烃甲酸酯，降低了三羟甲基烷烃的产率，可按下面的方法得以避免……所得剩余物与水、氨、伯胺或仲胺反应。在蒸馏叔胺时生成的包含在剩余物中的三羟甲基烷烃甲酸酯可通过此反应容易且有效地分解，而产生三羟甲基烷烃。在三羟甲基烷烃甲酸酯和水反应的情况下，三羟甲基烷烃甲酸酯分解成为三羟甲基烷烃、氢气和二氧化碳和/或水和一氧化碳。

183

证据 7 公开了反应精馏技术及其应用。反应精馏技术对水解反应也较为适宜，有关反应技术应用于水解反应的早期研究主要集中于酯水解反应……在保持原分离流程不变的条件下，水解率可提高至 57%，能耗可降低 28%。

【案件焦点】

涉案专利权利要求 1 的技术方案相对于证据 1 公开的内容，区别技术特征为：①权利要求 1 的步骤（b）限定了将步骤（a）的反应混合物蒸馏分离，证据 1 没有公开该步骤；②权利要求 1 限定"由蒸发器底部排出主要包含多羟甲基化合物的排出料"以及"在底部连接于的蒸馏塔的蒸发器"，证据 1 对此没有限定；③权利要求 1 限定"多羟甲基化合物为新戊二醇（NPG）"，证据 1 的多羟甲基化合物为三羟甲基丙烷（TMP）；④权利要求 1 限定"调节塔顶回流以使主要量的多羟甲基化合物的甲酸酯保留在塔中"，证据 1 将多羟甲基化合物的甲酸酯作为低沸点组分蒸馏除去。

涉案专利相对于证据 1 实际解决的技术问题是提供一种提高多羟甲基化合物收率的方法。

本案的争议焦点主要集中在区别技术特征④，具体为证据 6、证据 7 以及公知常识的结合是否给出将区别技术特征④限定的技术手段应用到证据 1 中的启示。

争议焦点之一：证据 6 公开了三羟甲基烷烃甲酸酯与水的高压裂解反应，本领域技术人员是否有动机将其应用到证据 1 的低压蒸馏中。

请求人认为，证据 6 公开和启示了三羟甲基烷烃生产过程中，生成的副产物三羟甲基烷烃甲酸酯会影响三羟甲基烷烃的产率。证据 6 将反应后得到的反应混合物加热到某一温度，在此温度下作为副产物的甲酸叔铵盐分解为甲酸和叔胺，将叔胺和水从反应混合物中蒸出，然后将剩余物与水、氨、伯胺或仲胺反应，在蒸馏叔胺时生成的包含在剩余物中的三羟甲基烷烃甲酸酯有效分解产生三羟甲基烷烃。也就是说，证据 6 启示了通过将三羟甲基烷烃甲酸酯与水等反应使三羟甲基烷烃甲酸酯分解为三羟甲基烷烃来提高收率。

专利权人认为，证据 6 公开的具体处理方法是将有机坎尼扎罗法制备三羟甲基烷烃后得到的反应混合物加热到某一温度，使作为副产物的甲酸叔胺盐分解为甲酸和叔胺，并将叔胺和水从反应混合物中蒸出；然后，将所得剩余物与额外加入的水、氨、伯胺或仲胺在高温和高压下反应，使得三羟甲基烷烃甲酸酯通过热裂解反应而分解为三羟甲基烷烃、氢气、二氧化碳和/或水和一氧化碳。也就是说，证据 6 公开的三羟甲基烷烃甲酸酯与水的反应不是水解反应，而是高压裂解反应，本领域技术人员没有动机将其应用于证据 1 的低压蒸馏中。

争议焦点之二：本领域技术人员在证据 6 和证据 7 的基础上是否有动机将反应精馏技术运用到证据 1 中。

请求人认为，证据 7 公开了反应蒸馏技术适用于酯的水解反应，且启示了对于酯的水解反应，反应精馏技术不影响分离且能提高水解率，即能够提高产物收率。在证据 6 结合证据 1 启示了三羟甲基烷烃生产过程中生成的副产物三羟甲基烷烃甲酸酯需要进行分解处理以提高收率的基础上，为了进一步提高产物收率，需要保证酯水解后又进一步生成酯的可逆反应尽量减少，从而容易想到将反应精馏技术应用到证据 1 中，使主要量的多羟甲基化合物的甲酸酯保留在塔内，在证据 1 中已经公开的蒸馏塔中进行三羟甲基烷烃甲酸酯的水解并蒸馏出水解形成的酸，达到提高收率的目的。

专利权人认为，证据 7 介绍了反应精馏技术，并介绍了反应精馏技术的几个特定应用。要想使用反应精馏，该反应本身必须是已知的，NPG 甲酸酯的水解反应、TMP 甲酸酯的水解反应以及三羟甲基烷烃甲酸酯的水解反应均不是已知的。本领域技术人员无法将反应精馏技术应用于证据 1 的蒸馏塔内实现 TMP 甲酸酯的水解。

【官方结论】

无效宣告请求审查决定中认为，证据 6 公开正链烷醛和甲醛在叔胺和水存在下反应生产三羟甲基烷烃的方法中，由于产生三羟甲基烷烃甲酸酯而降低三羟甲基烷烃的产率，可以通过以下方法避免，即将反应后得到的混合物加热到某一温度，在此温度下作为副产物的甲酸叔铵盐分解为甲酸和叔胺，将叔胺和水从反应混合物中蒸出，然后将剩余物与水、氨、伯胺或仲胺反应，在蒸馏叔胺时生成的包含中剩余物中的三羟甲基烷烃甲酸酯有效分解产生三羟甲基烷烃（参见证据 6 说明书第 1 页倒数第 2 段至第 2 页第 2 段）。由上述现有技术公开的内容可知，证据 6 公开了由于三羟甲基烷烃甲酸酯杂质的存在而降低三羟甲基烷烃的产率，教导通过将产物混合物与水等反应使三羟甲基烷烃甲酸酯分解为三羟甲基烷烃来提高收率。证据 1 中步骤（b）、步骤（d）合并的技术方案通过蒸馏将产物 TMP 与低沸点组分，包括水、三乙胺、TMP 甲酸酯等分离。根据证据 1 上述公开的内容可知，在蒸馏的过程中蒸馏塔中包括水、三乙胺和 TMP 甲酸酯，因此在证据 6 的教导下，本领域技术人员容易想到利用蒸馏塔中的水使 TMP 甲酸酯分解为 TMP 从而提高 TMP 的收率。

经查，证据 1 还公开如果工艺步骤（b）是在形成三羟甲基丙烷甲酸酯的条件下进行，那么在步骤（b）之后通过与低级醇的酯交换反应，在碱金属或碱土金属醇化物、叔胺或酸催化下，TMP 甲酸酯转化为 TMP 被回收（参见证据 1 说明书下标第 9 页第 2~3 段）。本领域技术人员已知，酯交换和酯水解反应的实质都是羧酸衍生物在酸或碱的存在下发生酰基碳上的亲核取代反应。TMP 甲酸酯可以在叔胺存在下发生酯交换反应，那么本领域技术人员预期证据 1 步骤（b）、步骤（d）合并技术方案的蒸馏塔中由于同时存在水、三乙胺和 TMP 甲酸酯，在适当的蒸馏条件和/或方式下蒸馏塔中也可以发生 TMP 甲酸酯的水解反应。

经查，证据 7 公开反应精馏是通过精馏的方法将反应物与产物分离，以破坏可逆反应的平衡关系，使反应继续向生成产物的方向进行，从而可提高可逆反应的转化率、选择性和生产能力，还可通过化学反应破坏气液平衡关系，加快传质速率，缩短反应时间。反应精馏技术对水解反应较为适宜，例如乙酸甲酯水解反应，在保持原分离流程不变的条件下，水解率可提高至 57%，能耗可降低 28%（参见证据 7 第 10 页左栏最后一段、第 11 页右栏最后一段）。证据 4 公开精馏塔必须有塔底再沸器和塔顶冷凝器，才能实现整个操作，冷凝器的作用是获得液相产品及保证有适宜的液相回流（参见证据 4 第 10 页倒数第 2 段）。因而，在证据 7 和证据 4 的教导下，本领域技术人员容易想到将反应精馏技术引入证据 1 步骤（b）、步骤（d）合并的技术方案中替代普通蒸馏塔以促进多羟甲基甲酸酯的水解，并调节塔顶的液相回流使气相蒸出的主要量的多羟甲基甲酸酯再回流至塔内水解转化为多羟甲基化合物，从而提高产物的收率。

专利权人认为，证据 6 公开的三羟甲基烷烃甲酸酯与水的反应不是水解反应，而是高压裂解反应，本领域技术人员没有动机将其应用于证据 1 的低压蒸馏中。对此，合议组认为虽然证据 6 没有公开三羟甲基烷烃甲酸酯与水发生的是水解反应，但证据 6 教导了三羟甲基烷烃甲酸酯是造成产物三羟甲基烷烃收率降低的因素，可以通过三羟甲基烷烃甲酸酯与水发生反应使三羟甲基烷烃甲酸酯转化为三羟甲基烷烃来提高产物收率，即证据 6 给出了改进证据 1 的目标和方向。如上所述，在证据 1 公开 TMP 甲酸酯可以发生酯交换反应的前提下，本领域技术人员预期在证据 1 步骤（b）、步骤（d）合并技术方案的蒸馏塔中有发生水解反应的"可能性"。证据 7 和证据 4 恰恰给出了可以使证据 1 的 TMP 甲酸酯发生水解反应的所述技术手段，使上述"可能性"成为可以实际操作的技术方案。

【律师观点】

在判断创造性时，需要围绕解决的技术问题，判断现有技术整体上是否给出将区别技术特征的技术手段引入最接近的现有技术中以解决技术问题的启示。当一个区别技术特征由多篇现有技术共同给出技术启示时，精准把握每篇现有技术公开的事实、逻辑上的结合点和结合过程就显得尤为重要。

首先，围绕实际解决的技术问题，判断现有技术整体上是否给出结合的技术启示。当某一篇结合使用的现有技术解决的技术问题与涉案专利解决的技术问题相同，甚至不仅表象的技术缺陷相同，该现有技术还教导造成该技术缺陷背后的原因与涉案专利也相同，且该原因为解决技术问题的关键所在，那么，该篇现有技术就给出了改进最接近的现有技术的方向和目标。

其次，当另一篇结合使用的现有技术公开了某种具体技术手段，并启示了该手段能够实现上述目标时，本领域就有动机将该具体技术手段应用到最接近的现有技术中，以得到涉案专利要求保护的技术方案，以解决涉案专利解决的技术问题。

具体到本案而言，涉案专利相对于最接近的现有技术证据 1 实际解决的技术问题是提供一种提高多羟甲基化合物收率的方法，并且涉案专利背景技术记载了副产物多羟甲基甲酸酯是影响多羟甲基化合物收率的原因。现有技术证据 6 公开了副产物三羟甲基烷烃甲酸酯是影响三羟甲基丙烷烃收率的原因。也就是说，证据 6 已经意识到涉案专利技术缺陷背后的原因。证据 6 公开了三羟甲基烷烃甲酸酯与水反应生成三羟甲基丙烷烃可以提高其收率，即证据 6 给出了改进最接近的现有技术证据 1 的目标和方向是使三羟甲基烷烃甲酸酯与水反应生成三羟甲基丙烷烃以提高其收率。另外，证据 7 和证据 4 在内的现有技术整体上还公开了能够使涉案专利限定的使副产物多羟甲基甲酸酯进行反应的具体技术手段。基于现有技术整体上的教导，本领域技术人员就有动机对最接近的现有技术进行改进，应用使副产物多羟甲基甲酸酯进行反应的具体技术手段以得到涉案专利的技术方案。

综上，判断创造性需要从现有技术整体公开情况和给出的启示角度去考虑，当两篇现有技术分别给出存在的技术需求、解决的技术方向以及具体可以采用的技术手段时，本领域技术人员就有动机从这两篇现有技术中寻找到技术启示，获得涉案专利的技术方案。

（四）其他现有技术没有完全公开区别技术特征时技术启示的判断

——"一种改进的微距可视内窥管"专利无效行政诉讼案

【本案看点】

如果其他现有技术虽然没有完全公开涉案专利相对于最接近的现有技术的全部区别技术特征，但是已经就与涉案专利相同的技术问题提供了相同的解决思路，给出了相似的技术手段，而其他未被明确公开的区别技术特征系本领域技术人员经过合乎逻辑的推理和判断无须付出创造性劳动就能得到，则可认定涉案专利相对于现有技术整体不具备创造性。

【案情介绍】

一、案件基本信息介绍

涉案专利号：ZL200820135633.3

专利名称：一种改进的微距可视内窥管

案件类型：专利行政诉讼案

北京市高级人民法院二审行政判决书：（2019）京行终 3487 号

被诉无效宣告请求审查决定号：第 28369 号

案件程序概况：国家知识产权局在第 28369 号无效宣告请求审查决定书中作出维持涉案专利有效的决定，请求人不服该决定，向北京知识产权法院提起诉讼。北京知识产权法院在（2016）京 73 行初 2218 号行政判决书中判决撤销被诉无效宣告请求审查决定，责令国家知识产权局重新作出审查决定，专利权人不服上述判决，向北京市高级人民法院提出上诉。北京市高级人民法院在（2019）京行终 3487 号中判决驳回上诉，维持原判。

二、涉案专利方案介绍

涉案专利涉及一种可直接进入人体内部组织近距离观察的微距可视内窥管。根据其说明书背景技术部分的记载，现有技术中的可视人流吸引管，当其可视管的可视头在人体器官中与组织紧密接触时，医生通过镜头不能直接清晰地观察到外部区域，必须把可视头移开人体组织一段距离才可以观察，这给患者造成很大痛苦，也给医生的操作造成困难。

涉案专利权利要求1要求保护：微距可视内窥管，包括一固定件（9）和一透明罩（6），透明罩（6）的前端呈球形，固定件（9）的一段和透明罩（6）的开口端密封扣合，固定件（9）的前端及透明罩（6）内密封防水设有一CMOS模组，模组前部的感光区域封装有一镜头（12），该镜头（12）朝向透明罩（6）并距离透明罩（6）外侧面2~5.5mm。其结构如图3-32、图3-33所示。

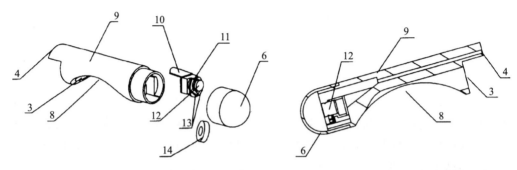

图3-32 "微距可视内窥管"的结构分解图　　　图3-33 "微距可视内窥管"的组合结构示意图

涉案专利的有益效果为：上述改进的微距可视内窥管通过对半球形头部组件内构件的位置进行设计，使镜头距离观察面一定距离，从而可贴肉近距离观察外部情况；固定设置在镜头前端的凹透镜可进一步扩大镜头视野，减小头部组件在人体内部的移动频率，减少患者痛苦；将工作区域可视化的CMOS模组可使其在工作时快速、准确地找到孕囊着床部位，可以使宫腔内操作实现一次性快速完成，从而减少人流管出入宫腔的次数，大大减轻病人的痛苦，缩短操作时间。镜头12前端朝向透明罩6，并距离该透明罩6前端的外侧面2~5.5mm，该距离可根据镜头12的焦距来准确确定，此距离恰可使使用者通过此镜头能清晰地观察透明罩6外面的情况。

三、主要证据介绍

证据1：申请公布号为US2008/0208006A1的美国专利申请文件及其中文译文；

证据3：申请公布号为JP特开平11-342104A的日本专利文件及其中文译文。

证据1是最接近的现有技术，公开了一种内窥镜1401，具有保护套1510，保护套具有密封半球形窗口1512，保护套除半球形透明窗口之外的部分相当于涉案专利权利要求1中的固定件；在保护套1510和半球形窗口1512包围的空间内插入有OE照明和视觉模块560，所述OE照明和视觉模块560含有一CMOS传感器，因此，OE模块包括CMOS模组和镜头，CMOS模组设置于半球形透明窗内，镜头位于CMOS模组前部感光区域，并朝向半球形窗口1512。其结构如图3-34和图3-35所示。

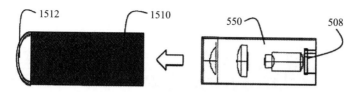

图 3-34 "内窥镜检查用光电照明和视觉模块"结构分解示意图

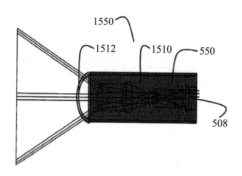

图 3-35 "内窥镜检查用光电照明和
视觉模块"使用状态光路图

证据 3 公开了一种变焦内窥镜,其内窥镜结构包括前端部主体 10 以及筒状地包围前端部主体 10 的前端罩 70;在通常观察时,前端罩 70 收起,能够不遮蔽广角视野地进行观察,在近距放大时,仅通过将前端罩 70 的前端面 A 设置成轻微按压黏膜的状态,就能够进行对焦非常好的近距放大观察;在其说明书摘要中,也记载"在近距放大观察时,通过前端罩能够适当地保持与被摄体之间的距离"。图 3-36 示出了通常观察时的结构状态,图 3-37 示出了近距离放大观察时的状态。

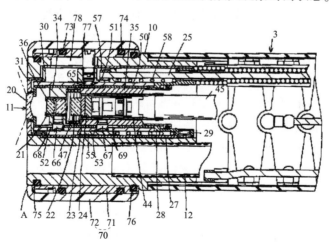

图 3-36 "一种变焦内窥镜"通常观察时的结构示意图

189

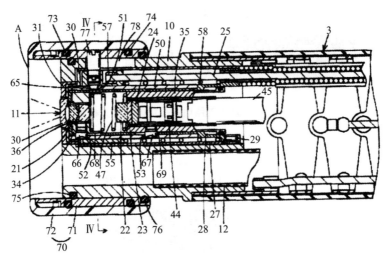

图 3 – 37 "一种变焦内窥镜"近距离放大观察时的结构示意图

【案件焦点】

涉案专利权利要求 1 与证据 1 相比，区别技术特征在于镜头距离所述透明罩外侧面 2～5.5mm。该区别特征所要解决的技术问题是使镜头距离观察面一定距离，从而可贴肉近距离观察。涉案专利权利要求 1 与证据 1 的上述区别技术特征是否被证据 3 公开，以及证据 3 是否给出相应的技术启示，是本案审理中各方争议的焦点问题。

对此，无效宣告专利权人认为，双腔内窥管的整体管径仅有 7～8mm（医疗器械标准中的 7 号管或 8 号管），在如此狭窄的圆形柱状空间内进行设计，对各部件、模组都要进行准确定位、固定、密封，然后还要保持合适物距，为达到贴肉观察的目的，为镜头预留整体管径 25%～75% 的物距（2～5.5mm）是非常困难的，采用常规设计无法解决上述技术问题，达到上述技术效果。证据 3 没有公开上述技术特征，也未提供直接的技术启示。

原审被告在被诉无效宣告请求审查决定书中认为，证据 3 的内窥镜使用变焦镜头，其前端为平面状，未公开头部设半球形透明罩，故仅公开了透镜距内窥镜前端的距离与镜头的焦距有关并可调，而未涉及要实现内窥镜贴肉近距离观察。同样，证据 1 也未提及要解决内窥镜贴肉近距离观察的技术问题，本领域技术人员从证据 1、证据 3 公开的内容中不能获得要解决本发明所要解决技术问题的技术启示，即现有技术并未披露通过选择特定焦距的镜头并调整该镜头与透明保护罩前端之距离以实现内窥镜贴肉观察的发明构思。因此，本领域技术人员难以想到为使透镜恰好能观察透明罩外的情况而对透镜本身的焦距以及透镜与透明罩之间的距离进行选择和调整，以最终得到权利要求 1 的技术方案。

无效宣告请求人对国家知识产权局的上述认定不服，提起了行政诉讼，认为证据 3 已经明确公开"在前端罩 70 处于从前端部主体 10 最大突出的状态时，即通过将前端罩 70 的前端面 A 设置成轻微按压黏膜的状态"（"轻微按压黏膜"即"贴肉观察"），"使镜头与前端罩外侧面之间保持适当的距离"（即镜头焦距的距离），"就能实现非常好的近距放大观察"，因此，证据 3 已经给出在贴肉近距离观察时，通过特定的镜头焦距实现良好观察效果的技术启示；本领域技术人员根据该技术启示，经过合乎逻辑的推理就能够得到涉案专利权利要求 1 的技术方案。此外，要确定实现清晰观察的技术效果，不仅要满足上述距离的设置，还需要镜头具有特定的焦距，而涉案专利权利要求 1 对此并未限定，原审被告称涉案专利权利要求 1 实际上隐含限定了距离透明罩外侧面 2～5.5mm 处设置的镜头其具有特定的焦距，依据不足。

【官方结论】

北京知识产权法院在一审判决中认为，关于证据 3 "变焦内窥镜"，其说明书载明，在前端罩 70 处于从前端部主体 10 最大突出的状态时，前端罩 70 的前端面 A，与成为最大近距放大状态的物镜光学系统的最佳焦距位置一致。因此，在近距放大时，仅通过将前端罩 70 的前端面 A 设置成轻微按压黏膜的状态，就能够进行对焦非常好的近距放大观察。可见，证据 3 中公开了变焦内窥镜在近距放大观察时，前端罩 70 的前端面 A 设置成轻微按压黏膜的状态，即前端罩 70 的前端面 A 能够贴肉，以便于观察。虽然证据 3 中公开的是变焦系统，但本领域技术人员在此基础上，基于功能相对简单、无须变焦的考虑，能够很容易想到采用特定焦距的镜头，并调整该镜头与前端罩 70 的前端面 A 之间的距离，从而实现"对焦非常好的近距放大观察"。至于具体的距离范围为 2～5.5mm，本领域技术人员根据该类器械适用的场合，需要观察的人体组织，该类器械通常的大小、长短等信息，通过其掌握的常规设计手段，无须付出创造性的劳动就能够得到权利要求 1 的技术方案，即权利要求 1 相对于证据 1、证据 3 以及公知常识的结合不具备创造性。在该认定的基础上，北京知识产权法院撤销了第 28369 号无效宣告请求审查决定。

北京市高级人民法院在二审判决中认为，本案中，证据 3 中的内窥镜前端为平面状，在通常观察时，前端罩 70 收起，能够不遮蔽广角视野地进行观察；在近距放大时，仅通过将前端罩 70 的前端面 A 设置成轻微按压黏膜的状态，就能够进行对焦非常好的良好的近距放大观察。可见，证据 3 公开的前端罩 70 的前端面 A 的轻微按压黏膜的状态是根据不同情况设置的，只有在近距放大时，才将前端罩 70 的前端面 A 设置成轻微按压黏膜的状态，即为贴肉状态。原审判决对此认定正确，本院予以支持。

证据 3 中公开的是变焦系统，其在近距离放大观察时，通过前端罩能够适当地保持与被摄体之间的距离，并且在广角观察时，视野不会被遮蔽。证据 3 说明书载明，前端罩 70 随着物镜光学系统的焦点距离变长而从前端部主体 10 的前端面向前方突出，在前端罩 70 处于从前端部主体 10 最大突出的状态时，前端罩 70 的前端面 A 与成为最大近距放大状态的物镜光学系统的最佳焦距的位置一致。本领域技术人员在此基础上，基于功能相对简单、无须变焦的考虑，能够很容易想到采用特定焦距的镜头，并调整该镜头与前端罩 70 的前端面 A 之间的距离，从而实现"对焦非常好的近距放大观察"。至于具体的距离范围选择为 2～5.5mm，本领域技术人员根据该类器械适用的场合，需要观察的人体组织，该类器械通常的大小、长短等信息，通过其掌握的常规设计手段，无须付出创造性的劳动就能够确定。因此，在证据 1 的基础上，本领域技术人员结合证据 3 以及公知常识，无须付出创造性的劳动就能够得到权利要求 1 的技术方案，即权利要求 1 在证据 1 的基础之上结合证据 3 及公知常识不具备《专利法》第二十二条第三款规定的创造性。原审判决对此认定正确，本院予以支持。

【律师观点】

在创造性"三步法"判断规则第三步中，需要以实际解决的技术问题作为出发点，判断要求保护的发明对本领域技术人员来说是否显而易见，即现有技术整体上是否存在技术启示。《专利审查指南 2010》第二部分第四章第 3.2.1.1 节进一步列举了认为存在技术启示的几种情形，其中第三种为：所述区别特征为另一份对比文件中披露的相关技术手段，该技术手段在该对比文件中所起的作用与该区别特征在要求保护的发明中为解决该重新确定的技术问题所起的作用相同。《专利审查指南 2010》规定，如果现有技术虽然没有完全公开涉案专利的全部区别技术特征，但是已经就与涉案专利相同的技术问题，提供了相同的解决思路，给出了相似的技术手段，而其他未被明确公开的区别技术特征系本领域技术人员经过合乎逻辑的推理和判断无须付出创造性劳动就能得到，则可认定涉案专利相对于现有技术整体不具备创造性。

在本案中，最接近的现有技术证据 1 与涉案专利、证据 3 同样属于用于医疗诊断、治疗的内窥检查设备，在证据 1 已经公开涉案专利的大部分技术特征的基础上，对于其没有明确公开的"镜头与前端罩外侧面之间的距离等于镜头焦距的距离，从而实现良好的近距放大观察"，也已经被证据 3 公开：通过保持前端罩 70 的前端面 A 与镜头之间的距离与镜头本身的焦距相适应来实现清晰的贴肉观察。虽然证据 3 没有进一步公开这一距离的具体数值，但基于证据 3 已经给出解决技术问题的思路和基本手段，结合本领域技术人员的知识水平和能力，得到该具体数值已经不需要付出创造性劳动，故而可以得到涉案专利不具备创造性的结论。

可见，对于技术启示的判断，并不要求现有技术完整公开涉案专利的全部区别技术特征，即使部分区别技术特征没有被明确公开，但是如果现有技术已经给出解决与涉案专利相同技术问题的相似技术构思或相似技术手段，本领域技术人员也可能从中得到技术启示。具体是否能够获得技术启示，要结合本领域技术人员掌握的现有技术水平，综合判断本领域技术人员是否可以从现有技术公开的解决技术问题的技术手段中通过合理逻辑的推理、判断得到涉案专利的技术方案。

四、技术启示判断中现有技术结合障碍的考量

（一）现有技术之间结合障碍在技术启示
判断中的考量一

——"自动调平的多线 360°激光仪"专利无效宣告案

【本案看点】

当本领域技术人员基于解决的技术问题、利用区别技术特征对最接近的现有技术进行改进时，容易想到对最接近的现有技术不适的地方进行适应性调整，则将区别技术特征限定的技术手段结合到最接近的现有技术中不存在结合障碍。

【案情介绍】

一、案件基本信息介绍

涉案专利号：ZL201080013385.5
专利名称：自动调平的多线 360°激光仪
案件类型：发明专利无效宣告案
无效宣告请求审查决定号：第 28223 号

二、涉案专利方案介绍

涉案专利权利要求 1 保护：一种自动调平的多线 360°激光仪，包括三个线投影装置（2），线投影装置（2）相互垂直，每个线投影装置（2）具有反射锥体（5）和激光光束，激光光束可以在该反射锥体（5）的轴线方向上指向该锥体的尖端，并且，该线投影装置具有至少分部段圆柱形的、透明的锥体支架（8），该锥体支架（8）至少分部段地围绕反射锥体（5）布置，并且锥体支架（8）至少分部段地具有旋转对称的空心圆柱形的形状并且至少分部段地中轴地围绕反射锥体（5）布置。其结构如图 3－38 所示。

现有技术中的激光仪通过快速旋转的偏转元件将激光光束偏转 90°，激光光束与旋转的偏转元件一起旋转产生连续的激光线的光学影像。通过组合在仪器中的两个

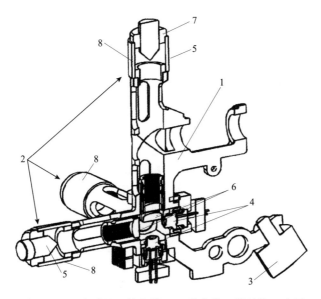

图 3−38　"自动调平的多线 360°激光仪"的结构示意图

在 90°的角度上布置的旋转激光单元，可以由此将两个相互垂直的激光线投射到例如墙壁或物体上。

现有技术存在的缺陷即涉案专利意欲解决的技术问题是：旋转激光仪因为需要设置偏转元件，因而机械机构复杂、成本高，且能量消耗大、易磨损。

为了解决上述技术问题，涉案专利提供了上述技术方案，其在三个相互垂直的方向分别设置了线投影装置，每个线投影装置中的激光光束在投射到反射锥体上之后可以被扩展成 360°的激光线，因而涉案专利可以使用旋转部件，而在 360°角度范围上投射激光线，进而获得结构简单、成本低的激光仪。

进一步地，涉案专利说明书还记载了上述技术方案中空心圆柱形的透明锥体支架的作用在于：连接管座套与光学系统支架，使两者形成精确的配合；反射锥体完全同轴地被透明的圆柱形的锥体支架围住，由锥体表面反射的并且在一个平面中 360°的角度上发射出的激光光束可以不受阻碍地精确沿径向穿过锥体支架的壁，没有任何光学损害；可以保护光学元件。

三、主要证据介绍

无效宣告请求人主要提供的证据有两份，即证据 1 和证据 2。其主张涉案专利权利要求 1 保护的技术方案在证据 1 的基础之上进一步结合证据 2 不具有创造性。

证据 1：授权公告号为 TW426154U 的中国台湾专利文件。

证据 2：申请公布号为 US2004/0107588A1 的美国专利申请文件。

证据 1 是最接近的现有技术，公开了一种多功能锥反射投射机构，也属于激光仪技术领域。其中，三组锥反射投射机构相互垂直布置，每组锥反射投射机构包括两基座1、结合连杆2、斜套3、镭射模块4及锥体5，可使镭射模块4射出的镭射线的光轴对正锥体5的轴心，而使自锥体5反射呈360°扩散的镭射光圈所成平面垂直于轴心，以获得准确的标示。一组锥反射投射机构的另一基座12之两侧边14成直角，且分别与另一组合边12互相垂直，该两侧边14分别与另一组锥反射投射机构的另一组合边12相结合，使三组锥反射投射机构所反射投射之镭射光圈所成平面均相互正交，可同时指示出三个正交平面的标示线及天顶点及垂点的位置。结合连杆2用于连接两个基座，并且连杆2中穿设有电线，结合连杆2凸出于组合边的端部还结合有连接构件7。其结构如图3-39和图3-40所示。证据1中锥体的外围设置三个连杆，用于连接基座并走线。

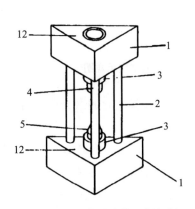

图3-39 "多功能锥反射投射机构"的结构示意图

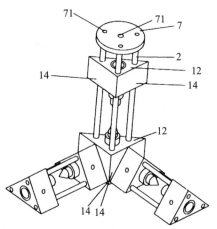

图3-40 "多功能锥反射投射机构"立体示意图

显然，证据1也公开了一种在三个相互垂直的方向上设置投射机构的激光仪，并且每个投射机构也是通过将激光束投射到锥体上实现360°的扩散。也就是说，证据1同样也实现了不使用旋转部件而在360°角度范围内投射激光线的技术效果。

证据2公开了一种激光计，该激光计包括与反射锥体3相对并由圆柱形外壳2和壳31包覆的激光器模块4，柱形外壳2中的激光器模块4将环形光束发射到反射锥体3的折射面33。透明盖23设置在柱形外壳2和壳31之间，以限定出环形窗24。外壳2是圆柱形状的，并在壳31的下方设有窗24，以发射平面光束P1。外壳2通过沿径向方向的X轴61连接到轴向框架64，并通过Y轴62连接到支撑台63，从而浮置的通用结合台6设置

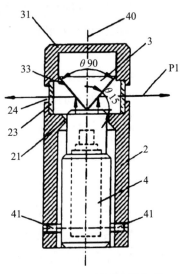

图3-41 "一种激光计"的结构示意图

在支撑台 63 顶部上，通过结合台 6 使外壳 2 成为自由体，并与重力对准，从窗出射的光成为用于水平标记的水平光 P1。其结构如图 3 - 41 所示。证据 2 还记载了透明盖 23 的作用在于防止灰尘和湿气。

【案件焦点】

涉案专利相对于证据 1 主要的区别技术特征在于，线投影装置具有至少分部段地圆柱形的、透明的锥体支架（8），锥体支架（8）至少部分同轴围绕反射锥体（5）布置。

基于该区别技术特征，涉案专利实际解决的技术问题在于，引导激光光束不受阻碍地精确沿径向穿过锥体支架的壁，没有任何光学损害，以及保护光学元件。

本案的争议焦点在于，本领域技术人员基于证据 1 公开的内容是否有动机将证据 2 中的透明盖（相当于涉案专利中圆柱形的、透明的锥体支架）应用到证据 1 中，从而相应调整证据 1 中连杆的设置而得到涉案专利的技术方案。

专利权人主张，证据 1 为了实现快速调整轴心的目的需要开放的空间，并且连杆还起到通过电线的作用，如果将证据 1 中的连杆替换为证据 2 中的透明盖，则不能满足开放的空间要求，且不能通过电线。因而，证据 1 中的连杆不能被替换为证据 2 中的透明盖，证据 2 与证据 1 存在结合障碍。

请求人认为，证据 2 中公开的透明盖 23 的结构与涉案专利中的锥体支架相同，都是透明的圆柱形，因此起到了相同的引导激光传播，减少光学损害的作用。同时透明盖 23 也位于外壳 2 和壳体 31 之间而起到连接作用，并且也起到了防止灰尘和湿气损害反射锥体 3 的作用，即起到了保护作用，因此，证据 2 中的透明盖起到的作用与涉案专利的完全相同。故本领域技术人员有动机将证据 2 与证据 1 结合，从而用透明盖替换证据 1 中的连杆以实现连接基座、引导激光和保护锥体的功能。至于走线的功能，是本领域技术人员基于普通知识就可以作出的适应性调整。另外，至于需要开放的空间调整轴心这一点，由于调整轴心并不是时刻需要进行的，通过简单的可拆卸结构就可以卸载透明盖进行轴心调整工作。因此，证据 2 与证据 1 并不存在结合障碍。

【官方结论】

无效宣告请求审查决定中主要认定如下：证据 2 中的透明盖相当于涉案专利与证据 1 的区别技术特征——锥体支架，并且透明盖在证据 2 中所起的作用与锥体支架在涉案专利权利要求 1 中所起的作用相同。另外，证据 2 中透明盖 23 设置在圆柱形外壳 2 和壳 31 之间形成环形窗，也是起到连接和透光的作用；并且透明盖 23 呈旋转对称的空心圆柱形，同轴地围绕在反射锥体 3 周围，同时起到密封的作用。显然，证据 2 中的透明盖 23 与涉案专利权利要求 1 中的锥体支架具有相同的结构、属性、形状和连接关系，即证据 2 公开了涉案专利中的锥体支架，并且在证据 2 中所起的作用与在涉案专利权利要求 1 中所起的作用相同。因此，证据 2 给出了将上述区别技术特征引入证据 1 的技术启示。

证据 1 中的结合连杆 2 首先是起到连接的作用，但是其在客观上存在阻挡反射激光光束射出的技术问题，因此在同属激光仪领域的证据 2 公开了利用透明盖 23 进行连接的技术内容的情况下，本领域技术人员容易想到将证据 1 中的结合连杆 2 替换为证据 2 中的透明盖 23。至于需要开放空间调整轴心，合议组认为，透明盖 23 的使用并不影响对镭射模组 4 和锥体 5 的轴心的调整，例如本领域技术人员完全可以将透明盖 23 设置为可拆卸连接，因此需要调整轴心并不阻碍上述替换。至于结合连杆 2 还贯穿有电线，合议组认为，证据 1 中使用电线是为了给镭射模组 4 供电，一方面将结合连杆 2 替换为透明盖 23 并不影响电线的布置；另一方面即使考虑到电线会影响反射激光光束的射出，本领域技术人员也完全有能力通过调整电线的布置方式，从而实现在不影响反射激光光束射出的情况下为镭射模组 4 供电。例如，在证据 1 的实施例中，本领域技术人员完全可以将供电结构及电线设置在三个锥反射投射机构所共用的基座一侧，如此既不影响三个锥反射投影机构中反射激光光束的射出，又可以实现为三个镭射模组 4 供电，因此电线的布置也不阻碍上述替换。综上所述，本领域技术人员将证据 1 中的结合连杆 2 替换为证据 2 中的透明盖 23 不存在任何技术障碍，据此专利权人关于不能将结合连杆 2 替换为透明盖 23 的理由不成立。

【律师观点】

专利创造性判断的主体是本技术领域技术人员，《专利审查指南 2010》规定本领域技术人员除了能够获知该领域中所有的现有技术之外，还具有普通技术知识和应用专利申请日之前常规实验手段的能力。因此，本领域技术人员并不是一个只会机械地将现有技术进行组合的人，他具有在掌握的普通知识范围内进行普通调适的能力。

实践中，在技术启示判断过程中，专利权人在否定现有技术之间的结合启示时，往往主张现有技术之间存在结合障碍，主要包括结构上的障碍和功能上的障碍。结构上的障碍指在将不同的现有技术结合时，结构不适，无法直接结合，而为了结合所需的结构改动需要本领域技术人员付出创造性的劳动；功能上的障碍是指结合后丧失某些结构原有的功能或作用。针对专利权人的上述主张，应站位本领域技术人员的角度，结合掌握的知识和具有的能力进行综合判断。

本案对本领域技术人员应具有的能力作了典型诠释。具体而言，本案中，证据 2 中的透明罩替换证据 1 中的连杆不存在技术障碍。证据 1 在锥体 5 的外周设置结合连杆 2 的作用在于连接、走线，以及为调整轴心提供开放空间。证据 1 中锥体周围的开放空间并非投射机构正常工作的必要条件，仅仅在需要调节轴心时起作用，而走线功能实际上与结合连杆 2 的连接功能以及客观上所起到的阻挡反射激光光束射出的功能相互独立。让证据 2 中的透明盖实现开放空间的功能仅仅只需要通过将透明盖等设置为便于拆卸的结构即可，这显然属于本领域技术人员应有的结构调整能力。至于走线的方式，更是本领域技术人员根据结构的变化很容易作出的适应性改变，这不影响结合连杆 2 的连接功能。因此，本领域技术人员有动机将证据 2 与证据 1 相结合而得到涉案专利保护的技术方案。

综上，如果涉案专利与最接近的现有技术相比存在区别技术特征，另一篇现有技术公开了该区别技术特征且基于该区别技术特征解决的技术问题也相同，那么本领域普通技术人员就有动机基于该解决的技术问题将该现有技术结合到最接近的现有技术中以进行改进。此时如果两者无法直接叠加结合或替换结合，需要对最接近的现有技术作出少量的适应性调整，且该调整基于本领域技术人员所掌握的技术常识容易想到的，不需要对最接近的现有技术作出创造性的改造，也不违反最接近的现有技术的发明目的，则认为两者不存在结合的障碍。相反，如果这种调整的范围和程度已经超出本领域技术人员的能力范围，则应质疑两者的结合是否是显而易见的。

（二）现有技术之间结合障碍在技术启示判断中的考量二

——"南酸枣剥皮机"专利行政诉讼案

【本案看点】

判断现有技术是否存在技术启示时，应从整体上考虑现有技术在结合时是否存在障碍。判断时应根据发明实际解决的技术问题，考虑现有技术文献之间技术领域的相关性、是否存在结合难度、是否有相反教导等。是否存在结合障碍应当在准确、全面理解现有技术给出信息的基础上进行判断。如果其他现有技术给出的技术手段运用到最接近的现有技术中会与最接近的现有技术的发明目的产生冲突，或该种技术手段正是最接近的现有技术基于其发明目的所摒弃的，在没有其他明确教导的情况下，就可以认定现有技术之间存在结合障碍。

【案情介绍】

一、案件基本信息介绍

涉案专利号：ZL201010161029. X

专利名称：南酸枣剥皮机

案例类型：专利行政诉讼案

北京市高级人民法院行政判决书：（2018）京行终 2721 号

被诉无效宣告请求审查决定书：第 32363 号

案件程序概况：国家知识产权局作出第 32363 号无效宣告请求审查决定，宣告涉案专利全部无效。专利权人不服上述决定，向北京知识产权法院提起诉讼。北京知识产权法院在判决驳回诉讼请求，维持国家知识产权局作出的第 32363 号无效宣告请求审查决定。专利权人不服该一审判决，向北京市高级人民法院提起上诉。北京市高级人民法院判决撤销一审判决，撤销国家知识产权局作出的第 32363 号无效宣告请求审查决定，责令国家知识产权局重新作出审查决定，国家知识产权局在第 40673 号无效宣告审查决定中维持涉案专利有效。请求人不服二审判决向最高人民法院申请再审，最高人民法院裁定驳回再审申请。

二、涉案专利方案介绍

涉案专利权利要求1要求保护：一种南酸枣剥皮机，其特征在于所述剥皮机由以下组成：剥皮装置包括水平平行排列的滚轴Ⅰ（8）和滚轴Ⅱ（2），滚轴Ⅱ（2）略高于滚轴Ⅰ（8），滚轴Ⅰ（8）和滚轴Ⅱ（2）上均布满利齿（3）；送料装置包括送料轴（10）及安装在送料轴（10）上的送料软板（9），送料装置置于滚轴Ⅰ（8）和滚轴Ⅱ（2）上方；料斗（1）置于滚轴Ⅱ（2）的侧上方，导果槽（11）置于滚轴Ⅰ（8）侧边；净果传送装置（7）置于导果槽（11）下方；果皮传送装置（6）置于滚轴Ⅰ（8）和滚轴Ⅱ（2）的下方。

现有南酸枣食品加工前的去核、去皮处理无机械处理方式，仅能依靠人工完成，然而南酸枣鲜果具有皮厚较韧硬、果肉黏稠性大等特点，造成功效低、成本高、果肉浪费大、人员管理难、难于大规模工业化生产，严重制约了南酸枣产业的发展。

涉案专利所要解决的技术问题是提供一种工效高、剥皮质量好的剥皮装置。涉案专利的具体技术手段是南酸枣剥皮机包括剥皮装置、净果传送装置、果皮传送装置、送料装置、料斗及导果槽，其中剥皮装置的滚轴上布满利齿，采用利齿插住果皮，在滚轴转动中将果皮撕脱。其结构如图3－42所示。

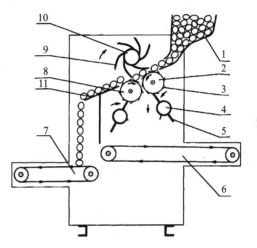

图3－42 "南酸枣剥皮机"的结构示意图

三、主要证据介绍

原审第三人（无效宣告请求人）提交了三份证据，其中最主要的证据是证据1和证据2。原审第三人认为，涉案专利权利要求1在证据1的基础之上进一步结合证据2和公知常识不具备创造性。

证据1：申请公布号为JP2010－51212A的日本专利申请文件；

证据2：授权公告号为RU2261635C1的俄罗斯专利文件。

证据1是最接近的现有技术，公开了一种农作物剥皮装置，如图3－43、3－44、3－45所示。具体涉及对马铃薯、芋头、猕猴桃、牛油果等农作物进行剥皮的农作物剥皮装置，其不会使农作物夹在旋转体之间，即使对于重量较大的农作物也可以改变弹起的姿势，均匀地剥皮。对马铃薯等农作物P进行剥皮的剥皮单元D由平行设置的一对旋转体13A、13B构成。将两旋转体13A、13B之间的上侧空间作为搬运通路14，通过该搬运通路14供给农作物P。在一个旋转体13A的周表面上形成多个冲孔 12，由此剥下农作物 P 的皮。在另一个旋转体 13B 的外周表面上突出有多个具有弹起农作物 P 的弹性的突起 19。

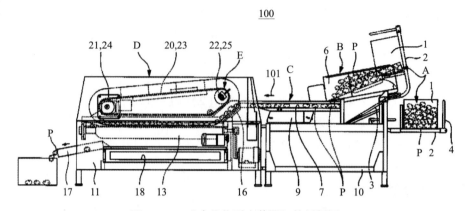

图 3 – 43 "农作物剥皮装置"的侧视图

202

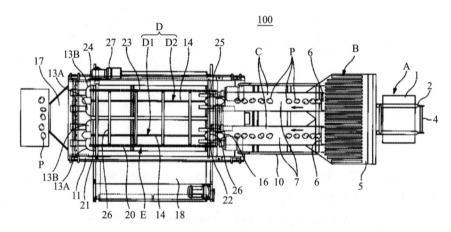

图 3 – 44 "农作物剥皮装置"的俯视图

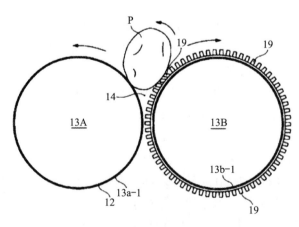

图 3 – 45 一对旋转体的工作示意图

上述一对旋转体 13A、13B 构成为通过向上侧的周表面朝外的方向。换言之，将搬运通路 14 中的农产物 P 向推上去的方向进行旋转，使搬运通路 14 中的农作物向上方弹起，与此同时使后述的推板 15 向排出农作物 P 的方向移动。需要说明的是，在旋转体 13A、13B 的下方设置有将剥下的皮屑排出到框体 n 的前方的皮排出用输送带 18。

在由这样的结构形成的农作物剥皮装置 100 中，农作物 P 在从供给侧起朝向排出侧在搬运通路 14 上移动的过程中，利用一个旋转体 13A 的冲孔 12 将皮剥下。此时，另一个旋转体 13B 的突起 19，从下方接触农作物 P 时通过农作物 P 的重量在与该旋转体 13B 的旋转方向相反的方向弹性变形，利用该弹拨力和旋转体 13B 的旋转使农作物 P 弹起。由此，农作物 P 边在搬运通路 14 内弹起翻转边通过旋转体 13A 的冲孔 12 的孔边缘将皮剥下并向下游侧移动。因此，农作物 P 不会因为夹在一对旋转体 13A、13B 之间由冲孔 12 的孔边缘而削成扁平状，而是在整个面上均匀地将皮干净地剥下。

证据 2 公开了一种南瓜剥皮机，具体公开了预先校准直径的南瓜从料斗 2 的振动盘中发向第一对旋转的圆柱形滚筒 3 和第二圆锥形滚筒 8。刷子 4 针状部分 28 从果实上去除的果皮被传送到果皮传送装置 6，被输送到框架 1 的边界。作为针状部分 28 的尖端的作用强度随着圆柱形滚筒 3 和第二个圆锥形滚筒 8 的推进平稳增加。根据针状部分 28 的作用速度和频率，下面部分的直径增加，通过速度的改变，果实从旋转的滚筒 3 和滚筒 8 移动到滚筒 7 和滚筒 9，果实被翻转处理。同时，果实自转。通过果实向滚筒 3、滚筒 7、滚筒 8 和滚筒 9 工作面复杂的移动和插头作用强度的增加，能完全去除南瓜皮。其结构如图 3 - 46 所示。

203

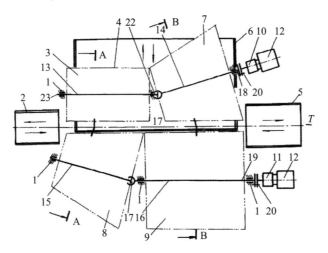

图 3 - 46　"南瓜剥皮机"的结构示意图

【案件焦点】

证据 1 的"旋转体 13A"和"旋转体 13B"对应于涉案专利的"滚轴 I"和"滚轴 II",证据 1 的"推板 15"用于推动旋转体 13A 和旋转体 13B 之间的上侧空间形成的搬运通路 14 上的农作物 P,其对应于涉案专利的"送料装置",且位于旋转体 13A 和旋转体 13B 的上方。证据 1 的"容器 1"对应于涉案专利的料斗,位于旋转体 13A 和旋转体 13B 的侧上方,证据 1 的"排出槽 17"用于排出完成剥皮的农作物,故对应于涉案专利的"导果槽",位于旋转体 13A 和旋转体 13B 的侧边;证据 1 的"皮排出用输送带 18"对应于涉案专利的"果皮传送装置",位于旋转体 13A 和旋转体 13B 的下方。

涉案专利权利要求 1 的技术方案与证据 1 公开内容相比,区别技术特征主要是用于剥皮的部件结构不同:涉案专利的滚轴 II 略高于滚轴 I,且两滚轴上均布满利齿;而证据 1 的旋转体 13A 和旋转体 13B 处于同一水平面,其旋转体上设置如冲孔、锉刀、刃等的切削体。基于上述区别技术特征,涉案专利权利要求 1 实际解决的技术问题是提高南酸枣果皮剥皮效率,降低成本,避免果肉浪费。

争议焦点:证据 2 是否给出将上述区别技术特征应用到证据 1 中以解决涉案专利解决的技术问题的启示。

原审第三人认为,证据 2 公开了瓜果类剥皮装置,并公开该装置可用于食品工业中硬皮水果的加工处理,其明确公开了两个滚轴上均布满利齿,从而插入果皮,并在滚轴转动中将果皮撕脱。证据 2 公开的南瓜剥皮机的剥皮过程与涉案专利中南酸枣剥皮机的剥皮过程完全相同,证据 2 公开了区别技术特征,该特征在证据 2 中所起的作用与涉案专利中利齿的作用完全相同,都是起到给农作物剥皮的作用,从而给出了结合至证据 1 的启示。

上诉人认为,涉案专利与证据 1、证据 2 剥皮装置的加工对象、剥皮原理均不相同,本领域技术人员没有动机将证据 1 的剥皮装置的切削体改设为利齿并将其用于南酸枣的加工。证据 1 公开的农作物剥皮装置中,旋转体 13A 和 13B 是通过各自上面的冲孔 12、突起 19,完成对农作物的削皮、弹起,避免农作物夹在旋转体之间,且在其上侧空间形成农作物的搬运通路 14。而证据 2 中的针状部分如果设置在证据 1 的旋转体上,则会导致农作物无法进行弹起,从而影响证据 1 正常功能的发挥,从而两者不具有结合技术启示。

被上诉人认为,证据 2 公开了在滚筒上设置针状部分,该针状部分通过插入果实表皮中来对果实进行剥皮的技术方案,证据 2 中的"针状部分"对应于涉案专利中的"利齿"。可见,证据 2 给出了在传送果实的滚筒上设置针状部分,通过针状部分插入果实表皮中来对果实进行剥皮的技术启示。在这种启示下,本领域技术人员在面对如何对煮过的南酸枣进行剥皮的技术问题时,有动机从对其他果实进行剥皮的结构（比如证据 1）中寻找解决方案，同时根据煮过的南酸枣皮韧性较大、果肉比较黏的特性，很容易想到将证据 2 中公开的针状部分设置在证据 1 中的旋转体上，来对南酸枣进行剥皮。

【官方结论】

北京市高级人民法院在行政判决书中认为，证据 2 并未给出将区别技术特征"滚轴Ⅰ（8）和滚轴Ⅱ（2）上均布满利齿（3）"应用到证据 1 中的技术启示。涉案专利权利要求 1 针对果肉黏稠性大的南酸枣，主要通过布满利齿的滚轴与送料软板的配合，实现剥皮及净果输出。证据 1 公开的农作物剥皮装置中，旋转体 13A 和 13B 是通过各自上面的冲孔 12、突起 19，完成对农作物的削皮、弹起，避免农作物夹在旋转体之间，且在其上侧空间形成农作物的搬运通路 14。而证据 2 中的针状部分是用于剥离硬皮的南瓜，通过滚筒旋转及南瓜在不同滚筒中的切换带动南瓜翻转，由此滚筒上设置的刷子 4 针状部分插入果实表皮中对果实进行剥皮。即使将证据 2 中的针状部分视为涉案专利权利要求 1 中的利齿，将证据 1 的旋转体 13A 和 13B 改造为证据 2 的针状部分，由于针状部分会插住农作物，将使农作物无法顺利弹起及在搬运通路 14 中平稳搬运。因此，将证据 2 中的针状部分结合到证据 1 中存在技术上的障碍。

【律师观点】

《专利审查指南 2010》第二部分第四章第 3.1 节规定："根据专利法第二十二条第三款的规定，审查发明是否具备创造性，应该审查发明是否具有突出的实质性特点，同时还应当审查发明是否具有显著的进步。"判断发明是否具有突出的实质性特点，就是要判断对于本领域的技术人员来说，要求保护的发明相对于现有技术是否显而易见。

在判断发明对于本领域的技术人员来说是否显而易见时，需要确定发明与最接近的现有技术的区别技术特征，根据该区别技术特征所能达到的技术效果确定发明实际解决的技术问题。而重新确定技术问题的目的是为本领域技术人员在现有技术中寻找解决该技术问题的技术方案提供指引，如若现有技术中给出将区别技术特征应用到最接近的现有技术以解决其实际解决的技术问题的启示，那么本领域技术人员在面对该技术问题时有动机改进最接近的现有技术并获得要求保护的发明，则发明是显而易见的，不具有突出的实质性特点。

在判断现有技术整体上是否存在技术启示时，应考虑要求保护的技术方案整体上是否显而易见。通常来说，需要判断涉案专利相对于最接近的现有技术的区别技术特征是否被其他现有技术文件公开，区别技术特征在该文献中的作用与其在涉案专利中的作用是否相同，以及将该区别技术结合结合到最接近的现有技术中是否存在结合障碍等。是否存在结合障碍应当建立在对发明实际解决技术问题的充分认识，并建立在准确、全面理解现有技术给出信息的基础之上，现有技术给出的信息包括现有技术文件之间技术领域的相关性、最接近的现有技术的整体构思、现有技术之间是否存在结合难度、是否有相反教导等。如果其他现有技术给出的技术手段运用到最接近的现有技术中会与最接近的现有技术的基本发明目的产生冲突，或该种技术手段是最接近的现有技术基于其发明目的所摒弃的，在没有其他明确教导的情况下，就可以认定现有技术之间存在结合障碍。

具体到本案来说，在判断证据 2 是否给出将"两滚轴上均布满利齿"这一区别技术特征运用到证据 1 中解决涉案专利实际解决的技术问题时，除了考虑特征是否被证据 2 公开、特征在证据 2 中的作用与涉案专利是否相同，还需要考虑基于证据 1 的整体构思所限，本领域技术人员在不付出创造性劳动的情况下，将"两滚轴上均布满利齿"结合到证据 1 中之时，是否会影响证据 1 构思之下，其基本发明目的的实现。本案中结合证据的公开内容可知，布满利齿的方案与弹起的技术效果相冲突。证据 1 基于其实现保证农作物在输送中弹起的发明目的，并且证据 1 和证据 2 的剥皮原理以及领域有所差异，本领域技术人员在没有得到其他明确教导的情况下，不会想到在证据 1 中适用上述区别技术特征。因此，证据 2 和证据 1 之间存在结合障碍，涉案专利具有创造性。

五、技术启示判断中适用场景的考量

（一）技术启示判断中适用场景的考量一

——"钢球回火炉用的钢球承运机构"专利无效宣告案

【本案看点】

相同的技术手段在涉案专利与现有技术中的应用场景不同，判断现有技术是否给出某种技术启示时，应当从整体上判断现有技术是否给出解决相同或相似技术问题的技术构思。如果本领域技术人员在看到该技术构思时，有动机将现有技术公开的与涉案专利相同的技术手段应用于最接近的现有技术中以解决相应的技术问题，则应当认为现有技术给出相应的技术启示。

【案情介绍】

一、案件基本信息介绍

涉案专利号：ZL201110029184.0
专利名称：钢球回火炉用的钢球承运机构
案件类型：发明专利无效宣告案
无效宣告请求审查决定号：第35744号

二、涉案专利方案介绍

涉案专利权利要求1保护：一种钢球回火炉用的钢球承运机构，包括一机架（1）；一动力机构（2），在使用状态下固定在钢球回火炉的炉体外壁上；一主动轴（3），枢轴设置在机架（1）的一端，并且与所述动力机构（2）传动连接，在该主动轴（3）的一端固定有一第一主动链轮（31），而另一端固定有一第二主动链轮（32）；一从动轴（4），枢轴设置在机架（1）的另一端，与所述的主动轴（3）相对应，在该从动轴（4）的一端固定有一第一从动链轮（41），而另一端固定有一第二从动链轮（42），所述第一主动链轮（31）与第一从动链轮（41）相对应，而所述第二主动链轮（32）与第二从动链轮（42）相对应；一由复数个第一链节（51）构成的第一链条（5）和一同样由复数个第二链节（61）构成的第二链条（6），第一链条（5）的一端套置在第一主动链轮（31）上，另一端套置在第一从动链轮（41）上，第二链条（6）的一端套置在第二主动链轮（32）上，另一端套置在第二从动链轮（42）上；一组帘辊（7），该组帘辊（7）以间隔状态固定于所述的第一、第二链条（5、6）之间。其结构如图3-47所示。

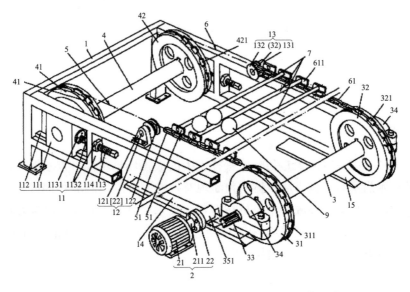

图3-47 "钢球回火炉用的钢球承运机构"的结构示意图

涉案专利说明书背景技术中指出现有技术中钢球承运机构的缺点为：现有的钢球承运机构在承运钢球时，钢球处于料斗中，在这种半封闭状态下行移，钢球难以获得均匀的回火温度，即与料斗接触部位的温度低于非接触部位，从而影响回火效果。因此，涉案专利将现有技术中承运机构中的承载钢球前进的机构由料斗形改进为帘辊状，帘辊之间的间距小于钢球的直径，因此，钢球可以随着帘辊前行，这一过程中钢球的绝大部分表面都可以暴露于热空气中，因而能够被加热得更加均匀。

三、主要证据介绍

无效宣告请求人主要提供了两份证据——证据1和证据2其主张涉案专利权利要求1保护的技术方案在证据1的基础之上进一步结合证据2不具有创造性。

证据1：授权公告号为CN201144261Y的中国实用新型专利文件；

证据2：授权公告号为CN1046766C的中国实用新型专利文件。

证据1是最接近的现有技术，公开的钢球提运机构与涉案专利背景技术中提及的类似，即其传送链上承运钢球的结构为料斗形，钢球在料斗上随着传送链前行，包括：第一机架11，第一机架11的一端搭载着链轨斜梁111，链轨斜梁111高端与第一机架 11 固定，低端支固在一对轴承座支座 1611 上；第一传动装置 14；第一链轮轴 15，该第一链轮轴 15 的两端枢置于一对第一轴承座 151 上，而第一轴承座 151 固装在第一机架 11 上；第一传动装置 14 的第一减速机 142 的动力输出轴通过联接器 1421 与第一链轮轴 15 的一端端部传动联结；一对第一链轮 152，彼此相隔一定距离地固设在第一链轮轴 15 的中部；一对第二链轮 162，固设在对应于链轨斜梁 111 低端的第二链轮轴 16 的中部，第二链轮轴 16 的两端分别枢置在相应的第二轴承座 161 上，第二轴承座安装在一对轴承座支座 1611 上；在一对第一链轮 152 上分别套置传送链 17 的一端，而一对传送链 17 的另一端分别套置在一对第二链轮 162 上。两侧的传送链均是由复数个链节组合形成的链条，同侧的第一链轮 152 和第二链轮 162 分别相互对应且套置有一条传送链 17。其结构如图 3 - 48 所示。

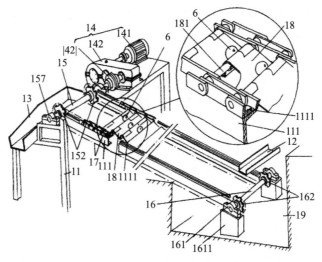

图 3 - 48　"钢球提运机构"的立体结构示意图

证据 2 公开了中、高碳低合金钢锻球热处理方法及架空滚道式淬火装置，具体在于：架空滚道 2 具有一定的倾斜角，并且由扁钢构成，钢球 4 处于两根扁钢之间，扁钢之间的距离小于钢球的直径，在淬火装置运行过程中，钢球在滚道上滚动淬火，钢球不会落到由两根扁钢限定的滚道之下，也不会滑出滚道之外。其结构如图 3 - 49 所示。

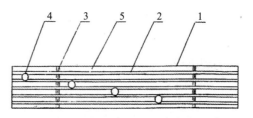

图 3 - 49　"架空滚道式淬火装置"的俯视图

证据 2 记载了现有技术中由于淬火槽底存在氧化铁鳞、淤泥等工艺废物，钢球周围表面的淬火条件不均匀，容易引起钢球的炸裂或硬度不均一。针对此，证据 2 设计了这种架空形式的滚道以改善钢球淬火条件不均匀的现象，提高钢球热处理成品合格率。

【案件焦点】

请求人与专利权人对于涉案专利的权利要求 1 与证据 1 的区别没有争议，都认为区别技术特征包括：一组帘辊（7），该组帘辊（7）以间隔状态固定于所述的第一、第二链条（5、6）之间。

本案的争议焦点为，证据 2 中淬火装置运行时钢球与滚道之间的相对运动方式不同于涉案专利中的帘辊与钢球的相对运动方式，这种适用场景的不同是否会阻碍证据 2 给出用架空滚道来代替证据 1 中的料斗以解决相应技术问题的技术启示。

专利权人认为，虽然证据 2 与涉案专利一样，均采用间隔的辊状结构（也即架空形式）这一技术手段来承载钢球，但是，证据 2 的技术领域为钢球淬火，其滚道不能周而复始地行移，是静态的，相对地，钢球是动态的，钢球的运动形式表现为主动运动；而涉案专利中帘辊是周而复始地行移，钢球相对帘辊是静态的，其运动形式表现为被动运动下进入回火炉。因此，两者结构大相径庭，这导致涉案专利与证据 2 中架空形式的具体适用场景不同，证据 2 不足以给出相应的技术启示。

请求人认为：一方面，涉案专利解决的是回火时加热均匀性问题，加热不均匀是因为钢球一部分不能暴露在热空气中而导致的，证据 2 中淬火装置解决的是淬火时的冷却均匀性问题，其冷却不均匀是钢球部分表面无法充分接触冷却介质导致的，实际上，证据 2 解决的技术问题和涉案专利相同，即都是避免钢球热处理过程中球体部分表面无法充分接触热处理流体而导致处理不均匀；另一方面，证据 2 采用的技术手段与涉案专利相同，即都是采用间隔的辊状结构来使钢球绝大部分表面与处理流体相接触。由此可见，涉案专利与证据 2 就相同的技术问题采用相同的发明构思，虽然证据 2 适用的场景与涉案专利并不相同，但这种适用场景的差异不会阻碍证据 2 给出相应的技术启示。

【官方结论】

无效宣告请求审查决定认为，在判断现有技术是否给出某种技术启示时，应当从整体上判断现有技术是否给出解决相同或相似技术问题的技术构思。如果本领域技术人员在看到该技术构思时有动机将其应用于最接近的现有技术中以解决相应的技术问题，则应当认为现有技术给出相应技术启示。

根据证据 2 的记载可知，水底的淤泥、氧化皮等杂物影响钢球底部接触面的散热是钢球淬火时冷却条件不均匀产生的原因，为此，证据 2 采用架空滚道承载钢球以解决该技术问题；虽然证据 2 中钢球在淬火过程中保持运动状态，但这主要是出于避免钢球堆积以保证钢球淬火过程持续进行和便于钢球收集所采用的技术手段，尽管其与证据 1 运输钢球的形式不同，但这并不妨碍本领域技术人员从证据 2 中获得架空钢球可以提高钢球温度均匀性的技术启示。在证据 2 的该技术启示下，结合证据 1 的钢球运输方式，本领域技术人员容易选择实现架空钢球的合适形式，即帘辊，从而得到权利要求 1 的技术方案。

【律师观点】

一般而言，装置的应用场景与其本身的结构具有关联性，应用场景是判断创造性时需要考虑的因素，但应用场景不同并不必然阻碍技术启示。如果涉案专利与现有技术的应用场合存在差异却有相似性或共通性，并且现有技术基于类似的技术构思公开相同或相似的结构，同时解决相同的技术问题，则本领域技术人员在看到现有技术中相关的技术构思时就有动机从解决的技术问题本身出发，在现有技术中寻找解决的技术手段。

具体到本案，证据 2 公开的虽然是不同于回火炉的淬火装置，但是淬火和回火是钢球热处理中连续的两个工艺步骤，并且这两个步骤都需要将钢球加热到某一温度，且淬火和回火均可能面临热处理不均匀的问题，即淬火和回火装置所处场合以及面临的技术问题具有相似性。进一步地，证据 2 采用辊状结构的目的与涉案专利中采用帘辊的目的相同，都在于让钢球表面尽可能多地接触热空气，以获得更均匀的处理效果。即，为了获得均匀的热处理效果，证据 2 采用的技术构思以及手段与涉案专利相同，从而本领域技术人员可以从证据 2 中获得用辊状结构运送钢球以使钢球的更多表面曝露于处理空气中的技术启示。

综上，在判断现有技术是否给出技术启示时，现有技术与涉案专利应用场景的差异应该被考虑，但不能因其不同就此认为现有技术不存在技术启示，最终还是要依据在不同的应用场景下现有技术是否就相同或类似的技术问题给出了相同或类似的解决思路以及手段，来判断技术启示的有无。一般情况下，针对与涉案专利不用的应用场景，如果现有技术存在与涉案专利相同或类似的技术问题，且公开了相同或类似的解决技术问题的思路与手段，则现有技术存在技术启示。

211

（二）技术启示判断中适用场景的考量二

——"一种特大抗挠变梳型桥梁伸缩缝装置"专利无效宣告案

【本案看点】

技术问题往往产生于技术方案的具体适用场景或场合。在专利创造性判断中，需要考虑涉案专利与现有技术在应用场合上的不同是否导致两者解决的技术问题不同以及采用的技术方案不同，并进一步判断现有技术是否存在技术启示。

【案情介绍】

一、案件基本信息介绍

涉案专利号：ZL200410049491.5
专利名称：一种特大抗挠变梳型桥梁伸缩缝装置
案件类型：发明专利无效宣告案
无效宣告请求审查决定号：第 42523 号

二、涉案专利方案介绍

涉案专利权利要求 1 要求保护：一种特大抗挠变梳型桥梁伸缩缝装置，包括分别设置在桥梁伸缩缝两侧梁体（10）上的固定梳板（2）和活动梳板（1），活动梳板（1）的第一端设置有梳齿（11）并与固定梳板的各梳齿（21）相互交叉间隔设置，其特征在于所述活动梳板（1）的第二端底部设置有转轴（8），并且该转轴（8）的两端枢接在与梁体（10）直接或间接固定的轴座（7）上。

现有技术中的桥梁伸缩缝装置采用固定梳板和活动梳板配合的梳型伸缩缝装置，其中活动梳板由顺次铰接的活动板、活动连接板及梳齿构成可转动的组合件。当梁体在车辆载荷作用下产生挠度变形、梁端上翘时，则活动梳板中的活动板会随之上翘，活动连接板与活动板之间发生相对转动，活动连接板和梳齿仍贴在梁体上。然而，在伸缩缝的伸缩量在 500mm 以上的特大型桥梁中，车辆荷载作用引起的梁体挠度变形特别严重，活动板的上翘也更为厉害，甚至导致活动连接板、梳齿也一并上翘，脱离梁体，此时再遇车辆重压，就会导致整个伸缩装置的损坏。

涉案专利所要解决的技术问题是在车辆加载大的载荷以及伸缩缝比较大（500mm 以上）的场合，保证活动梳板不上翘，提高伸缩缝装置使用性能，保证车辆平顺安全通过。

结合图 3 – 50 详细说明为了解决这一技术问题涉案专利采用的技术手段。涉案专利伸缩缝装置包括活动梳板 1 和固定梳板 2，活动梳板 1 远离设置固定梳板 2 梁体的一端（即靠近另一侧梁体的一端）为其第二端，在活动梳板 1 的第二端底部设置有转轴 8，并且该转轴 8 的两端枢接在与梁体 10 直接或间接固定的轴座 7 上。当梁体产生挠度变形、梁端上翘时，活动梳板 1 通过转轴 8 能够相对梁体转动，不会将梁体挠度变形传递至活动梳板，从而保证活动梳板不上

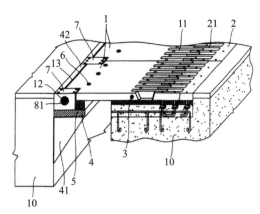

图 3 – 50　"特大抗挠变梳型桥梁
伸缩装置"的结构示意图

翘，提高车辆平顺安全通过，可以运用在大载荷且梁体之间伸缩缝比较大的场合。

213

三、主要证据介绍

请求人提供的主要证据是证据 2 和证据 4。请求人认为涉案专利权利要求 1 在证据 2 的基础之上进一步结合证据 4 及本领域的常规技术手段不具备创造性。

证据 2：授权公告号为 CN2561814Y 的中国实用新型专利文件；

证据 4：授权公告号为 JP 特开平 5 – 25804 的日本专利文件。

证据 2 是最接近的现有技术，公开了一种特大位移量梳齿桥梁伸缩装置，梳板由相互配合、带有梳齿的固定梳板 11 和活动梳板 1 构成，活动梳板 1 又由活动板 3、活动连接板 5 经连接件连接成板体，梳齿 9 连接在活动连接板 5 上组合而成，活动板 3、活动连接板 5、梳齿 9 由两段以上的组合件用销轴 19 或连接块 6 和 7、螺栓连接成整体，紧固件将固定梳板 11，活动梳板 1 固定在梁体上的支撑托架 15、18 上，结合图 3 – 51 可以看出，销轴 19 位于固定梳板一侧梁体上。

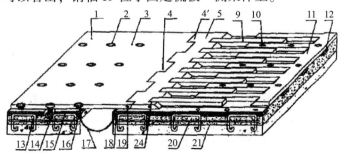

图 3 –51　"一种特大位移量梳齿桥梁伸缩装置"的结构示意图

证据 2 的技术方案是涉案专利背景技术涉及的技术，通过另外一种技术方式解决梳板上翘的技术问题，证据 2 的活动板 3 通过紧固件固定在板梁上，活动板 3 和活动连接板 5 通过销轴 19 连接，销轴 19 位于固体梳板一侧梁体。这种结构能够抵消的变形量非常小。

证据 4 涉及一种桥面拓宽时应用于间隔梁（新旧桥梁之间）之间的装置，用于解决地震发生时直列体梁体之间水平方向靠近的技术问题。具体地，证据 4 为了拓宽原有桥桁 1 的宽度，在原有桥桁 1 基础上附加新桥桁 2，原有桥桁 1、新桥桁 2、支撑梁 4、伸缩缝 3 均是沿着桥梁的长度方向，每一面板 6 沿着桥的宽度方向设置在原有桥桁 1 与新桥桁 2 之间。面板 6 一端的斜面 9 搭在支撑梁 4 的斜面 10 上。当发生地震时，原有桥桁 1 与新

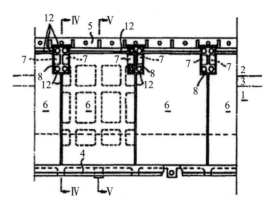

图 3 - 52　"一种桥面拓宽时应用于间隔梁（新旧桥梁之间）之间的装置"的结构示意图

桥桁 2 接近，面板 6 的斜面 9 会移至斜面 10 的上方，相应的铰链 7 发生转动配合斜面的移动，从而不会撞击桥桁的槽口，保证桥梁靠近时桥桁不被破坏。其结构如图 3 - 52所示。

【案件焦点】

涉案专利权利要求 1 的技术方案相对于证据 2 公开内容的区别技术特征为，所述活动梳板（1）的第二端底部设置有转轴（8），并且该转轴（8）的两端枢接在与梁体（10）直接或间接固定的轴座（7）上。

基于上述区别技术特征，涉案专利权利要求 1 实际解决的技术问题为，在大跨度的伸缩缝装置中，车辆载荷作用引起梁体挠度变形时，如何避免活动梳板上翘引起的伸缩缝装置损坏。

本案的争议焦点主要集中在证据 4 是否给出将上述区别技术特征应用到证据 2 中的启示，具体可以分解为如下两个争议焦点。

争议焦点之一：证据 4 与涉案专利应用场合以及解决的技术问题是否相同。

请求人认为，证据 4 与涉案专利应用场合以及解决的技术问题相同。证据 4 公开了一种桥梁的伸缩缝及桥梁，包括作为路面构成部分的多个面板 6 架设在支撑梁 4 与托架 5 之间，即伸缩缝两侧的第一端下表面设置有斜面 9，在与该斜面 9 相对应的支撑梁 4 的部位上形成与该斜面 9 相对应的倾斜斜面 10。由此结构可知，面板 6 相当于涉案专利的活动梳板 1，面板 6 的作用与涉案专利中活动梳板 1 的作用相同。面

214

板 6 的第二端底部设置有铰链 7，铰链 7 的两端枢接在轴座 8 上，如图 3 - 52 所示，轴座 8 固定在托架 5 上，托架 5 固定在桥桁 2 上，铰链 7 相当于涉案专利的转轴 8。

专利权人认为，证据 4 应用的场合、面临的技术问题以及其解决的技术问题完全不同于涉案专利。具体地，涉案专利的伸缩缝装置应用于桥梁长度方向，即伸缩缝基本垂直于桥梁的长度方向，面临的技术问题是，在日常通车过程中，车辆从桥梁长度方向的一端驶向另外一端时，由于载荷比较大，梁体一端的上翘容易引起活动梳板上翘，车辆无法正常通过。证据 4 涉及一种桥面拓宽时应用于间隔梁（新旧桥梁之间）之间的装置，应用于直列体构造的旧桥加宽的场合，伸缩缝装置位于新旧桥之间，整个伸缩缝平行于桥梁的长度方向延伸。一方面，由于伸缩缝平行于桥梁的长度方向延伸，在日常通车过程中，不存在加载大的载荷时位于伸缩缝上方的面板 6 会翘起的问题，相应地，铰链 7 也不会发生转动，完全不同于涉案专利日常使用情况下，随行驶车辆，转轴 8 需要相应转动的情况；另一方面，在证据 4 中，实际面临的技术问题是，由于伸缩缝位于桥梁的宽度方向并沿着长度方向延伸，在地震时，横向载荷导致新旧桥相互靠近，伸缩缝宽度变窄，设置在新旧桥伸缩缝上面的面板 6 容易被损坏。证据 4 通过铰链的设置，使得新旧桥相互靠近时，面板可以上行，从而避免面板损坏。

争议焦点之二：在应用场合以及解决的技术问题不同的情况下，证据 4 是否给出结合启示。

请求人认为，证据 4 与涉案专利即使应用场合不同，也会面临相同的技术问题，铰链 7 的位置与转轴 8 相同，客观上也起到了转轴 8 的作用。证据 4 给出了将转轴 8 设置到活动梳板第二端底部的启示。

专利权人认为，证据 4 应用的场合、面临的技术问题以及其解决的技术问题完全不同于涉案专利，证据 4 的铰链 7 和涉案专利的转轴 8 在技术方案中起到的作用完全不同，证据 4 没有给出将区别技术特征应用到证据 2 以解决实际所要解决的技术问题的技术启示。证据 4 所要解决的技术问题是如何解决地震发生时间隔梁水平方向靠近的技术问题。为了解决上述技术问题，面板 6 的斜面 9 会移至斜面 10 的上方，相应地，铰链 7 发生转动配合斜面的移动，即证据 4 采用的技术方案为"铰链 + 两斜面"。"铰链 + 两斜面"需要配合使用才能保证面板斜上方滑动，以保证间隔梁水平方向靠近时梁体和面板不会被破坏。本领域技术人员没有动机将铰链 7 从整体方案中剥离出来，单独结合到证据 2 中。

【官方结论】

无效宣告请求审查决定认为，证据 4 中公开的桥梁伸缩缝及桥梁与涉案专利中的特大抗挠变梳型桥梁伸缩缝装置及其应用的桥梁有明显差别：涉案专利的伸缩缝装置适用于特大型桥梁，这种桥梁的伸缩缝是沿着桥梁的宽度方向延伸的，该装置可以解决车辆载荷作用引起梁体挠度变形时，活动梳板上翘引起的伸缩缝装置损坏的技术问题。而证据 4 中的桥梁是由于路面要向原有桥梁延伸，需要重新架设与原桥梁相平行的桥梁，此时的伸缩缝存在于新旧桥梁之间，并且是沿着桥梁的长度方向延伸。证据 4 中沿着伸缩缝设置的面板和转轴是为了保证伸缩缝变得很窄时，面板可以通过斜面向斜上方滑动，以应对伸缩缝的位置变化。因此，证据 4 并没有给出在证据 2 的技术方案中应用上述区别技术特征并解决相应技术问题的启示。

【律师观点】

在评判专利的创造性时，需要从发明构思角度来整体理解发明。发明构思需要结合专利技术方案的应用场合进行考虑，应用场合往往与解决的技术问题、采用的技术方案相关。

首先，分析技术问题是理解技术方案的基础。发明构思是在发明创造过程中，发明人为解决所面临的技术问题所提出的技术改进思路。技术问题的提出往往是在实际应用过程中发现的，然后在此基础上进一步寻求到解决该技术问题的技术改进思路，并再进一步提供完整的技术问题解决方案。在此过程中，充分理解技术问题是如何在具体应用场合中产生的往往能够为准确判断创造性打下基础。

其次，需要整体上理解涉案专利的技术方案。《专利审查指南 2010》第二部分第八章第 4.2 节规定，要了解发明所要解决的技术问题，理解解决所述技术问题的技术方案和该技术方案所能带来的技术效果，并且明确该技术方案的全部必要技术特征，特别是其中区别于背景技术的特征，进而明确发明相对于背景技术所作出的改进。这里所要表达的深层含义为要充分理解作为改进基础的背景技术，即技术的应用场合，发现技术问题往往与应用场合密切相关。

最后，准确判断现有技术的技术方案。发明构思决定了技术方案的整体技术思路和技术构成。应用场合完全不同的技术方案，发明构思往往也完全不同，两者之间技术方案整体构成、工作原理、面对的技术问题方面均有较大的差异。这种情况下，通常难以根据这类现有技术否定涉案专利的创造性。

具体到本案而言，涉案专利的伸缩缝装置应用于桥梁长度方向，也即伸缩缝基本垂直于桥梁的长度方向。发明人发现这种类型的伸缩缝装置在日常运用过程中会存在如下技术问题：车辆沿桥梁长度方向行驶，由于车辆载荷比较大，梁体一端的上翘容易引起活动梳板上翘，车辆无法正常通过。涉案专利发明人是在此实际运用过程中发现的具体技术问题基础上，再进一步寻求到解决该技术问题的技术手段，从而完成其技术改进。而证据 4 涉及的伸缩缝装置应用于直列体构造的旧桥加宽的场合，伸缩缝装置位于新旧桥之间，整个伸缩缝平行于桥梁的长度方向延伸。证据 4 的伸缩缝装置的整体构成、工作原理、面对的技术问题与涉案专利均完全不同，特别是证据 4 的应用场景是发生地震时的变形缓冲不发生槽口碰撞，而完全没有日常使用过程中可能因为正常使用过程导致的翘起。因此，本领域技术人员难以依据证据 4 否定涉案专利的创造性。

综上，在理解技术方案时应当从整体上进行综合考虑，必要时需要分析解决的技术问题与应用场合之间的关联，判断现有技术是否会面临相同的技术问题，并且能够解决该技术问题。

（三）技术启示判断中适用场景的考量三

——"电缆固定封堵器"专利无效宣告案

【本案看点】

如果涉案专利与最接近的现有技术具有完全不同的适用场景或使用环境，而基于最接近的现有技术的使用环境，本领域技术人员并不会想到在最接近的现有技术中运用区别技术特征所限定的技术手段进行改进，以解决涉案专利实际解决的技术问题，则涉案专利具有创造性。

【案情介绍】

一、案件基本信息介绍

涉案专利号：ZL201521089285.7
专利名称：电缆固定封堵器
案件类型：实用新型专利无效宣告案
无效宣告请求审查决定号：第 32242 号

二、涉案专利方案介绍

涉案专利权利要求 1 保护：一种电缆固定封堵器，其特征在于，包括：第一压板（2），为圆环形；第二压板（4），为多边形或者圆形，中心具有圆形通孔，且所述第二压板（4）的外径大于所述第一压板（2）的外径，所述第二压板（4）上设置有若干用于与电柜的铁盘固定连接的安装孔；环形密封件（3），设置在所述第一压板（2）与所述第二压板（4）之间，中间开有通孔，所述通孔与所述第一压板（2）和所述第二压板（4）中间的通孔对齐形成供电缆（5）穿过的通道；紧固件（1），连接固定所述第一压板（2）和第二压板（4），使所述环形密封件（3）受到挤压；所述环形密封件（3）受压时沿所述环形密封件（3）的径向向内鼓起。

现有电缆封堵器包括长半圆件、短半圆件、电缆固定块和固定件，长半圆件和短半圆件通过固定件连接在一起形成外封闭的漏斗形，电缆置于封闭的漏斗形中间，长半圆件和短半圆件中间空隙处用防火泥填充满，紧固件将电缆固定块和长半圆件紧固在一起，将整个封堵配件紧固在电缆上。

涉案专利所要解决的技术问题是提供一种密封效果好的电缆固定封堵器。涉案专利提供的电缆固定封堵器，包括第一压板 2、第二压板 4 以及设置在它们之间的环形密封件 3，第二压板 2 上设置有若干用于与电柜的铁盘固定连接的安装孔，环形密封件 3 为外壁上沿周向成型环形槽且纵截面为 C 形口朝外的柔性橡胶，环形密封件 3 受压时沿其径向向内鼓起，从而在密封件 3 与电缆之间形成密封，起到密封电柜电缆进线口与电缆之间的间隙的作用。其结构如图 3 – 53 和图 3 – 54 所示。

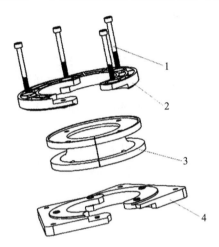

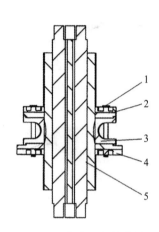

219

图 3 – 53 "电缆固定封堵器"的
结构分解图

图 3 – 54 "电缆固定封堵器"的
结构示意图

三、主要证据介绍

请求人提交了一份证据，即证据 1。请求人认为，涉案专利权利要求 1 在证据 1 的基础之上结合本领域的公知常识不具备创造性。

证据 1：授权公告号为 CN204312935U 的中国实用新型专利文件。

证据 1 是最接近的现有技术，公开了一种线缆管封堵器，如图 3 – 55 所示以及其说明书记载，具体公开：线缆管封堵器，包括第一压板 1、第二压板 4 以及设置在第一压板 1 和第二压板 4 之间的柔性密封件 3，螺栓 2 穿过第一压板 1、柔性密封件 3 和第二压板 4 后将第一压板 1 和第二压板 4 进行固定。证据 1 使用状态下的有益效果在于：对橡胶结构进行改进，采用了上下两层结构，将上层设置为呈中空圆台，下层部件结构呈中空鼓状，操作时，将线缆套柱后，通过上下两个压板，将橡胶结构、

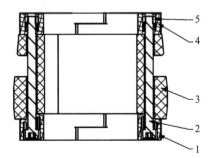

图 3 – 55 "一种线缆管封堵器"的
结构示意图

线缆进行夹紧固定，然后塞入管壁中。由于上层橡胶呈中空圆台，因此其底部与管壁进行接触，从而形成第一道密封；下层的鼓状结构，中间鼓起的部分与管壁进行接触，从而形成第二道密封，两道密封结构，此时，两个压板还起到了对橡胶结构的保护。此外，从图3-55可以清晰看出：第一压板、柔性密封件与第二压板均为圆环形，中心具有圆形通孔；第一压板、柔性密封件与第二压板的中心通孔对齐，形成供线缆穿过的通道。

【案件焦点】

涉案专利权利要求1的技术方案相对于证据1公开内容的区别技术特征为：①第二压板为多边形；所述第二压板的外径大于所述第一压板的外径，所述第二压板上设置有若干用于与电柜的铁盘固定连接的安装孔；②所述环形密封件受压时沿所述环形密封件的径向向内鼓起。

基于上述区别技术特征，涉案专利权利要求1实际要解决的技术问题为：将电缆封堵器固定在电柜的铁盘上并实现封堵部件与电缆之间的良好密封。

争议焦点：现有技术是否给出将上述区别技术特征限定的技术手段应用到证据1以解决涉案专利实际解决的技术问题的启示。

请求人认为，针对第二压板的形状这一区别技术特征，第二压板的主要作用是使得电缆穿过中间的通孔并配合第一压板来夹持柔性密封件，改变第二压板的形状和大小的同时并没有导致第二压板的作用出现变化，没有产生意料不到的技术效果。针对"第二压板上设置有若干用于与电柜的铁盘固定连接的安装孔"这一技术特征，为了保证电缆固定封堵器可以承受住电缆短间隔移位或弯曲并维持封堵效果，在第二压板上设置安装孔将第二压板与电柜固定为本领域的常规技术手段，对于本领域技术人员来说是显而易见的。针对"所述环形密封件受压时沿所述环形密封件的径向向内鼓起"这一区别技术特征，由证据1可知，柔性密封件的上下两层部件的内圆周面部位上下两位一体并构成一个完整的内圆周面，拧紧螺栓时，会通过两个压板挤压柔性密封件，柔性密封件的上下两层部件的外圆周面分别向外鼓出，柔性密封件的内圆周面则向内鼓出。

专利权人认为，现有技术整体上并未给出将上述区别技术特征①和②运用到证据1中的技术启示，具体而言：上述区别技术特征使得本案权利要求1中限定的电缆固定封堵器与证据1的线缆管封堵器属于完全不同的产品类型；两者的使用场景完全不同，所要解决的具体技术问题以及所采用的具体技术手段完全不同；所带来的技术效果存在重大差异。涉案专利的电缆封堵器具体的应用场景为安装在电柜的铁盘上，位于线缆孔的外部对线缆进行封堵，证据1的使用场景为用于将封堵器塞入管道中对管道进行封堵；涉案专利为线缆孔外部安装，而证据1为在管道内部安装；由于安装方式不同带来两个封堵器在考虑的具体密封对象时存在显著差异，涉案专利中考虑的是线缆的密封问题，而证据 1 中考虑的是管道的密封问题。因此，涉案专利在证据 1 的基础之上进一步结合公知常识具有创造性。

【官方结论】

无效宣告请求审查决定认为，首先，涉案专利与证据 1 的使用环境不同，证据 1 为线缆管封堵器，使用时塞入线缆管道中发挥封堵作用，而涉案专利电缆固定封堵器固定在电柜外壁上。由于使用环境不同，在证据 1 的基础上很难想到加入上述区别技术特征①，因为上述区别技术特征①将阻碍证据 1 所述的电缆管封堵器塞入管道中使用。其次，证据 1 解决的问题及所采用的解决方式与涉案专利不同。证据 1 具体要解决的封堵问题是，封堵的线缆粗细不一致导致安装时出现密封不牢等情况。证据 1 是对橡胶结构进行改进，采用上下两层结构，结合证据 1 图 3 - 55 可以清晰看出，证据 1 橡胶结构呈锥台状，两端直径不同，其解决的技术问题为如何使线缆管封堵器用于不同直径的线缆管道中并实现与管壁之间的良好密封。而涉案专利要解决的技术问题是实现封堵部件与穿过其中电缆之间的良好密封。最后，证据 1 中的柔性密封件 3 与涉案专利的环形密封件结构及作用均不相同。证据 1 中的柔性密封件分为上下两层结构，上层中空圆台底部与管壁进行接触，形成第一道密封，下层鼓状结构的中间鼓起的部分与管壁进行接触，从而形成第二道密封，两道密封结构，此时，两个压板还起到了对橡胶结构的保护。而涉案专利权利要求 1 中明确限定了区别技术特征②，其作用是使得环形密封件能够与穿过其中的电缆接触，从而缩减电缆之间的缝隙。综合以上几点考虑，合议组认为现有技术并未给出在证据 1 的基础上应用上述区别技术特征所限定的技术手段以获得涉案专利技术方案的启示，而且无证据表明上述区别技术特征①、②属于所属领域的公知常识。因此，权利要求 1 在证据 1 的基础之上进一步结合公知常识具备创造性。

【律师观点】

众所周知，我国创造性的评判通常采用"三步法"为审查基准：第一，确定最接近的现有技术；第二，确定发明的区别技术特征和发明实际解决的技术问题；第三，判断要求保护的发明对本领域的技术人员来说是否显而易见。"三步法"的目的在于尽量还原发明创造的过程，从而保证创造性判断的客观性。

最接近的现有技术是创造性"三步法"的评判基础，直接影响创造性的评判结论。最接近的现有技术一旦确定，作为技术改进的起点就确定技术改进的基础，必然会对本领域技术人员的改进方向和思路有所限制。创造性判断中技术启示有无的判断应在现有技术整体方案的基础上，针对发明实际解决的技术问题，考虑本领域技术人员是否产生对最接近的现有技术进行改进的动机。

　　本领域技术人员对最接近的现有技术产生改进动机的前提是，对现有技术存在技术问题有明确的认知，对现有解决技术问题的技术方案有明确的认知，对该技术方案能够解决技术问题并获得相应的技术效果有合理预期。在进行具体判断时，现有技术的具体运用场景、场合往往是需要考虑的因素。

　　当最接近的现有技术的运用场景、场合与涉案专利存在不同时，往往需要结合现有技术整体内容来判断上述不同是否会阻碍本领域技术人员产生改进最接近的现有技术的动机。一般来说，如果根据现有技术整体公开的内容可以判断，现有技术的运用场景、场合限制或阻碍在该最接近的现有技术中沿着与本发明相同的思路来改进，则可以认定本领域技术人员不会产生改进的动机。通常而言，如果最接近的现有技术和本发明基于运用场景、场合的不同，导致两者解决的技术问题以及采用的技术方案存在本质上的不同，这种本质上的不同对于本领域技术人员来说，在不付出创造性劳动的情况下，很难想到从一种技术方案入手进行改进而得到另外一种技术方案，则构成限制和阻碍；如果上述不同对于技术方案没有实质性影响，或者本领域技术人员根据其掌握的公知常识，能够认识到上述不同对于技术方案的影响，能够根据其掌握的现有技术按照不同的技术需求，在技术方案之间自由进行转换或调整，则不构成限制和阻碍。

222　　具体到本案来说，证据1为线缆管封堵器，具体的使用场景是塞入线缆管道中发挥封堵作用，封堵的是封堵器与管壁6之间的间隙，而涉案专利中电缆固定封堵器固定在电柜的外壁上，封堵的是密封件3和电缆5之间的间隙。使用环境不同导致涉案专利和证据1形成了完全不同的产品形式，并具有不同的使用方式，本领域技术人员并没有得到技术启示，将运用在管道这种相对封闭环境中的封堵器从管道中拉出，将其运用在电柜的外壁上面这种相对开放的环境中，并在"所述第二压板上设置有若干用于与电柜的铁盘固定连接的安装孔"。因此，本领域技术人员不会产生利用区别技术特征所限定的技术手段改进证据1以获得涉案专利的动机，涉案专利具有创造性。

（四）技术启示判断中适用场景的考量四

——"钢球淬火炉"专利无效宣告案

【本案看点】

在评价专利创造性时，技术方案的适用场景是必须考虑的要素。其他现有技术中虽然公开了与涉案专利的区别技术特征相同的技术手段，但是该技术手段在其他现有技术中的适用场景与涉案专利不同，且这种不同的程度很大，导致本领域技术人员无法获得转用的预期，则本领域技术人员很难得到将该技术手段与最接近的现有技术相结合的技术启示。

【案情介绍】

一、案件基本信息介绍

涉案专利号：ZL200710191244.2
专利名称：钢球淬火机
案件类型：发明专利无效宣告案
无效宣告请求审查决定号：第 35855 号

二、涉案专利方案介绍

涉案专利保护：一种钢球淬火机，包括一用于将轧制成形后的钢球运送的钢球提运机构（1）；一用于接应来自钢球提运机构（1）运往的钢球的喂球机构（2），与钢球提运机构（1）相联结；至少一套用于将由喂球机构（2）喂入的钢球进行淬火处理的钢球螺旋分隔淬火机构（3），与喂球机构（2）联结；与钢球螺旋分隔淬火机构（3）的数量相一致的用于向钢球螺旋分隔淬火机构（3）提供淬火介质的淬火介质输送机构（4），与钢球螺旋分隔淬火机构（3）联结。

图 3-56 为涉案专利的淬火机的整体结构示意图，图 3-57 是涉案专利的钢球螺旋分离淬火机构和淬火介质输送机构的结构示意图。

涉案专利背景技术中指出，现有技术中钢球容易扎堆，淬冷效果不均匀。因此，涉案专利通过其保护的上述技术方案获得均匀一致的淬冷效果。

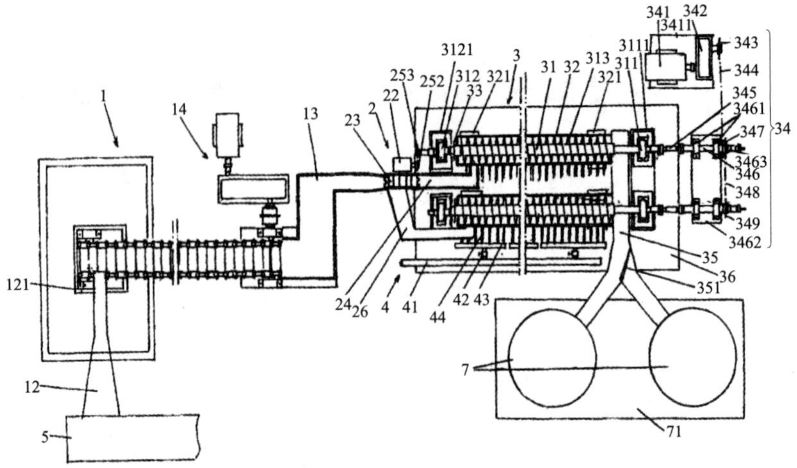

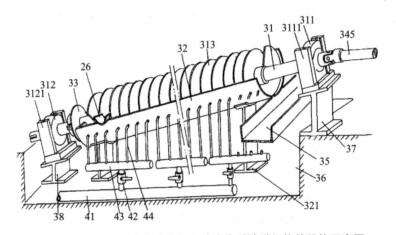

图 3-56 "钢球淬火机"的整体结构示意图

图 3-57 钢球螺旋分离淬火机和淬火介质输送机构的结构示意图

三、主要证据介绍

无效宣告请求人主要提供了两份证据，即证据 1 和证据 2。主张涉案专利权利要求 1 保护的技术方案在证据 1 的基础之上结合证据 2 不具有创造性。

证据 1：授权公告号为 CN2813630Y 的中国实用新型专利文件；

证据 2：授权公告号为 CN2934264Y 的中国实用新型专利文件。

证据 1 是最接近的现有技术，公开了一种磨球用螺旋式热处理推进装置，实际就是一种淬火装置：通过轴承座 4 内的轴承固定在支架 2 上的螺旋推进器 6 以一定的角度设置在水槽 7 内，螺旋推进器 6 与水槽 7 为同一轴线，螺旋推进器 6 的一端部通过传动件连接调速电机 10。螺旋推进器 6 一端高，一端低设有进料口 12，水槽 7 固定在支架 2 上。水管路的进水口 11 设置在低端，水管路上设有一组布水孔。螺旋轨道是磨球在螺旋空间内的行走路线，带动磨球各面均匀淬火，达到磨球硬度均匀、热处理平均的效果。其结构如图3-58所示。

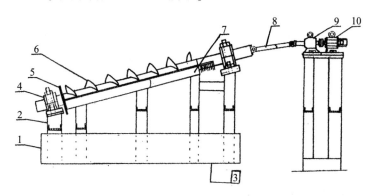

图3-58　"一种磨球用螺旋式热处理推进装置"的结构示意图

证据2针对现有技术中对带有台阶及凹槽的小短棒料进行淬火时，不容易支承，重心难控制，造成上料不到位的技术问题。具体公开了一种卧式淬火机床单件上料装置，其包括机架1、料仓2、导料板3，在料仓1前端有一导向板4，导向板4连接有前后两个举升格5、6，在前后两个举升格5、6的中间有一过渡格7连接在机架1上，导向板4底面连接有顶升气缸8，前面的举升格5在顶升气缸8位于最高行程时略高于料仓1边侧的导料板3，前面的举升格5在顶升气缸8位于最低行程时略低于过渡格7，后面的举升格6在顶升气缸8位于最高行程时略高于过渡格7，后面的举

225

升格6在顶升气缸8位于最低行程时略低于料仓2底面。在倾斜放置的导料板3上有缓冲簧片9。使用时，顶升气缸8最低时，料仓2底面的工件滚入后面的举升格6，顶升气缸8上升最高时，后面的举升格6中的工件滚到过渡格7中，接下去，顶升气缸8再次回到最低，此时过渡格7中的工件滚动到前面的举升格5中，料仓2底面的工件滚入后面的举升格6，顶升气缸8然后顶到最高，前面的举升格5中的工件滚动到导料板3上，经缓冲簧片9缓冲后送如卧式淬火机床，后面的举升格6再将工件送到过渡格7，形成循环，保证每次一件工件送出。其技术效果在于：能将带有台阶及凹

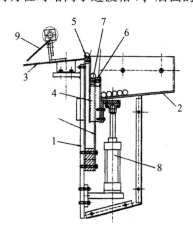

图3-59　"一种卧式淬火机床单件
上料装置"的结构示意图

槽的小短棒料平稳地送出，且能保证每次送出一根料。其结构如图3-59所示。

【案件焦点】

对于证据1公开内容，请求人与专利权人无异议，都认为证据1公开了涉案专利权利要求1中的"钢球螺旋分隔淬火机构"和"淬火介质输送机构"。因而，双方都认为涉案专利与证据1的区别至少在于：一用于将轧制成形后的钢球运送的钢球提运机构；一用于接应来自钢球提运机构运往的钢球的喂球机构，与钢球提运机构相联结。

请求人认为，证据2中机架1、导向板4、气缸8、举升格5和6、过渡格7共同完成将工件从料仓输送，构成提运机构，缓冲簧片9和导料板3构成喂料机构。因此，证据2公开了权利要求1中的"提运机构"和"喂料机构"，而且证据2运送的工件是小短棒，涉案专利是钢球，两者均属于滚动的工作。因此，本领域技术人员有动机将证据2与证据1相结合，从而得到涉案专利保护的技术方案。

专利权人主张，产品外形的不同会对输送机构的结构产生决定性的影响，通常而言，球状、棒状、块状、片状的产品所使用的输送结构和输送原理都不相同，因此，本领域技术人员不容易单由证据2和涉案专利同样都是淬火机中的输送机构，就想到将证据2中棒状产品的输送结构应用到涉案专利的球状产品中。并且，证据2中公开的上料装置通过多个举升格彼此交替地上升和下降来向前输送棒料，这种具体的输送结构明显不适用于涉案专利中的钢球，因为钢球作为球体在举升格上的稳定性会很差。因此，本领域技术人员在面对证据1中钢球的输送问题时，也无法将证据2中的输送装置应用到其中。

因此，本案争议焦点在于，本领域技术人员在面对证据1中的技术问题时，是否有动机在证据2公开的技术内容中寻找解决途径。

【官方结论】

无效宣告请求审查决定认为，证据2公开的单件上料机构所输送的工件为带有台阶和凹槽的小短棒，涉案专利的钢球提运机构和喂球机构所输送的工件为钢球，两者所输送的工件在形状和结构上并不相同，小短棒主要在一个方向上滚动，而钢球可以在平面任意方向上滚动，小短棒和钢球对于输送机构的要求是不同的。虽然证据2也涉及淬火工艺，但和涉案专利属于不同产品的生产工艺设备，本领域技术人员在面对如何将钢球运送到淬火机构时，不会从小短棒的提运和喂料机构去寻求解决的方案。因此，本领域技术人员没有将证据2结合到证据1的动机。

【律师观点】

在评价创造性的过程中，现有技术是否公开与区别技术特征相同的技术手段是基础，在此基础上更重要的是，要判断本领域技术人员是否能够从中得到将其与最接近的现有技术相结合的启示。

在结合启示的判断中，需要将涉案专利和现有技术作为整体对待，而往往技术问题的产生、解决以及技术效果的得到都与技术方案的具体适用场景相关，因此，技术启示的判断中技术方案适用的场景是必须考虑的要素。技术方案的适用场景不同，往往体现技术手段所针对的处理对象不同以及技术方案所针对解决的技术问题不同。以处理对象不同为例，即使证据中披露的处理装置的名称和功能与涉案专利中的相同或相似，如若处理的对象与涉案专利中的不同，则应基于处理对象的差异对工艺装置结构和运行原理的影响程度来判断现有技术是否能够给出相应的技术启示。

对于本案而言，具体到处理对象，涉案专利为钢球，证据2为小短棒，并且证据2中公开上料装置中的举升格结构完全针对小短棒设计得出，完全不适用于球体的输送。因此，本领域技术人员没有动机将证据2中公开的用于提运和输送小短棒的结构运用到最接近的现有技术证据1中，以输送磨球。

因此，如果涉案专利中处理对象与现有技术处理对象存在差别，如外形完全不相同等，则在判断涉案专利的技术方案是否具备创造性时，要从现有技术整体上考察本领域技术人员在现有技术的基础上是否存在转用的动机，以及对转用后的技术效果是否存在合理的预期。倘若这种处理对象的差异大到足以使得本领域技术人员预料到现有装置无法适用于涉案专利中的处理对象，或者无法预料到现有装置可以适用于涉案专利中的处理对象并产生预期的技术效果，则即使现有技术在字面上公开与涉案专利的区别技术特征相同的技术手段，在没有其他技术启示的情况下，本领域技术人员也很难得到将其与最接近的现有技术相结合的技术启示。

六、公知常识的认定

（一）公知常识认定的考量一
——"双层重选摇床"专利无效宣告案

【本案看点】

　　教科书中记载了与涉案专利相对于最接近的现有技术的区别技术特征相同的技术手段，且该技术手段在教科书中所起的作用与区别技术特征在涉案专利解决的技术问题中发挥的作用相同，最接近的现有技术也存在改进的需要，并且将该技术手段运用在最接近的现有技术中不存在技术障碍，那么区别技术特征能够被认定为公知常识。

【案情介绍】

一、案件基本信息介绍

　　涉案专利号：ZL200910115905.2
　　专利名称：双层重选摇床
　　案件类型：发明专利无效宣告案
　　无效宣告请求审查决定号：第 37660 号

二、涉案专利方案介绍

　　涉案专利权利要求 1 要求保护：一种双层重选摇床，包括传动箱、摇床面、床条、调坡机构、电动机、给矿槽、给水槽，传动箱（1）置于机架（11）端头的传动箱支撑座（12）上，双层床面架的下层支撑夹持架（8）置于调坡机构鞍形座（16）上，上层摇床面（2）和下层摇床面（3）通过摇动支撑机构分别置于双层床面架的上层支撑夹持架（7）和下层支撑夹持架（8）上，上层摇床面（2）和下层摇床面（3）的端面用床面连动板（6）连接，连接丝杆（5）两端分别与传动箱联动座（4）和床面连动板（6）硬连接。

　　摇床是现有技术中重力选矿的主要设备之一。目前存在的一种摇床是单层床面摇床，在实际安装使用中，单层床面摇床存在安装占地面积大，单台设备矿物处理量小等缺陷。

　　为了解决上述摇床存在的技术问题，涉案专利提供一种双层重选摇床，其技术核心在于采用上下两层床面，设有双层床面架，上层摇床面 2 和下层摇床面 3 通过摇动支撑机构分别置于双层床面架的上层支撑夹持架 7 和下层支撑夹持架 8 上。另外，上层摇床面 2 和下层摇床面 3 的端面用床面连动板 6 连接，从而实现一台传动箱带动两层床面运转。其结构如图 3 - 60 所示。

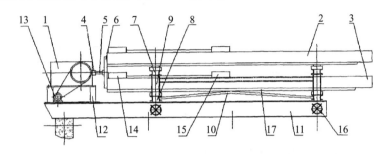

图 3 - 60　"双层重选摇床"的结构示意图

　　涉案专利的技术方案，由于采用上下双层摇床面，摇床的占地面积不变，而摇床的工作面积增大到两倍，动力却只有两台单层摇床的 68%。

三、主要证据介绍

　　请求人提供的主要证据是证据 1 和证据 2，请求人认为，涉案专利权利要求 1 在证据 1 的基础上进一步结合公知常识证据 2 不具备创造性。

　　证据 1：《6 - S 型双层摇床》[1]；

　　证据 2：公知常识性证据，《重力选矿技术》[2]。

　　证据 1 是最接近的现有技术，公开了一种 6 - S 型双层摇床，并具体公开了双层摇床的构造：在 6 - S 摇床床面上加上一层尺寸与原有床面相同的床面，上下两层床面用厚 20 毫米的钢板五点连接支撑；床头采用双曲柄摇杆机构，上下层床面共用下层床面的一套调坡装置，采用摇动肘板支承；上层床面和下层床面的端面通过钢板连接，钢板上设置有牵引螺丝 5，牵引螺丝 5 的一端与钢板连接，从而一台传动机构带动两层床面运转。其结构如图 3 -61、图 3 -62、图 3 -63 所示。

---

❶　李作卿. 6 - S 型双层摇床 [J]. 有色金属（选矿部分），1979（6）.

❷　周晓四. 重力选矿技术 [M]. 北京：冶金工业出版社，2006.

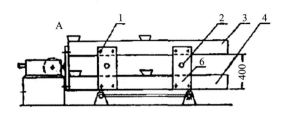

图 3-61   "6-S 型双层摇床"的结构示意图

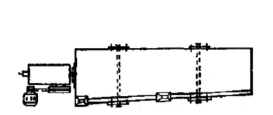

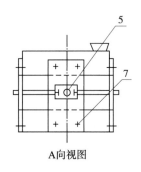

A向视图

图 3-62   "6-S 型双层摇床"的俯视图   图 3-63   "6-S 型双层摇床"的
                                                              牵引螺丝的连接图

230

公知常识性证据 2 公开了一种 6-S 型摇床，并具体公开了如下技术内容：一种单层摇床的结构，床面的支撑装置和调坡机构共同安装在机架上；6-S 型摇床的床面采用四块板形摇杆支撑，这种支撑方式会使床面在垂直平面内作弧形起伏的往复运动，从而引起轻微的振动；如果将摇板向床头端略加倾斜 4°～5°，还会使床面上粒群的松散和运搬作用加强，因而更适合处理粗粒的矿砂；支撑装置用夹持槽钢固定在调节座板上，后者则座落在鞍形座上；当用手轮通过调节丝杆使调节座板在鞍形座上回转时，床面倾角即随之改变；在调节丝杆上装有伞齿轮，可同时转动另一端的调节座板；这种调坡方法不会改变床头拉杆轴线的空间位置，故称为定轴式调坡机构；鞍形座被固定在水泥基础上或由两条长的槽钢支持。

【案件焦点】

涉案专利权利要求 1 的技术方案相对于证据 1 公开的内容，区别技术特征为：①涉案专利的传动箱支撑座设置在机架端头上；②双层床面架的下层支撑夹持架置于调坡机构鞍形座上；③上层摇床面和下层摇床面通过摇动支撑机构分别置于双层床面架的上层支撑夹持架和下层支撑夹持架上；④连接丝杆的两端与传动箱联动座和床面连接板硬连接。

基于上述区别技术特征，权利要求 1 实际所要解决的技术问题为提供一种双层床面摇床结构。

本案的争议焦点主要集中在区别技术特征是否构成公知常识，具体可以分解为如下两个具体的争议焦点。

争议焦点之一：区别技术特征②和区别技术特征③是否是本领域的公知常识。

请求人认为，证据2的床面支撑装置相当于摇动支撑机构，夹持槽钢相当于支撑夹持架，摇床面通过摇动支撑机构置于支撑夹持架上。证据1为一种双层重选摇床，在证据2已经公开单层摇床面通过摇动支撑机构置于支撑夹持架上的基础上，本领域技术人员很容易想到按照相同的方式对上层摇床面和下层摇床面进行设置，即上层支撑夹持架和下层支撑夹持架形成双层床面架，上层摇床面2和下层摇床面3通过摇动支撑机构分别置于双层床面架的上层支撑夹持架7和下层支撑夹持架8上，上述设置无须付出创造性劳动，且并未带来意想不到的技术效果。

专利权人认为，证据2的"支持槽钢8"对双层重选摇床技术方案中的矩形框架支撑夹持技术方案没有任何实质性的启示。证据2仅仅介绍单层摇床的技术方案，单层摇床与双层摇床因为结构样式、技术要求均不同，故而在整体结构上单层摇床与双层摇床不具备可比性。

争议焦点之二：区别技术特征④是否属于本领域的公知常识。

请求人认为，证据2的床面支撑装置相当于摇动支撑机构，夹持槽钢相当于支撑夹持架，夹持槽钢在调节座板上，调节座板坐落在鞍形座上，即证据2公开了支撑夹持架置于调坡机构鞍形座16上。可见，采用带有调坡机构鞍形座的调坡机构，且支撑夹持架置于调坡机构鞍形座上以实现调节床面的倾角是本领域的公知常识，即技术特征"支撑夹持架8置于调坡机构鞍形座16上"属于公知常识。涉案专利调坡机构的作用也是调节摇床面的倾角，另外，证据1已经公开上下床面共用下层床面的一套调坡机构。因此，在证据1的基础上，本领域技术人员容易将公知常识证据2的调坡机构的具体结构，以及调坡机构与支撑夹持架的位置关系，应用到证据1中。

专利权人认为，"将支撑夹持架置于调坡机构鞍形座上"不属于本领域的公知常识。目前双层及多层摇床重叠配置的方案至少有坐落式叠加、悬挂式叠加、轴承加托架式叠加等方式，证据2是单层摇床结构，机械设备是一个整体，并非简单相加或叠加的积木式拼凑体，不能将完全不同类型的摇床进行简单相加。

【官方结论】

无效宣告请求审查决定中认为，对于上述区别技术特征①，在摇床中设置一机架是本领域的公知常识，例如证据2的正文第154页第9行中公开了"鞍形座被固定在水泥基础上或由两条长的槽钢支持"，其中固接有鞍形座的"两条长的槽钢"对应于涉案专利的机架。为了保证整体设备的运行稳定、布置合理，将传动箱支撑座放置在机架的端头对于本领域技术人员来说是一种常规的布置方式，并不需要付出创造性劳动，也未取得预料不到的技术效果。

对于上述区别技术特征②和区别技术特征③，证据2系一公知常识性证据，证据2中的6-S型摇床系一单层床面，根据证据2的上述记载结合本领域技术人员的常识可知，证据2中的"摇动支撑机构7"对应于涉案专利的"摇动支撑机构"，"支持槽钢8"对应于涉案专利的"支撑夹持架"，证据2公开了摇床面通过摇动支撑机构7置于支持槽钢8上，且证据2中该设置所起的作用与涉案专利中"摇床面通过摇动支撑机构置于支撑夹持架上"所起的作用显然相同，均能实现对摇床面的微调。可见，摇床面通过摇动支撑机构置于支撑夹持架上以实现对床面进行微调属于本领域的公知常识，由于证据1的双层床面均具有进行微调的需求，本领域技术人员在证据1的基础上结合上述公知常识，可以显而易见地将证据1的上层床面和下层床面均通过摇动支撑机构分别置于双层床面的上层支撑夹持架和下层支撑夹持架上。

证据2的"鞍形座6"上设置有能够使床面倾角改变的调节座板，因此，证据2的"鞍形座6"对应于涉案专利的"调坡机构鞍形座"，证据2中支持槽钢8通过调节座板4坐落在鞍形座6上，可见，涉案专利中"将支撑夹持架置于调坡机构鞍形座上"属于本领域的公知常识。由于证据1中已经公开上下层床面共用下层床面的一套调坡装置，本领域技术人员在证据1的基础上结合上述公知常识可以显而易见地将双层床面架的下层支撑夹持架置于调坡机构鞍形座上。将上述区别技术特征②和区别技术特征③引入证据1中对本领域技术人员来说均不需要付出创造性劳动，也未取得预料不到的技术效果。

对于上述区别技术特征④，证据1中牵引螺丝的一端必然与传动箱中的双曲柄摇杆机构直接或间接连接，而牵引螺丝通过一传动箱联动座实现与双曲柄摇杆机构之间的间接连接是本领域的常用技术手段；螺母固定等方式的硬连接是本领域为了保证传动效率的常用连接方式，将牵引螺丝和传动箱联动座以及床面连动板进行硬连接对于本领域技术人员来说同样不需要付出创造性劳动，也未取得预料不到的技术效果。

【律师观点】

在按照"三步法"进行创造性判断时，存在判断区别技术特征是否属于公知常识的情况。在遇到这类判断情形时，通常需要注意以下问题。

首先，公知常识的认定有两种情形：一种是本领域解决该重新确定的技术问题的惯用手段，另一种是教科书或工具书等披露的解决该重新确定的技术问题的技术手段。这两种情形下判断是否是公知常识的核心均是从实际解决的技术问题出发，需要注意该公知常识在本领域的作用是否用于解决实际需要解决的技术问题，且与涉案专利该技术特征在解决技术问题时所起的作用是否相同。

　　其次，最接近的现有技术是否存在结合该公知常识的技术需求。最接近的现有技术是本领域技术人员对现有技术进行改进的基础，只有最接近的现有技术存在改进的技术需求，才能将改进的技术启示结合到最接近的现有技术中以得到要求保护的技术方案。也就是说，即使区别技术特征本身限定的技术手段是公知常识，也需要考虑最接近的现有技术是否能作为改进的基础。

　　最后，最接近的现有技术是否存在结合的技术障碍。需要整体考虑技术方案，考虑技术特征之间的关联关系。如果最接近的现有技术存在无法结合的技术障碍，那么也无法改进得到要求保护的技术方案。

　　具体到本案而言，涉案专利涉及双层重选摇床，证据 1 也是一种双层重选摇床，涉案专利与最接近的现有技术证据 1 对比后的关键区别技术特征②、区别技术特征③以及区别技术特征④涉及床面支撑和微调结构，这些特征在公知常识性证据 2 中的作用与其在涉案专利中的作用相同，均能实现对摇床面的微调。但是不能仅仅基于此就得出上述区别技术特征是公知常识的结论，还需要进一步判断最接近的现有技术证据 1 是否存在微调的技术需求，以及将与上述区别技术特征相同的技术手段设置在证据 1 中是否存在技术障碍。在本案中，证据 1 是双层 6 - S 型摇床，在技术上双层床面也存在进行微调的需求，并且，在证据 1 中设置证据 2 公开的微调以及支撑结构不存在技术障碍。因此，可以确认区别技术特征是公知常识，即现有技术之间存在结合的启示。

（二）公知常识认定的考量二

——"固液分离机"专利无效宣告案

【本案看点】

尽管区别技术特征本身所展现的技术手段属于本领域的公知常识，但是，如果现有技术并没有教导本领域技术人员运用该技术手段去解决本发明的技术问题，则现有技术没有给出相应技术启示。

【案情介绍】

一、案件基本信息介绍

涉案专利号：ZL03253639.9

实用新型专利名称：固液分离机

案件类型：实用新型专利无效宣告案

无效宣告请求审查决定号：第 7579 号

二、涉案专利方案介绍

涉案专利授权公告时的权利要求 1 如下：

1. 一种固液分离机，包括机体，其特征在于：在机体上设有斜置的振动筛（2），振动筛（2）较低的一端设有储渣槽（3），较高的一端上设有污物进入口，在振动筛（2）的下方设有具有污水排放口（5）的储水池（6）。

涉案专利涉及一种固液分离机。在现有技术中，养殖业牲畜家禽粪便的年排放量很大，未经固液分离处理的牲畜家禽粪便中污水浓度较高；若不处理直接排放，对环境的污染严重；若进行达标处理，工程投资费用大，运行费用也高。此外，粪便无法回收利用，造成有机肥料资源的浪费。

为此，涉案专利对固液分离机进行了改进，如图 3 - 64 所示，在机体上设置了斜置的振动筛 2，振动筛较低的一端设有储渣槽 3，较高的一端上设有污物进入口 4，在振动筛 2 的下方设有具有污水排放口 5 的储水池 6，通过振动筛 2 使粪渣和污水充分分离，从而有利于污水处理和粪渣的回收利用。

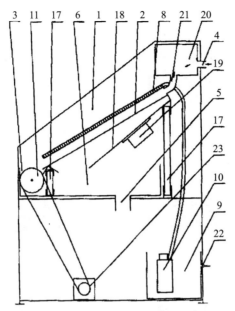

图 3-64 "固液分离机"的结构示意图

三、主要证据介绍

请求人提交了多份现有技术证据，与权利要求 1 创造性有关的证据为证据 3、证据 4 和证据 6，其中证据 6 是公知常识性证据。请求人认为，涉案专利的权利要求 1 在证据 3 或证据 4 的基础上结合公知常识不具有创造性。

证据 3：授权公告号为 CN2155939Y 的中国专利文件；

证据 4：授权公告号为 CN2184467Y 的中国专利文件；

证据 6：《化工机械工程手册》（中卷）❶，第 24～30 页至第 24～33 页。

证据 3 是最接近的现有技术，涉及一种浆类固液分离装置，目的是提高固液分离效果，其结构如图 3-65、图 3-66 所示。证据 3 中的装置包括机架 1，在该机架上设置有一倾斜网 12，该倾斜网 12 的底部下方设有一壳管 2，该倾斜网 12 的下方设置有一水液集收槽 15，该水液集收槽具有排放口。与现有技术相比，证据 3 进一步在倾斜网 2 的底部设置了壳管 2，其由密闭顶壳和有网孔的底壳合并而成，经倾斜网 12 初步过滤后的浆类物可以进入壳管 2，通过壳管 2 内设置的螺杆 27、螺栓 25、滤网水层、驱动叶片 24、搅动叶片 29 等部件挤压浆类物而进一步析出水分，干燥物由壳管 2 末端的缺口 23 排出。

---

❶ 余国琮. 化工机械工程手册（中卷）［M］. 北京：化学工业出版社，2003.

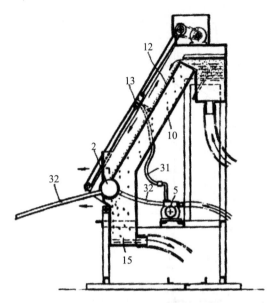

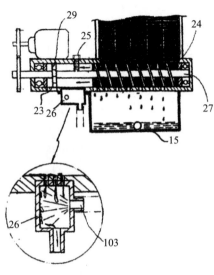

图 3–65 "浆类物固液分离装置"的结构示意图

图 3–66 "浆类物固液分离装置"局部纵剖图和局部放大剖视图

236

证据 4 是最接近的现有技术，涉及一种固液分离机。现有技术中采用喷水装置来喷洗固液分离机的滤网，以防止固形物黏附在滤网上产生异臭而影响下一次正常作业，但这些喷水装置都是由上而下喷洗的，对于卡在滤网上的长条状纤维不但无法喷洗，反而会将其压入滤网间隙之间卡固。为此，证据 4 提供了一种固液分离机，如图 3–67 所示，该分离机包括本体 3 和斜置的滤网 32、33，在滤网 32、33 的下端设有输送螺旋挤压装置 36，在滤网 32、33 的上端设有入水口，在滤网 32、33 的下方设有排水板 39 和出水口 391，并且还包括喷水管 10，其能够上

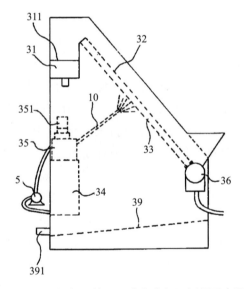

图 3–67 证据 4 的"固液分离机"侧视示意图

下左右移动并喷出扁平状的水柱，由下而上地对滤网 32、33 上的残留物进行清洗，使卡固在滤网 32、33 上的固形物脱落，因而具有更佳的喷洗效果。

证据 6 公开了以下相关内容：筛分效率与筛分设备的种类有关，一般固定筛的效率为 50%～60%，回转圆筒筛为 60%，摇动筛为 70%～80%，振动筛为 90% 以上；振动筛采用激振装置（电磁振动或机械振动）使筛箱带动筛面或直接带动筛面

产生振动，促使物料在筛面上不断运动，以防止筛孔堵塞并提高筛分效率；常用的振动筛有单轴振动筛、直线振动筛、三维振动圆筛及筛面振动筛，其中单轴振动筛由振动器3、筛箱2、筛面4及支承等部件构成（参见图3-68），利用不平衡重激振使筛箱振动，筛面倾斜安装，筛箱的运动轨迹为圆形或椭圆形。

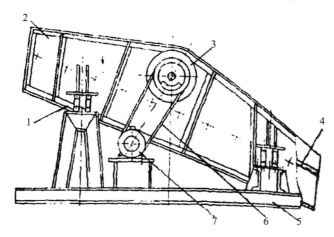

图3-68 单轴振动筛的结构图

237

【案件焦点】

证据3和证据4均可作为与涉案专利最接近的现有技术，权利要求1与证据3或者证据4相比，区别仅在于筛分设备不同：权利要求1采用的是斜置的振动筛，而证据3采用的是倾斜的筛网，证据4采用的是倾斜的滤网。

争议焦点：将斜置的振动筛应用到证据3或证据4中的固液分离机中是否属于公知常识。

请求人认为，权利要求1的方案相对于证据3或证据4所公开的技术内容而言，改进点仅在于将倾斜的筛网或滤网替换成斜置的振动筛，而振动筛本身的结构为本领域的公知常识。例如，证据6是化工机械领域的技术手册，公开了采用倾斜的振动筛来筛分物料。根据证据6给出的技术启示，本领域技术人员容易想到将证据3或证据4中倾斜的筛网或滤网替换成斜置的振动筛从而获得权利要求1的技术方案。

专利权人认为，对于具有一定含水量的物料的固液分离，最常见的分离方法是采用离心式回转筛，尽管牲畜家禽粪便也属于具有一定含水量的物料，然而其明显不适用离心式分离方法，不仅筛分效率低，而且不经济。目前本领域中普遍认为振动筛分方式不足以使黏附在筛孔上的粪渣脱离筛网，因此都采用的是证据3和证据4中的斜置筛板，依靠重力来进行固液分离，同时在分离过程中利用喷水系统不断冲洗筛面以防止颗粒黏附而堵塞筛孔。因此，证据3和证据4都没有给出利用振动筛来筛分牲畜家禽粪便的技术启示。而证据6仅公开了几种常见的振动筛结构，也没有给出利用振动筛来筛分牲畜家禽粪便的技术启示。

【官方结论】

无效宣告请求审查决定中认为，尽管涉案专利的权利要求 1 与证据 3 或证据 4 相比其改进点主要在于以斜置的振动筛来替代倾斜的筛网或滤网，并且振动筛本身的结构和功能从证据 6 来看确实属于本领域的公知常识，但是，证据 3 或证据 4 并未给出相应的技术启示令本领域技术人员在不付出创造性劳动的前提下以斜置的振动筛来替代倾斜的筛网或滤网。并且，替换后的结构取得了显著的技术效果。因此，权利要求 1 具有实质性特点和进步，从而具备创造性。

【律师观点】

在专利授权确权等行政程序中，创造性是出现频率最高的法律问题。"三步法"是判断创造性的主要方法，关于"三步法"的争议由来已久，根源在于第三步"在最接近的现有技术的基础上，判断请求保护的发明或者实用新型为解决所要解决的技术问题而采取的技术方案是否是所属领域的技术人员容易想到的"容易受到主观因素的影响。因为它在两方面有较大的伸缩空间：一是如何确定本领域技术人员的技术水平；二是如何判断现有技术整体上是否提供将最接近的现有技术与其他现有技术（包括公知常识）结合起来的教导或启示，使本领域技术人员有理由、有动机构思出要求保护的发明或者实用新型的技术方案。

确定本领域技术人员的技术水平是非常关键的。目前，发明创造根据创新程度可以分为两种类型，即开拓性发明创造和改进性发明创造。在专利制度的运行过程中，开拓性发明创造类型的专利数量很少，绝大多数的专利都是改进性发明创造，即对现有技术进行局部改进的发明创造。如果将本领域技术人员的技术水平确定得过高，会导致绝大部分发明创造都无法获得授权；如果将本领域技术人员的技术水平确定得过低，又会导致大量的低质专利泛滥，这都是不合理的。

根据《专利审查指南 2010》第二部分第四章第 3.2.1.1 节的规定，如果区别技术特征为公知常识，例如，本领域中解决该重新确定的技术问题的惯用手段，或教科书或者工具书等中披露的解决该重新确定的技术问题的技术手段，则通常认为现有技术中存在相应的技术启示。可见，公知常识的认定是创造性判断中非常重要的一环，而关键区别技术特征是否属于公知常识的认定结果将直接影响案件最终的结论。

在专利无效宣告程序中，为了避免上述两方面的不确定性而导致结论错误，不能够孤立地判断区别技术特征所限定的技术手段本身是否是公知常识，这样很容易得出区别技术特征属于公知常识从而涉案专利不具备创造性的结论，而是应当先基于现有技术合理确定本领域技术人员的技术水平，再基于本领域技术人员的技术水平来判断是否需要经过创造性思维活动才能想到运用该区别技术特征来对最接近的现有技术进行改进，从而获得涉案专利的技术方案。

如果区别技术特征字面上所限定的技术手段确实是公知常识，但现有技术整体上并没有教导将该技术手段结合到最接近的现有技术中来解决相应技术问题，此时该区别技术特征就不属于公知常识。

具体到本案，涉案专利的权利要求1相对于最接近的现有技术（证据3或证据4）区别仅在于：权利要求1中采用的是斜置的振动筛，而证据3或证据4中采用的是倾斜的筛网或者滤网。在判断上述区别技术特征是否属于公知常识时，不是要考虑利用斜置的振动筛进行物料筛分这一技术手段本身是否是本领域技术人员的常用技术手段，而是要考虑包括证据6在内的公知常识是否给出利用"斜置的振动筛"来提高固液分离效果的技术启示。

涉案专利要解决的技术问题是提高固液分离效果，通过斜置的振动筛使物料在筛面上不断振动从而提高固液筛分效率。证据3要解决的也是这个技术问题，在证据3中，倾斜网12对浆类物进行初步过滤析出水分后，浆类物流入壳管2内，通过壳管2内设置的驱动叶片24、螺杆27和滤水网层等进一步挤压浆类物，从而进一步析出水分。由上可见，针对相同的技术问题，涉案专利采用的手段是"振动"物料，而证据3采用的手段是"挤压"物料，这两种手段在技术上没有相似性，涉案专利和证据3对现有技术的改进方向是不同的，即两者的技术构思完全不同。本领域技术人员在了解证据3披露的技术信息后，不会想到将其中的倾斜网12替换为振动筛，因而证据3本身并没有给出将其中的倾斜网12替换成斜置振动筛的技术启示。

证据4的主要目的是针对已有固液分离机中的喷水方式进行改进，与涉案专利不同，且技术手段也不涉及针对筛分方式的改进，因而其发明构思与涉案专利相差甚远。此外，证据4也没有记载其方案存在固液分离效果不佳的问题。因此，本领域技术人员基于证据4整体公开的信息，也不会想到将其中的滤网替换成振动筛，即证据4本身也没有给出将滤网替换成斜置振动筛的技术启示。

证据6是请求人提供的一份技术手册，介绍了几种常规振动筛的结构。虽然其公开了振动筛比固定筛的筛分效率高、单轴振动筛的筛面可以倾斜安装，但是，该证据仅公开了振动筛可以对原料中不同粒径的颗粒进行筛分，没有公开振动筛可以应用到固液分离机中对物料进行固液分离，更没有公开将振动筛应用到固液分离机中时振动筛的具体应用方式，例如，将振动筛设置在何处、方向或者角度、与其他部件的连接配合关系等。基于证据6客观公开的内容，本领域技术人员能否想到将振动筛应用到固液分离机中，并进一步想到振动筛与固液分离机中其他部件的配合工作过程，这里最重要的就是合理确定本领域技术人员的技术水平。

涉案专利是对现有技术作局部改进（将现有技术中倾斜的筛网或滤网替换成斜置的振动筛）的发明创造，虽然在今日看来该改进点较小，但是这显然不是否定涉

239

案专利创造性的理由。综合所有在案证据可以明确，在涉案专利的技术方案出现之前，本领域技术人员尚未认识到可以采用倾斜的振动筛来解决固液分离的技术问题，也即现有技术证据（证据3、证据4和证据6）都没有给出明确的技术指引使本领域技术人员有动机将证据3/证据4中的筛网/滤网替换成斜置振动筛，也没有其他证据佐证这样的替换方式是本领域技术人员的常用技术手段。此时，如果认为本领域技术人员容易想到这样的替换方式，显然是无法让人信服的。因此，本案中合议组采取了审慎的态度来确定本领域技术人员的技术水平，认定本领域技术人员需要经过创造性思维活动才能想到将振动筛斜置在固液分离机的机体上，在其较低的一端设置储渣槽，较高的一端设置污物进入口，以及在其下方设置具有污水排放口的储水池。

（三）公知常识认定的考量三

——"一种水冷高频变压器及其冷却装置"专利无效宣告案

【本案看点】

如果基于公知常识所限定的技术手段或解决技术问题的技术思路的教导，在最接近的现有技术中运用该技术手段进行改进后的技术方案，依然与涉案专利存在实质性差异，则涉案专利具有创造性。

【案情介绍】

一、案件基本信息介绍

涉案专利号：ZL201220244885.6

专利名称：一种水冷高频变压器及其冷却装置

案件类型：实用新型专利无效宣告案

无效宣告请求审查决定号：第32347号

二、涉案专利方案介绍

涉案专利授权公告的权利要求1如下：

1.一种水冷高频变压器，包括外壳（1）、磁环（2）、初级线圈（3）、次级线圈（4），其特征在于：所述的初级线圈（3）均匀紧密地绕在磁环（2）上，并将其安装在外壳（1）的内部，其引线从外壳（1）中引出，所述的次级线圈（4）由通管（41）和导电片（42）构成，导电片（42）安装在外壳（1）的外部，所述的通管（41）是由两种大小不同的铜管分别套上热缩管后，并将大铜管套在小铜管上构成，再共同穿过磁环（2），导电片（42）和外壳（1）各设置有与之对应的通孔，导电片（42）和通管（41）采用焊接方式相互连接，大、小铜管及变压器外壳采用热缩管绝缘。

参照图3-69，涉案专利的目的是提供一种冷却效果好、体积小、成本低、易安装、效率高、安全可靠的水冷高频变压器及其冷却装置。该专利提供的水冷高频变压器具体包括外壳1、磁环2、初级线圈3和次级线圈4，其中，初级线圈3均匀紧密地绕在磁环2上，并且安装在外壳1的内部，该初级线圈3的引线从外壳1中引出；次级线圈4由通管41和导电片42构成，导电片42安装在外壳1的外部，两种大小不同的铜管分别套上热缩管后再将大铜管套在小铜管上构成通管41，所述大、小铜管共同穿过磁环2，且导电片42和外壳1上各设置有与之对应的通孔，导电片42和通管41采用焊接方式相互连接，大、小铜管及变压器外壳采用热缩管绝缘。与现有技术相比，由于涉案专利采用水冷方式，提高了高频变压器的冷却效

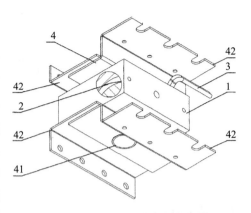

图3-69 "一种水冷高频变压器及其冷却装置"的结构示意图

果，并且通过采用权利要求1中的结构，变压器的结构变得紧凑，不仅减小了体积，而且降低成本，易于安装、效率高、安全可靠。

三、主要证据介绍

在无效宣告程序中，请求人提交了多份证据，与权利要求1的创造性相关的主要证据为证据2和证据12。请求人主张，权利要求1在证据2或证据12的基础之上进一步结合公知常识不具备创造性。

证据2：授权公告号为CN201638633U的中国实用新型专利文件；

证据12：授权公告号为CN201514838U的中国实用新型专利文件。

证据2是最接近的现有技术，涉及一种低压大电流高频水冷变压器。其结构如图3-70所示。其由超微晶软磁材料磁芯、高压绕组、低压绕组、汇流板、兼作汇流板的支撑底板、绝缘护套、散热铜管等组成，磁芯8的一侧连接着一块汇流板5，汇流板5是变压器副边绕组引出端中的一端，汇流板5与变压器磁芯8之间有一定的空隙；磁芯的另一侧连接着两块汇流板1、4，靠近磁芯8的汇流板1为变压器副边绕组的中心抽头引出端，远离磁芯的汇流板4

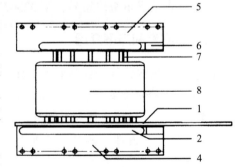

图3-70 "一种低压大电流高频水冷变压器"的结构示意图

为变压器副边绕组引出端的另一端，汇流板与变压器之间有一点空隙，汇流板1和汇流板4之间通过玻璃丝板相互隔离。汇流板5、4、1上分别焊接有水冷散热铜管6、3、2。变压器的副边绕组由若干根穿过变压器磁芯的铜棒7组成，这些铜棒的两端分别与磁芯两侧的变压器副边引出端汇流板5和汇流板4以及副边中心抽头引出

端汇流板 1 相连，即分别焊接在三块汇流板上。在变压器磁芯的绝缘护套外绕制高压绕组（相当于涉案专利中的初级线圈），直接引出绕组的引出端，高压绕线在低压绕组各铜棒间均匀分布。

与现有技术相比，证据 2 由于采用了超微晶软磁材料磁芯，高频变压器具有损耗小、效率高、体积小的优点，并且变压器采用铜管水冷方式，提高了变压器的散热效果并且减小了变压器的体积，同时还采用磁芯左右两侧的汇流板兼作变压器的支撑底座，使变压器的结构更加紧凑，体积更小，重量更轻。

证据 12 是最接近的现有技术，涉及一种高频电源功率变压器组件，其目的是针对已有的散热组件进行改进。其结构如图 3-71 所示。证据 12 所提供的高频电源功率变压器组件主要包括冷却护套壳体 1.1、冷却护套壳体 2.1 和环形铁芯 3，两个冷却护套壳体 1.1、2.1 的底部设有半圆形柱槽 1.1 和 2.1，环形铁芯 3 套在两个半圆形柱槽结合而成的圆形构件上；在两个冷却护套壳体内经加工形成水道 7，并且其外壁上固定有塑料水接头 5，塑料水接头 5 外接其他铜管；在两个冷却护套壳

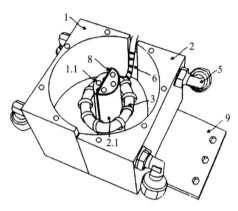

图 3-71 "一种高频电源功率
变压器组件"的结构示意图

243

体上还设置中心抽头连接件 4，其盖在冷却护套壳体 2.1 的上表面；在两个半圆形柱槽中间设有绝缘层 8，在其底端背面也设置有绝缘层 8，并在底端背面还设置有一个变压器中心抽头汇流板 9，中心抽头汇流板 9 外接到其他电流通过的组件上。与现有技术相比，证据 12 采用的是倒 U 状的水道，增加了水道的长度，并且在冷却护套壳体 2.1 上开设了可以固定环形铁心转动的凹槽 6，从而可以更好地通过水道来散热以降低损耗，并避免因电流涡流产生干扰，延长了各部分使用的寿命。

【案件焦点】

涉案专利权利要求 1 的技术方案与证据 2 公开的内容相比，区别技术特征为：变压器还包括外壳、磁环，初级线圈安装在外壳的内部，其引线从外壳中引出，导电片安装在外壳的外部，所述的通管是由两种大小不同的铜管分别套上热缩管后，并将大铜管套在小铜管上构成，再共同穿过磁环，导电片和外壳各设置有与之对应的通孔；大、小铜管及变压器外壳采用热缩管绝缘。

涉案专利权利要求 1 的技术方案与证据 12 公开的内容相比，区别技术特征为：所述的通管是由两种大小不同的铜管分别套上热缩管后，并将大铜管套在小铜管上构成，再共同穿过磁环，导电片和外壳各设置有与之对应的通孔；导电片和铜管采

用焊接方式连接，大、小铜管以及变压器外壳采用热缩管绝缘。

本案的争议焦点是区别技术特征"所述的通管是由两种大小不同的铜管分别套上热缩管后，并将大铜管套在小铜管上构成，再共同穿过磁环，导电片和外壳各设置有与之对应的通孔"是否属于公知常识。

请求人认为，本领域技术人员都知道铜管比铜棒更加节省材料，而且根据公知的集肤效应原理，空心的铜管载流量大，功率损失小，且铜管表面光滑，无尖角、无毛刺，局部放电量大大降低，有利于延长变压器使用寿命。因此，本领域技术人员容易想到将证据2中的铜棒替换为铜管，或者将证据12中的两个半圆形柱槽设置成空心，这并不要付出创造性的劳动。因此，公知常识已经给出在证据2或证据12中应用上述区别技术特征的技术启示。

专利权人认为，对于证据2，其中的副边绕组由若干根穿过变压器磁芯的铜棒7组成，高压绕线在低压绕组各铜棒7间均匀分布，其能够使高压绕组与低压绕组耦合紧密，从而大大减小漏磁以及降低变压器的损耗。因此，证据2对高压绕线的分布有较高要求，且由于若干根铜棒之间没有防护，存在漏磁隐患。然而，权利要求1中次级线圈的通管由两种大小不同的铜管分别套上热缩管后再将大铜管套在小铜管上构成，热缩管能够在大小铜管之间起到防护作用。因此，权利要求1中的次级线圈与证据2中的副边绕组采用的是完全不同的结构，即权利要求1和证据2采用不同的技术手段来实现次级线圈的水冷散热，并且权利要求1的结构对一级线圈的分布没有提出较高要求，这不仅能够简化工艺，还能够避免多根铜棒所带来的变压器体积庞大和漏磁隐患问题。对于证据12，其中的次级线圈为在壳体上成型的两个半圆形柱槽，在冷却防护壳体内设置水道7进行冷却，壳体因水道7的存在而有密闭需求，因此本领域技术人员没有动机在证据12的外壳上设置通孔，更不会想到将次级线圈的通管穿过磁环以及在导电片和外壳上各设置与之对应的通孔。

另外，虽然集肤效应原理确实是本领域技术人员公知的原理，然而，即使考虑到集肤效应原理，在证据2的基础上，本领域技术人员通常也只会想到将其中若干个并列设置的铜棒7替换为若干个并列设置的铜管，而不会想到将若干个铜棒7替换为由双铜管套接形成的单一通管，更不会想到使"铜管共同穿过磁环，导电片和外壳各设置有与之对应的通孔"；在证据12的基础上，本领域技术人员通常也只会想到将证据12中的两个半圆形柱槽1.1和2.1改变为空心柱槽，但并不会想到将其改变为双铜管套接结构，也不会想到使"铜管共同穿过磁环，导电片和外壳各设置有与之对应的通孔"。

【官方结论】

无效宣告请求审查决定完全采纳专利权人的观点，认为集肤效应原理确实是本领域技术人员公知的原理，然而，即使考虑到集肤效应原理，在证据2的基础上，本领域技术人员通常也只会想到将其中若干个并列设置的铜棒 7 替换为若干个并列设置的铜管，而不会想到将若干个铜棒 7 替换为双铜管套接而形成的单一通管，更不会想到使"通管共同穿过磁环，导电片和外壳各设置有与之对应的通孔"；在证据 12 的基础上，本领域技术人员通常也只会想到将证据 12 中的两个半圆形柱槽 1.1 和 2.1 改变为空心柱槽，但并不会想到将其改变为双铜管套接结构，也不会想到使"通管共同穿过磁环，导电片和外壳各设置有与之对应的通孔"。此外，也没有充分的理由和证据来证明，在高频变压器中利用上述区别技术特征来减小体积，降低成本并且使高频变压器易安装、效率高、安全可靠是本领域的公知常识。

【律师观点】

在判断区别技术特征是否属于公知常识时，总体思路是判断本领域技术人员根据公知常识的教导是否会有目的地选用区别技术特征所限定的技术手段来对最接近的现有技术进行改进或变型。应当注意的是，某一技术特征本身是公知常识，不代表将该技术特征应用到最接近的现有技术的具体方案中解决特定技术问题也是公知常识，原因在于将同一技术特征应用到不同的技术方案中而与不同的技术特征相互联系、协同作用时，通常会得到完全不同的技术方案并获得不同的技术效果，即不同的最接近的现有技术往往培育不同的土壤，将同样的技术特征运用在不同的土壤中时，往往会得出不同的结论。因此，应当立足于最接近的现有技术的技术方案，在具体的公知常识判断中，要考察运用公知的技术手段是否会显而易见地获得涉案专利的技术方案。

具体到本案，权利要求 1 与证据 2 或证据 12 相比具有关键性区别技术特征"所述的通管是由两种大小不同的铜管分别套上热缩管后，并将大铜管套在小铜管上构成，再共同穿过磁环，导电片和外壳各设置有与之对应的通孔"，该区别技术特征的作用是"提高冷却效果，减小体积，降低成本，易安装、效率高、安全可靠"。请求人主张，根据已知的集肤效应原理，空心铜管载流量大，功率损失小，且铜管表面光滑，无尖角、无毛刺，局部放电量大大降低，从而有利于延长变压器使用寿命。因此，本领域技术人员容易想到将证据 2 中的铜棒替换为铜管，或者将证据 12 中半圆形柱槽设置成空心的。

关于请求人的上述主张，合议组认可"集肤效应原理"本身是公知常识。事实上，本领域技术人员都知道"集肤效应原理"阐述的是以下物理现象：当导体用来传输电流时，如果传输的是直流电流或者变化率很小的电流，则电流将均匀分布在导体的横截面上；如果导体传输的是变化率非常之高的高频电流，则由于变化的电磁场在导体内部产生涡旋电场而与原来的电流相抵消，导体内部的电流分布变得不均匀，电流将集中在导体的"皮肤"部分（即导体外表的薄层），越靠近导体表面则电流密度越大，而导体内部的电流较小，其结果是导致导体的电阻增加、功率损

245

耗上升。基于上述原理，在高频电路中用空心铜导线来代替实心铜导线以节约铜材并降低功率损耗是本领域技术人员的惯用技术手段。

因此，可以认为"集肤效应原理"能够向本领域技术人员提供以下技术启示：如果将高频电路中的实心铜导线替换成空心铜导线，则可以节约铜材并降低功率损耗。由于证据 2 或证据 12 中的高频水冷变压器属于高频电路，本领域技术人员根据"集肤效应原理"容易想到对证据 2 或者证据 12 中的结构进行改进或变型，以达到节约铜材并降低功率损耗的目的，上述目的和手段都是公知的。

然而，当本领域技术人员根据"集肤效应原理"对证据 2 或者证据 12 中的结构进行改进或变型时，容易想到的是将证据 2 中的多个铜棒替换成多个铜管以节约铜材并降低功率损耗，而不会想到将多个铜棒替换成由两个大小不同的铜管套接而形成的通管，或者将证据 12 中的两个半圆形柱槽都替换成空心柱槽，也不会想到将其替换成由两个大小不同的铜管套接而形成的通管。在此前提之下，本领域技术人员更加不会进一步想到在导电片和外壳上设置与该通管对应的通孔。也就是说，即使应用公知的"集肤效应原理"来对证据 2 或证据 12 进行改进，所获得的技术方案仍然与权利要求 1 的方案存在实质性差异，本领域技术人员基于证据 2 或证据 12 与公知常识的结合无法通过合乎逻辑的推理、分析或简单的试验而得到权利要求 1 的技术方案。

在本案中，虽然请求人所主张的公知常识"集肤效应原理"的真实性得到认可，但是从证据 2 或证据 12 的技术方案出发进行分析，可以确定该公知常识没有给出在上述两篇最接近的现有技术中应用相关区别技术特征所限定的技术手段的技术启示。因此，在判断区别技术特征是否属于公知常识时，应当从最接近的现有技术出发，着重判断根据公知常识的指引，本领域技术人员是否会有目的地、合乎逻辑地利用该区别技术特征所限定的技术手段对最接近的现有技术进行改变，从而得到涉案专利中的技术方案。如果最终无法得到涉案专利中的技术方案，则该区别技术特征就不属于公知常识的范畴。

（四）公知常识认定的考量四

——"瓦斯抽放多参数测定装置"专利无效宣告案

【本案看点】

技术特征本身是常规手段并不代表采用该技术特征来解决某一特定技术问题是公知常识，因此，不能直接根据区别技术特征本身是常规手段来认定在最接近的现有技术中运用该区别技术特征所形成的技术方案解决相应技术问题也是公知常识，更不能根据区别技术特征中包含的某些部件是公知部件，就认定区别技术特征是公知常识。

【案情介绍】

一、案件基本信息介绍

涉案专利号：ZL201320627088.0
专利名称：瓦斯抽放多参数测定装置
案件类型：实用新型专利无效宣告案
无效宣告请求审查决定号：第 31542 号

二、涉案专利方案介绍

涉案专利授权公告时的权利要求 1 如下：

一种瓦斯抽放多参数测定装置，包括手柄（A）、主机（B）及由手柄（A）、主机（B）内相应进出气口与对应管路构成的气体成分检测回路、气体流量压力检测回路，气体成分检测回路中于主机内串设有采样泵（16），手柄（A）内设有滤水盒（1），其特征在于：所述气体成分检测回路中设置有用于测量甲烷含量和至少一种杂质气体含量的一个传感器或者多个传感器的组合，手柄的出气口通过主机进气口处所设的一个过滤器（12）连接主机中的相应管路。

涉案专利涉及一种对瓦斯气体的多个抽采参数进行测定的仪器（即多参数测定仪）。在现有技术中，通常采用多参数测定仪来测量煤矿抽放管道内的瓦斯气体的抽采参数，即先将气体抽入仪器内部，再通过仪器内的多个传感器分别测量多个气体含量参数。然而，由于抽放管道内通常含有水汽和水，如果水汽和水进入仪器内部，不仅会影响测量结果的准确性，而且会损害仪器。为此，已有多参数测量装置在手柄进口处设置除水装置，在该除水装置内水由于自身重力下落而留在封闭空腔的下部，但是这样的结构不仅除水作用有限，还不能排除气体中的水汽。

针对上述问题，涉案专利对多参数测定仪进行了改进，如图3－72、图3－73和图3－74所示。涉案专利在手柄内设置滤水盒1，在主机入口处设置过滤器12，从而在气体成分检测回路中通过滤水盒1和过滤器12进行两级滤水，其中滤水盒1用于滤除液态水，过滤器12用于滤除气态水，从而尽可能地滤除了气体中的水分，提高了滤水效果。

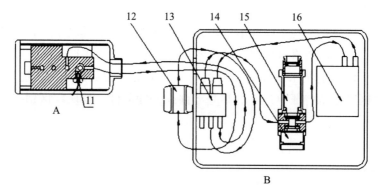

图3－72　"瓦斯抽放多参数测定装置"的结构示意图

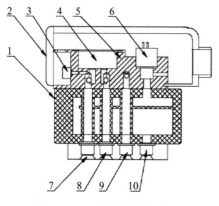 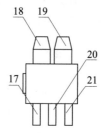

图3－73　手柄的结构示意图　　　　图3－74　换向阀的结构示意图

三、主要证据介绍

请求人提交了4份现有技术证据，其中与权利要求1的创造性结论相关的证据为证据1和证据4。请求人认为，权利要求1在证据1的基础之上进一步结合证据4和公知常识不具有创造性。

证据1：授权公告号为CN202735326U的中国实用新型专利文件；

证据4：申请公布号为 CN1869706A 的中国发明专利申请文件。

证据1是最接近的现有技术，公开了一种矿用多参数仪，其结构如图3-75和图3-76所示。该多参数仪包括壳体 101、检测手柄 102 及导流管装置 103、甲烷传感器 11、流量计 12 及自燃监测部分，自燃监测部分包括一氧化碳传感器 13、二氧化碳传感器 14 及氧气传感器 15，检测手柄 102 中设有与甲烷传感器、一氧化碳传感器、二氧化碳传感器、氧气传感器及流量计分别对应连接的测试通道，所述测试通道由分别独立设置的管路形成，流量计 12 通过对应的管路与相应的测试通道连通，该管路上串接有电动气泵 16 及两个压力传感器 17，电动气泵 16 位于两压力传感器 17 之间，其用于保证流量计 12 上下游端口的气压平衡，从而保证流量计 12 的检测精度，两压力传感器 17 与电动气泵 16 及对应的控制电路一起形成闭环控制回路，该闭环控制回路控制电动气泵 16 的启停及转速；所述各测试通道中与甲烷传感器连通的一个中设有除水装置。

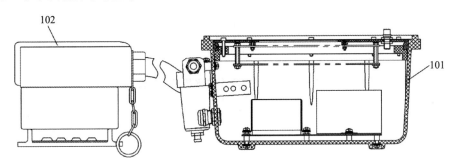

图 3-75 "矿用多参数仪"的结构示意图

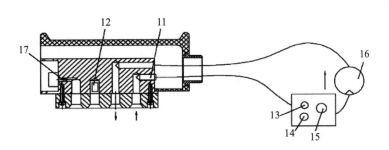

图 3-76 "矿用多参数仪"的原理图

证据4涉及一种烟气排放连续监测装置，与涉案专利和证据1同属气体检测技术领域，其结构如图3-77所示。该烟气排放连续监测装置的结构以及工作过程如下：该装置主要包括取样装置 2、伴热管线 3、加热气体室 4、第一测量装置 12、除水装置（包括水罐 6、7，储水罐 14 和过滤器 8）以及第二测量装置 11，所述管道 1 内的烟气经取样装置 2 采样后经过所述伴热管线 3 和阀门 13 到达加热气体室 4，通过加热气体室 4 中的氧气传感器测得烟气中的氧含量，并且通过仪表柜中的第一测量装置 12 测得所述加热气体室 4 内至少一种第一类被测气态组分的浓度；烟气从加热气体室 4 中排出后通过上述除水装置，除掉所述烟气中的水分和一些易溶于水的气体（如氨气、二氧化硫、氯化氢、氟化氢等），并通过压力传感器 9 测得此时气体的压力，再通过气管通到仪表柜中，其中的第二测量装置 11 可以测得除水后气体中至少一种第二类被测气态组分（例如一氧化碳等一些难溶于水的气体）的浓度。

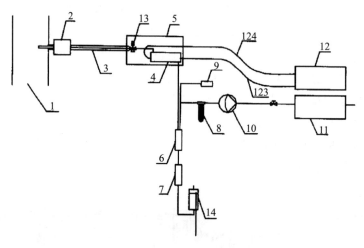

图 3 - 77 "一种烟气排放连续监测装置"的结构示意图

【案件焦点】

涉案专利权利要求 1 与证据 1 相比，区别技术特征在于：手柄内设有滤水盒，手柄的出气口通过主机进气口所设的一个过滤器连接主机中的相应管路。基于该区别技术特征，权利要求 1 的技术方案实际解决的技术问题是如何过滤样气中的气态水分。

本案的争议焦点在于证据 4 和公知常识是否给出应用上述区别技术特征的技术启示。

请求人认为，证据 4 公开了烟气依次通过水罐 6、水罐 7，储水罐 14 和过滤器 8 而除掉水分，可见已经公开在测量通道中多次滤水的技术构思，而滤水盒和过滤器是常用的滤水设备，因而本领域技术人员容易想到用滤水盒和过滤器来替代证据 4 中的水罐 6、水罐 7，储水罐 14 和过滤器 8；至于滤水盒和过滤器设置于何处，本领域技术人员可以根据需要进行选择。因此，证据 4 和公知常识已经给出在证据 1 中应用上述区别技术特征所限定的技术手段的技术启示。

专利权人认为，涉案专利采用滤水盒和过滤器完成两级滤水，滤水盒用于滤除气流中比重较大的液态水，过滤器用于滤除比重较轻的气态水（水汽）；而证据 4 的工作原理是使烟气通过多个水罐，先采用水浴法除去易溶于水的气体，然后再采用过滤器除去气体从水罐中携带出的水分，得到供第二测量装置测量的难溶于水的气体,即证据 4 中除水装置实际上仅对气流进行一次滤水,而且滤去的还是气体在水罐中"水浴"后带出的水。因此,证据 4 没有公开在测量通道中对气体进行多次滤水的技术构思,从而没有公开上述区别技术特征,也没有提供相应的技术启示。

【官方结论】

无效宣告请求审查决定中认为,权利要求 1 中采用两级滤水设备过滤气体中不同比重的水分,尽可能地去除待测气体中的水分,提高仪器的测量精度。而证据 4 的工作原理是使烟气通过多个水罐,采用水浴法除去易溶于水的气体,然后再用过滤器除去气体从水罐中携带的水分,得到供第二测量装置测量的难溶于水的气体。尽管证据 4 也对烟气进行两次过滤,但是第一次过滤的是烟气中易溶于水的气体,第二次过滤才是烟气中的水分,这不同于涉案专利中对水分作两次过滤。另外,证据 4 中的烟气在经过水罐后必然会从水罐携带出水分,这也与涉案专利尽量滤除样气中的水分的目的不同。因此,证据 4 既未公开上述区别技术特征,也未给出相应技术启示。此外,基于目前的证据也不能证明在瓦斯抽放多参数测定装置中,在手柄已经具备滤水盒的情况下,再在手柄出气口通过主机进气口处设置过滤器对气体中的水分进行两级过滤属于本领域的公知常识,目前证据中也均未公开瓦斯抽放多参数测定装置在采用滤水盒过滤气体后仍有再度过滤的需求。

251

【律师观点】

目前并没有关于"公知常识"的明确定义,《专利审查指南 2010》也仅从来源角度对公知常识的载体进行开放式列举。通常认为"公知常识"包括两种类型,一是在涉案专利/专利申请的申请日之前本领域技术人员普遍了解的普通技术知识(例如物体的热胀冷缩现象);二是在涉案专利/专利申请的申请日之前本领域技术人员解决某一问题的常用技术手段(例如,采用螺钉来进行两个部件的固定)。不管是哪种类型的公知常识,都是"现有技术"的一个特殊子集,即那些在长期的科研、生产、利用或者生活中积累而成并且已被广泛知晓的现有技术。

在判断区别技术特征是否属于公知常识时,不应当从字面上判断技术特征本身是否是本领域技术人员都知晓的技术知识或技术手段,而是应当从技术方案出发,具体分析本领域技术人员在面临某一特定技术问题时,能否从公知常识中得到技术指引从而想到利用该区别技术特征所限定的技术手段来对已有技术方案进行改进或者变型。

具体到本案,权利要求 1 与证据 1 相比具有区别技术特征"手柄内设有滤水盒,手柄的出气口通过主机进气口所设的一个过滤器连接主机中的相应管路",请求人主张"滤水盒"和"过滤器"都是本领域公知的滤水设备,专利权人亦承认这一点。

　　但是，从技术方案的角度来看，即便考虑上述公知常识，针对证据 1 中的矿用多参数仪，本领域技术人员也只能够想到在其中设置"滤水盒"或者"过滤器"来滤除烟气中的水分，而不会想到要结合使用滤水盒和过滤器两者来对水分作两次滤除；从发明目的的角度来看，权利要求 1 中采用两次滤水是为了依次去除烟气中的液态水和气态水，然而现有证据均未公开在瓦斯气体抽放参数检测中存在两次滤水以依次去除甲烷气体中的液态水和气态水的需求，因而本领域技术人员也不会想到在证据 1 中应用上述区别技术特征所限定的两次滤水方式。此外，也没有其他证据表明上述区别技术特征是公知常识。因此，在综合考量上述因素后可以得出结论，基于目前的现有技术证据，还无法证明在涉案专利的申请日之前本领域技术人员已普遍运用该技术手段去除烟气中的水分，因而不能认定上述区别技术特征属于公知常识。

　　由本案可以看出，即使区别技术特征包含的部件（例如本案中的"滤水盒"和"过滤器"）是公知常识，也不能由此认定该区别技术特征在任何方案中的具体应用都无须付出创造性劳动，而是应当将该技术特征置于具体的技术方案中进行考察，具体分析本领域技术人员根据公知常识的指引能否合乎逻辑地想到应用该技术特征来对已有技术方案进行改进或变型。

252

（五）公知常识认定的考量五

——"一种插秧机用转向器"专利无效宣告案

【本案看点】

虽然公知常识性证据中公开了涉案专利相对于最接近的现有技术的区别技术特征所限定的技术手段，但该技术手段在该公知常识性证据中所起到的作用与其在涉案专利中是不同的，且在最接近的现有技术中并不存在涉案专利基于该技术手段解决的技术问题，此时无法得出区别技术特征是公知常识的结论。

【案情介绍】

一、案件基本信息介绍

涉案专利号：ZL200920280172.3
实用新型专利名称：一种插秧机用转向器
案件类型：实用新型专利无效宣告案
无效宣告请求审查决定号：第 27792 号

二、涉案专利方案介绍

在无效宣告程序中，专利权人对权利要求书进行了修改，修改后的权利要求 1 如下：一种插秧机用转向器，包括转动连接的旋转座（1）和固定座（7），其特征在于：所述旋转座（1）和固定座（7）通过连接轴（24）连接，所述连接轴（24）上设置有锥齿轮；所述锥齿轮的数量为两个，所述两个锥齿轮的轮齿相对设置；其中一个锥齿轮设置于连接轴（24）的上部，另外一个锥齿轮设置于连接轴（24）的下部；位于连接轴（24）上部的锥齿轮与位于连接轴（24）下部的锥齿轮之间的距离大于与设置在连接轴（24）上的锥齿轮啮合连接的锥齿轮的齿顶圆直径；所述两个锥齿轮之间设置有连接部（22），所述连接部（22）套装在连接轴（24）上，所述连接部（22）与连接轴（24）之间具有间隙。

根据涉案专利说明书的记载，现有技术中的水稻插秧机转向器包括旋转座 1 和固定座 7，在旋转座 1 和固定座 7 上设置有容纳动力轴 13 和后输出轴 11 的通孔，在旋转座 1 和固定座 7 之间的空腔内设置有万向节 12，通过万向节 12 将动力轴 13 和后输出轴 11 连接在一起，在转向器转向时，由于万向节 12 存在转向死角，无法实现插秧机的转弯插秧；并且，由于动力轴 13 和后输出轴 11 直接从旋转座 1 和固定座 7 的通孔中穿过，该通孔导致旋转座 1 和固定座 7 强度降低，进而导致转向器的安全性和稳定性降低，所述通孔处没有支撑也会导致动力轴 13 和后输出轴 11 的刚度降低，传动不平稳，造成转向时动力轴 13 和后输出轴 11 受力不均匀，动力轴 13 和后输出轴 11 容易损坏。其结构如图 3 - 78 所示。

为此，涉案专利对转向器的结构进行了改进，在旋转座 1 和固定座 7 形成的空腔内设置连接轴 24，旋转座 1 和固定座 7 通过该连接轴 24 连接，连接轴 24 上设置有第一锥齿轮 23 和第二锥齿轮 21，通过锥齿轮传动来传递动力。在转向过程中，由于采用锥齿轮传动，转向器没有转向死角，能够实现插秧机的转弯插秧；另外，在固定座 7 的通孔处设置轴承座 15，后动力输出轴 16 通过该轴承座 15 内的轴承来支撑，增加了旋转座 1 和固定座 7 的整体强度，转向器的安全性和稳定性也得以提高。其结构如图 3 - 79 所示。

254

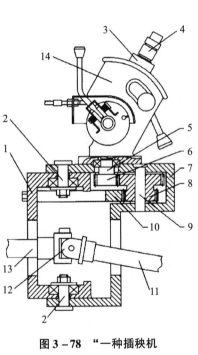

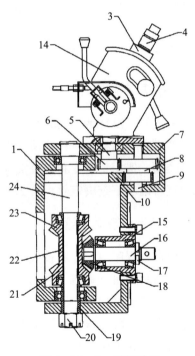

图 3 - 78　"一种插秧机
用转向器" 的结构示意图

图 3 - 79　"一种插秧机
用转向器" 改进后的结构示意图

三、主要证据介绍

在无效宣告程序中，针对上述修改后的权利要求 1，请求人主要提供了两份证据，即证据 2 和证据 4。请求人主张，修改后的权利要求 1 在证据 4 的基础之上进一步结合公知常识（证据2）不具备创造性。

证据2：《机械设计手册》（第五版）❶，作为公知常识性证据；

证据4：授权公告号为CN2149331Y）的中国实用新型专利文件。

证据4是最接近的现有技术，涉及一种搬运车轮轴（图3-80中连接车轮的横向转轴20）的转向控制结构，所要解决的技术问题是使搬运车轮轴能够大角度转向。证据4提供的转向控制结构包括两个对称相同的大角度转向轮轴组10和差速器组件30，该差速器组件30为转向轮轴组10提供动力输出，各转向轮轴组10具有一直立转向控制轴11，该直立转向控制轴11的上下两端各设有一伞形齿轮12，壳罩13用数个螺栓14锁接并覆盖在直立转向控制轴11及齿轮12周缘，横向转轴20和轴套21配合壳罩25轴接在该直立转向控制轴11的侧方，其内端设有齿轮22。该齿轮22与直立转向控制轴11底端的齿轮12齿接，因而横向转轴20可受该直立转向控制轴11的联动而旋转0-360度，横向转轴外端周缘则套设车轮。

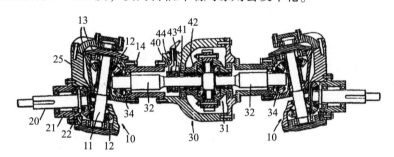

图3-80　"一种搬运车轮轴"的结构示意图

证据2为本领域的技术手册，其第14-331页第11.4节公开了"锥齿轮传动的基本形式"。如图3-81所示，传动机构由两轴Ⅰ与Ⅱ及相应的小锥齿轮Z_1和大锥齿轮Z_2组成，也可以由多回转轴组成。

【案件焦点】

经特征对比，请求人和专利权人均认可权利要求1与证据4的区别技术特征为：①权利要求1保护的是一种用于插秧机的转向器，而证据4公开的是一种用于搬运车的轮轴转向控制结构；②权利要求1中限定了"所述两个锥齿轮之间设置有连接部（22），所述连接部（22）套装在连接轴（24）上，所述连接部（22）与连接轴（24）之间具有间隙"，而证据4未公开上述结构。

对于区别技术特征①，涉案专利中的插秧机和证据4中的搬运车都属于具有转向机构的车辆，因而两者属于相近的技术领域，并且在转向机构方面涉案专利和证

❶　成大先. 机械设计手册（第五版）［M］. 北京：化学工业出版社，2008.

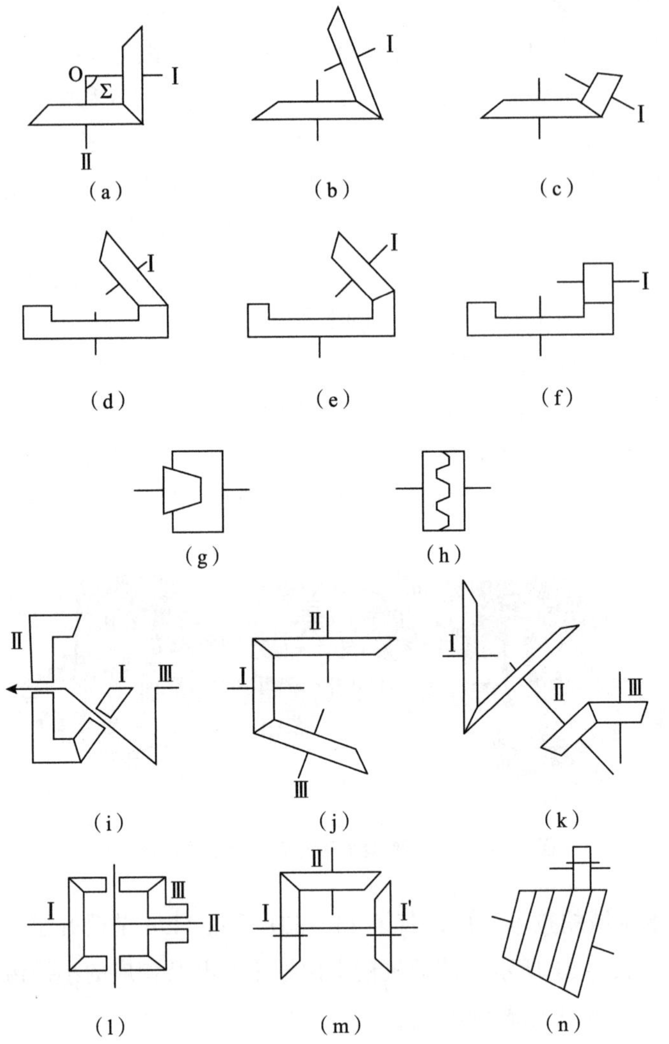

图 3－81　锥齿轮传动的基本形式图

据 4 所要解决的主要技术问题、采用的主要技术手段和主要技术效果也是类似的。因此，本领域技术人员在面对插秧机转向角度小的技术问题时，有动机从证据 4 中寻找技术启示。请求人和专利权人对此均无异议。

争议焦点是区别技术特征②是否属于公知常识。

请求人认为，证据 4 中的壳罩 13 相当于权利要求 1 中的"固定座"，壳罩 25 相当于权利要求 1 中的"旋转座"，直立转向控制轴 11 相当于权利要求 1 的"连接轴"，该直立转向控制轴 11 上的两个伞形齿轮 12 相当于权利要求 1 中的两个"锥齿轮"。虽然证据 4 没有公开在两个伞形齿轮 12 之间设置连接部并通过该连接部将两个伞形齿轮 12 连接在一起，但是本领域技术人员根据证据 4 公开的内容可以确定，两个伞形齿轮 12 都固定在直立转向控制轴 11 上，并且两者同步转动以实现动力传输。在本领域中，为了增加部件的强度，在两个伞形齿轮 12 之间设置连接部是惯用技术手段，在此基础上，本领域技术人员自然也会想到为固定座、连接部和连接轴设置合适的连接关系，为了使动力传输和转向操作之间互不干扰，以上三者不能固接为一体，因而本领域技术人员可以选择任意满足该条件的连接关系，例如将连接部与连接轴活动连接（即连接部与连接轴之间具有间隙），而将连接轴与固定座（旋转座）固定连接，或者将连接部与连接轴固定连接，而将连接轴与固定座（旋转座）活动连接，这都是本领域的常规选择，属于公知常识。作为佐证，证据 2 中的图 3-81（k）、（l）、（m）均公开了区别技术特征②中的结构。

专利权人认为，证据 2 中的图 3-81（k）、（l）、（m）中锥齿轮均固接在中心轴上，与区别技术特征②中的结构存在明显差异，即证据 2 并未公开区别技术特征②。通过采用区别技术特征②中的技术手段，在动力传动时连接轴固定不动，两个锥齿轮的动力传递不依赖于连接轴，能够减少摩擦损失和动力消耗，简化结构并降低成本。而且，由于连接轴固定不动，即使连接轴的两端伸出机体外，也不会缠绕作物。因此，区别技术特征②不属于公知常识，并且能够产生积极的有益效果，能够为权利要求 1 的技术方案带来创造性。

【官方结论】

无效宣告请求审查决定中认为，基于区别技术特征②，涉案专利中的第一锥齿轮 23 和第二锥齿轮 21 通过连接部 22 固接，连接部 22 套设在连接轴 24 上并且与连接轴 24 之间具有间隙。在工作过程中，连接轴 24 固定不动，第一锥齿轮 23、第二锥齿轮 21 和连接部 22 一起相对于中心轴（即连接轴 24）转动。

对于证据 2 公开的锥齿轮传动结构（i）~（n），大部分结构中的锥齿轮都是固接在中心轴上，仅有结构（i）和（j）中锥齿轮与中心轴能够相对运动，然而，这两种结构中同一个中心轴上的齿轮数量、齿轮与轴的位置关系以及齿轮组的工作方式都与区别技术特征②存在实质差异。因此，证据 2 并未公开区别技术特征②。

另外，虽然结构（i）和结构（j）中锥齿轮与中心轴能够相对运动，但是，结构（i）中中心轴不同部分的轴向发生了变化，结构（j）中左边的锥齿轮同时与中间上部和下部的锥齿轮同时啮合，这两种结构中的锥齿轮必须相对于中心轴转动，如果将锥齿轮与中心轴固连，则无法工作。换句话说，证据 2 中锥齿轮与中心轴相对运动是保证其正常工作的基本条件，但是证据 4 的锥齿轮与中心轴固连的技术方案显然并不存在无法正常工作的技术问题。因此，证据 2 也没有给出采用区别技术特征②的技术启示或改进动机。

因此，现有在案证据无法证明区别技术特征②属于公知常识。

【律师观点】

在判断公知常识性证据 2 是否给出在最接近的现有技术（即证据 4）中应用区别技术特征②的技术启示时，不应孤立地判断区别技术特征②所呈现的技术手段本身是否被证据 2 公开，而应当立足于涉案专利的整体技术方案，分析该技术手段在现有技术中所起的作用与涉案专利是否相同，并分析涉案专利基于上述区别技术特征②所解决的技术问题，以及证据 2 是否会引导本领域技术人员采用区别技术特征②来解决同样的技术问题。

证据 2 公开了多种锥齿轮传动结构，但这些传动结构中的锥齿轮设置方式和工作方式都与区别技术特征②存在实质差异。虽然图 3-81（i）和（j）中的两个锥齿轮与中心轴能够相对运动，但是这样设置是为了使整个锥齿轮传动结构能够正常工作，而涉案专利中两个锥齿轮与中心轴相对运动是为了减少摩擦损失和动力消耗。因此，尽管涉案专利和证据 2 中都采用两个锥齿轮与中心轴能够相对运动的结构，但是两者所起到的作用不同。

另外，在证据 4 中，搬动车启动后，差速器的动力输出轴 32 输出旋转动力，并经由齿轮 34 传递到直立转向控制轴 11 的上端齿轮 12 上，再经由直立转向控制轴 11 的下端齿轮 12 将动力传递给横向转轴 20 的齿轮 22，从而使车轮转动行走。可见，对于证据 4 的技术方案来说，上端齿轮和下端齿轮均与直立转向控制轴 11 固连来传递动力，显然不存在齿轮传动结构无法工作的技术问题。从这个角度来看，本领域技术人员也无法从证据 2 的图 3-81（i）和（j）中得到相关技术启示来对证据 4 进行改进或变型。

从本案可以看出，即使请求人提交的公知常识性证据公开了涉案专利相对于最接近的现有技术的区别技术特征所限定的技术手段，仍需判断该公知常识性证据是否给出相应技术启示。如果在所述公知常识性证据中该技术手段起到的作用与其在涉案专利中并不相同，且所述最接近的现有技术中包含该技术手段的技术方案不存在涉案专利基于上述区别技术特征对应解决的技术问题，则本领域技术人员无法从该公知常识性证据中得到相应技术启示，此时无法得出区别技术特征属于公知常识的结论。

（六）公知常识认定的考量六

——"一种水平振动线性电机"专利无效宣告案

【本案看点】

在没有公知常识性证据支持的情况下，判断涉案专利相对于最接近的现有技术的区别技术特征是否属于公知常识时，应该考虑现有技术整体上给出的教导。如果涉案专利基于区别技术特征解决其技术问题的技术构思与现有技术解决该技术问题的技术构思不同，则不宜认定该区别技术特征属于公知常识。

【案情介绍】

一、案件基本信息介绍

涉案专利号：ZL201320785016.9
实用新型专利名称：一种水平振动线性电机
案件类型：实用新型专利无效宣告案
无效宣告请求审查决定号：第 30176 号

二、涉案专利方案介绍

请求人提出无效宣告请求后，专利权人对权利要求书作了修改，修改后的权利要求 1 如下：

1. 一种水平振动线性电机，包括机壳（1）、盖装在所述机壳（1）上而与所述机壳（1）形成安装空间的盖板（12）、通过分别位于所述机壳（1）的两个相对侧壁上的弹性支撑件（7）的定位而悬挂在所述安装空间内的振动组件，所述振动组件包括振动块（9）和安装在所述振动块（9）上的永磁体（8），所述永磁体（8）能够在磁场力的作用下驱动所述振动组件沿着基本平行于所述机壳（1）底面的方向往复振动并在振动过程中使得位于相对侧壁上的两个弹性支撑件（7）相对应的被拉伸和压缩，其特征在于：在所述安装空间内，还设有用于限定所述振动块（9）往复振动幅度大小的限位装置；所述限位装置包括设置在所述机壳（1）内壁上的第一限位件，以及设置在所述振动块（9）上能够在所述振动块（9）往复振动过程中，与所述第一限位件相互配合阻挡的第二限位件；所述第一限位件为限位块（2），所述第二限位件为限位凹槽（91），所述限位凹槽（91）沿所述往复振动方向的两端具有第一侧壁（92）、第二侧壁（93），所述限位块（2）位于所述限位凹槽（91）内并分别与所述第一侧壁（92）、第二侧壁（93）形成第一振动间隙、第二振动间隙；所述第一振动间隙和所述第二振动间隙相等；所述限位件还包括安装在所述限位块（2）上并位于所述第一振动间隙和所述第二振动间隙内的用于阻止所述限位块（2）与所述第一侧壁（92）、所述第二侧壁（93）直接接触的弹性缓冲结构；所述弹性缓冲结构包括两个弹性件（3）和设置在所述限位块（2）的沿所述往复振动方向两端侧壁上的用于安装所述弹性件（3）的第一安装槽（21）；所述弹性件（3）为橡胶块；所述限位凹槽（91）具有底面，在所述底面上设有用于安装所述永磁体（8）的安装通孔（94）。

　　涉案专利涉及一种水平振动线性电机。现有技术中，电子消费产品（例如手机、游戏机等）通常使用振动电机作为系统反馈部件，例如手机的来电提示、游戏机的振动反馈等。为了适应电子消费产品朝着便携、轻薄的方向发展的趋势，振动电机也逐步朝着扁平和轻薄方向发展。

　　线性振动电机是振子沿着直线作往复运动的振动电机，由于振动平稳并且可以作扁平化设计，被广泛应用在电子消费产品上。已有的线性振动电机包括机壳、盖装在机壳上而与机壳形成安装空间的盖板和振动组件。该振动组件通过分别位于机壳的两个相对侧壁上的弹性支撑件的定位而悬挂在安装空间内，振动组件包括振动块和位于振动块上的永磁体，永磁体的上方安装有线圈，线圈在通电时产生磁场力，该磁场力与永磁体相互作用从而推动振动块沿着基本平行于机壳底面的方向往复振动。但是，当机器故障而导致线圈上的电流过大时，线圈将会产生较强的磁场力，致使所述振动组件的振动幅度过大而过度压迫上述弹性支撑件，造成弹性支撑件过度变形而难以恢复甚至发生损坏，进而导致整个直线振动电机损坏报废。

　　为此，涉案专利对水平振动线性电机作了改进，其结构如图3－82所示。机壳1和盖板12形成了内部安装空间，在该内部安装空间内设置了限位装置，该限位装置包括限位块21和限位凹槽91，限位块21设置在机壳1的下表面，限位凹槽91设置在振动块9上，在限位凹槽91的底部开设有用于容置永磁体8的通孔94。当线圈10通电时，线圈10产生的磁场推动永磁体8沿着基本平行于机壳底面的方向（下称水平方向）运动，引起振动块9也随之水平运动，当振动块9在水平方向上的运动幅度超过某一

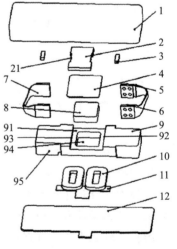

图3－82　"一种水平振动线性电机"结构分解图

阈值时，限位凹槽 91 的第一侧壁 92 或第二侧壁 93 将会与限位块 21 的右侧壁或左侧壁接触，该右侧壁或左侧壁将会阻止振动块 9 进一步水平运动，从而避免振动块 9 过度压迫弹性支撑件。

三、主要证据介绍

在无效宣告程序中，请求人提交了 9 份证据，其中与权利要求 1 的创造性有关的证据是证据 2、证据 3 和证据 4。请求人认为，权利要求 1 在证据 2 的基础之上进一步结合证据 3 和公知常识不具备创造性，或者在证据 2 的基础之上进一步结合证据 3、证据 4 和公知常识不具备创造性。

证据 2：授权公告号为 CN202167967U 的中国实用新型专利文件；

证据 3：申请公布号为 CN103138523A 的中国发明专利申请文件；

证据 4：授权公告号为 CN201854164U 的中国实用新型专利文件。

证据 2 是最接近的现有技术，涉及一种线性振动电机。根据其说明书的描述，现有技术中的线性振动电机包括弹簧件、与弹簧件连接的振子以及用于收容所述弹簧件和振子的基座，在振子的侧壁上设有朝着弹簧件变形方向而延伸的限位块，当产品跌落而位移较大时，限位块将撞击到基座从而限制弹簧件的运动。但是，这种结构中弹簧件与振子的连接处会受到较大冲力，容易导致弹簧件产生变形，从而影响产品在跌落后的性能。

261

为此，证据 2 针对线性振动电机的结构进行了改进，其结构如图 3 - 83 所示，其提供的线性振动电机包括基座 16、与基座 16 组接而形成容纳空间 164 的上盖 11、收容于容纳空间 164 内的线圈 15、与基座 16 连接的弹簧件 13 以及连接弹簧件 13 并被弹簧件 13 悬挂在容纳空间内的振子 12，弹簧件 13 上设有与振子 12 的配重块 121 连接的固定部 130，并且分别连接至配重块 121 的两个相邻侧面。振子 12 包括配重块 121 和一对并列排布的永磁体 120，配重块 121 设有用于收容永磁体 120 的第二通孔 201，永磁体 141 通过配重块 121 连接于弹簧件 13，并被其悬挂在容纳空间内。基座 16 的侧壁 161 上设有向

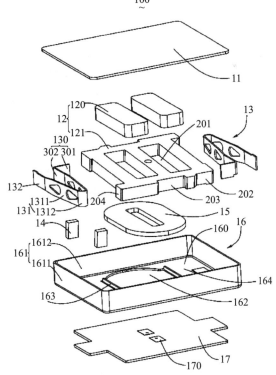

图 3 - 83 证据 2 中 "线性振动电机" 结构分解图

容纳空间 164 凸伸的限位块 14，振子 12 设有位于振动方向上的侧边 202，侧边 202 设有容纳限位块 14 的限位槽 203（相当于权利要求 1 中的"限位凹槽"），限位槽 203 的宽度大于限位块 14 的宽度，并且不影响振子 12 的正常振动。当产品跌落而导致振子 12 的运动超过正常范围时，限位槽 203 的两端会碰到限位块 14，由此限制振子 12 的位移。

证据 3 涉及一种线性振动电机，包括缓冲器 140，该缓冲器 140 固定连接于壳体 120 内侧的上表面，并且由低密度的橡胶材料制成以缓解并吸收与振子部件 200 接触时的冲击力。当振子部件 200 过度线性振动而使得弹性件 250 与壳体 120 内侧的上表面接触时，通过缓冲器 140 缓解并吸收冲击力，从而防止因残留振动产生的振动噪音。其结构如图 3 - 84 所示。

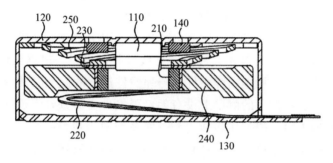

262

图 3 - 84　证据 3 中线"性振动电机"的结构

证据 4 也涉及一种线性振动电机，在固定部 241 与从弹力臂 242 延伸的接合部 244 之间设置弹性单元 27，接合部 244 与配重块 25 的定位部 252 相配合，当配重块 25 工作振动的振幅过大时，配重块 25 带动弹力臂 242 与固定部 241 碰撞而容易产生噪声，弹性单元 27 则可以防止噪声的产生。其结构如图 3 - 85 和图 3 - 86 所示。

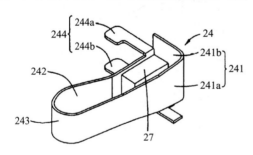

图 3 - 85　弹性支撑件 24 的立体示意图

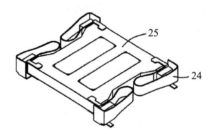

图 3 - 86　弹性支撑件 24 与配重块 25 配合的示意图

【案件焦点】

证据 2 是与涉案专利最接近的现有技术，虽然其针对的是线性振动电机跌落而导致振动件位移过大的场景，而涉案专利针对的是线性振动电机中的线圈电流过大而导致振动件位移过大的场景，但是，两者所要解决的技术问题实质上是相同的，都是阻止与振动块连接的弹性件在水平方向上过度变形。

经特征对比，权利要求 1 与证据 2 的区别技术特征为：①所述限位件还包括安装在所述限位块上并位于所述第一振动间隙和所述第二振动间隙内的用于阻止所述限位块与所述第一侧壁、所述第二侧壁直接接触的弹性缓冲结构；所述弹性缓冲结构包括两个弹性件和设置在所述限位块的沿所述往复振动方向两端侧壁上的用于安装所述弹性件的第一安装槽，所述弹性件为橡胶块。②在限位凹槽的底面上设有用于安装所述永磁体的安装通孔。

关于上述区别技术特征①，专利权人和请求人均认可证据 3 和公知常识的结合或者证据 4 和公知常识的结合给出在证据 2 中应用该区别技术特征①的技术启示。

争议焦点：公知常识是否给出应用区别技术特征②的技术启示。

关于区别技术特征②，涉案专利的说明书描述如下：在限位凹槽的底面上设有用于安装永磁体的安装通孔，永磁体与限位块在振动块上的安装位置呈上下结构，位置紧凑，即便设置限位块也不会增加原来由机壳和盖板形成的安装空间拥挤程度。

请求人认为，在线性振动电机的某一部件的底面上开设一通孔，用来容纳或安装另一部件，这是本领域技术人员减小线性振动电机的整体尺寸的常规技术手段，本领域技术人员由此容易想到在证据 2 中的限位槽 203 的底面上开设一通孔用来容纳永磁体。因此，上述区别技术特征②属于本领域的公知常识。

263

专利权人认为，基于上述区别技术特征②，涉案专利所要解决的技术问题是在水平振动线性电机内的竖直方向上实现部件位置紧凑。涉案专利通过在限位凹槽 91 的底面上开设用于安装永磁体 8 的安装通孔 94，可以减小水平振动线性电机在竖直方向上的尺寸，使得各部件的位置分布更为紧凑，这样的设计思路在现有技术中没有公开，因此区别技术特征②不属于公知常识。

【官方结论】

无效宣告请求审查决定中认为，上述区别技术特征②所获得的最直接的技术效果是提供一种在竖直方向上设置限位装置的设计，有利于实现部件位置紧凑而不增加原有安装空间的技术效果；同时，顶面区域相对于侧面具有更大的空间，本领域技术人员易于想到这也有利于带来增加限位块与限位凹槽之间的接触面积等直接效果。此外，对于本领域技术人员来说，在振子平面的振动方向上设置限位块是一种惯常采用的设计方案，这种设计不需要对外壳和振子外形进行过多的相应改变和设计即可实现，设计思路是顺畅而易于实现的；而上述区别技术特征②通过限位凹槽与通孔之间的位置关系，限定了在与振子的平面振动相垂直的方向上设置限位结构的技术方案，实际上跳出了现有技术的平面，而是在与该平面所不同的维度上进行的设计，需要付出创造性的劳动。且这种不同维度上的设计理念也需要对振子结构进行重新设计与改变。因此，根据现有证据，不能认为区别技术特征②属于本领域的公知常识。

【律师观点】

在判断某一区别技术特征是否属于公知常识时，不能够将该区别技术特征从技术方案中孤立出来，仅仅判断该区别技术特征所限定的技术手段本身是否是该领域人员公知的，而是应当将涉案专利的技术方案作为一个整体，考察该区别技术特征在技术方案中所起的作用，判断基于区别技术特征，涉案专利解决技术问题的构思与现有技术问题是否相同，进而判断现有技术整体上是否给出运用该区别技术特征来解决相应技术问题的启示。

具体到本案，按照本领域技术人员的一般认知，某一设备由多个部件组成，在该设备的某个部件的底部开设一通孔以容纳或安装设备的另一个部件，这是节省设备内部的安装空间并减小设备总尺寸的常用技术手段，但是，这并不代表在任何技术方案中运用上述技术手段都不需要付出创造性劳动，而是应当考虑现有技术是否给出相关技术启示来引导本领域技术人员在特定技术方案中运用该技术手段。

如前所述，涉案专利所要解决的技术问题是：阻止弹性件在振动块 9 的振动方向（即水平方向）上过度变形。为此，涉案专利在水平线性电机的机壳上设置了限位块 2，从涉案专利图 3–82 所示的方向来看，该限位块 2 向下伸出，并且被限位在位于振动块上的限位凹槽 91 中，当振动块 9 沿着水平方向振动时，限位凹槽 91 的两个侧壁 92、93 将会与限位块 2 的两个侧壁抵接，从而限制振动块 9 在水平方向上进一步运动。从上述分析可见，涉案专利的技术构思是通过在竖直方向设置限位结构（该限位结构由限位块 2 和限位凹槽 91 组成）来解决上述技术问题。进一步地，基于上述技术构思，由于限位块 2 在竖直方向具有一定厚度，会占用水平线性电机的内部高度，通常情况下需要增大水平线性电机的高度来容纳限位块 2。为了克服这一缺陷，涉案专利作了进一步改进，在限位凹槽 91 的底部开设了用于容纳永磁体 8 的安装通孔 94，当永磁体容纳在该通孔中后，将"释放"出一部分高度，从而抵消设置限位块 2 所增加的高度，使得水平线性电机的高度可以保持不变。

证据 2 所要解决的技术问题与涉案专利相同。如证据 2 的图 3–83 所示，在基座 16 的前后两个侧壁 161 上设有向容纳空间 164 凸伸的限位块 14，振子 12 的侧边 202 上设有容纳限位块 14 的限位槽 203，限位槽 203 的宽度大于限位块 14 的宽度，当振子 12 的运动超过正常范围时，限位槽 203 的两端会碰到限位块 14，从而限制振子 12 的进一步运动，起到保护弹簧件 13 的作用。从上述分析可见，证据 2 的发明构思是通过在水平方向上设置限位结构（该限位结构由限位槽 203 和限位块 14 组成）来解决上述技术问题的。

由上可见，为了解决相同的技术问题，涉案专利和证据 2 采用完全不同的技术构思，涉案专利是在竖直方向上设置限位结构来阻止弹性件过度变形，而证据 2 是在水平方向上设置限位结构来阻止弹性件过度变形。

对于本领域技术人员来说，为了限制振子在水平方向的运动幅度，相应地在水平方向上设置限位装置是惯常采用的手法，由于这种设计不需要对具体结构作过多改变，设计思路容易想到且易于实现。而涉案专利的技术构思是通过在竖直方向上设置限位装置来限制振子在水平方向的运动幅度，并且进一步通过区别技术特征②中的技术手段来实现竖直方向上的部件位置紧凑，进而达到不增加原有安装空间的目的，其需要对结构进行重新设计，是一种与现有技术截然不同的设计思路，需要付出创造性劳动才能想到。

另外，由于区别技术特征②是针对竖直限位结构的进一步改进，而证据 2 中采用的是水平限位结构，证据 2 的技术方案根本不存在实现竖直方向上的部件位置紧凑的需求，即不存在采用区别技术特征②来进行改进的必要。此外，证据 2 中已经在配重块 121 上设置用于收容永磁体 120 的第二通孔 201，本领域技术人员也不会想到要在限位槽 203 的底部开设另一个用于收容永磁体 120 的通孔来容纳永磁体 120，且永磁体 120 的体积比限位槽 203 的尺寸要大得多，在限位槽 203 上开设一个能够容纳永磁体 120 的通孔在技术上也是不可行的。因此，从这个角度来看，本领域技术人员也不会想到将区别技术特征（2）应用到证据 2 中。

本案中，尽管最接近的现有技术所解决的技术问题与涉案专利相同，但是由于两者的技术构思完全不同，并且存在争议的区别技术特征②是基于涉案专利的技术构思而作出的进一步优化和改进，本领域技术人员根据最接近的现有技术公开的内容，无法想到要在其中应用区别技术特征②来解决相应技术问题。因此，在没有其他公知常识性证据加以佐证的情况下，区别技术特征②不属于公知常识。

七、技术启示判断中发明构思/技术构思的考量

（一）技术启示判断中发明构思/技术构思的考量一
——"用于清洗装置的旋转喷臂及其应用"专利无效宣告案

【本案看点】

如果最接近的现有技术的发明构思与涉案专利相反，则本领域技术人员没有动机采用涉案专利相对于最接近的现有技术的区别技术特征所限定的技术手段在最接近的现有技术中进行改进，以获得涉案专利。

【案情介绍】

一、案件基本信息介绍

涉案专利号：ZL201310752116.6
专利名称：用于清洗装置的旋转喷臂及其应用
案件类型：发明专利无效宣告案
无效宣告请求审查决定号：第38718号

二、涉案专利方案介绍

涉案专利权利要求1要求保护一种用于清洗装置的旋转喷臂，专利权人在无效宣告阶段修改了权利要求1，修改后权利要求1如下：

所述旋转喷臂的上表面开设有出水孔（621），包括对合的上盖体（62）和下盖体（63），所述上盖体（62）和下盖体（63）之间形成有流道（64），所述出水孔（621）位于所述上盖体（62）上与所述的流道（64）对应的位置，所述下盖体（63）的中间具有与流道（64）连通的上容置空腔（61），所述流道（64）位于上容置空腔（61）的两侧，所述下盖体（63）的下表面开设有与上容置空腔（61）对应的圆孔（631），所述旋转喷臂还包括位于旋转喷臂下方的与支承部件连接的旋扣（7）。其结构如图3－87、图3－88、图3－89所示。

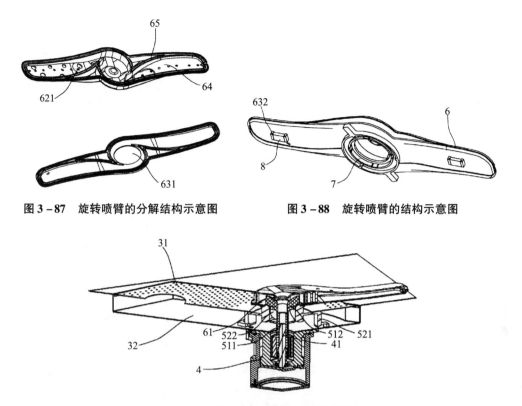

图 3 – 87　旋转喷臂的分解结构示意图　　　图 3 – 88　旋转喷臂的结构示意图

图 3 – 89　水槽式清洗装置的局部剖视图

267

在现有的水槽式清洗装置中，旋转喷臂与水泵的出水管连接，水泵将水加压后，通过出水管送入旋转喷臂，旋转喷臂在喷射水的反作用力下旋转。清洗装置需要采用接头组件来连接旋转喷臂与水泵的出水管，为了防止漏水以致影响旋转喷臂本身的工作，接头组件需要选用具有密封功能的接头组件。这导致旋转喷臂加工复杂，而且不便于安装和拆卸，尤其是在拆卸喷臂对其进行清理时，通常需要破坏接头组件才能实现。

针对现有技术存在的上述问题，涉案专利提供了一种用于清洗装置的旋转喷臂，该旋转喷臂的下盖体 63 设置有用于容置水泵出水部位的上容置空腔 61，水泵将水直接泵入旋转喷臂内，旋转喷臂通过旋扣 7 安装在支承部件上，与泵之间没有任何连接关系，且旋转扣接的连接方式使得旋转喷臂与支撑部件方便拆卸。涉案专利整体上能够产生以下有益效果：使得旋转喷臂可独立于水泵制造，加工、安装方便；设置与支承部件可拆卸连接件，使得旋转喷臂和水泵的结构更为稳定。

三、主要证据介绍

请求人的主要证据为证据 1，请求人认为涉案专利权利要求 1 在证据 1 的基础上进一步结合公知常识不具备创造性。

证据 1：申请公布号为 US5651382A 的美国专利申请文件。

证据 1 是最接近的现有技术,公开了一种洗碗机,洗涤腔 3 具有喷淋臂 75,喷淋臂 75 能够旋转,喷淋臂 75 的上表面具有喷嘴 76;喷淋臂 75 一体地包括清洗泵壳体 87,清洗泵壳体 87 具有与出口 88 和 89 之间的接合部,优选为切向蜗壳结构。结合图 3 - 90 和图 3 - 91 可以看出,提起轴承 115 上的喷雾臂可以简单地移除喷雾臂,提升滤板 104 可以将电机转子 100 及相接的清洗泵叶轮 95 从水泵壳体 106 中提起。因此,基本上可以容易地移除所有的工作部件,从而能够清理排水泵壳体 106,不需要紧固件来将这些部件保持在其工作位置。可以看出,证据 1 中的喷淋臂、清洗泵、电机和排水泵是串接在一起的,旋转喷臂下方并没有设置与过滤板 104 或者其他支承结构连接的旋扣。

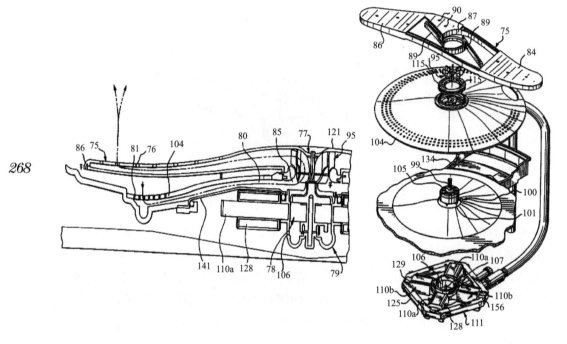

图 3 - 90　清洗装置的下部水路剖面图　　　图 3 - 91　主喷臂、洗涤泵及
电动机元件的分解图

【案件焦点】

请求人和专利权人一致认可如下内容:证据 1 用于洗碗机的喷淋臂 75 相当于涉案专利中用于清洗装置的旋转喷臂,喷嘴 76 相当于出水孔。根据证据 1 中清洗泵边缘 86 的附图标记 86 所在位置可以看出喷淋臂 75 与涉案专利一样具有对合的上盖体和下盖体结构,喷淋臂 75 内形成有流道,喷嘴 76 位于喷淋臂 75 上表面与流道对应的位置,喷淋臂 75 底部中间具有能够部分容置叶轮 95 的空腔,该空腔相当于涉案专利中与流道连通的上容置空腔,流道位于上容置空腔的两侧,喷淋臂 75 的下表面

设置有与上容置空腔对应的圆孔。

权利要求 1 相对于证据 1 的区别技术特征是上述旋转喷臂还包括位于旋转喷臂下方的与支承部件连接的旋扣。基于上述区别技术特征,涉案专利实际所能够解决的问题是:如何在旋转喷臂旋转时对其在高度方向上进行限位。本案的焦点主要集中在本领域技术人员是否有动机将区别技术特征所限定的技术手段引入最接近的现有技术以获得涉案专利的技术方案。

请求人认为,该区别技术特征是公知常识,为了便于拆卸喷臂,采用旋扣的方式替换证据 1 中的轴承属于常用技术手段。

专利权人认为,涉案专利通过旋扣在上下方向对旋转喷臂进行限位,使旋转喷臂使用时更加稳定并且安装拆卸方便,证据 1 为方便移除轴承上的喷臂而不需要设置紧固件,给出与涉案专利相反的教导。

【官方结论】

无效宣告请求审查决定中认为,从证据 1 的图 3 – 90 和图 3 – 91 能够看出轴承 115,但没有明确对应的附图标记,即使按请求人的理解,轴承是图中位于叶轮 95 中下方且环绕叶轮 95 的部件,该部件下方是滤板 104 以及轴承,具有便于喷淋臂 75 转动和支撑喷淋臂 75 的作用,也无法确定轴承具有可将喷淋臂 75 下盖体与滤板 104 进行连接或扣接的作用。同时,证据 1 公开了提升轴承 115 上的喷淋臂可以简单地移除喷淋臂,提升滤板 104 可以将电机转子 100 及相接的清洗泵叶轮 95 从水泵壳体 106 中上提,由此可以容易地移除所有工作部件,不需要紧固件来将这些部件保持在工作位置。由此可见,证据 1 的技术构思是为了轻松移除所有工作部件而不用再专门设置用以将各个部件保持在工作位置的紧固件,而涉案专利的技术构思是设置旋扣将旋转喷臂与支承部件相连接,从而在旋转喷臂工作过程中对旋转喷臂进行限位,可见两者的构思相反。因此,证据 1 并未对上述区别技术特征给出技术启示。目前也没有证据表明上述区别技术特征是本领域的常用技术手段。因此,本领域技术人员在证据 1 与本领域常用技术手段的基础上难以产生动机获得涉案专利权利要求 1 的方案。

269

【律师观点】

在评判发明的创造性时,需要充分理解发明,从发明的构思角度来整体理解发明。这一点在《专利审查指南 2010》第二部分第八章第 4.2 节也进行了强调:"首先要仔细阅读申请文件,并充分了解背景技术整体状况,力求准确的理解发明。重点在于了解发明所要解决的技术问题,理解解决所述技术问题的技术方案和该技术方案所能带来的技术效果,并且明确该技术方案的全部必要技术特征,特别是其中区别于背景技术的特征，进而明确发明相对于背景技术所作出的改进。"

本领域技术人员是否有动机对最接近的现有技术进行改进，关键不在于区别技术特征是否——被公开，而在于正确理解发明之后，现有技术整体上是否给出结合启示。发明构思往往表达为解决所面临的技术问题所采用的技术思路，发明人在完成发明创造的过程中，往往也是在发明构思的指引下找到具体的技术手段。因此，发明构思在创造性的判断环节至关重要，需要综合考虑涉案专利的发明构思和现有技术的发明构思，通常也较难将不同发明构思的现有技术作为改进的基础。

由于发明构思决定技术方案的整体技术思路和技术构成，发明构思不同的技术方案之间，技术方案整体构成、工作原理、特征之间的配合关系以及效果方面往往有较大的差异，在技术改进上会存在较大的技术障碍或者存在相反的技术教导。这种情况下，本领域技术人员不会将这样的现有技术作为技术改进的基础。

具体到本案而言，涉案专利的发明构思是设置旋扣将旋转喷臂与支承部件相连接，从而在旋转喷臂工作过程中对旋转喷臂进行限位，而证据1的发明构思在于能轻松移除所有工作部件而不用再专门设置用以将各个部件保持在工作位置的紧固件。涉案专利与证据1的发明构思完全相反，这种相反的技术构思使得涉案专利与证据1在整体技术思路上不同。在这种情形下，无论区别技术特征旋扣是否被公开或者自身是否是公知常识，本领域技术人员均不能以证据1作为改进的基础。

综上，在理解技术方案时应当从整体上综合考虑技术方案、背景技术、解决的技术问题和技术效果，特别是需要从发明构思角度综合考虑涉案专利和现有技术的技术方案。如果脱离对发明构思的整体判断，仅对单个技术特征进行对比，往往会造成技术启示的误判。因此，在无效实际操作中，需要准确把握发明整体构思，避免单纯考虑技术特征带来的技术启示的误判。

（二）技术启示判断中发明构思/技术构思的考量二

——"一种马蹄形锁"专利无效宣告案

【本案看点】

当涉案专利相对于最接近的现有技术的区别技术特征具有多个部分时，往往可以结合涉案专利的发明构思判断这些部分是否作为一个整体在起作用。如果作为整体在起作用，当判断现有技术中是否给出技术启示时，不能将区别技术特征割裂开来，将不同的现有技术中分别公开的区别技术特征进行拼凑组合。

【案情介绍】

一、案件基本信息介绍

涉案专利号：ZL201510886397.3

涉案专利名称：一种马蹄形锁

案件类型：发明专利无效宣告案

无效宣告请求审查决定号：第 40060 号

二、涉案专利方案介绍

涉案专利权利要求 1 保护一种马蹄形锁，具体的为：

一种具有大致 C 字形的锁口的马蹄形锁，包括外壳（309）、电仓壳体（310）、锁销（3073B）、锁舌（3071）、第一施力构件、第二施力构件、PCB 板（311）、电池（3081）、电机（3077）、电机驱动模块、锁舌驱动构件（3074）、位置传感器（3072）以及定位模块（304）；其中：外壳（309）具有锁本体部以及从锁本体部左右两侧分别延伸而出形成大致 C 字形的锁口侧臂部；电仓壳体（310）被配置在锁本体部内，包括电仓上盖（3101）和电仓下盖（3102）；锁销（3073B）上设有挡槽，锁销（3073B）通过沿侧臂部内形成的锁槽移动来开放或关闭锁口；锁舌（3071）、电机（3077）以及位置传感设置于电仓壳体（310）的外侧面；锁舌（3071）通过进出于锁销的挡槽，来阻挡或释放锁销（3073B）的移动；位置传感器用于检测锁舌（3071）是否移出挡槽；当位置传感器检测到锁舌（3071）移出挡槽时，电机驱动模块停止电机（3077）的旋转驱动；PCB板（311）、电池（3081）放置于电仓壳体（310）内，其中电池（3081）为锁内的各电子部件供电，在PCB板（311）上还安装有电机驱动模块，用于驱动电机输出轴旋转；定位模块（304）包括定位模块电路板和定位模块保护盖，定位模块电路板被定位模块（304）保护盖覆盖地安装在外壳（309）的锁本体部外侧的定位模块安装部；另外，马蹄形锁还包括：锁舌驱动构件（3074），连接于电机的输出轴，将电机的旋转驱动力转变成锁舌（3071）从锁销（3073B）的挡槽中移出的驱动力；第一施力构件（3073A），对锁销（3073B）赋予向开放锁口的方向移动的力；第二施力构件（3078），对锁舌赋予向进入锁销（3073B）的挡槽的方向移动的力。

涉案专利权利要求1的核心发明点在于其限定电仓壳体与各部件的安装配合方式，其中锁舌设置在电仓壳体的外侧面使得锁舌与电仓壳体之间无须进行防水密封，电仓壳体内的部件可得到良好的防水密封，良好的防水效果能够避免锁具的损坏，有利于锁具防盗功能的实现；另外，运动部件置于电仓壳体外侧面避免因为维修运动部件的需求反复打开电仓壳体造成的对锁具其他结构的影响或损坏，有助于提高锁具的完整性，提高锁具的防盗性能。其结构如图3-92所示。

272

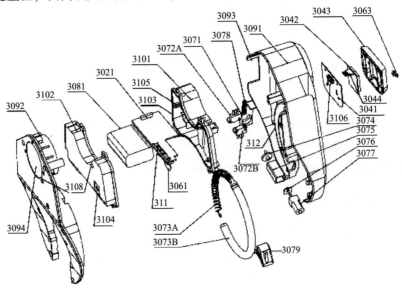

图3-92 "一种马蹄形锁"的结构示意图

三、主要证据介绍

无效宣告请求人提供的主要证据为证据1、证据2以及证据3。无效宣告请求人主张，涉案专利的权利要求1在证据1的基础之上进一步结合证据2、证据3以及公知常识不具有创造性，或在证据1的基础之上进一步结合证据2以及公知常识不具有创造性，或在证据1的基础之上进一步结合证据3以及公知常识不具有创造性。

证据 1：授权公告号为 CN1924272B 的中国发明专利文件；

证据 2：授权公告号为 CN102834313B 的中国发明专利文件；

证据 3：授权公告号为 CN204279720U 的中国实用新型专利文件。

证据 1 是最接近的现有技术，提供了一种安装在自行车后轮斜叉架上的框锁。所述框锁有作为锁定装置的可卡住后轮的圆形锁弓 11。所述圆形锁弓 11 设有第一咬合凹槽 13 和第二咬合凹槽 15。它借助张力弹簧 17 在打开位置方向被偏压。只要所述圆形锁弓 11 不被锁住，就可以借助扳手 19 逆着偏压顺着锁定方向 21 向锁定位置方向转动。与所述圆形锁弓 11 共同工作的锁舌 23 被压力弹簧 25 在上锁舌位置方向偏压。所述锁舌 23 设有中心空隙 27。轴 29 与所述空隙咬合，所述轴在所述锁舌 23 的范围内设开锁舌凸轮 31。在另一纵截面，所述轴 29 还有接通凸轮 33。所述轴 29 的前部被设计成解锁凸起 35 形式的偏心固定斜面解锁凸起。它与阻止弹簧 37 共同工作，电动机 39 作为所述轴 29 的驱动装置，电动机 39 由控制电路 41 操控。所述开关和与轴 29 的接通凸轮 33 共同工作，此外，所述控制电路 41 在输入端与无线电接收器 45 连接。其结构如图 3-93 所示。

证据 2 公开了一种架锁 10（参见证据 2 的说明书第【0034】~【0044】段），架锁 10 包括外壳，外壳由下部 12 和上部 14 组成，并围绕架锁 10 的其他组件，架锁 10 还包括内壳壳体 32a、32b，内壳壳体设有不同的切口、凹槽以及孔来作为与架锁 10 的不同组件的接收器、导架或轴承，例如用于电动马达 26、齿轮 28 或卷轴 24。在组合状态中，除了外壳以外，内壳壳体 32a、32b 可以说形成第二壳体，第二壳体将架锁 10 的组件固定在精确的位置并保护该组件免受污染或剧烈地接达。其结构如图 3-94 所示。

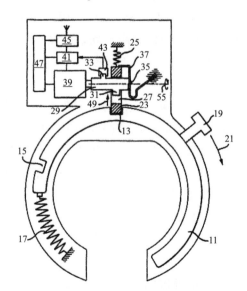

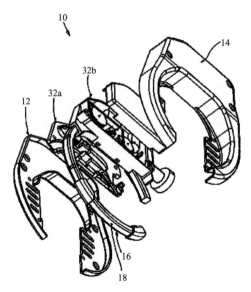

图 3-93 "一种安装在自行车
后轮斜叉架上的框锁"的结构示意图

图 3-94 "一种架锁"的结构示意图

证据 3 公开了一种 NFC 锁具（参见证据 3 的说明书第【0021】～【0031】段），该自行车车锁包括 NFC 感应模块、控制室、单舌锁主体、锁舌、锁舌接收部以及为 NFC 感应模块供电的电源模块组成。控制室由钢制外壳包裹，内设有单片机控制系统、蓝牙装置、对应所述 NFC 感应模块的 NFC 感应区、电源模块（电池和电池仓）以及用于机械开锁的备用钥匙孔，所述单舌锁主体 1 内设有微型电机和单舌锁机构。

【案件焦点】

权利要求 1 与证据 1 的区别技术特征在于，配置在锁本体部内、包括电仓上盖和电仓下盖的电仓壳体，锁舌、电机、位置传感器被装配与电仓壳体的同一外侧面，PCB 板和电池被收容在电仓壳体内，以及定位模块电路板被定位模块保护盖覆盖地安装在锁本体部外侧的定位模块安装部。

基于上述区别技术特征，涉案专利实际要解决的技术问题是如何布置马蹄形锁的各组成部件。

无效宣告请求人认为，电仓壳体及锁舌、PCB 板、电池、电机、位置传感器的安装位置被证据 2 结合公知常识或证据 3 结合公知常识或证据 2、3 结合公知常识所公开；定位模块电路板被定位模块保护盖覆盖地安装在外壳的锁本体部外侧的定位模块安装部，是本领域技术人员容易想到的设置方式。

专利权人则认为，上述技术特征相互关联，协同作用，构成一个整体，整体限定了涉案专利独特的电仓壳体与各部件的安装配合方式，其中锁舌设置在电仓壳体的外侧面使得锁舌与电仓壳体之间无须进行防水密封，电仓壳体内的部件可得到良好的防水密封，良好的防水效果能够避免锁具的损坏，有利于锁具防盗功能的实现；另外，运动部件置于电仓壳体外侧面可以避免维修运动部件的需求导致反复打开电仓壳体造成的对锁具其他结构的影响或损坏，有助于提高锁具的完整性，提高锁具的防盗性能。

证据 2 仅公开了内壳壳体 32a、32b 形成第二壳体，第二壳体的作用在于容纳架锁 10 的不同组件，电动马达 26，板状紧固构件 50a、50b 等运动部件均置于由内壳壳体 32a、32b 形成的第二壳体，其与涉案专利的运动部件安置的位置不同，所实现的技术效果为"将架锁 10 的组件固定在精确的位置并保护该组件免受污染或剧烈地接达"。因此，本领域技术人员根据证据 2 给出的技术启示，能够想到的是为了保护架锁组件免受污染或剧烈地接触与碰撞，将所有组件布置于由内壳壳体 32a、32b 形成的第二壳体内，而不会想到将运动部件及电力部件分别配置于电仓壳体的外部及内部。

证据 3 没有公开电仓壳体，其控制室 6 为锁具最外侧的壳体，相当于涉案专利的"外壳"，即使将 NFC 车锁整体相当于涉案专利的"外壳"，其控制室 6 也成为"外壳"的一部分，并非"被配置在所述（外壳的）锁本体部内"，证据 3 没有解决涉案专利所解决的技术问题，也没有给出相应的技术启示。

因此，本案的争议焦点在于上述区别技术特征是否应作为一个整体来考虑其被证据公开。

【官方结论】

无效宣告请求审查决定中认为，证据2公开了在锁的外壳内设有一内壳，但结合说明书中的记载及图3-94可知，该锁的几乎所有组件都容纳在内壳中，如说明书上述内容所述，内壳所起的作用是对各组件的位置进行固定，以及对各组件进行双重保护。证据2中各组件相对于内壳的布置方式与涉案专利所限定的各组件相对于电仓壳体的布置方式不同。证据3公开了一种锁具，该锁具包括两个相对独立的壳体（即控制室6和单舌锁主体1），单片机控制系统及电池等组件位于控制室6内，电机、锁舌等组件位于单舌锁主体1内。证据3控制室6是外露的壳体，其与涉案专利中容纳在外壳内的电仓壳体有所区别，且证据3中锁舌和电机设于与控制室6相对独立的单舌锁主体1内，也与涉案专利限定的电机、锁舌设于电仓壳体外侧面不同。

综上，证据2公开了大部分部件均容纳在内壳中的技术方案，证据3公开了包括两个独立的、连接在一起的壳体的技术方案，它们与涉案专利所限定的外壳内设置电仓壳体及相关部件的布置均不同。在证据2、证据3均未公开相同或相似的壳体结构和布置方式，也没有相关的证据或充分的理由证明上述壳体结构和布置方式是本领域常规设置的情况下，合议组对请求人所提出的以证据2或证据3结合公知常识来评述上述区别技术特征的主张不予支持。另外，证据2、证据3公开了完全不同的锁壳结构及部件布置方式，本领域技术人员在现有证据的基础上没有动机将其进行拼凑组合并结合到证据1中，从而得到涉案专利限定的壳体结构及部件布置方式。

涉案专利通过设置电仓壳体，将电池、PCB板这些电子部件布置在电仓壳体内，将锁舌、电机、位置传感器布置在电仓壳体的同一外侧面，且将定位模块设计成单独的模块布置在锁外壳外并由保护盖对其进行保护，使得上述部件分开布置，但又相互关联、共同配合实现锁的各项功能，且保证锁的整体结构合理。因而，权利要求1所要求保护的技术方案相对于现有证据具备创造性。

【律师观点】

在创造性技术启示的判断中，要求考虑涉案专利的整体性，这种整体性要求当涉案专利相对于最接近的现有技术的区别技术特征具有多个部分时，需要判断这些部分是否作为一个整体在起作用。如果作为整体在起作用时，当判断现有技术中是否给出技术启示时，不能将区别技术特征割裂开来，将不同的现有技术中分别公开的区别技术特征进行拼凑组合。而判断区别技术特征是否作为一个整体来考虑应在充分理解涉案专利发明构思的基础上进行判断。发明构思是发明人在进行发明创造的过程中，为了解决现有技术中存在的技术问题而提出的技术改进思路，进而形成发明的技术方案。在专利中，发明构思通常表现为"想要做什么（技术问题）""怎么做的（改进思路和技术方案）"和"做得怎么样（技术效果）"。在判断技术启示时，要充分考虑发明构思，不仅要理解涉案专利的发明构思，同时还应理解现有技术的发明构思。如果现有技术的发明构思与涉案专利的发明构思不同，甚至采用相反的技术思路或原理来解决其技术问题，那么这种现有技术通常不能用来评价涉案专利的创造性。

具体到本案，涉案专利的发明构思是通过设置电仓壳体，将电池、PCB 板这些电子部件布置在电仓壳体内，将锁舌、电机、位置传感器布置在电仓壳体的同一外侧面，且将定位模块设计成单独的模块布置在锁外壳外并由保护盖对其进行保护，达到上述部件分开布置，但又相互关联、共同配合实现锁的各项功能，且保证锁的整体结构合理的技术效果。可见，涉案专利与证据 1 相比的上述区别技术特征在涉案专利的技术方案中整体上起作用，应当将其作为一个整体来考虑，不应将其割裂开来。由涉案专利和证据 1 记载的内容可知，涉案专利的发明构思与证据 2 和证据 3 完全不同，同时证据 2 公开了大部分部件设置在一个壳体内的方案，证据 3 公开了包括两个独立的、连接在一起的壳体的技术方案，而前面两种设置方式均与涉案专利壳体的结构及布置方式不同，在总体的结构设置以及布置方式均不同的技术方案下，本领域技术人员无法从现有技术中获得相应的技术启示。

八、技术启示判断中涉案专利整体性的考量

（一）涉案专利整体性考量一

—— "产品质量追溯防伪系统及追溯防伪方法"专利行政诉讼案

【本案看点】

权利要求的技术方案通常由多个技术特征构成，如果某些技术特征之间联系紧密、相互关联，通过相互协同来解决同一个技术问题，并产生相互联系的技术效果，则不应将这些技术特征进行割裂，而应当将它们作为一个整体来考虑并判断现有技术是否给出技术启示。

【案情介绍】

一、案件基本信息介绍

专利号：ZL201310058356.6

专利名称：产品质量追溯防伪系统及追溯防伪方法

案件类型：专利行政诉讼案

最高人民法院案号：（2019）最高法知行终4号

被诉无效宣告请求审查决定号：第34413号

案件程序概况：国家知识产权局作出无效宣告请求审查决定，维持专利权有效。请求人不服，向北京知识产权法院提起行政诉讼，北京知识产权法院判决维持该无效宣告请求审查决定。请求人不服，上诉至最高人民法院。最高人民法院判决驳回上诉，维持一审判决。

二、涉案专利方案介绍

涉案专利权利要求1保护：一种产品质量追溯防伪方法，包括采用数据库服务器（1）和数据库服务器（1）终端的数据处理中心（9），所述数据库服务器（1）通过网络连接有产品信息登记终端（5）和公众查询终端（6），在被追溯产品上设

有产品追溯防伪凭证（3），在产品追溯防伪凭证（3）上设有信息码（8）、唯一性标志（2）和消费验证码（10），其特征是首先通过产品信息登记终端（5）对应该产品追溯防伪凭证（3）登记该产品在生产过程中的产品身份信息，并将该产品身份信息上传到数据库服务器（1）中的数据处理中心（9）；在消费验证时，消费者通过与数据库服务器（1）联网的公众查询终端（6），利用附着在被追溯产品上的产品追溯防伪凭证（3）的信息码（8）读取数据处理中心（9）所存储的该产品身份信息和流通信息，并通过产品追溯防伪凭证（3）上的消费验证码（10）进行验证，在消费验证过程中，同时利用在数据库服务器（1）中的数据处理中心（9）中所记录的带有唯一性标志（2）的该产品的产品身份信息和各流通过程中的流通信息，消费者在购买或执法检查时，通过公众查询终端（6），核实唯一性的该产品的流通过程的流通信息，根据对该产品的唯一性标志（2）、该产品的流通过程的流通信息和消费验证码（10）的唯一对应的核对，实现对该产品是否假冒伪劣识别；消费者购买时，也可以销售商进行销售出库登记；将销售信息上传到数据处理中心（9），以完成该带有产品追溯防伪凭证（3）的产品已消费的产品终止流通信息储存；消费者在购买后通过消费验证码（10）验证购买产品，并自动上传该产品已消费的产品终止流通信息到数据处理中心（9），实现产品质量追溯防伪。

涉案专利的核心在于提供一种通过信息码作为整个防伪验证过程的唯一入口进行嵌套式验证的防伪溯源方法，以提交防伪验证的可靠性。其特点在于，信息码、唯一性标志、消费验证码三个码，以产品追溯防伪凭证上的信息码作为整个防伪验证过程的唯一入口，进行嵌套式验证；这种验证方式不同于现有技术中在包含多个码时分别扫描产品防伪凭证上的码，作为入口进行独立验证的验证方式。信息码、唯一性标志、消费验证码以及读取出的产品流通信息相互配合，实现三重防伪验证。第一重防伪验证：通过扫描信息码读取存在于产品身份信息中的唯一性标志，利用读取出的数据处理中心中的唯一性标志和产品表面防伪凭证上的唯一性标志进行里外核对，进行验证；第二重防伪验证：根据该产品的唯一性标志、该产品的流通过程的流通信息和消费验证码之间唯一对应的核对来进行验证；第三重防伪验证：利用消费验证码进行产品是否已经消费的验证。

三、主要证据介绍

无效宣告请求人主要提供了三份证据，即证据1、证据2以及证据3。请求人认为，涉案专利权利要求1在证据1的基础之上进一步结合证据2、证据3以及公知常识不具有创造性。

证据1：申请公布号为CN1416092A的中国发明专利申请文件；

证据2：申请公布号为CN102542469A的中国发明专利申请文件；

证据3：授权公告号为CN202306643U的中国实用新型专利文件。

证据1是最接近的现有技术，公开了一种产品的防伪和物流综合管理方法及其系统，并具体公开：中心数据库通过通信网路连接查询站点和物流管理网络，查询站点通过终端网络连接查询终端，与中心数据库连接的生产管理专用子系统、仓库管理专用子系统、经销商专用子系统、零售点专用子系统、统计分析子系统组成物流管理网络，中心数据库为每一件产品编制一组防伪数码和与之相应的一组物流管理码，将这两组码和其对应关系存储在中心数据库中，将互为对应的防伪数码1和物流管理码2印制在同一个防伪物流标识物4上，在标识物4上同时还印刷与物流管理码内容相同的物流条形码，将防伪物流识别物4贴在入网企业的每一件产品上和每一个包装箱上，在生产环节，用扫描仪或者数据采集器扫描或读取每一件产品上的物流管理码2和包装箱上的物流管理码2或其相应的条形码3，并使用生产管理专用系统，建立包装箱和包装箱里每一件产品之间的对应关系，将关联关系信息发送中心数据库存档，中心数据库建立相应的产品与销售地区、零售点的对应关系；零售点在收到产品时，使用零售点管理专用子系统扫描每一箱产品上的物流管理码2，在销售给消费者时用该子系统进行管理，每日将收货信息和零售信息传送到中心数据库，消费者利用查询终端可以查询防伪数码的真伪，防伪数码只能有效查询一次，入网企业及经销商或者有关人员利用查询终端查询产品物流管理码得知产品的销售和物流情况，物流情况可以多次查询，根据消费者查询防伪数码的信息和防伪数码与物流管理码一一对应的关系，可以推断出产品是否存在窜货情况，对每一件产品，不管是售前还是售后，均可以追溯其生产厂家、生产日期等信息。

279

证据2公开了一种商品条形码防伪系统和方法，并具体公开：所述的条形码明码是以商品条形码为基础，根据企业生产序号、批次等内容不同，按照赋码规则分别向上延伸不同长度来标识产品可追溯信息的条形码，即其包含该条形码本身的商品信息，并在此基础上增加了代表每个单件商品唯一身份的条形码验证信息，该信息包含商品名称、规格、价格、批次、生产日期及流通信息；条形码明码集唯一性和通用性于一体，其基础条形码可用于一般仓储及物流货物统计，延伸的条形码可用以追溯商品生产及流通信息，所述的条形码暗码是独立于条形码明码并与之对应的验证码，条形码暗码也具有唯一性，并与条形码明码一一组队关联，条形码暗码表面覆盖有可刮开的涂层或可撕开的揭膜，在包装上以隐藏形态出现。

证据3公开了一种产品质量追溯系统，其产品上设置有条形码信息和设在该产品上的唯一性标志，所述的设在该产品上的唯一性标志是设在该产品上的唯一序号或流水号，条形码信息包括产品生产厂家的生产信息，消费者在购买或者执法检查时，通过公众查询WEB服务器或彩信服务器，核实唯一性的该产品的流通过程信息，根据该产品的唯一性标志信息和该产品的流通过程信息，实现对该产品是否假冒伪劣的识别。

【案件焦点】

权利要求 1 与证据 1 相比，其中一个区别技术特征①为：涉案专利的防伪凭证还包括唯一性标志，并且，在消费验证时，消费者通过与数据库服务器（1）联网的公众查询终端（6），利用附着在被追溯产品上的产品追溯防伪凭证（3）上的信息码（8）读取数据处理中心（9）所存储的该产品身份信息和流通信息，并通过产品追溯防伪凭证（3）上的消费验证码（10）进行验证，在消费验证过程中，同时利用在数据库服务器（1）中的数据处理中心（9）中所记录的带有唯一性标志（2）的该产品的产品身份信息和各流通过程中的流通信息，通过公众查询终端（6），核实唯一性的该产品的流通过程的流通信息，根据对该产品的唯一性标志（2）、该产品的流通过程的流通信息和消费验证码（10）的唯一对应的核对，实现对该产品是否假冒伪劣识别。

无效宣告请求人认为证据 2 和证据 3 结合公开了上述区别技术特征①并给出了相应的技术启示。

具体地，请求人认为，证据 2 中公开了利用条形码明码读取信息数据处理中心所存储的产品的品名、生产厂家、生产日期、生产批号、入出库时间及流通环节信息，并通过条形码暗码进行验证。证据 2 中仅未公开设置唯一性标志，唯一性标志设置在被追溯产品上，又储存于数据处理中心中，消费者通过信息码读取储存于数据处理中心的唯一性标志，与设置在被追溯产品上的唯一性标志进行比对验证。而前述区别已被证据 3 公开。证据 3 中公开了产品的生产和流通信息数据包括设在该产品上的条形码信息和设在该产品上的唯一性标志，根据产品的唯一性标志和该产品的流通过程信息，实现对该产品是否假冒伪劣的识别。

专利权人则认为证据 2 和证据 3 中均未公开上述区别技术特征①并给出相应的技术启示尤其区别技术特征①是一个整体，不能因为证据 2 和证据 3 分别公开了其中的一部分就认定为其被公开，并给出启示。

证据 2 以两个码分别作为验证入口，与区别技术特征①体现以信息码作为唯一验证入口的验证构思完全不同。证据 2 中使用了两个码进行防伪验证，一个为条形码明码，一个为条形码暗码，这是两个验证入口。验证时，通过分别扫描防伪凭证上的明码和暗码来分别验证真伪，而不同于涉案专利中仅仅有一个信息码作为防伪验证的入口并进行嵌套式验证。

证据 3 中仅公开了利用唯一性标志进行防伪验证，但并未公开如何利用唯一性标志进行防伪验证，也未公开利用信息码读取唯一性标志进行防伪验证。证据 3 中未公开消费验证码，也未公开利用唯一性标志和消费验证码以及产品流通信息进行唯一对应的核对来进行防伪验证，证据 3 未公开区别技术特征。

本案的争议焦点在于，证据 2 和证据 3 是否公开区别技术特征①并且给出该区别技术特征解决发明实际要解决的技术问题的启示。

【官方结论】

最高人民法院在判决中认为，技术方案是由技术特征组合形成的一个整体，技术特征相互之间存在配合关系。对于技术特征的理解，不应当割裂该技术特征与其他技术特征之间的有机联系，忽视其在整体技术方案中所发挥的作用。本案中，对于"唯一性标志"的理解，应当从该技术特征在技术方案中的功能、作用出发，结合发明目的进行准确理解。

涉案专利请求保护的是一种产品质量追溯防伪系统及方法，区别技术特征①限定的是消费者通过数据库服务器联网的公众查询终端，利用附着在被追溯产品上的产品追溯防伪凭证上的信息码读取数据处理中心所存储的该产品身份信息和流通信息，并通过产品追溯防伪凭证上的消费验证码进行验证。在消费验证过程中，同时利用在数据库服务器中的数据处理中心所记录的带有唯一性标志的该产品的产品身份信息和各流通过程中的流通信息，根据对该产品的唯一性标志、该产品流通过程的流通信息和消费验证码的唯一对应的核对关系，实现对该产品是否假冒伪劣的识别功能。

结合涉案专利说明书的记载"……在被追溯产品上设有产品追溯防伪凭证，该凭证上设有信息码和消费验证码……首先通过产品信息登记终端扫描该被追溯产品上附着的追溯防伪凭证……当产品身份信息包括有消费验证码和唯一性标志时，消费者就可以很方便地确认所购买的产品是否是产品上所标注的生产企业所生产的产品……当产品身份信息还包含有防伪二维条形码时，防伪二维条形码、消费验证码、唯一性标志三者合一，进一步提高了防伪效果，并且结合存储在数据处理中心中的流通信息，彻底防范连同品牌代理商在内的制假、售假行为的发生……"可见，区别技术特征①的信息码、唯一性标志以及消费验证码的配合关系是，信息码是产品防伪验证的入口，利用信息码读取数据处理中心所存储的该产品身份信息和流通信息；唯一性标志、消费验证码在读取信息码后进行验证，即利用信息码读取产品的身份信息和流通信息后，利用数据处理中心所记录的带有唯一性标志的产品身份信息和流通信息进行验证。在数据处理中心，产品的唯一性标志与身份信息、流通信息一同记录以便验证。唯一性标志的作用在于核对数据处理中心的信息与产品防伪凭证上的信息。根据唯一性标志、产品的流通信息和消费验证码的唯一对应进行核对，从而实现识别产品是否假冒伪劣。在利用消费验证码进行验证时，唯一性标志仍在发挥作用，即利用数据处理中心带有唯一性标志的产品身份和流通信息。说明书对此亦记载："……消费者在购买或执法检查时，通过公众查询终端并根据该产品的唯一性标志、该产品的流通过程的流通信息、消费验证码及二维码的唯一对应的核对，实现对该产品是否假冒伪劣的识别。"然而，在证据1中，物流管理码是产品

281

信息录入和读取的入口，虽然具有唯一性，但其使用方式并非涉案专利权利要求1所限定的作为"唯一性标志"进行防伪验证。

最高人民法院认为，对于技术特征的理解应当综合考虑其在整体技术方案中实现的相对独立的特定技术功能、产生的技术效果以及所运用的技术手段，请求人上诉主张区别技术特征①的一部分特征"在被追溯产品上设有唯一性标志"已经被证据1公开，证据1未公开的是唯一性标志在涉案专利权利要求1中的消费者核验方式。请求人的上述主张未整体考虑唯一性标志这一技术特征在进行验证时与其他技术特征的配合对应关系。这种碎片化的理解脱离了该技术特征在技术方案中的作用，既不符合本领域技术人员对技术特征的认知，也不符合专利申请文件的基本撰写要求，对该主张不予支持。

证据2公开了明码、暗码两个验证入口进行独立验证的防伪验证方式。最高人民法院认为，在判断证据2公开的防伪识别方法与区别技术特征①中所限定的方法是否相同时，不能将唯一性标志从区别技术特征①中剥离，对其功能和作用置之不理。证据2的验证方式是将明码与暗码分别作为验证入口进行一一对应，这不同于涉案专利区别技术特征①中以信息码作为唯一的验证入口；而且，唯一性标志存在于区别技术特征①限定的消费验证的全过程，证据2也缺少区别技术特征①限定的利用唯一性标志与消费验证码以及产品流通信息的对应核对的技术内容。

证据3所公开的技术方案没有涉及消费验证码以及利用唯一性标志和消费验证码配合验证，也没有产品流通信息进行唯一对应的核对防伪验证方式。最高人民法院认为，证据3中虽然公开了名称为"唯一性标志"的技术特征，但以该特征为构成要素的证据3的防伪验证方式，与区别技术特征①中涉及唯一性标志及其在防伪验证中起到的作用和使用方法并不相同。

本案中，现有技术是否公开区别技术特征①是判断整体上存在启示的基础，区别技术特征①均未被证据1、证据2和证据3公开，区别技术特征①亦非公知常识。在这种情况下，本领域技术人员难以将区别技术特征①引入证据1以解决本发明实际要解决的技术问题，含有区别技术特征①的权利要求1请求保护的技术方案，对本领域的技术人员已属非显而易见。

【律师观点】

《专利审查指南2010》第二部分第四章第3.1节中规定：在评价发明是否具备创造性时，审查员不仅要考虑发明的技术方案本身，而且还要考虑发明所属技术领域、所解决的技术问题和所产生的技术效果，将发明作为一个整体看待。

另外，还必须从整体上考虑对比文件，即不仅要考虑对比文件所公开的技术方案，还要注意其所属的技术领域、所解决的技术问题、所达到的技术效果，以及现有技术对技术方案在功能、原理，对各技术特征在选择、改进、变型等方面的描述，以便于从整体上理解现有技术所给出的教导。

以上所述称为整体性原则。整体性原则可以简单归纳为，将要求保护的发明作为一个整体来看待，即在判定专利是否具有创造性时，需要对比和剖析涉案专利与现有技术在技术领域、采用的技术方案、解决的技术问题和预期效果上的整体差异。也就是说，应从涉案专利的技术原理、技术构思、技术效果等方面综合认定其是否具有创造性。

权利要求的技术方案通常由多个技术特征构成。如果某些技术特征之间联系紧密、相互关联，通过相互协同来解决同一个技术问题，并产生相互联系的技术效果，则不应将这些技术特征进行割裂，而应当将它们作为一组整体的技术特征来考虑，并且在评价创造性"三步法"的过程中均应当将其作为整体，这是整体性原则的一个具体应用。即在确定区别技术特征时，不能将这些特征割裂，而必须将其作为整体，在确定发明实际解决的技术问题时，应当整体上考虑它们在要求保护的发明中所达到的技术效果。在判断是否显而易见时更应该将其作为整体进行考虑，即使这些技术特征分别被公开在不同的现有技术中，但如果现有技术没有给出将这些技术特征相互协同以解决发明实际要解决的技术问题的启示，那么依然不能以此来否认权利要求的创造性。这样才能避免忽略这种通过各技术特征之间相互配合而作出的技术贡献。而想要准确认定哪些技术特征是一个整体，则应该在全面准确理解发明构思的基础上，分析技术方案中各技术特征与发明要解决的技术问题以及产生的技术效果之间的关系，如此才能进行准确的认定。

具体到本案，根据涉案专利的发明构思，区别技术特征①就是一组不能分割的整体技术特征，技术特征之间需要相互协同才能够解决技术问题，而证据 2 中公开的部分技术特征之间是各自独立解决技术问题的，相互之间无须配合，证据 3 中仅公开了一个技术特征，也无须与其他技术特征之间配合解决技术问题，现有技术没有给出启示将这两部分特征相互协同在一起解决发明实际要解决的技术问题，因此不能认定证据 2 和证据 3 公开了区别技术特征并给出了结合的技术启示。

本案给出的启示在于，不能将权利要求作为一个整体的多个技术特征割裂来理解权利要求的技术方案，应将其作为一个整体来理解。在检索证据文件时，也应考虑到上述理解并判断检索出的证据文件是否可以用于评价涉案专利的新颖性和创造性，这样才能降低无效程序的风险。

（二）涉案专利整体性考量二

——"一种消防灭火机器人用角度可调节风炮"专利无效宣告案

【本案看点】

如果涉案专利相对于最接近的现有技术存在多个区别技术特征，且根据涉案专利的记载可以明确，多个区别技术特征交互作用，形成整体的技术原理与现有技术存在明显差异，则一般现有技术整体上未给出技术启示。

【案情介绍】

一、案件基本信息介绍

涉案专利号：ZL201620829232.2
专利名称：一种消防灭火机器人用角度可调节风炮
案件类型：实用新型专利无效宣告案
无效宣告请求审查决定号：第39192号

二、涉案专利方案介绍

涉案专利权利要求1要求保护：一种消防灭火机器人用角度可调节风炮，包括消防机器人主体（1）和设于其上方的风炮机构，所述风炮机构包括炮筒（2），所述炮筒（2）后端上侧部连接有供水管（3），其特征在于：所述炮筒（2）的后端下侧部对称铰接有两个支撑座（4），每个所述支撑座（4）的下部通过第一液压组件（5）与炮筒（2）中端连接，每个所述支撑座（4）的中部与消防机器人主体（1）间铰接有两根平行的臂架（6），所述臂架（6）的两端开设有铰接孔，位于下方的所述臂架（6）中部设有连接座（7），所述连接座（7）通过第二液压组件（8）与消防机器人主体（1）连接。

现有技术中消防灭火机器人的风炮机构不能调节下俯角度，从而灭火角度受限。为了解决这一技术问题，涉案专利在消防机器人主体1和设于炮筒的支撑座4之间设有两根平行的臂架6，构成平行四边形结构，支撑座4的下部通过第一液压组件5

与炮筒 2 中端连接，下方的臂架 6 中部通过第二液压组件 8 与消防机器人主体 1 连接。驱动第二液压组件，带动平行四边形结构发生变形，使得支撑座及炮筒向上运动，实现炮筒高度的调节；驱动第一液压组件，使得炮筒沿竖直方向进行翻转，实现抬升或下俯动作。基于上述结构，可以提高消防灭火机器人的灭火效率和增加灭火范围。其结构如图 3-95 所示。

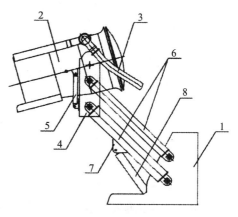

图 3-95 "一种消防灭火机器人用角度可调节风炮"的结构示意图

三、主要证据介绍

请求人提供的主要证据为证据 1。请求人主要认为，涉案专利权利要求 1 在证据 1 的基础上结合公知常识不具备创造性。

证据 1：申请公布号为 WO2013/182536A1 的专利文件。

证据 1 是最接近的现有技术，公开了一种安装在车辆或拖车上的通用移动大型风扇，可用于除烟、灭火，风扇也可以作倾斜调节。证据 1 也涉及由平行的第一连杆 7 与第二连杆 8 构成的四连杆结构，并在图 3-96 所示实施例中设有相当于第二液压组件 8 的致动器 9，用于控制壳体 5 和风扇轮 6 相对于拖车 1 上下移动。图 3-97 所示实施例中设有液压驱动或气压驱动的倾斜调节装置 15，其设于在第二连杆 8 的第二枢轴接头 14 或其旋转轴上，即第三连杆上部，通过上部拉动壳体来调整角度。

285

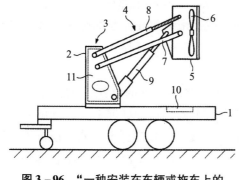

图 3-96 "一种安装在车辆或拖车上的通用移动风扇"的结构示意图

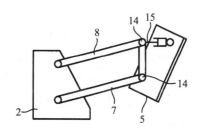

图 3-97 移动风扇的倾斜结构的结构示意图

【案件焦点】

涉案专利权利要求 1 的技术方案相对于证据 1 公开的内容，区别技术特征为：①权利要求 1 中"炮筒（2）后端上侧部连接有供水管（3）"没有被公开；②权利要求1中"所述炮筒（2）的后端下侧部对称铰接有两个支撑座（4），每个所述支撑座（4）的下部通过第一液压组件（5）与炮筒（2）中端连接"没有被公开，即证据1没有公开支撑座（4）以及第一液压组件（5）与支撑座（4）下部、炮筒中部连接形成的结构位置关系；③权利要求1中"支撑座（4）的中部"与臂架（6）连接没有公开，而证据1图3-97中臂架与第三连杆两端部连接；④权利要求1中"臂架（6）中部设有连接座（7）"，证据1未公开在中部设有连接座。

本案的争议焦点主要集中在区别技术特征①~④是否构成一个整体；证据1给出的解决技术问题的技术方案与涉案专利是否相同。

争议焦点之一：区别技术特征①~④是否构成一个整体。

请求人认为，证据1的整体发明构思与涉案专利的整体发明构思完全一致，都是通过平行四边形结构的提升装置实现支撑座和炮筒的高度调节，并通过支撑座上的液压组件实现炮筒的翻转，从而进行抬升或下俯；至于结构上细微的不同，属于本领域常规技术的简单位置关系的变更，因此区别技术特征①~④分别属于公知常识。

专利权人认为，证据1是具有不同倾斜结构的移动式大型风扇，而涉案专利是消防灭火机器人用角度可调节风炮。区别技术特征①~④构成设计整体，能够稳定支撑炮筒，并实现炮筒角度可调节。

争议焦点之二：证据1给出的解决技术问题的技术方案与涉案专利是否相同。

请求人认为，涉案专利权利要求1与证据1的主要区别在于支撑座和第一液压组件的连接位置不同，上述连接位置不同的作用是：便于炮筒沿竖直方向进行翻转，以实现抬升或下俯动作。将证据1中第三连杆在竖直方向的安装位置移动到靠近壳体5的下部，以及将倾斜调节装置15的一端从第三连杆上部移动到第三连杆下部都仅仅是一种简单的连接位置的改变，这种改变并未导致壳体5的倾斜调节效果产生任何变化，即没有带来任何预料不到的技术效果。也就是说，证据1给出的解决技术问题的技术方案与涉案专利实质相同。

专利权人认为，涉案专利通过支撑座和第一液压组件的设置以及相应连接关系，实现炮筒2沿竖直方向进行翻转，实现抬升或下俯动作。证据1通过倾斜调节装置15实现风扇的倾斜。两者在调整角度时采用的技术手段完全不相同，证据1属于另一种角度调节的技术方案。基于上述分析，证据1没有给出将支撑座和第一液压组件以及相应连接关系运用到风炮中解决风炮角度调节问题的技术启示。

【官方结论】

无效宣告请求审查决定中认为，涉案专利区别技术特征①~④的整体设计，特别是支撑座4与第一液压组件位置关系的设计，相较于证据1中为壳体提供支撑的结构提供了另一种稳定的支撑，且该支撑座下部设有与炮筒中部连接的第一液压组件。基于这种位置关系设计，第一液压组件 5 可以推动炮筒 2 沿竖直方向进行翻转，实现抬升或下俯动作。对于这类消防灭火机器人用角度可调节风炮来说，在调节炮筒高度的同时，需要实现包括抬升、下俯甚至翻转的炮筒角度调节，以便于提高灭火效率，涉案专利提供了一种完全不同于证据 1 的调节炮筒角度的装置，证据 1 公开的是通过在第三连杆上部设置倾斜调节装置，通过上部拉动壳体来调节角度，而涉案专利要求保护的是通过在支撑座下部设置第一液压组件，通过下部推动炮筒来调节角度。由此可见，证据 1 本身并没有给出采用涉案专利权利要求 1 所述的通过支撑座、第一液压杆的设置以及相应的连接关系来实现调节炮筒角度的技术启示。此外，目前也无证据表明在这类装置中采用涉案专利所述的调节炮筒角度的装置属于本领域技术人员的公知常识或常规技术手段。因此，涉案专利权利要求 1 在证据 1 的基础之上进一步结合公知常识具有创造性，符合《专利法》第二十二条第三款的规定。

【律师观点】

《专利审查指南 2010》第二部分第四章第 3.1 节规定了审查原则：在评价发明是否具备创造性时，审查员不仅要考虑发明的技术方案本身，而且还要考虑发明所属技术领域、所解决的技术问题和所产生的技术效果，将发明作为一个整体看待。

同时，在认定现有技术公开的内容之时，也应该将现有技术作为一个整体看待，结合现有技术公开的技术背景、解决的技术问题、采用的发明构思、采用的技术方案以及带来的技术效果，综合评判现有技术公开的内容。

对于机械领域案件来说，多个技术特征往往存在较强的关联性，在工作过程中存在配合关系。在涉案专利和现有技术解决的技术问题相同或相近时，往往还需要考虑两者在机械动作原理上是否相同。机械原理上相差较大的两个技术方案，往往共同起作用的相应技术手段之间分别构成一个整体，构成解决同一技术问题的不同的技术方案。

在进一步考虑现有技术是否给出结合启示时，通常也需要将这些相应的技术手段作为一个整体进行考虑。本领域技术人员往往不能从机械原理上完全不同的技术方案中获得相关的技术启示。

具体到本案而言，涉案专利的区别技术特征①～④在运动过程中相互配合共同实现炮筒的运动，从而构成整体设计。基于这种整体设计，涉案专利通过炮筒下部推动炮筒 2 沿竖直方向进行翻转，实现抬升或下俯动作。而证据 1 通过上部拉动壳体来调节角度。也就是说，涉案专利与证据 1 虽然均涉及四连杆结构，但是在炮筒或风扇的运动原理上相差较大，且达到的效果也完全不同。

综上，区别技术特征的确定在创造性的判断中至关重要，多个区别技术特征在技术上相互关联时，应当作为一个整体考虑是否被公开，以及现有技术是否给出技术启示。

287

（三）涉案专利整体性考量三

——"脉冲流反应"专利无效宣告案

【本案看点】

如果涉案专利相对于最接近的现有技术存在多个区别技术特征，且根据涉案专利的记载可以明确多个区别技术特征共同作用存在关联关系，则应该将它们作为一个整体对待。如果现有技术没有给出任何将该多个区别特征组合应用到最接近的现有技术以获得权利要求的技术方案的启示，那么应当认为该权利要求的技术方案具备创造性。

288 【案情介绍】

一、案件基本信息介绍

涉案专利号：ZL03813341.5

专利名称：脉冲流反应

案件类型：发明专利无效宣告案

无效宣告请求审查决定号：第 41351 号

二、涉案专利方案介绍

涉案专利权利要求 1 保护：一种在硫酸烷基化过程中生产烷基化物的方法，包括在以恒定速率进料的液体硫酸及包括具有反应区的垂直反应器与置于所述反应区中的分散混合器组合体的内部静态混合体系存在的情况下，将由烯烃、烯烃前体或其混合物及异烷烃组成的烃组分以至少部分气态方式进料至下流式反应器，其中增加所述烯烃、烯烃前体或混合物的进料速度，直至获得足以诱导出脉冲流的压降。

现有技术对滴流床反应器的脉冲流态已有研究，虽然脉冲流态中的反应器操作可提供引人注目的传质效益，但是存在两个主要的问题：第一个在于固定床的催化剂寿命，第二个在于从中试设备进行放大遭遇的问题。中试车间反应器的小尺寸可导致壁效应，隔断用于径向脉冲扩散的空间，现有技术并不知道更大直径的反应器在相同液体和蒸汽速度下是否提供等同的流动模式。涉案专利正是从解决上述技术问题的角度提供了可在脉冲流区域中有效操作的多相并流反应器体系。

涉案专利的核心步骤在于在分散混合器组合体的内部静态混合体系形成的反应区进行烷基化反应，将液体硫酸以恒定速率进料，并且增加至少部分以气态存在的烯烃、烯烃前体或混合物的进料速度，从而诱导出脉冲流的压降。也就是说，涉案专利涉及液－液－气三相烷基化脉冲流反应，提供了可在脉冲流区域中有效操作的多相并流硫酸烷基化反应。涉案专利说明书实施例1采用涉案专利的方法进行工厂和实验室的烷基化操作，在工厂和实验室的烷基化产物中，三甲基戊烷（TMC8）和TMC8/二甲基己烷（DMC8）的数据比较接近，说明涉案专利取得了克服中试放大问题的技术效果。

三、主要证据介绍

请求人提交了多篇证据，其中与本案介绍的案件焦点相关的证据为证据1、证据2、证据4、公知常识性证据1以及公知常识性证据2。请求人认为，涉案专利权利要求1在证据1的基础上进一步结合证据2、证据4以及公知常识不具备创造性。

证据1：申请公布号为CN1033752A的中国发明专利申请文件；

证据2：申请公布号为GB960956A的英国发明专利申请文件及其译文；

证据4：申请公布号为US2260945A的美国发明专利申请文件及其译文；

公知常识证据1：《化工过程开发》[1]，封面页、版权页、第242～243页；

公知常识证据2：《化学工程师手册》[2]，封面页、版权页、第499页和第581～590页。

证据1为最接近的现有技术，提供了一种烷基化芳族化合物的制备，使芳族化合物与烯烃在固定床反应器中与金属硅酸盐催化剂进行反应。证据1解决采用金属硅酸盐催化剂在固定床反应器中进行芳族化合物的放热烷基化反应时，反应器底部和反应器顶部温差很大而影响产物分布的技术问题，其在反应混合物中加入至少一种沸点比其他化合物低的化合物，使该化合物在汽化时消耗放热反应所产生的热，进而使反应器保持基本恒温。

证据2公开一种在酸性催化剂环境下使用烯烃对异链烷烃或芳香族烃进行烷基化的工艺。烷基化工艺是指将异丁烷和烯烃原料注入一个由液态酸性催化剂存在的反应区，酸性物质和烃在非常激烈的搅动下充分混合，形成一种连续相酸性物质的乳状液，催化剂可以使用硫酸，催化剂的浓度最佳取值范围在85%～100%之间，最好的做法是首先加入浓度为96%～100%的硫酸，直至其可滴定酸度下降到一个特定值，比如85%～90%。

证据4公开在催化剂存在下使异链烷烃与烯烃反应。证据4是搅拌条件下液相

---

❶ 于遵宏，等. 化工过程开发 [M]. 上海：华东理工大学出版社，1996.

❷ 袁一. 化学工程师手册 [M]. 北京：机械工业出版社，1999.

烷基化反应，其并不关注形成脉冲流，证据4的气态烃在正常（室温）条件下可以是"气态的"，但是气态烃在反应时保持在液相中，只有在反应完成后才会释放压力，将未反应的"气体"从液体产物中分离出来。

公知常识证据1公开化工研究者遇到气液反应时，可以参考的更适合开发对象的反应器包括喷雾塔、填料塔、板式塔、鼓泡搅拌釜、鼓泡塔。

公知常识证据2公开气液固三相催化反应器的类型和性能比较，在滴流床反应器中，随着气体与液体的流速、催化剂品种与粒度、液体物理性质等各种因素的不同，气、液会出现不同的流动现象，形成滴流区、脉冲流区、喷雾流区与鼓泡流区，石油化工生产中采用较高的气速，操作可能进入脉冲流区。在滴流床中，床层压力降不仅影响反应系统的能耗，而且还与相间的传质系数计算值有关，是一个重要的设计参数。填料包括马鞍形填料、拉西环、玻璃球等。

【案件焦点】

涉案专利权利要求1的技术方案如下：

主题名称：一种在硫酸烷基化过程中生产烷基化物的方法；

技术特征①：包括具有反应区的垂直反应器与置于所述反应区中的分散混合器组合体的内部静态混合体系；

技术特征②：以恒定速率进料的液体硫酸；

技术特征③：将由烯烃、烯烃前体或其混合物及异烷烃组成的烃组分以至少部分气态方式进料至下流式反应器；

技术特征④：其中增加所述烯烃、烯烃前体或混合物的进料速度；

技术特征⑤：直至获得足以诱导出脉冲流的压降。

本案的争议焦点在考虑技术特征是否被公开时是否考虑技术特征之间的关联关系，权利要求1的技术方案能否由上述证据组合得到。

争议焦点之一： 在判断技术特征是否被公开时是否考虑技术特征之间的关联关系。

请求人认为，涉案专利的技术特征可以细分进行考虑，证据1公开了技术特征①和③，证据2隐含公开了技术特征②，证据4对主题名称给出了技术启示，公知常识证据1教导气液反应烷基化是本领域公知的，公知常识证据2教导在化工领域滴流床反应中脉冲流反应是公知的。

专利权人认为，应当将物流状态作为一个整体考虑，技术特征②～⑤的组合涉及脉冲流的诱导。涉案专利是液－液－气三相脉冲流反应，硫酸液相－烃组分气相－烃组分液相构成物流状态的整体，涉案专利涉及一种多相并流硫酸烷基化反应，其以恒定速率进料液体硫酸，以至少部分气态方式将烃组分进料，以及通过调节烯烃、烯烃前体或混合物的进料速度来诱导脉冲流的方式进行脉冲流区域有效操作。

而证据 1 采用固体催化剂，两者整体物流状态不同，不能将烃组分从整体物流状态中剥离出来，与涉案专利的烃组分进行比较，证据 1 没有公开技术特征③。证据 2、证据 4、公知常识证据 1 和公知常识证据 2 均未涉及硫酸烷基化脉冲流反应，均没有公开上述区别技术特征①~⑤。

争议焦点之二：权利要求 1 的技术方案能否由上述证据组合得到。

请求人认为，请求人认为涉案专利权利要求 1 在证据 1 的基础上结合证据 2、证据 4 以及公知常识不具备创造性。

专利权人认为：涉案专利技术特征②~⑤在作用上存在关联关系，共同作用诱导出脉冲流。在考虑现有证据整体上是否给出结合启示时，需要考虑现有证据是否整体上给出如下启示：进行三相（液相酸催化剂、液相烃组分、气相烃组分）硫酸烷基化反应的脉冲流操作，且具体手段是以恒定速率进料液体硫酸，以至少部分气态方式将烃组分进料以及通过调节烯烃、烯烃前体或混合物的进料速度来诱导脉冲流。显然，证据 2、证据 4、公知常识证据 1 和公知常识证据 2 均未涉及硫酸烷基化反应的脉冲流操作，本领域技术人员没有动机将证据 2、证据 4、公知常识证据 1 和公知常识证据 2 各自公开的内容共同结合到证据 1 中，且这样的简单叠加也无法得到涉案专利的技术方案。

291

【官方结论】

无效宣告请求审查决定中认为，如果一项权利要求的技术方案和最接近的现有技术相比存在多个区别技术特征，并且现有技术没有给出任何将这些多个区别技术特征组合应用到最接近的现有技术以获得权利要求的技术方案的启示，那么应当认为该权利要求的技术方案具备创造性。

证据 1 为芳族化合物的烷基化方法，使用固定床反应器，催化剂采用金属硅酸盐。涉案专利权利要求 1 与证据 1 相比，区别在于两者涉及的反应不同、原料不同，使用的反应器和反应区不同，采用的催化剂不同，证据 1 也不涉及烯烃以哪种状态进料以及如何诱导出脉冲流的压降，因此权利要求 1 的主题名称和 5 个技术特征均没有被证据 1 公开。

证据 2 所述加入硫酸直至其可滴定酸度下降到一个特定值，仅说明加入硫酸的量为恒定值以保证其酸度恒定，但对硫酸是否为恒定速率进料并未限定；公知常识证据 1 公开气液反应的常用反应器，证据 4 公开烷基化反应器可以采用孔板或脉冲筛板塔，公知常识证据 2 教导滴流床反应区可以存在脉冲流，但上述证据并未涉及如何调节反应物和催化剂进料以诱导出脉冲流。

综上，证据 1~2 和证据 4 以及公知常识证据均未涉及在"分散混合器组合体的内部静态混合体系"形成的反应区进行烯烃烷基化反应（即技术特征①涉及反应器和反应区），更没有关注到将液体硫酸以恒定速率进料，以及增加至少部分以气态存在的烯烃、烯烃前体或混合物的进料速度，从而诱导出脉冲流的压降（技术特征（2）~（5）的组合涉及脉冲流的诱导）。权利要求1的技术方案并非由上述证据简单拼凑即可获得。

【律师观点】

在创造性判断时，通常采用"三步法"。"三步法"的第三步骤为判断现有技术中是否给出将区别技术特征应用到最接近的现有技术以解决其存在的技术问题的启示。当涉案专利相对于最接近的现有技术存在多个区别技术特征时，如何判断现有技术整体是否给出将这些多个区别技术特征共同结合到最接近的现有技术的技术启示，通常是无效实务的难点和容易引起争议的焦点。

首先，需要判断多个区别技术特征之间的关系。如果这些多个区别技术特征在技术上是独立的，各自起作用，那么仅需考虑各个区别技术特征是否被现有技术公开，现有技术是否分别给出将与区别技术特征相同的技术手段引入最接近的现有技术的启示。这种情况下，多个区别技术特征往往在效果上是简单叠加关系。

其次，如果多个区别技术特征之间存在技术上的紧密联系，即这些区别技术特征共同起作用来解决技术问题，那么应当将紧密关联的区别技术特征作为一个整体进行考量。首要被避免的做法就是将区别技术特征割裂地进行考虑。如果简单从这些区别技术特征分别被现有技术公开角度考虑，往往会得出错误的结论。

最后，如果多个区别技术特征分别被多篇对比文件公开，还需要考虑现有技术整体上是否给出将多个区别技术特征组合应用的启示。也就是说，面对实际要解决的技术问题时，是否能够获得技术教导，该教导是否能够将存在关联关系的区别技术特征组合应用到最接近的现有技术中。

具体到本案而言，涉案专利是可在脉冲流区域中有效操作的多相并流硫酸烷基化反应，硫酸液相–烃组分气相–烃组分液相构成物流状态的整体，即恒定速率进料液体硫酸，以及增加至少部分以气态存在的烯烃、烯烃前体或混合物的进料速度来诱导出脉冲流的压降。现有技术整体上没有关注脉冲流区域的硫酸烷基化反应，无法给出组合应用的技术启示。

综上，当涉案专利与最接近的现有技术相比存在多个区别技术特征时，需要从技术上对这些区别技术特征进行分析，判断这些区别技术特征在技术上是否相互配合、共同作用，从而成为紧密联系的区别技术特征。紧密联系的区别技术特征，应当作为一个整体考虑，从实际解决的技术问题出发，判断现有技术整体上是否给出技术启示。

（四）涉案专利整体性考量四

——"一种快速连接防松装置"专利无效宣告案

【本案看点】

当涉案专利相对于最接近的现有技术存在多个区别技术特征，且多个区别技术特征作为一个整体在起作用时，则应当将其作为整体来看待。如果由于现有技术中没有公开某一个区别技术特征，使得本领域技术人员并不容易想到在该技术方案上适用另一区别技术特征时，则涉案专利具有创造性。

【案情介绍】

一、案件基本信息介绍

涉案专利号：ZL201310531597.8
专利名称：一种快速连接防松装置
案件类型：发明专利无效宣告案
无效宣告请求审查决定号：第30182号

二、涉案专利方案介绍

涉案专利权利要求1保护：一种快速连接防松装置，其包括第一主杆（1）、第二主杆（3），以及将所述第一主杆（1）和所述第二主杆（3）连接在一起的连接防松装置，其特征在于：所述连接防松装置包括设置在所述第一主杆（1）上的第一接头（11）；设置在所述第二主杆（3）上的第二接头（31）；以及可滑动地套设在所述第一接头（11）上，并限制从所述第一接头（11）的朝向所述第二接头（31）的一端滑脱或可滑动地套设在所述第二接头（31）上，并限制从所述第二接头（31）的朝向所述第一接头（11）的一端滑脱的连接结构；所述第一接头（11）与所述第二接头（31）相对的端部之间设有相互结合防止所述第一接头（11）与所述第二接头（31）发生相对转动的防转结构，所述连接结构从其所套设的所述第一接头（11）或所述第二接头（31）上滑向所述第二接头（31）或所述第一接头（11），并与所述第二接头（31）或所述第一接头（11）可拆卸连接的过程中，驱动其所套设的所述第一接头（11）或所述第二接头（31）滑动，使所述第一接头（11）与所述第二接头（31）相对的端部之间的所述防转结构结合。

权利要求 1 中实际限定了两个并列的技术方案：一个是连接结构套设在第一接头上，另一个是连接结构套设在第二接头上，如图 3-98 和图 3-99 所示。在涉案专利记载的实施例中，连接结构 12 可以是连接旋钮，防转结构可以是第一接头上的六角棱锥台以及第二接头上的六角棱锥凹槽。

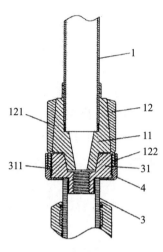 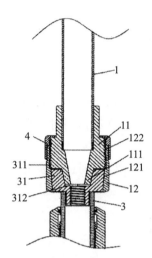

图 3-98　"快速连接防松装置"　　图 3-99　"快速连接防松装置"
一种实施方式　　　　　　　　另一种实施方式

涉案专利记载：现有技术中三角架两段伸缩管套设在一起，在外管与内管连接处套设同时连接外管与内管的连接头，连接头的下方即在内管上设置带锥度的锁紧圈，在连接头和锁紧圈的外围套设置带有内斜面的锁紧套，锁紧套通过挤压锁紧圈使得两者的斜面干涉，从而锁紧两个管段。其缺点在于制造组装时同轴度要求高，否则无法快速安装或无法安装。

涉案专利保护的快速连接防松装置在两段管子的端部外分别套设一个接头，并进一步在两个接头外套设连接结构，同时两个接头之间的配合面设有防转结构，可以实现在连接结构旋转连接两个接头的同时驱使接头的防转结构进入配合状态，从而可以快速实现两个管段的对准、连接和锁紧。

三、主要证据介绍

无效宣告请求人提供的主要证据是证据 1，认为涉案专利权利要求 1 相对于证据 1 不具有新颖性，并且认为涉案专利权利要求 1 即使与证据 1 相比存在区别，该区别也属于本领域的公知常识，因而不具有创造性。

证据 1：授权公告号为 CN2703910Y 的中国实用新型专利文件。

证据 1 公开了一种清洁用具外接式连接结构：清洁用具的手把 1 为一个塑料或

铝合金管，在其外壁有一条竖向凸起卡位3，相应地在一个清洁用具的工作端连接管5的内壁上有一条竖向凹槽4；工作端连接管的上端有外螺纹，手把1下端有一个螺母2。将清洁用具手把1的凸起卡位3对应于工作端连接管5内的凹槽4，将手把1连接到工作端连接管5内。由于凸起卡位3的卡合作用，手把1与工作端连接管5不能相对转动，同时将螺母2通过工作端连接管5的外螺纹拧紧在工作端连接管5上，螺母2将手把1的凸起卡位3向下压紧使手把1不能从工作端连接管5内拔出，便将两者牢固连接在一起；旋开螺母2便可将两者分离。其结构如图3－100所示。

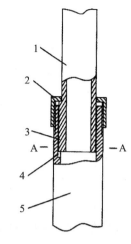

图3－100 "一种清洁用具外接式连接结构"的结构示意图

【案件焦点】

涉案专利与证据1相比存在如下区别技术特征：①在第一主杆和第二主杆上分别设置第一接头和第二接头；②连接结构套设在其中一个接头上；③防转结构设置在所述第一接头与第二接头的相对的端部。

请求人认为，接头和防转结构都属于本领域公知的部件，因此，在证据1螺母（相当涉案专利的连接结构）内侧设置接头，并在两个接头的相对端部设置防转结构属于本领域的常用技术手段。

专利权人认为，涉案专利与证据1存在的上述多个区别技术特征，即第一接头、第二接头，它们与第一主杆、第二主杆和连接结构之间的连接关系，以及防转结构的设置。这些多个区别技术特征需要彼此相互配合，才能解决涉案专利意欲解决的快速对准、连接和防止松开的技术问题，单独拿出来任何一个区别技术特征都无法解决上述技术问题而实现涉案专利的发明目的。因此，上述多个区别技术特征不应被分割开，应被作为一个整体看待，即使接头或者防转结构是常规技术手段，但是这些多个区别技术特征在涉案专利中缺一不可地彼此配合工作而达到特定的技术效果并非本领域的公知常识，因而，涉案专利具有创造性。

【官方结论】

无效宣告请求审查决定认为，与证据1相比，涉案专利权利要求1的区别在于：①设置在所述第一主杆上的第一接头和设置在所述第二主杆上的第二接头；②连接结构套设在其中一个接头上；③防转结构设置在所述第一接头与所述第二接头的相对的端部。由于存在上述区别技术特征①，涉案专利实现连接的相应结构设置在接头上，不必设置在待连接的杆件上，不会影响杆件的强度，且在连接装置损坏时只需要更换接头。而在证据 1 中，在工作端连接管 5 上设置竖向凹槽 4 和外螺纹，降低了该管的强度，也不利于更换接头。其次，由于涉案专利权利要求 1 的连接防松装置包括独立于两根主杆的接头，防转结构可以设置在接头的相对的端部，而在证据 1 中，设置在手把 1 上的竖向凸起卡位 3 不仅与工作端连接管 5 上的竖向凹槽 4 结合构成防转结构，而且还对作为连接结构的螺母 2 进行限位，防止其朝向工作端连接管 5 一端滑脱，同时在连接时手把 1 的下端要插入工作端连接管 5 的上端并有足够的结合长度，才能保证连接的可靠性。因此，本领域技术人员不会想到将防转结构设置在手把 1 和工作端连接管 5 的端部。也就是说，由于存在上述区别技术特征①，本领域技术人员不会由证据 1 显而易见地想到上述区别技术特征③并将其与区别技术特征①和区别技术特征②联合运用。综上所述，不能将涉案专利权利要求 1 与证据 1 的区别技术特征认定为本领域的常用技术手段。涉案专利权利要求 1 具有创造性。

【律师观点】

基于整体判断原则可知，如果涉案专利整体上与最接近的现有技术相比存在多个区别技术特征，其中某个区别技术特征是否是常规技术手段，不应成为认定整个技术方案是否显而易见的标准。注重考察的应该是这些多个区别技术特征之间的关联性以及它们构成的整体所解决的技术问题。如果这些多个区别技术特征之间互相关联，且需要彼此之间相互配合，才能解决涉案专利中的相应技术问题，也就是说，若没有技术特征甲，则没有技术特征乙存在的必要，或者说仅由单个的区别技术特征甲或乙都无法解决相应的技术问题或实现相应的技术效果，则不应将这些多个区别技术特征彼此割裂开来看待，而应将这些多个区别技术特征作为一个整体来考量其是否使得涉案专利的技术方案具有非显而易见性。

就本案而言，涉案专利相对于证据 1 的区别，即第一接头、第二接头和防转结构相互配合才能够解决快速对准连接的技术问题，缺少其中任何一个都无法实现涉案专利的发明目的，因此，这三个技术特征不应被分割开来单独考虑。由此，在证据 1 没有公开其中任何一个技术特征的情形下，设置其他技术特征必然也非本领域技术人员容易想到的操作。

因此，倘若最接近的现有技术未公开技术特征甲，导致本领域技术人员不能容易地想到在最接近的现有技术的技术方案中适用技术特征乙，并且技术特征甲和乙以一个整体来解决相应的技术问题，那么即便区别技术特征甲或乙本身属于常规技术手段，它们作为一个整体在涉案专利的技术方案中解决特定的技术问题也不是显而易见的，即此时应认为涉案专利的技术方案具有创造性。

九、技术启示判断中现有技术整体性的考量

（一）现有技术整体性考量一
——"证件识读仪"专利行政诉讼案

【本案看点】

在判断现有技术文献是否公开涉案专利的某些技术特征以及是否给出技术启示时，应根据现有技术公开内容的整体性来判断。如果根据现有技术公开内容的整体性可以确定现有技术中的多个技术特征作为一个整体来起作用，那么不能将这些技术特征割裂来确定现有技术文献是否公开涉案专利的相应技术特征以及是否给出技术启示。

【案情介绍】

一、案件基本信息介绍

涉案专利号：ZL200820095584.5

专利名称：证件识读仪

案件类型：专利行政诉讼案

北京市高级人民法院判决书：（2017）京行终 403 号

被诉无效宣告请求审查决定号：第 25083 号

案件程序概况：国家知识产权局作出第 25083 号无效宣告请求审查决定，维持专利权有效。无效宣告请求人不服该无效宣告请求审查决定向北京知识产权法院提起诉讼。北京知识产权法院作出一审判决，维持该无效宣告请求审查决定。无效宣告请求人不服一审判决，上诉至北京市高级人民法院。北京市高级人民法院作出二审判决，维持一审判决。

二、涉案专利方案介绍

涉案专利权利要求 1 要求保护：一种证件识读仪，包括壳体（10）、固定在壳体

（10）上的证件载体（30）以及位于壳体（10）内的光源模组（40）和成像模组
（50），证件载体（30）具有证件承载区域，其特征是：所述光源模组（40）的数量
为两个，该两光源模组（40）位于证件载体（30）的证件承载区域的两侧，且每一
光源模组（40）具有由多个LED组成的LED矩阵阵列，且LED矩阵阵列与证件载
体（30）呈45°～85°的夹角。其结构如图3－101所示。

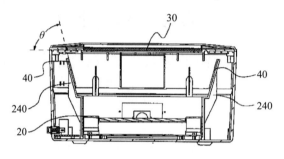

图3－101 "证件识读仪"的结构示意图

拍照式识读方式的证件识读仪，由于光源和证件相对不动，光源和证件的距离
一般较大，光源在证件载体上会形成虚像，从而影响证件的成像品质，进而影响证
件的识读。因此，涉案专利的目的是针对上述缺陷提供一种能提高证件成像品质的
证件识读仪。由于涉案专利证件识读仪的两光源模组分别位于证件载体的证件承载
区域的两侧，因此两光源模组发射的光线能均匀照射证件；且光源模组与证件载体
呈45°～85°夹角，这能避免光源在证件载体上形成虚像，因此涉案专利的证件识读
仪能提高证件的成像品质。

三、主要证据介绍

上诉人在无效宣告阶段主要提供的证据有证据1和证据2。

上诉人主张，涉案专利的权利要求1在证据1的基础之上结合证据2以及公知
常识不具有创造性。

证据1：授权公告号为CN2590071Y的中国实用新型专利文件；

证据2：授权公告号为CN2760676Y的中国实用新型专利文件。

证据1是最接近的现有技术，公开了一种数码证件录入仪，并具体公开了以下
技术特征：该数码证件录入仪包括壳体、固定在壳体上的录入信息面1、位于壳体内
的光源发生器2和反光板5、拍摄镜头。扫描证件时，证件放在所述录入信息面1
上，所述光源发生器2为两个侧置对称并与所述录入信息面形成20°～70°夹角的双
向光棒，其由发光源10和一个在所述发光源10的上部呈半圆弧型的聚光镜15组成，
聚光镜15由聚光半体16上部覆盖散光半体17重叠组成，所述发光源10具有中间稀
疏向两边逐渐加密的对称发光二极管阵列。其结构如图3－102和图3－103所示。

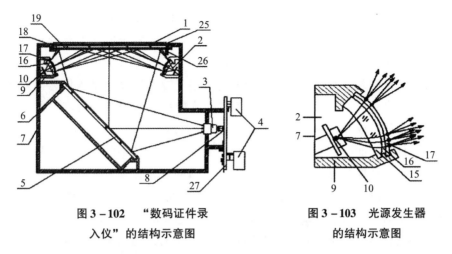

图 3 – 102　"数码证件录
入仪"的结构示意图

图 3 – 103　光源发生器
的结构示意图

证据 2 公开了一种证件信息采集仪（参见证据 2 说明书第 2 页以及倒数第 1、2 段，第 3 页第 2 段）：两发光二极管置于所述插槽的两侧，插槽用于插入证件，插槽的侧面还设置有可见光光源。近红外发光二极管和可见光光源分别对证件的文字及图章进行分时照明，或者近红外发光二极管和可见光光源对证件的文字及图章同时照明。每单个发光二极管光源发出的光类似点光源，将它们在光源线路板 4 上排成阵列，形成条状光源。

299

【案件焦点】

被上诉人（原审第三人）认为，权利要求 1 与证据 1 的区别在于：①权利要求 1 的光源模组与证件载体呈 45°～85°的夹角，而证据 1 公开的是所述光源发生器对称，并与所述录入信息面形成 20°～70°的夹角；②权利要求 1 的光源模组为多个 LED 组成的 LED 矩阵阵列，而证据 1 所述光源发生器为双向光棒，其内的所述发光源具有发光二极管阵列，证据 1 没有公开所述发光二极管阵列为矩阵阵列。

争议各方均认可证据 2 公开了上述区别技术特征②并给出了技术启示。

本案中争议各方的主要争议在于：证据 1 中的光源发生器是否能够相当于涉案专利中的光源模组，以及本领域技术人员是否能够从证据 1 中获得调整光源模组与证件载体夹角以解决避免光源在证件载体上形成虚像问题的技术启示。

上诉人认为，针对上述区别技术特征①，证据 1 中公开的光源发生器相当于涉案专利中的光源模组，因此，证据 1 公开的所述光源发生器对称并与所述录入信息面形成 20°～70°的夹角与涉案专利中光源模组与证件载体呈 45°～85°的夹角相比，属于角度的略微变化，本领域技术人员不需要创造性劳动即可获得。

被上诉人认为，证据 1 中公开的光源发生器与涉案专利权利要求 1 中的光源模组的结构不同，效果不同。证据 1 中光源发生器对称并与录入信息面形成 20°～70°夹角，所述光源发生器包括发光源和聚光镜，所述发光源发出的光线通过聚光镜照射在所述录入信息面，与涉案专利中不使用聚光镜仅具有 LED 矩阵阵列的光源模组的结构不同，证据 1 中的所述光源发生器的所述发光源发出的光线要通过所述聚光镜后才能达到所述录入信息面，其光路与涉案专利权利要求 1 中从光源模组发出的光线直接到达证件载体不同。按照证据 1 的所述光源发生器与录入信息面之间形成的夹角设置后光线照射到所述录入信息面的技术效果与按照权利要求 1 的光源模组与证件载体之间形成的夹角设置后光线照射到证件载体的技术效果不同。

上诉人认为，证据 1 中的光源发生器中聚光镜不是必要的，聚光镜只是一个附加的技术特征。证据 1 说明书在描述光源发生器的发光源及聚光镜时，没有在同一自然段中描述，没有描述光源发生器必须包括聚光镜。也就是说，聚光镜并非必要，其在光源发生器中增加聚光镜是为了解决录入信息面的边缘区域和中心区域光量度不均衡的问题，增加聚光镜后，照射到录入信息面的光均匀集中。因此，证据 1 中光源发生器的发光源发光二极管阵列相当于该专利权利要求 1 中的 LED 矩形阵列光源模组。

【官方结论】

北京市高级人民法院认为，权利要求 1 与证据 1 的区别技术特征为：权利要求 1 的光源模组与证件载体呈 45°~85°的夹角，而证据 1 公开的是所述光源发生器对称并与所述录入信息面形成 20°~70°的夹角，所述光源发生器是由所述发光源和所述聚光镜组成，所述发光源发出的光线通过所述聚光镜照射在所述录入信息面，所述光源发生器由所述发光源和聚光镜组成的结构与权利要求 1 中不使用聚光镜的光源模组结构不同，并且证据 1 没有公开所述发光源与所述录入信息面之间所成夹角的角度。证据 1 所述光源发生器发光源发出的光线要通过所述聚光镜后达到所述录入信息面，其光路与涉案专利权利要求 1 从光源模组发出的光线直接到达证件载体的光路不同。按照证据 1 所述光源发生器与所述录入信息面之间形成的夹角设置后光线照射到所述录入信息面的效果，与按照权利要求 1 的光源模组与证件载体之间形成的夹角设置后光线照射到证件载体的效果不同。根据证据 1 具有聚光镜的所述光源发生器与所述录入信息面之间形成的夹角的设置，本领域技术人员不能得到调整 LED 矩阵阵列光源与证件载体之间夹角的角度，从而消除虚像的技术启示。

【律师观点】

《专利审查指南 2010》规定创造性判断"三步法"的第二步为确定发明的区别技术特征和发明基于区别技术特征实际解决的技术问题，其中区别技术特征的确定是将发明与最接近的现有技术相比较而得到的，并且必须站位本领域技术人员充分理解本发明与最接近的现有技术的技术方案之后，才能准确确定区别技术特征。在比较过程中，应当将权利要求的技术特征与发明要解决的技术问题、产生的技术效果等结合起来考虑，确定权利要求的技术特征之间是否相互关联，存在协同作用，进而确定某一技术手段究竟包含哪些技术特征，而不是机械地根据文字表述、标点或段落来确定。同时，对最接近的现有技术公开内容的确定同样也需要遵循上述原则。如果现有技术公开的技术方案中多个技术特征相互之间联系紧密，相互协同地解决同一个技术问题，技术效果相互关联，则应当将其作为一个或一组技术特征来整体上考虑与权利要求相对应的技术特征的区别，而不应将其割裂。

具体到本案，权利要求1中限定的是光源模组，证据1中与之对应的是光源发生器。具体分析证据1可知，虽然证据1中没有明确的文字描述光源发生器必然包括聚光镜，但是根据证据1说明书第6页第2段的记载，发光源发出的线状光，经过聚光镜15的聚光半体16和散光半体17之后改变角度，使靠近光源发生器2的录入信息面1边缘区域与中心区域的光通量得到合理分配对于该技术效果来说，聚先镜15不可或缺。由此可见，聚光半体16和散光半体17是聚光镜的组成部分，图3－103中所示的识读仪具有聚光镜，即在证据1的技术方案中该光源发生器必然包含发光源和聚光镜，其并不是优选的技术方案。同时在证据1中，发光源和聚光镜作为一个整体使得其技术方案解决了"使靠近光源发生器的录入信息面边缘区域与中心区域的光通量得到合理分配，照射在录入信息面的光照既均匀又集中"的技术问题。由此可见，证据1中光源发生器的发光源和聚光镜应当作为一个整体技术特征来考虑，不应将其割裂。

值得注意的是，在得出证据1中的光源发生器的发光源和聚光镜作为一个整体起作用时，可以得出证据1中的光源发生器与涉案专利中光源模组的结构不同，进而得出"所述光源发生器是由所述发光源和所述聚光镜组成"属于权利要求与最接近的现有技术相比的区别技术特征。至于这种区别是否导致本领域技术人员不能从证据1中获得技术启示，还要继续判断这种不同是否导致解决的技术问题不同。如上所述，发光源和聚光镜作为一个整体解决的技术问题与涉案专利光源模组与证件载体设置一定夹角所解决的虚像问题不同，同时，证据1中光源发生器的上述具体结构也导致光源的光路与涉案专利不同，从而本领域技术人员无法从证据1中得到技术启示。

本案给出的启示在于，不管是对于涉案专利还是现有技术，均应站位本领域技术人员的角度，整体理解权利要求所要求保护的技术方案以及现有技术所公开的技术内容，否则就会有割裂技术特征之嫌，进而影响创造性判断的准确性。

（二）现有技术整体性考量二

——"一种特大抗挠变梳型桥梁伸缩缝装置"专利无效宣告案

【本案看点】

创造性判断的整体性原则要求从整体上考虑现有技术，虽然现有技术的整体方案中公开了涉案专利相对于最接近的现有技术的区别技术特征，但是如果现有技术并没有教导将该区别技术特征从现有技术的整体中分离出去解决涉案专利的技术问题，则现有技术没有给出技术启示。

【案情介绍】

一、案件基本信息介绍

涉案专利号：ZL200410049491.5
专利名称：一种特大抗挠变梳型桥梁伸缩缝装置
案件类型：发明专利无效宣告案
无效宣告请求审查决定号：第 37446 号

二、涉案专利方案介绍

涉案专利权利要求 1 要求保护：一种特大抗挠变梳型桥梁伸缩缝装置，包括分别设置在桥梁伸缩缝两侧梁体（10）上的固定梳板（2）和活动梳板（1），活动梳板（1）的第一端设置有梳齿（11）并与固定梳板的各梳齿（21）相互交叉间隔设置，其特征在于所述活动梳板（1）的第二端底部设置有转轴（8），并且该转轴（8）的两端枢接在与梁体（10）直接或间接固定的轴座（7）上。

采用固定梳板和活动梳板配合的梳型伸缩缝装置是现有的桥梁伸缩缝装置。现有的一种梳型伸缩缝装置结构是其活动梳板由顺次铰接的活动板、活动连接板及梳齿构成可转动的组合件，当梁体在车辆载荷作用下产生挠度变形、梁端上翘时，则活动梳板中的活动板会随之上翘，活动连接板与活动板之间发生相对转动，活动连接板和梳齿仍贴在梁体上。然而，在伸缩缝的伸缩量在 500mm 以上的特大型桥梁中，车辆荷载作用引起的梁体挠度变形特别严重，活动板的上翘也更为厉害，甚至导致活动连接板、梳齿也一并上翘、脱离梁体，此时再遇车辆重压，就会导致整个伸缩装置的损坏。

涉案专利所要解决的技术问题是在车辆加载大的载荷以及伸缩缝比较大（500mm 以上）的场合，如何保证活动梳板不上翘，提高伸缩缝装置使用性能，保证车辆平顺安全通过。

结合图 3 – 104 详细说明为了解决这一技术问题涉案专利采用的技术方案。涉案专利伸缩缝装置包括活动梳板 1 和固定梳板 2，活动梳板 1 远离设置固定梳板 2 梁体的一端（即靠近另一侧梁体的一端）为其第二端，在活动梳板 1 的第二端底部设置有转轴 8，并且该转轴 8 的两端枢接在与梁体 10 直接或间接固定的轴座 7 上。当梁体产生挠度变形、梁端上翘时，活动梳板 1 通过转轴 8 能够相对梁体转动，不会将梁体挠度变形传递至活动梳板，从而保证活动梳板不上翘，确保车辆平顺安全通过，该伸缩装置可以运用在大载荷且梁体之间伸缩缝比较大的场合。

303

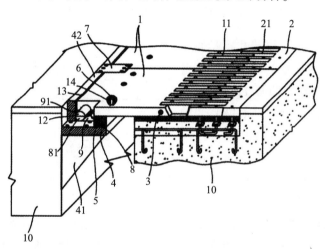

图 3 – 104 "特大抗挠变梳型桥梁伸缩装置"的结构示意图

三、主要证据介绍

请求人提供的最主要的证据是证据 1 和证据 2，请求人认为涉案专利权利要求 1 在证据 1 的基础之上进一步结合证据 2 及该领域的常规技术手段不具备创造性。

证据 1：申请公布号为 CN1391006A 的中国发明专利申请文件；

证据 2：授权公告号为 US6460214B1 的美国发明专利文件。

证据 1 是最接近的现有技术，公开了一种特大位移量梳齿桥梁伸缩装置，其结构如图 3 – 105 所示。梳板由相互配合、带有梳齿的固定梳板 11 和活动梳板 1 构成，活动梳板 1 又由活动板 3、活动连接板 5 经连接件连接成板体，梳齿 9 连接在活动连接板上，活动板 3、活动连接板 5、梳齿 9 由两段以上的组合件用销轴 19 或连接块 6 和 7、螺栓连接成整体，紧固件将固定梳板 11、活动梳板 1 固定在梁体上的支撑托架 15、支撑托架 18 上，销轴 19 位于固定梳板一侧梁体上。证据 1 的技术方案是涉案专利背景技术涉及的技术，其通过另外一种技术方式解决梳板上翘的技术问题，证据 1 的活动板 3 通过紧固件固定在板梁上，活动板 3 和活动连接板 5 通过销轴 19 连接，销轴 19 位于固体梳板一侧梁体，这种结构能够抵消的变形量非常小。

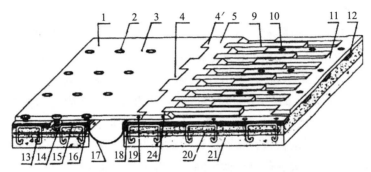

图 3 - 105　"一种特大位移量梳齿桥梁伸缩装置"的结构示意图

304

证据 2 公开了一种可调式桥梁伸缩缝装置，包括相对设置的两组伸缩片组 12，伸缩片组 12 具有凸耳 117 或 118，通过枢轴 12A 或 12B 将伸缩片组 12 的凸耳 117 或 118 和支撑构件 111 或 112 的枢接支架 114 或 115 连接起来，使得伸缩片组 12 枢转地连接到支撑构件 111 和支撑构件 112。其结构如图 3 - 106 所示。证据 2 相对设置的伸缩片组 12 悬空设置，且相对设置的伸缩片组在交汇处通过独立舌片 122 支撑。因此，证据

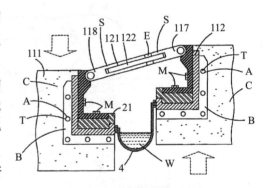

图 3 - 106　"一种可调式桥梁
伸缩缝装置"的结构示意图

2 的枢轴 12A 和枢轴 12B 需要同时转动，从而一侧梁体整体沉降与另一侧梁体产生沉降差时，两侧的伸缩片组处于一条直线，保证梁体之间的平整过渡连接。

【案件焦点】

涉案专利权利要求 1 的技术方案相对于证据 1 公开的内容，区别技术特征为，所述活动梳板（1）的第二端底部设置有转轴（8），并且该转轴（8）的两端枢接在与梁体（10）直接或间接固定的轴座（7）上。

基于上述区别技术特征，涉案专利权利要求 1 实际所要解决的技术问题为，在车辆加载大的载荷以及伸缩缝比较大（500mm 以上）的场合，如何保证活动梳板不上翘，提高伸缩缝装置使用性能，保证车辆平顺安全通过。

本案的争议焦点主要集中在证据 2 是否给出将上述区别技术特征应用到证据 1

中的启示。

争议焦点之一：证据 2 解决的技术问题是否与涉案专利实际解决的技术问题相关。

在确定某技术一特征的作用时，是放在技术方案中考虑技术特征的作用和效果，还是仅考虑技术特征自身能够起到的作用和效果，请求人和专利权人存在意见分歧。

请求人认为，枢轴 12A 或 12B 在证据 2 中所起的作用与其在涉案专利中相同，均是提供了活动梳板的转轴设置位置，本领域技术人员基于证据 2 提供的技术启示，容易想到将其与证据 1 相结合。

专利权人认为，证据 2 实际解决的技术问题是两侧梁体整体产生沉降差时，如何保证梁体之间的平整过渡连接，不是一侧梁体挠度变形时引起的活动梳板上翘问题。另外，证据 2 的相对设置的伸缩片组悬空设置，且相对设置的伸缩片组在交汇处仅仅通过独立舌片 122 进行支撑，这使得证据 2 仅仅适用于伸缩量极小的伸缩缝，并不适用于工程上伸缩量很大（例如大于 500mm）的特大型伸缩装置中。也就是说，证据 2 客观上也不解决特大伸缩缝中的活动梳板翘起问题。

争议焦点之二：本领域技术人员是否有动机将枢轴 12A 或枢轴 12B 从整体技术方案中剥离开，单独结合到证据 1 中。

在功能上彼此相互支持且存在相互作用关系的技术特征，是否能够将其中一部分或一个技术特征割裂出来单独运用到最接近的现有技术，请求人和专利权人也存在意见分歧。

请求人认为，单独考虑枢轴 12A 或枢轴 12B，其是设置在伸缩片组 12 端部的转轴，使得伸缩片组 12 枢转地连接到支撑构件 111 和支撑构件 112，在证据 2 中所起的作用与其在涉案专利中相同，均是提供活动梳板的转轴设置位置。

专利权人认为，证据 2 的技术方案为，相对设置的伸缩片组在交汇处通过独立舌片 122 插接，并且枢轴 12A 和枢轴 12B 需要同时转动，以保证在两侧梁体产生沉降差下，相对设置的伸缩片组处于一条直线。在证据 2 中枢轴 12A 和枢轴 12B 必须同时存在，才能解决其技术问题，本领域技术人员没有动机将枢轴 12A 或枢轴 12B 从整体技术方案中剥离开，单独结合到证据 1 中，更没有动机将其设置在活动梳板的第二端底部来解决涉案专利解决的技术问题。

【官方结论】

无效宣告请求审查决定中认为，由证据 2 公开的内容可知，证据 2 解决的技术问题与涉案专利不同。由证据 2 图 3 - 106、证据 2 背景技术部分以及具体实施方式优点部分的文字记载可知，证据 2 实际解决的技术问题是一侧梁体整体沉降与另一侧梁体产生沉降差时，如何保证梁体之间的平整过渡连接，并不是一侧梁体挠度变形时引起的活动梳板上翘问题，并且，证据 2 的相对设置的伸缩片组悬空设置，且两侧伸缩片组在交汇处仅仅通过独立舌片 122 进行支撑。证据 2 也没有采用固定梳板和活动梳板的技术手段，而是采用若干个伸缩片组，若干个伸缩片组独立设置而导致整体性较差，这使得证据 2 仅仅适用于允许的伸缩量极小的伸缩缝中，并且，证据 2 的枢轴 12A 和枢轴 12B 需要同时转动，以保证在沉降差下两侧的伸缩片组处于一条直线，本领域技术人员没有动机将枢轴 12A 或枢轴 12B 从整体技术方案中剥离开，单独结合到证据 1 中。因此，证据 2 没有公开上述区别技术特征，也没有给出技术启示。

【律师观点】

《专利审查指南 2010》第二部分第四章第 3.1 节规定了审查原则：在评价发明是否具备创造性时，审查员不仅要考虑发明的技术方案本身，而且还要考虑发明所属技术领域、所解决的技术问题和所产生的技术效果，将发明作为一个整体看待。在考虑对比文件整体上是否给出结合启示的时候，也需要将对比文件整体进行考虑。

首先，将技术方案作为一个整体进行考虑，考虑各个技术特征之间在功能上是否彼此支持以及是否存在相互作用关系。如果区别技术特征和其他特征在功能上作为一个整体在对比文件的技术方案中起作用，则需要有将该区别技术特征从整体中分离去解决涉案专利技术问题的明确技术启示。不考虑技术特征之间的关联关系，往往会导致错误的判断，从而存在"事后诸葛亮"之嫌。

其次，综合考虑技术方案、所解决的技术问题和所产生的技术效果。将区别技术特征所限定的技术手段从对比文件的技术方案中孤立地分离出来与最接近的现有技术结合进行评价，往往会导致错误评判。错误评判的原因往往在于片面考虑技术手段自身的效果，而没有考虑该技术手段在对比文件方案中起到的作用和达到的技术效果，从而造成创造性判断错误。

具体到本案来说，证据 2 的整体方案中公开了"枢轴 12A 或枢轴 12B"，且"枢轴 12A 或枢轴 12B"在自身的功能上与涉案专利的"转轴 8"相同，均具有转动的功能。但是，在证据 2 中，枢轴 12A 和枢轴 12B 需要同时转动，以保证在沉降差下两侧的伸缩片组处于一条直线，本领域技术人员没有动机将枢轴 12A 或枢轴 12B 从整体技术方案中剥离开，单独结合到证据 1 中。因此，不能仅仅因为对比文件部分技术特征与涉案专利相同，且技术特征自身具有相同的功能，就作出本领域技术人员容易想到将这部分技术特征所限定的技术手段结合到最接近的现有技术的结论。

（三）现有技术整体性考量三

——"一种注射用脂溶性维生素组合物及其制备方法"专利无效宣告案

【本案看点】

如果现有技术强调在解决涉案专利实际解决的技术问题时必须按照其给定的思路将一些技术特征组合使用，则在没有明确的技术教导的情况下，本领域技术人员仅仅能够获得按照其给定的思路来解决技术问题的技术教导。如果涉案专利的思路以及技术手段与其不同，则一般可以认为，现有技术整体上没有给出技术启示。

【案情介绍】

307

一、案件基本信息介绍

涉案专利号：ZL201210010878.4

专利名称：一种注射用脂溶性维生素组合物及其制备方法

案件类型：发明专利无效宣告案

无效宣告请求审查决定号：第 26805 号

二、涉案专利方案介绍

涉案专利要求保护一种制备注射用脂溶性维生素组合物的方法，权利要求 1 通过对原料用料及制备步骤的限定，要求保护如下的制备方法：原料为维生素 A 棕榈酸酯 1.314g、维生素 D2 0.01g、维生素 E 6.4g、维生素 K1 0.15g、聚山梨酯 80 50g、甘露醇 75g；注射用水至 3000ml；

A. 称取配方量的维生素 K1 加入聚山梨酯 80 中，搅拌溶解，得溶液 A；

B. 称取配方量的维生素 D2 加入溶液 A 中，搅拌溶解，得溶液 B；

C. 称取配方量的维生素 E 加入溶液 B 中，搅拌溶解，得溶液 C；

D. 称取配方量的维生素 A 棕榈酸酯加入溶液 C 中，搅拌溶解，加入 1000 体积份温度为的注射用水，搅拌至澄清，得溶液 D；

E. 将甘露醇溶于 1000 体积份 30~40℃注射用水中，搅拌至溶解；加入溶液 D

混合均匀，加入注射用水近全量，测定溶液 pH，使用 0.1mol/L 氢氧化钠溶液调节 pH 至 7.8～8.2，补加注射用水至 3000 体积份，无菌过滤，中间体检查合格后无菌灌装于西林瓶中，每瓶装量为 3 体积份，压半塞，置于冷冻干燥箱中冷冻干燥，压塞、锁铝盖，全检合格后包装，得注射用脂溶性维生素组合物。

涉案专利在其说明书中记载，通过将主药维生素 A 棕榈酸酯、维生素 D2、维生素 E、维生素 K1 按特定方法溶解后，再加入适宜温度的注射用水搅拌分散溶解，进一步保证样品的澄清度和含量的稳定性，使样品的质量更加稳定可控。

三、主要证据介绍

请求人主要提供的证据为证据 1 和证据 2。请求人认为，涉案专利的权利要求 1 在证据 1 的基础之上结合证据 2 以及公知常识不具有创造性。

证据 1：申请公布号为 CN101606939A 的中国发明专利申请文件；

证据 2：授权公告号为 CN101940557B 的中国发明专利文件。

证据 1 为最接近的现有技术，涉及脂溶性维生素冻干粉针及其制备方法。实施例 1 具体公开了一种冻干粉针剂的制备方法，该冻干粉针剂的组分及含量为：维生素 A 1.314g、维生素 D2 0.01g、维生素 E 6.4g、维生素 K1 0.2g、吐温 80（即聚山梨酯 80）50g、甘露醇 75g；其制备方法为：分别称取处方量的维生素 A、维生素 E、维生素 D2、维生素 K1，加入至称量好的吐温 80 中，搅拌至溶解，得到澄清油溶液；加入少量注射用水，搅拌至溶解，得到澄清溶液；另称取处方量的甘露醇溶于注射用水中，搅拌至溶解，加入 0.1%（g/ml）针用活性炭，60℃恒温搅拌 10 分钟，用 0.45μm 的滤膜或钛滤棒过滤脱炭，得粗滤液；在粗滤液中加入上述制得的主药澄清溶液，搅拌至澄清，加入注射用水至溶液体积为 3000ml，用 0.1mol/L 氢氧化钠调节 pH 为 6.5～9.0，补加注射用水至溶液体积为 3000ml，用 0.22μm 微孔滤膜过滤，中间体检查合格后无菌灌装于 7ml 西林瓶中，每瓶装 3ml，压半塞，置于冷冻干燥箱中冷冻干燥，压塞、锁铝盖，全检合格后包装，即得发明脂溶性维生素冻干粉针 1000 支。证据 1 实施例 1 中，"维生素 A"的使用形式实际上指"维生素 A 棕榈酸酯"。

证据 2 公开了一种脂溶性维生素冻干粉针的制备方法，该方法步骤包括：（b）取维生素 E 及配方量 90% 的吐温 80，搅拌均匀，加入维生素 K1 搅拌均匀，再加入维生素 A 棕榈酸酯搅拌均匀，制成混合液备用；（c）取维生素 D2 及剩余量的吐温 80 搅拌均匀后，与（b）步中混合液合并、搅拌，作为溶液 A 备用；（d）取总体积 80% 注射用水，将水温控制在 2～8℃，加入丙二醇搅拌使其溶解，制成溶液 B 备用；（e）将溶液 A 缓慢加入溶液 B 中，边加边搅拌，溶解后，调节 pH 6.7～7.2，加入活性炭，吸附、脱碳、精滤分装。证据 2 并指出"本发明的创新之处在于将主要成分按照特定的混合方法，分步进行混合，再配合特定的冻干曲线，由此保证了主要成分的稳定性，提高了产品质量。采用本发明方法制备的产品其外观饱满，疏松易溶，复溶快，其澄清度和稳定性好"。

【案件焦点】

权利要求 1 与证据 1 的实施例 1 相比，区别技术特征至少在于：①权利要求 1 使用的维生素 K1 是 0.15g，证据 1 使用的维生素 K1 的量为 0.2g；②权利要求 1 的四种维生素是按照维生素 K1、维生素 D2、维生素 E 和维生素 A 棕榈酸酯的顺序分别溶解的，证据 1 是一起溶解的；③权利要求 1 限定步骤 D 及步骤 E 中注射用水的体积为 1000 体积份，且限定了步骤 E 中注射用水的温度，而证据 1 无上述体积和温度的限定；④权利要求 1 步骤 E 中省略了加入活性炭吸附以及过滤脱炭的步骤。

根据说明书的描述，基于上述区别特征，权利要求 1 实际解决的技术问题是如何提高脂溶性维生素的溶解性以及保存的稳定性。

请求人认为，证据 2 给出了通过对主药成分的加入混合顺序进行调整以提高产品稳定性的技术启示，本领域技术人员根据证据 2 给出的技术启示，结合证据 1，经过简单的试验即可得出权利要求 1 涉及的技术方案；而且比较权利要求 1 涉及的技术方案与证据 2 的技术方案的 18 个月稳定性考察结果，权利要求 1 涉及的技术方案相对于证据 2 也并未产生突出的技术效果。因此，权利要求 1 涉及的制备注射用脂溶性维生素组合物的方法不具有突出的实质性特点和显著的进步，不符合《专利法》第二十二条第三款关于创造性的规定。

专利权人认为，在涉案专利权利要求 1 中，采用的技术手段仅仅是主药成分按照一定的加入顺序加入，冻干过程适用常规冻干曲线；而证据 2 教导了必须将主药成分的加入顺序和特定冻干曲线结合才能解决技术问题。因此，涉案专利权利要求 1 与证据 2 解决相同的技术问题时采用的技术方案不相同，涉案专利仅仅通过控制主药成分的加入顺序就可以达到保证主药成分稳定性好的技术效果。

【官方结论】

无效宣告请求审查决定中认为，涉案专利权利要求 1 中 4 种维生素的溶解顺序为依次将维生素 K1、维生素 D2、维生素 E 和维生素 A 棕榈酸酯溶解于吐温 80 中，而证据 2 中 4 种维生素的溶解顺序为依次将维生素 E、维生素 K1、维生素 A 棕榈酸酯、维生素 D2 溶解于吐温 80 中。尽管证据 2 教导对主药成分的加入混合顺序进行调整可以提高产品的稳定性，但是证据 2 同时指出，"本发明的创新之处在于将主要成分按照特定的混合方法，分步进行混合，再配合特定的冻干曲线，由此保证了主要成分的稳定性，提高了产品质量。采用本发明方法制备的产品其外观饱满，疏松易溶，复溶快，其澄清度和稳定性好"。因此，证据 2 给予本领域技术人员的教导应是：如果需要对含有维生素 A、维生素 D2、维生素 E、维生素 K1 的注射用脂溶性维生素组合物的主药成分的加入混合顺序进行调整，则应当按照证据 2 公开的顺序进行，且还需配合特定的冻干曲线，才可以保证主要成分的稳定性并提高产品质量。在证据 2 的这种教导下，本领域技术人员如果要调整证据 1 中注射用脂溶性维生素组合物的主药成分的加入混合顺序，也只能想到使用证据 2 给出的维生素 E、维生素 K1、维生素 A 棕榈酸酯、维生素 D2 的加入混合顺序，而不会显而易见地想到权利要求 1 中所使用的维生素 K1、维生素 D2、维生素 E、维生素 A 棕榈酸酯的加入混合顺序，从而得到权利要求 1 的技术方案。

因此，权利要求 1 相对于证据 1、证据 2 是非显而易见的，请求人认为权利要求 1 不具有创造性的理由不能成立。

【律师观点】

对于"现有技术整体上是否给出技术启示"，首先需要将现有技术作为一个整体进行考虑。如果现有技术方案中的多个技术特征需要相互配合，发挥关联作用方能解决一个技术问题以及实现所声称的技术效果，那么应当充分考虑技术特征之间的配合关系，将紧密关联的技术特征作为一个整体进行考量。

本案中，证据 2 记载了"本发明的创新之处在于将主要成分按照特定的混合方法，分步进行混合，再配合特定的冻干曲线"，即"将主要成分按照特定的混合方法，分步进行混合"与"特定的冻干曲线"两个技术特征共同作用方能实现"保证了主要成分的稳定性，提高了产品质量"的技术效果，这两个技术特征对于技术效果的实现缺一不可，给出的技术启示必然是这两个技术特征共同作用形成技术方案解决一个技术问题。因此，无法得出仅"将主要成分按照特定的混合方法，分步进行混合"即能解决技术问题"保证了主要成分的稳定性，提高了产品质量"的技术启示，即证据 2 技术方案作为一个整体，如果将其某个技术特征单独拆分出来，本领域技术人员无法预期其是否仍然能够解决同样的技术问题。因此，证据 2 无法给出利用"将主要成分按照特定的混合方法，分步进行混合"来解决该技术问题的技术启示。

另外，对于限定步骤顺序的方法专利而言，如果步骤顺序技术特征是能够解决其技术问题的关键所在，那么不仅需要考察每一步骤本身是否被现有技术公开，还需要充分考察现有技术整体上是否给出按照涉案专利限定的步骤顺序进行的技术启示。本案中，权利要求 1 中 4 种维生素的溶解顺序为依次将维生素 K1、维生素 D2、维生素 E 和维生素 A 棕榈酸酯溶解于吐温 80 中，通过该步骤顺序保证样品的澄清度和含量的稳定性，使样品的质量更加稳定可控。而证据 2 虽然也公开了添加同样的成分，但是 4 种维生素的溶解顺序为依次将维生素 E、维生素 K1、维生素 A 棕榈酸酯、D2 溶解于吐温 80 中。这时需要着重考虑由证据 2 的添加顺序能否想到按照涉案专利权利要求限定的添加顺序添加上述 4 种维生素。显然，证据 2 技术方案从整体上教导的是按照其公开的与涉案专利不同的既定顺序并配合不同的冻干曲线，证据 2

没有教导涉案专利权利要求的维生素添加顺序。

综上所述，在现有技术是否给出技术启示的判断中，需要将现有技术作为一个整体进行考虑。如果现有技术强调在解决涉案专利实际解决的技术问题时必须按照其给定的思路将一些技术特征组合使用，则在没有明确的技术教导的情况下，本领域技术人员仅仅能够获得按照其给定的思路来解决技术问题的技术教导。如果涉案专利的思路以及技术手段与其不同，则一般可以认为，现有技术整体上没有给出利用涉案专利的技术手段解决技术问题的技术启示。

（四）现有技术整体性考量四

——"水槽式清洗机"专利无效宣告案

【本案看点】

如果涉案专利相对于最接近的现有技术的区别技术特征被其他现有技术公开，而上述区别技术特征只是该现有技术公开的整体技术方案中的部分技术特征，并且，可以确定该现有技术中包含上述技术特征的技术方案与涉案专利相比虽然解决相同的技术问题，但技术方案整体不同，则在没有明确的技术启示下，本领域技术人员没有动机仅将区别技术特征从该现有技术公开的整体技术方案中分割出来应用于最接近的现有技术。

【案情介绍】

一、本案基本信息介绍

涉案专利号：ZL201310750968.1
专利名称：水槽式清洗机
案件类型：发明专利无效宣告案
无效宣告请求审查决定号：第38089号

二、涉案专利方案介绍

本案中涉案专利权利要求1请求保护：一种水槽式清洗机，包括形成洗涤空间的箱体，其特征在于，所述箱体包括水槽本体（1）和转动连接在所述水槽本体（1）上的盖板（2），所述水槽本体（1）的底部至少在中央部位具有下凹的沥水区域（32），所述沥水区域（32）内设置有将所述沥水区域内的水泵出沥水区域（32）上方洗涤空间的水泵（5），所述沥水区域（32）覆盖有带沥水孔（31）的沥水板（3），与所述水泵（5）流体连通、具有出水孔（621）的旋转喷臂（6）则设置在该沥水板的（3）上方。其结构如图3-107和图3-108所示。

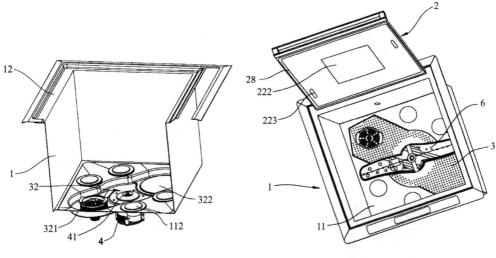

图 3 - 107 水槽本体的示意图   图 3 - 108 "水槽式清洗机"的示意图

涉案专利中洗涤水循环的过程是，旋转喷臂喷出的洗涤水在完成清洗工作后，从沥水板流入下方的下凹沥水区域，然后可直接进入沥水区域中的水泵，被再次输送到旋转喷臂中。

涉案专利的优点在于，将水泵设置在沥水区域内，仅使用沥水板来过滤掉影响水泵寿命的杂质，可以提高水泵的工作效率和使用寿命。并且，通过沥水板、下凹沥水区域和沥水区域中水泵构成简单的沥水结构，可以实现快速净化洗涤水使其重复利用的技术效果。

三、主要证据介绍

无效宣告请求人提供的主要证据是证据 1 和证据 2，主张涉案专利权利要求 1 保护的技术方案在证据 1 的基础之上结合证据 2 或结合证据 2 以及公知常识不具有创造性。

证据 1：授权公告号为 US7201175B2 的美国发明专利文件；
证据 2：授权公告号为 CN101152071B 的中国发明专利文件。

证据 1 是最接近的现有技术，公开了一种水槽内洗碗机，包括第二水槽 20，第二水槽 20 的底壁 36 具有下凹的排水部 38，排水部 38 包括集污槽 148；水槽内洗碗机的主要部件包括底幕 42、排水过滤器 44，底幕 42 中形成一系列孔 54，并具有排水口 58，当底幕 42 安装到底壁 36 时，排水口 58 和排水部 38 对齐；喷射臂组件 48 包括中空喷射臂 114，其具有形成在下表面的液体入口 116 和形成在上表面的喷射出口 117。其结构如图 3 - 109 和图 3 - 110 所示。

313

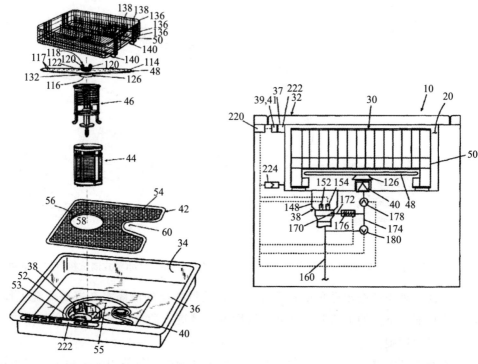

314

图 3－109 "水槽内洗碗机"的结构分解图　　图 3－110 "水槽内洗碗机"的示意图

证据 2 公开了一种洗碗机的贮槽：贮槽 10 包括用于贮存洗涤水的贮槽壳体 11；位于贮槽壳体 11 内部以抽出洗涤水的洗涤泵组件；联接在洗涤泵组件上侧的过滤组件 20。洗涤泵组件包括：设置有泵壳体的泵支架 12；以及设置于泵壳体内以抽出洗涤水的叶轮 18，网式过滤器 17 联接于泵支架 12 的底部，以用于过滤掉洗涤泵泵送的洗涤水中的杂物，处置器 16 安装在网式过滤器 17 的下面以碾碎洗涤水中包含的杂物。网式过滤器 17 与泵支架 12 的抽吸孔 122 的下端联接，从而初步过滤掉洗涤水中的杂物之后将洗涤水引入泵壳体中。其结构如图 3－111 所示。

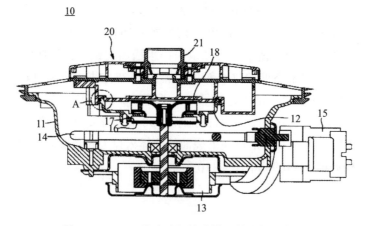

图 3－111 "一种洗碗机的贮槽"的结构示意图

证据 2 实际公开了这样一个技术方案：贮槽壳体 11 的顶部覆盖过滤组件 20，内部安置了水泵，并且在贮槽壳体 11 的内部、水泵的入口设置了用于进一步过滤和粉碎残渣的网式过滤器 17 和处置器 16；其洗涤水的流程是：从旋转喷臂中留出的洗涤水经过滤组件 20，流入其下部的贮槽壳体 11 内，然后洗涤水需要再次进过网式过滤器 17 以及处置器 16 后再进入泵壳体中。

【案件焦点】

请求人认为，证据 1 的沥水区域是证据 1 图 3 - 109 中的标号 55，排水部 38 不包括在沥水区域中，排水部 38 的上端口包括在沥水区域中，证据 1 中标号 52、55 是下凹区域；涉案专利权利要求 1 与证据 1 的区别为水泵的设置位置。证据 2 是柜式洗碗机，柜式和水槽式的循环路径大致相同，泵放在内部也节省管路，避免管路导致的二次污染。证据 2 还公开了过滤组件 20 是一个整体，对应涉案专利的沥水板，其上的孔 221 对水有过滤作用，因此，上述区别以及沥水区域和覆盖在沥水区域上方的沥水板均为证据 2 公开。即使认为权利要求 1 的中央位置一定包括中心点，也是公知常识。

专利权人认为，涉案专利权利要求 1 相对于证据 1 的区别技术特征为：①涉案专利权利要求 1 中限定了水槽本体的底部至少在中央部位具有下凹的沥水区域；②所述沥水区域内设置有将所述沥水区域内的水泵出到沥水区域上方洗涤空间的水泵，所述沥水区域覆盖有带沥水孔的沥水板。基于上述区别，涉案专利权利要求 1 要解决的技术问题是将沥水区域设置在中央部位以保证水槽本体的平衡稳定；仅利用沥水板完成对洗涤水的过滤，由此避免洗涤水中的食物残渣进入置于沥水区域中的水泵而影响其工作效率和使用寿命。关于区别技术特征①，涉案专利下凹部的作用为形成一个沥水区域以存储经过过滤的洗涤水，以及安装泵，涉案专利通过沥水板能完全排除对水泵使用寿命有影响的残渣。但证据 2 中的过滤组件仅能过滤部分残渣，而证据 2 中还设置了处置器 16 和网式过滤器 17，用来打碎残渣和对进入水泵的水过滤，因此证据 2 中如果单独设置过滤组件 20 不能解决影响水泵寿命的问题，否则没有必要设置处置器 16 和网式过滤器 17。证据 2 的构思与解决技术问题的整体方案与涉案专利不同，没有只设沥水板解决综合技术问题的技术启示。关于区别技术特征②，其不是公知常识且可保证水槽本体平衡稳定。

【官方结论】

无效宣告请求审查决定中认为：关于上述区别技术特征①，对于本领域技术人员而言，考虑到水槽整体的平衡，根据实际需要将水槽本体底部的下凹的沥水区域设置在中央位置，属于本领域常用技术手段，其位置设置并不具有预料不到的技术

315

效果。关于上述区别技术特征②，证据 2 中公开了一种洗碗机的贮槽，证据 2 中虽然洗涤泵组件位于贮存洗涤水的贮槽壳体 11 内，依然需要设置网式过滤器 17 对进入泵壳体中的洗涤水再次进行过滤，而抽出洗涤水的叶轮 18 并非直接抽出通过过滤组件 20 后进入贮槽壳体 11 内部的洗涤水，因此，证据 2 中并非仅利用过滤组件 20 对进入贮槽壳体 11 中的洗涤水进行过滤，还需要利用网式过滤器 17，即证据 2 与涉案专利对过滤水中杂物的具体环节以及相关装置设置的构思并不相同。因而，过滤组件 20 与涉案专利的沥水板作用效果不同，其中的贮槽壳体 11 也不能相当于涉案专利的沥水区域。并且，证据 2 本身是个完整的方案，本领域技术人员在证据 2 的基础上，没有动机要去除其中的网式过滤器 17 和处置器 16，令其改造成仅依靠过滤组件 20 的过滤能力来过滤。也就是说，证据 2 中没有给出令通过沥水板后进入沥水区域的水中，不存在影响水泵使用寿命的杂物，从沥水区域泵出的水可直接用于再次清洗，从而置于沥水区域中的水泵不需要再使用其他过滤设备的技术启示。本领域技术人员在面对证据 2 时，难以想到要对其中的过滤组件和洗涤泵组件同时改造，以令贮槽壳体 11 中的洗涤水可以直接被其中的洗涤泵组件抽取而循环利用。

此外，由于如上所述证据 1 中存在未对标号 52、55 进行说明等，无法确定其具体结构，本领域技术人员在将证据 2 结合到证据 1 时，还存在难以想到如何将改造后的结构应用于证据 1，以替代证据 1 具体部件的问题。

综上，权利要求 1 在证据 1 的基础之上进一步结合证据 2 或进一步结合证据 2 和公知常识，具备突出的实质性特点和显著的进步，具备《专利法》第二十二条第三款规定的创造性。

【律师观点】

创造性判断过程中考虑整体性原则的一个具体情形是，如果涉案专利与最接近的现有技术存在区别技术特征，而另外的现有技术公开的技术方案中包含上述区别技术特征，不应简单地认为该现有技术与最接近的现有技术进行组合而获得涉案专利的技术方案是显而易见的。整体性原则要求除了对比和分析技术特征之外，更多地应该关注现有技术使用的技术方案是否和涉案专利相同。如果现有技术中为了解决相同的技术问题，采用不同于涉案专利的技术方案，即便现有技术中采用的技术方案中包含部分与涉案专利技术方案对应的技术特征，则应该考虑本领域技术人员是否有动机将这部分技术特征从整体技术方案中分割出来应用于最接近的现有技术。

本案中，涉案专利的技术方案与最接近的现有技术证据 1 的区别在于相互关联的技术特征下凹的沥水区域，覆盖沥水区域的沥水板，位于沥水区域中的水泵、沥水板、沥水区域以及水泵作为一个整体来解决洗涤用水的过滤和再循环问题；证据 2 公开了为了解决相同的技术问题（即洗涤水的过滤和循环再利用）而采用具有过滤组件，贮槽壳体，贮槽壳体内的处置器、网式过滤器和水泵的技术方案，并且洗涤水需要经过过滤组件、处置器和网式过滤器后才会进入水泵再循环，即这三个部件之间具有密切配合的工作关系，任一部件都不能随意省略。那么在阅读证据2之后，本领域技术人员没有动机省去部分技术特征如处置器和网式过滤器，只将技术特征过滤组件和水泵应用到最接近的现有技术中，因为证据2并没有教导通过仅具有过滤组件、贮槽和水泵的技术方案来解决同一技术问题的技术启示。此时，机械地割裂现有技术的技术方案显然与现有技术的发明构思相悖。

十、创造性判断的其他问题

（一）已知化学产品用途发明专利创造性判断中预料不到技术效果的认定

——"用抗 CD20 抗体治疗中度和高度
非何杰金氏淋巴瘤"专利行政诉讼案

【本案看点】

已知化学产品用途发明的创造性判断过程中，重点在于考察是否存在预料不到的技术效果。判断是否属于预料不到的技术效果往往与实施例中提供的实验数据息息相关。这时候需要判断实验数据与权利要求要求保护的技术方案是否相匹配，判断现有实验数据是否足以证明权利要求保护的技术方案具有预料不到的技术效果。

【案情介绍】

一、案件基本信息介绍

涉案专利号：ZL00811372.6
专利名称：用抗 CD20 抗体治疗中度和高度非何杰金氏淋巴瘤
案件类型：专利行政诉讼案
北京市高级人民法院行政判决书：（2016）京行终 3926 号
被诉无效宣告请求审查决定号：第 21981 号
案件程序概况：国家知识产权局于 2014 年 1 月 8 日作出无效宣告请求审查决定，宣告涉案专利权利要求 1 无效，在权利要求 2 的基础上继续维持该专利有效。专利权人不服该决定，起诉至北京市第一中级人民法院。北京市第一中级人民法院在一审判决中维持上述决定。专利权人不服一审判决，上诉至北京市高级人民法院。北京市高级人民法院判决驳回上诉，维持原判。

二、涉案专利方案介绍

涉案专利权利要求 2 要求保护立妥昔与化疗方案 CHOP 结合使用在制备药物中的用途，所述药物用于治疗人类患者中弥散性大细胞淋巴瘤（DLCL），其中所述的淋巴瘤（NHL）是与大块病变相伴的。

非何杰金氏淋巴瘤的特征在于 B 淋巴细胞的恶性生长，中度和高度的淋巴瘤在诊断时比低度淋巴瘤更具攻击性。现有技术的治疗中度和高度淋巴瘤的抗体是 Oncolym。在晚期形式的非何杰金氏淋巴瘤中使用 Oncolym 的潜在缺点是该淋巴瘤的特征通常牵连到骨髓，所以对这类患者给予放射标记过的抗体经常会导致不希望的骨髓抑制和对健康祖细胞的损伤。

为了解决上述技术问题，涉案专利说明书中记载了单一药剂——立妥昔以及立妥昔与 CHOP 联合治疗的试验。一方面，对于使用单一药剂——立妥昔进行给药，结果表明患有弥散性大细胞淋巴瘤患者（N = 30）有 37% 的整体反应率，患有套细胞淋巴瘤的患者（N = 12）有 33% 的总体反应率；患有复发或难治的大块低度 NHL 的患者，28 例可评估的患者中 12 例（43%）表明 CR（1.4%）或 PR（11.39%）。另一方面，针对中度或高度 NHL 患者，采用立妥昔与 CHOP 联合治疗，30 例可评估的患者中，有 19 例 CR（63%）和 10 例 PR（33%），得出总体反应率为 96%。这种治疗方案被认为是有很好的耐受性并且会比单用 Rituximab 或 CHOP 有较高的反应率。

319

三、主要证据介绍

请求人提供的主要证据是证据 1、证据 3 以及证据 4。请求人主张涉案专利权利要求 2 在证据 1 的基础上结合证据 3 以及公知常识不具备创造性。

证据 1："Rituximab（Anti – CD20 Monoclonal Antibody）for the Treatment of Patients with Relapsing or Refractory Aggressive Lymphoma：A Multicenter Phase II Study"❶，第 1927 ~ 1932 页及其中文译文；

证据 3：申请公布号为 CN1094965A 的中国发明专利申请文件；

证据 4：公知常识性证据，《临床肿瘤学》❷，封面、出版信息页、目录、第 355 ~ 361 页。

证据 1 是最接近的现有技术，公开了用 Rituximab 单抗（立妥昔）治疗复发或难治性侵袭性淋巴瘤患者的研究，其实验结果表明，可评估患者的总反应率为 33%，其中，DLCL 的反应率为 37%。研究结果显示，立妥昔对于治疗侵袭性淋巴瘤患者的

---

❶ COIFFIER B, HAIOUN C, KETTERER N, et al. Rituximab（anti – CD20 monoclonal antibody）for the treatment of patients with relapsing or refractory aggressive lymphoma：a multicenter phase II study. ［J］. Blood, 1998, 92（6）：1927 – 1932.

❷ 李同度. 临床肿瘤学 ［M］. 合肥：安徽科学技术出版社，1995.

给药真实反应率等于或大于 30%，立妥昔疗法对 DLCL 患者具有显著的抗淋巴瘤活性，且没有观察到联合化疗方案中常见的毒性；应当在患者中试验立妥昔与化学疗法的联合治疗。

证据 3 涉及抗人类 B 淋巴细胞限制分化抗原的嵌合及放射性标记抗体，其中在公开采用放射性标记的抗体 Y2B8 和未标记的抗体 C2B8 治疗 B 细胞淋巴瘤的技术方案的基础上还指出，化疗剂可以与 C2B8 抗体结合使用，可以采用"交错"治疗法，先用化疗剂治疗，接着用 C2B8 治疗，然后重复；也可以开始先用单剂量或多剂量 C2B8 治疗，然后用化学治疗，优选的化疗剂包括但不限于环磷酰胺、阿霉素、长春新碱和强的松。证据 3 中已经明确公开化疗剂与 C2B8 抗体（即立妥昔）联合用于 B 细胞淋巴瘤治疗的内容。

证据 4 公开了治疗弥散性大细胞淋巴瘤的 CHOP 推荐化疗方案。

【案件焦点】

涉案专利权利要求 2 的技术方案相对于证据 1 公开的内容，区别技术特征为：①权利要求 2 具体限定了所述弥散性大细胞淋巴瘤伴随有大块病变；②权利要求 2 的制药用途中还限定立妥昔与 CHOP 结合使用。

涉案专利权利要求 2 基于上述区别技术特征实际所要解决的技术问题是选择特定的 CHOP 化疗剂方案与立妥昔结合，用于治疗伴随有大块病变的弥散性大细胞淋巴瘤。

上诉人和被上诉人对于上述区别技术特征的认定以及基于区别技术特征涉案专利权利要求 2 实际解决的技术问题没有争议。

本案的争议焦点主要集中在权利要求 2 的技术方案是否具有预料不到的技术效果。

上诉人认为，虽然本领域技术人员在证据 1 的基础之上进一步结合证据 3 以及公知常识的基础上知晓可以将 CD20 抗体立妥昔和 CHOP 方案组合治疗伴随大块病变的 DLCL，且不排除两者可能具有协同作用，但是证据 1 和证据 3 都未具体披露这种组合治疗能够产生更好的协同效果。而从涉案专利说明书【0049】段和【0054】段中的数据可以看出，利用单一剂量立妥昔治疗 DLCL 患者的整体反应率为 37%，而抗体立妥昔与 CHOP 化学疗法联合应用治疗中高度 NHL 的整体反应率为 96%，即抗体立妥昔与 CHOP 化学疗法联合用药所产生的治疗效果显著优于单独使用抗体立妥昔的治疗效果，该效果明显超出本领域技术人员的合理预期，带来了预料不到的技术效果。

被上诉人认为，涉案专利说明书没有提供证明涉案专利权利要求 2 的技术方案取得了预料不到的技术效果的实验数据。涉案专利权利要求 2 提出了一个治疗的设想，没有记载效果。权利要求 2 中定义的病是具体的一种伴随有大块病变的 DLCL，而说明书【0054】段的实验数据是针对更大范围的中高度 NHL，无法从其中针对大范围患者所得的数据推定伴随有大块病变的 DLCL 具体病症患者的效果。

【官方结论】

北京市高级人民法院在行政判决书中认为，权利要求 2 请求保护立妥昔与化疗方案 CHOP 结合使用在制备药物中的用途，所述药物用于治疗人类患者中弥散性大细胞淋巴瘤，其中所述的淋巴瘤是与大块病变相伴的。证据 1 公开了抗 CD20 单克隆抗体立妥昔用于治疗 DLCL，并且给出了应当在患者中试验立妥昔与化学疗法的联合治疗的教导。而证据 3 中采用与立妥昔联用治疗 B 细胞淋巴瘤的四种化疗剂是本领域常用于治疗淋巴瘤的 CHOP 化疗方案的药物，已经明确公开化疗剂与 C2B8 抗体（即立妥昔）联合用于 B 细胞淋巴瘤治疗的内容，优选的化疗剂包括但不限于环磷酰胺、阿霉素、长春新碱和强的松。本领域公知，DLCL 以及 B 细胞淋巴瘤同属于非何杰金氏淋巴瘤范畴。在证据 1 的基础上，本领域技术人员有动机将立妥昔与 CHOP 化疗方案组合用于治疗权利要求 2 的弥散性大细胞淋巴瘤，而大块病变相伴的弥散性大细胞淋巴瘤属于弥散性大细胞淋巴瘤的一种症状，并非区别于弥散性大细胞淋巴瘤的不同疾病类型。因此，对于本领域技术人员来说，在证据 1 的基础之上进一步结合证据 3 以及公知常识得到权利要求 2 的技术方案是显而易见的。因此，涉案专利权利要求 2 不具备突出的实质性特点和显著的进步，不具备《专利法》第二十二条第三款规定的创造性。

被诉决定认为，虽然本领域技术人员在证据 1、证据 3 和公知常识的基础上知晓可以将抗 CD20 抗体立妥昔和 CHOP 方案组合治疗伴随大块病变的 DLCL，且不排除两者可能具有协同作用，但是证据 1 和证据 3 都未具体披露这种组合治疗能够产生更好的协同效果。而从涉案专利说明书第【0049】段和【0054】段中的数据可以看出，利用单一剂量抗体立妥昔治疗 DLCL 患者的总体反应率为 37%，而抗体立妥昔与 CHOP 化学疗法联合应用治疗中高度 NHL 的总体反应率为 96%，即抗体立妥昔与 CHOP 化学疗法联合用药所产生的治疗效果显著优于单独使用抗体立妥昔的治疗效果，该效果明显超过本领域技术人员在证据 1 和证据 3 基础上的合理预期。因此，权利要求 2 相对于证据 1、证据 3 和公知常识具备创造性。

北京市高级人民法院认为，在创造性判断中认定是否存在预料不到的技术效果时，应当综合考虑发明所属技术领域的特点，尤其是技术效果的可预见性、现有技术中存在的技术启示等因素。通常情况下，现有技术中给出的技术启示越明确，技术效果的可预见性就越高。此外，还需考虑声称取得预料不到的技术效果的技术方案是否与权利要求保护的技术方案相匹配。

具体到本案，如上所述，现有技术整体已经给出将立妥昔与 CHOP 化疗方案联合应用以治疗弥散性大细胞淋巴瘤的技术启示，即本领域技术人员根据现有技术可以预见到上述联合应用可以治疗弥散性大细胞瘤，并且治疗效果要好于单用上述其中的一种药物/治疗方案。因此，在这种情况下，需要考察涉案专利说明书中是否提供能证明涉案专利权利要求 2 所述的立妥昔与 CHOP 联合应用以治疗与大块病变相伴的弥散性大细胞瘤的实验效果超出本领域的预期。

涉案专利说明书中记载了单一药剂——立妥昔以及立妥昔与 CHOP 联合治疗的试验。一方面，对于使用单一药剂——立妥昔进行给药，结果表明患有弥散性大细胞淋巴瘤患者（N = 30）有 37% 的整体反应率，患有套细胞淋巴瘤的患者（N = 12）有 33% 的总体反应率；患有复发或难治的大块低度 NHL 的患者，28 例可评估的患者中 12 例（43%）表明 CR（1.4%）或 PR（11.39%）。另一方面，针对中度或高度 NHL 患者，采用立妥昔与 CHOP 联合治疗，30 例可评估的患者中，有 19 例 CR（63%）和 10 例 PR（33%），得出总体反应率为 96%，这种治疗方案被认为是有很好的耐受性并且会比单用 Rituximab 或 CHOP 有较高的反应率。

根据涉案专利公开的信息，在没有其他相应证据证明的情况下，本领域技术人员由说明书中提供的立妥昔与 CHOP 联合治疗中度或高度 NHL 所实现的 96% 的总体反应率不能确定上述联合治疗对于与大块病变相伴的弥散性大细胞淋巴瘤，即权利要求 2 涉及的疾病也能达到 96% 的总体反应率的治疗效果。本领域技术人员在缺少实验数据证明的情况下，无法获知立妥昔与 CHOP 联合治疗与大块病变相伴的弥散性大细胞淋巴瘤的总体反应率为多少，并进而据此判断其效果是否超出本领域的预期。因此，无法认定涉案专利权利要求 2 的技术方案取得了预料不到的技术效果。由此可见，权利要求 2 要求保护的技术方案相对于证据 1、证据 3 和公知常识不具有突出的实质性特点和显著的进步，不具备《专利法》第二十二条第三款规定的创造性。

【律师观点】

《专利审查指南 2010》第二部分第十章第 6.2 节对化学产品用途发明的创造性进行了描述，具体对已知产品用途发明的创造性规定如下："对于已知产品的用途发明，如果该新用途不能从产品本身的结构、组成、分子量、已知的物理化学性质以及该产品的现有用途显而易见地得出或者预见到，而是利用了产品新发现的性质，并且产生了预料不到的技术效果，可认为这种已知产品的用途发明有创造性。"

发明取得了预料不到的技术效果，是指发明同现有技术相比，其技术效果产生"质"的变化，具有新的性能；产生"量"的变化，超出人们预期的想象。当发明产生了预料不到的技术效果时，该发明具有创造性。对于化学领域的已知产品用途权利要求而言，往往需要依赖实验数据来证明技术方案的效果，需要从以下两个方面进行重点考察。

首先，应当综合考虑发明所属技术领域的特点，站位本领域技术人员的角度，判断发明的技术效果是否达到预料不到的程度。所谓"预料不到的程度",是指上述技术效果对本领域技术人员而言,无法合理预测或推理出来。化学领域已知产品的用途专利,需要重点判断说明书中记载的实验数据是否足以证明其所要证明的技术方案具有预料不到的技术效果,即达到不可预见的程度。在考虑技术效果是否可预见时,应当考虑技术领域、所解决的技术问题等因素,整体考虑现有技术公开的内容和在解决该技术问题时存在的技术启示,确定现有技术是否给出获得该技术效果的指引。通常情况下,现有技术中给出的技术启示越明确,技术效果的可预见性就越高。

其次,需要考虑技术效果即实验数据与技术方案中相应特征的对应关系。即使说明书记载了某些技术方案具有预料不到的技术效果,但是依旧需要具体判断是哪些具体技术特征导致能够取得该技术效果,权利要求保护的技术方案是否限定了这些相应技术特征,即应当能够明确地确定权利要求保护的技术方案能够达到该效果。

具体到本案而言,权利要求 2 要求保护立妥昔与 CHOP 联合使用在制备药物中的用途,该药物用于治疗人类患者中弥散性大细胞淋巴瘤,其中淋巴瘤是与大块病变相伴的。因此,需要说明书记载的实验数据能够体现立妥昔与 CHOP 联合使用在治疗大块病变相伴弥散性大细胞淋巴瘤中的效果。涉案专利说明书记载了针对 31 例中度或高度 NHL 患者,采用立妥昔与 CHOP 联合治疗总体反应率为 96%,但是没有说明这些 NHL 患者是大块病变相伴的,因此根据说明书的实验数据,本领域技术人员仅能预见立妥昔与 CHOP 联合使用在中度或高度 NHL 患者中能够实现 96% 的总体反应率,而不能预见在治疗大块病变相伴的弥散性大细胞淋巴瘤中也具有同等程度的总体反应率。

综上,对于化学领域已知的产品用途权利要求而言,判断是否具有预料不到的技术效果往往与实施例中提供的实验数据息息相关。这时候需要判断实验数据与权利要求保护的技术方案是否相匹配,判断现有实验数据是否足以证明权利要求保护的技术方案具有预料不到的技术效果。

（二）药物制剂发明中已知辅料对专利创造性判断的影响

——"一种改善溶出性能的尼美舒利药物组合物及其制备方法"专利无效宣告案

【本案看点】

药物制剂发明使用的辅料一般都是已知的，区别在于辅料组合和比例不同。当现有技术中缺乏解决技术问题的教导时，即使该发明所使用的辅料成分属于本领域常规的辅料，通过选择特定种类和含量辅料组合制得的药物制剂获得了改善的技术效果的技术方案，对于本领域技术人员而言仍将是非显而易见的。

324

【案情介绍】

一、案件基本信息介绍

涉案专利号：ZL201010526114.1
专利名称：一种改善溶出性能的尼美舒利药物组合物及其制备方法
案件类型：发明专利无效宣告案
无效宣告请求审查决定号：第 29370 号

二、涉案专利方案介绍

涉案专利权利要求 5 要求保护一种改善溶出性能的尼美舒利药物组合物，具体是一种尼美舒利的片剂。尼美舒利是目前在治疗类风湿性关节炎导致的疼痛性炎性病况中使用的药物，还可用于治疗上呼吸道感染引起的发热，有较强的退热作用。尼美舒利是疏水性极强的药物，不溶于水，其在室温下的水溶性为约 0.01 毫克/毫升。

为了解决上述技术问题，涉案专利权利要求 5 提供了特定的辅料组合物，涉案专利中使用 50 克/千片的 PEG（聚乙二醇）400、250 克/千片的微晶纤维素、12.5 克/千片的二氧化硅、20 克/千片的羧甲基淀粉钠、3.2 克/千片的羟丙甲纤维素（HPMC）、2.5 克/千片的纯滑石增加对难溶性药物尼美舒利的溶解。

采用涉案专利权利要求 5 的技术方案，尼美舒利的溶出度在 5~10 分钟内可达到 90% 以上，甚至高达 100%。

三、主要证据介绍

请求人提供的主要证据是证据 1 和证据 2。请求人认为，权利要求 5 在证据 1 的基础之上结合证据 2 不具备创造性。

证据 1：《尼美舒利片生产工艺与质量研究》❶，出版页及全部论文；

证据 2：《药用辅料手册》❷，正文页第 523~524 页。

证据 1 是最接近的现有技术，涉及尼美舒利片剂的制备与质量研究，并具体公开了尼美舒利片剂的处方为：尼美舒利 100g，乳糖 60g，微晶纤维素 85g，低取代羟丙基纤维素 10g，黏合剂：4% HPMC60RT5（羟丙基甲基纤维素）、2% PEG6000、3% 微粉硅胶水溶液适量；外加羧甲基淀粉钠 20g、硬脂酸镁 3g，制成 1000 片，片重约 300mg。证据 1 中进一步公开了由此获得的片剂的全溶出曲线，结果显示其 5 分钟时，溶出度在 50.9%~55.8% 之间，10 分钟时溶出度在 94.2%~97.9% 之间。

证据 2 为药用辅料聚乙二醇的介绍，其中记载了典型的聚乙二醇（包括 PEG400）的平均分子量，并记载采用适当的聚乙二醇与难溶性药物制成固体分散物，能增加难溶性药物的水溶解度和溶出速度。

325

【案件焦点】

涉案专利权利要求 5 的技术方案相对于证据 1 公开的内容，区别技术特征为：①每片中尼美舒利含量不同，涉案专利为 25 毫克/片，而证据 1 为 100 毫克/片。②辅料的组成及用量不同，主要为涉案专利中使用 PEG400 增加对难溶性药物尼美舒利的溶解，而证据 1 中并未使用助溶剂；两者稀释剂不同，涉案专利中为大量（用量为活性成分 10 倍）的微晶纤维素，而证据 1 使用的是用量少于活性成分用量的乳糖；两者崩解剂不同，涉案专利中仅使用羧甲基淀粉钠而证据 1 为羧甲基淀粉钠和低取代羟丙基甲基纤维素的组合；两者黏合剂不同，涉案专利为 HPMC 而证据 1 为 4% HPMC60RT5、2% PEG6000 和 3% 微粉硅胶水溶液；两者润滑剂不同，涉案专利为纯滑石而证据 1 为硬脂酸镁。

本案的争议焦点主要集中在尼美舒利片剂中药物用量及辅料种类及用量的确定是否是本领域技术人员容易想到的。

请求人认为，尼美舒利属于公知的难溶性药物，使用 PEG400 溶解难溶性药物是

---

❶ 杨昕. 尼美舒利片生产工艺与质量研究 [D]. 天津大学，2006.

❷ 罗，舍斯基，韦勒. 药用辅料手册（原著第四版）[M]. 郑俊民，译. 北京：化学工业出版社，2005.

本领域技术人员公知的技术，且在证据2中已经有所记载，本领域技术人员容易想到了改善尼美舒利的溶出度，在尼美舒利片中采用PEG400。其他辅料均为《药典》中记载的常用辅料，辅料的常用量范围也属于药物制剂领域的公知常识。证据1中已经公开可采用正交实验的方法对辅料的种类及用量进行选择，每片中药物含量的不同属于不同的药品规格，为常规范围。

专利权人认为，片剂中药物用量及辅料种类及用量的确定均应视为一个整体，对其选择需要付出创造性劳动。另外，本发明的创新点在于意外地发现，使用液体PEG400物质作为分散剂，可获得难溶性物质尼美舒利溶出性质改善的意外效果。本发明方法不同于常用的固体分散技术的是，所用的液体PEG400在制备开始阶段具有分散作用，但在最终制剂中仍然保留，并且在增加药物的可溶性或可湿性方面有显著的作用。

【官方结论】

无效宣告请求审查决定中认为，与证据1相比，涉案专利中使用PEG400增加对难溶性药物尼美舒利的溶解，而证据1中并未使用助溶剂，并且两者在稀释剂、崩解剂、黏合剂和润滑剂的种类选择上均不相同。首先，尽管涉案专利中所述辅料均为现有技术已知辅料，但影响片剂溶出度的因素众多，辅料的种类及用量均可能导致片剂溶出度的改变。具体到尼美舒利片剂而言，由证据1的整体教导可见，使用种类不同的黏合剂、崩解剂以及不同用量的微晶纤维素均会对片剂的溶出产生影响；在证据2中也并未记载何为适当的PEG，也未给出如何选择适当PEG的明确教导。由此，在涉案专利片剂中采用与证据1不同的黏合剂、崩解剂，同时增加微晶纤维素用量，还使用PEG400的基础上，仍取得上述溶出的效果，与各辅料及用量密切相关，依据证据1仅给出的特定辅料及用量的组合以及证据2中关于PEG的教导，本领域技术人员为了得到一种具有所述溶出效果的尼美舒利片剂，并不能显而易见地想到并未在证据1、证据2中公开的涉案专利权利要求5所述特定辅料种类及用量的组合。

【律师观点】

对于医药领域而言，围绕核心化合物专利可以形成一系列专利，包括晶型专利、制备方法专利、制剂专利、组合物专利等。化合物专利在医药专利中仅占很小的一部分，出于专利保护周期的需要以及实际上市药品情况，制剂专利对医药领域申请人而言是非常重要的。特别针对药物研发精力主要投入于药物制剂的研发，希望通过对药物制剂的改进进一步提高药物中活性成分的药效、生物利用度、稳定性等性质的申请人更是如此。因此，制剂专利的无效也是医药领域无效的热点之一。

制剂专利主要发明点通常在于选择辅料。所选择的辅料均来源于国家认可或批准的辅料，即所采用的均为现有的辅料。那么如何判断制剂专利中的辅料能否给专利带来创造性，是制剂专利是否具有创造性的关键环节之一。

首先，需要判断辅料的组合及其用量是否被现有技术公开。虽然每一种辅料都为现有的辅料，但是需要判断将这些辅料按照特定的配比组合应用是否是现有技术，特别在确定与最接近的现有技术在辅料成分上的区别组分后，才能进一步进行创造性的判断。

其次，需要确定辅料按照特定的配比组合所能带来的效果以及解决的技术问题。这里的判断标准与通常创造性"三步法"的判断标准相同。需要注意的是，在确定辅料组合物的效果时，往往需要结合实施例的数据，确定与最接近的现有技术的辅料相比，涉案专利辅料组合物能够带来的效果。

最后，从解决的技术问题出发，判断现有技术整体上是否给出将这些辅料按照特定配比组合运用的启示。在判断启示时，往往需要结合实施例的数据，判断这些区别组分的作用与现有技术中这些组分所起的作用是否相同：如果不同，那么现有技术整体上没有给出结合的启示；如果相同，还需要结合实施例的数据判断这些辅料组分之间是否相互配合存在协同作用，其效果是否可以预期。

就本案而言，证据 1 中整体教导了使用种类不同的黏合剂、崩解剂以及不同用量的微晶纤维素均会对片剂的溶出产生影响，更改任何一种辅料都会影响最终技术效果，何况全面改变辅料种类和比例，因此，证据 1 记载的内容反而佐证了涉案专利的非显而易见性；证据 2 中也没有给出如何选择特定种类和用量的 PEG 的教导，优选到涉案专利具体使用 50 克/片 PEG400 对于本领域技术人员而言所需试验的难度和强度都过高，也不宜认为这种选择是通过有限的试验可以做到的。

综上，对于药物制剂类专利而言，不能因为辅料本身是现有的辅料而否认专利的创造性，需要结合现有技术辅料的作用判断辅料组合物的效果是否可以预期，综合考虑药物制剂专利的创造性。

327

（三）操作细节不同对化学工艺方法专利创造性判断的影响

——"一种益血生片及其制备方法"专利无效宣告案

【本案看点】

在化学工艺方法专利的创造性判断中，如果现有技术的技术方案与解决的技术问题与涉案专利基本相同，涉案专利与现有技术仅在具体操作的细节上有区别，且这种区别仅是根据具体需要进行有限的试验即可摸索得到的，又未产生预料不到的技术效果，则该方法不具有创造性。

【案情介绍】

一、案件基本信息介绍

涉案专利号：ZL200910217770.0
专利名称：一种益血生片及其制备方法
无效宣告请求审查决定号：第 36829 号
案件类型：发明专利无效宣告案

二、涉案专利方案介绍

涉案专利权利要求 1 要求保护一种健脾生血、补肾填精的中药制剂——中芍药苷的含量测定方法，限定了中药原料配比、液相色谱参数、供试品溶液的制备步骤。

益血生胶囊是一种国内已经上市的药品，但是由于硬胶囊囊壳易吸湿变脆，影响产品的稳定性。另外，胶囊剂以药粉装入胶囊，药粉极易吸湿引起胶囊壁过分干燥而变脆破裂，不易制成胶囊剂。为了解决胶囊剂存在的技术问题，涉案专利制备益血生片剂，并针对该片剂测定芍药苷的含量。

涉案专利的核心步骤在于供试品溶液的制备步骤，即待测定的芍药苷的提取过程，采用的技术方案如下。

首先，石油醚超声波提取："取本品 20 片，研细，取约 2g，精密称定，加 30 ~ 60℃石油醚 30ml，超声处理，功率 250W，频率 50KHz，20 分钟，滤过，滤纸并入药渣中。"

其次，稀乙醇超声波提取："精密加稀乙醇 50ml，超声处理 20 分钟，滤过，弃去初滤液约 5ml，精密吸取续滤液 20ml。"

最后，柱色谱精制："置已装好 4g 100 ~ 200 目中性氧化铝的玻璃柱中，玻璃柱内径为 15mm，长 300mm，收集洗脱液置 25ml 容量瓶中，全部洗脱后，再加稀乙醇洗脱至近 25ml，加稀乙醇定容至刻度，摇匀，以 0.4μm 微孔滤膜滤过，取续滤液，即得。"

三、主要证据介绍

请求人主要提供了三份证据，即证据 1、证据 2 以及证据 3 请求人认为权利要求 1 在证据 1 的基础之上结合证据 2、证据 3 以及公知常识不具备创造性。

证据 1：《中华人民共和国卫生部 药品标准中药成方制剂》（第十七册）❶；

证据 2：《HPLC 法测定中风康丸中芍药苷的含量》❷；

证据 3：公开号为 CN101204434A 的中国发明专利申请文件。

证据 1 是最接近的现有技术，公开了一种益血生胶囊中芍药苷的含量测定方法。该益血生胶囊由如下中药原料制成：阿胶 15g，龟甲胶 15g，鹿角胶 15g，鹿血 15g，牛髓 25g，紫河车 10g，鹿茸 3g，茯苓 25g，黄芪（蜜制）20g，白芍 20g，当归 15g，党参 15g，熟地黄 15g，白术（麸炒）15g，制何首乌 10g，大枣 10g，山楂（炒）15g，麦芽（炒）15g，鸡内金（炒）10g，知母（盐制）5g，大黄（酒制）5g，花生衣 2.5g。含量测定步骤如下：

高效液相色谱法（附录 Ⅵ D）测定；系统适用性试验用十八烷基硅烷键合硅胶为填充剂，甲醇 - 水（35：65）为流动相，检测波长为 230nm，理论板数按芍药苷峰计算，应不低于 2000；对照品溶液的制备精密称取芍药苷对照品 15mg，置 50ml 量瓶中，加甲醇溶解并稀释至刻度，摇匀；精密量取 1ml，置 10ml 量瓶中，加甲醇稀释至刻度，摇匀，即得；供试品溶液的制备取本品装量差异项下内容物约 0.5g，精密称定，加石油醚 30ml（30 ~ 60℃），超声处理 20 分钟，滤过，滤纸并入药渣中，精密加 50% 乙醇 50ml，超声处理 20 分钟，以脱脂棉滤过，弃去初滤液约 5ml，精密吸取续滤液 20ml，于水浴上蒸至近干，加少量水溶解，置处理好的 D101 型大孔吸附树脂柱（内径 1.5cm，长 10cm）上，用水 80ml 洗脱，弃去水液，再用 40% 乙醇洗脱，弃去初洗脱液 7 ~ 9ml，收集继洗脱液 50ml，水浴蒸干，加甲醇溶解并转移至 10ml 量瓶中，加甲醇稀释至刻度，摇匀，即得；测定法精密吸取对照品溶液和供试品溶液各 10μl，注入液相色谱仪，计算，即得。

---

❶　中华人民共和国卫生部药典委员会. 中华人民共和国卫生部药品标准中药成方制剂（第十七册）[M]. 北京：中华人民共和国卫生部药典委员会，1998.

❷　王怡君，郭兰建，周文生，等. HPLC 法测定中风康丸中芍药苷的含量 [J]. 中草药，1999，30（7）：511 - 512.

证据 2 公开了一种用 HPLC 法测定中风康丸中芍药苷含量的方法，具体公开：色谱条件：色谱柱：十八烷基硅烷键合硅胶柱 Kromasil – C$_{18}$（4.6mm×200mm）；流动相：乙腈 – 0.025mol/L 磷酸溶液（用三乙胺调节 pH 至 3.1～3.3）（12∶88）；检测波长：230nm；柱温、室温；流速：1mL/min。

证据 3 公开了一种消栓滴丸质量标准及检验方法，具体公开了一种芍药苷的含量测定方法：取消栓滴丸研细……精密量取上清液 15～35ml……通过中性氧化铝柱 100～200 目，1.5～3g，内径 1～1.5cm，40%～60% 甲醇或三氯甲烷、乙醇、丙酮湿法装柱，收集至 25～50ml 量瓶中，再用 40%～60% 甲醇或三氯甲烷、乙醇、丙酮洗脱，收集洗脱液至刻度，摇匀，滤过，取续滤液，即得。

【案件焦点】

证据 1 是对益血生胶囊制剂中芍药苷含量的测定方法，具体公开了与涉案专利相同原料的组成配方，并公开了芍药苷的测定步骤，具体公开了高效液相色谱法（附录 Ⅵ D）测定中对照品的制备步骤和供试品的制备步骤。证据 1 与涉案专利的不同点主要体现在证据 1 对胶囊制剂进行检测，且具体检测参数和手段存在差异。证据 1 与涉案专利的不同点尤其集中在供试品溶液的制备步骤：证据 1 仅公开超声处理 20 分钟，没有具体的频率和功率；证据 1 和涉案专利采用的洗脱柱不同，证据 1 是 D101 型大孔吸附树脂柱；证据 1 包含两次蒸干步骤；两者定容采用的溶剂不同，证据 1 采用甲醇定容。

涉案专利权利要求 1 的技术方案相对于证据 1 公开的内容，区别技术特征为：①涉案专利与证据 1 中流动相选择不同，涉案专利中流动相选择为乙腈 – 0.025mol/L 磷酸 = 14∶86，用三乙胺调 pH 至 3.2，而证据 1 中的流动相为甲醇 – 水（35∶65）。②涉案专利与证据 1 在对照品溶液的制备步骤中均是用芍药苷作为对照品精密称取，只不过证据 1 中是 15ml，加甲醇溶解并稀释至刻度，摇匀，未明确其具体浓度；涉案专利则是明确将启用甲醇溶解并稀释成 40μg/ml 的溶液。③涉案专利与证据 1 在供试品溶液的制备步骤上存在一些差异，例如，涉案专利明确超声波处理功率 250W，频率 50KHz；涉案专利中洗脱柱采用中性氧化铝玻璃柱，而证据 1 采用 D101 型大孔吸附树脂柱；证据 1 该步骤中包含有两次蒸干步骤，而涉案专利中将上述蒸干步骤全部省略；涉案专利中此步骤最终采用稀乙醇定容，而证据 1 中采用甲醇定容。④涉案专利中供试品为益血生片剂，而证据 1 中为益血生胶囊剂。

本案的争议焦点主要集中在：区别技术特征③，针对不同的剂型，如何判断具体检测上的差异是否构成公知常识；区别技术特征④，是否能将证据 1 中胶囊剂的检测方法运用到片剂中。

争议焦点之一：是否能将证据 1 中胶囊剂的检测方法运用到片剂中。

证据 1 是对益血生胶囊制剂中芍药苷含量的测定方法，与涉案专利在辅料上存在差异，请求人和专利权人对辅料的不同是否导致证据 1 的测定方法不能运用到片剂中存在意见分歧。

请求人认为，涉案专利是一种中药制剂中有效成分的含量测定方法，具体而言是芍药苷含量的测定方法。无论是涉案专利的片剂还是证据 1 中的胶囊剂，在供试品溶液的制备过程中，都同样经过使用石油醚超声波提取、粗提芍药苷和精制芍药苷的过程，在经过粗提步骤后，辅料不同带来的差异基本被消除，然后精制步骤都是对粗提后的芍药苷进一步除杂的过程，本领域技术人员容易想到将证据 1 的测定方法运用到片剂中。

专利权人认为，片剂与胶囊剂辅料上存在差别，证据 1 没有关于片剂的任何说明，辅料不同检测方法必然需要相应的改变或调整，不同剂型的检测方法之间没有共性。

争议焦点之二： 具体检测参数上存在的差异是否构成公知常识。

证据 1 和涉案专利在具体检测参数上存在多处不同，这些具体参数的不同是否构成公知常识，请求人和专利权人也存在意见分歧。

请求人认为，证据 2 是测定制剂中芍药苷的含量，对于同种待测定物质来说，使用同种流动相进行洗脱，对本领域技术人员来说是容易想到的。本领域技术人员容易想到用证据 2 的流动相替换证据 1 的流动相；证据 3 公开了用中性氧化铝柱吸附除去粗提芍药苷制品中的杂质，涉案专利与证据 3 中的中性氧化铝柱或者证据 1 中的 D101 型大孔吸附树脂柱都是包括芍药苷在内的苷类物质常用的层析柱，本领域技术人员能够很容易地想到将两者进行替换。其余具体检测上存在的略微差异根据有限的试验可以进行相应调整，涉案专利也没有记载该具体差异带来预料不到的技术效果。

专利权人认为，具体检测上存在的差异，例如用特定浓度乙醇溶解片剂中的包衣粉等，均未在证据 1 ~ 3 中公开，也不属于公知常识。

【官方结论】

无效宣告请求审查决定中认为，关于区别技术特征③，证据 3 披露了供试品溶液的制备，公开了供试品中芍药苷的提取过程，包括粗提、精提、柱洗脱后过滤，具体如下（参见证据 3 说明书部分第 5 页第 11 行至第 16 页第 16 行），其中公开了"供试品溶液的制备，取消栓滴丸研细，取约 1 ~ 3g，精密称定，置 25 ~ 50ml 量瓶中，加 60% ~ 80% 甲醇或三氯甲烷、乙醇、丙酮 30 ~ 50ml，超声处理 20 ~ 60 分钟，中性氧化铝柱 100 ~ 200 目，内径 1 ~ 1.5cm，40% ~ 60% 甲醇或三氯甲烷、乙醇、丙酮湿法装柱，收集至 25 ~ 50ml 量瓶中，再用 40% ~ 60% 甲醇或三氯甲烷、乙醇、丙酮洗脱至刻度，摇匀，滤过，取续滤液，即得"，可见证据 3 公开了用中性氧化铝柱精滤，并公开了乙醇洗脱。虽然未具体公开超声处理的功率和频率，但这是本领域技术人员根据实际情况经过有限的试验可以摸索得到的，且未给涉案专利权利要求1的技术方案带来预料不到的技术效果，并未使涉案专利具有突出的实质性特点和显著的进步。

关于区别技术特征④，片剂和胶囊剂仅是辅料上的差别。而这对于以芍药苷为含量测定对象的方法而言，经过粗精提的步骤后不同剂型所带来辅料上的差别已基本被消除，而对于粗提或精提等步骤上具体的参数作出适应性调整是本领域技术人员可以经过有限的试验得到的。从证据1、证据2、证据3所公开的不同中药制剂的芍药苷的含量测定方法可知，各方法提取步骤操作基本一致，虽有部分操作与详细限定在权利要求1中的细节有所不同，但这对于本领域技术人员而言，是根据药剂学常识中不同剂型的相应辅料可以作出调整的。

专利权人认为，所述具体检测上存在的差异，例如用特定浓度乙醇溶解片剂中的包衣粉等，均未在证据1~3中公开，也不属于公知常识。对此，合议组认为，虽然这些具体的操作无法在现有技术中寻找到完全相同的记载，但是对于本领域技术人员而言在面对不同剂型时可以在借鉴现有技术的基础上进一步根据实际需要进行调整，通过有限的试验摸索出合适的提取或含量测定的步骤操作。除非带来预料不到的技术效果或克服现有技术的技术偏见，否则仅基于涉案专利权利要求1限定的上述技术特征均是在证据1和证据2、证据3结合基础上经过有限的调整可以得到的，因此专利权人的主张不成立。

【律师观点】

《专利审查指南2010》第二部分第四章第2.2节规定了突出的实质性特点的判断标准：如果发明是所属技术领域的技术人员在现有技术的基础上仅仅通过合乎逻辑的分析、推理或者有限的试验可以得到的，则该发明是显而易见的，也就不具备突出的实质性特点。

在化学领域，采用参数等数值范围或具体操作条件限定的权利要求，往往很难找到完全一致的现有技术。在这种情况下，通常需要判断基于现有技术是否通过有限的试验可以得到涉案专利要求保护的技术方案。实质上的判断方法包括以下几个方面。

首先，以现有技术公开的内容为基础。要综合考虑现有技术公开的内容，判断涉案专利与现有技术相比区别技术特征的具体情况。如果现有技术中已经记载解决技术问题的基本相同的技术方案，区别技术特征仅是一些细节性内容的选择或调整，对本领域技术人员而言，存在对这种调整或选择的合理预期，那么本领域技术人员就具有基于具体情况对具体条件进行调整的动机，这是判断本领域技术人员是否有动机进行有限的试验的基础。如果涉及的区别技术特征能够取得预料不到的技术效果，那么这种情况通常缺乏本领域技术人员对具体条件进行调整的动机。

其次，基于本领域技术人员所具备的水平和能力。《专利审查指南 2010》对本领域技术人员有明确的定义，知晓申请日或优先权日之前发明所属技术领域所有的普通技术知识，能够获知该领域中所有的现有技术，并且应用该日期之前常规试验手段的能力。也就是说，试验方法和手段，以及验证试验结果的方法和手段均应是本领域公知的试验手段，否则就超出本领域技术人员所具备的水平和能力。

最后，有限的试验的含义。"试验"的含义如上所述，是指申请日之前常规试验手段。"有限"的含义存在一定的主观判断性，通常我们认为应该是对试验的结果有合理预期，试验的难度和强度在本领域中是常规范畴内的。这里的判断往往和现有技术公开的内容密不可分，如果现有技术已经明确试验的方法和方向，那么通常认为本领域技术人员有能力进行有限的试验。

在本案中，证据 1～3 对芍药苷含量的测定方法均是粗提基础上进行精制，各方法提取步骤与涉案专利基本一致。并且参数和条件细节上的不同所获得的效果差异，本领域技术人员有合理的预期。也就是说，针对片剂中芍药苷进行测定改进时，现有技术已经给出调整的教导。

综上，在"三步法"技术启示的判断中，需要考虑基于现有技术公开的内容，本领域技术人员是否有动机且有能力进行有限试验获得涉案专利要求保护的技术方案，且需要判断本领域技术人员对试验结果是否有合理预期。

第四章

外观设计专利无效案件主要法律问题

一、设计风格不同对整体视觉效果的影响

——"车载手机支架（TFS－L009）"专利无效宣告案

【本案看点】

在判断涉案外观设计与对比设计是否具有明显区别时，采用"整体观察、综合判断"的原则，涉案专利与对比设计相比，较之两者设计的相同点，不同点更使得两者的设计风格差异显著、区分明显，则可得出涉案专利与对比设计设计风格迥异、差别明显的比对结论。

【案情介绍】

337

一、案件基本信息介绍

涉案专利号：ZL201530462360.9
专利名称：车载手机支架（TFS－L009）
案件类型：外观设计专利无效宣告案
无效宣告请求审查决定号：第32757号

二、涉案专利方案介绍

涉案专利保护：一种车载手机支架（TFS－L009），由托架、旋转球、托架支架、卡扣组成；托架由上下对置的两个圆台形组成，上下圆台高度比约为1：3，托架下方为旋转球，旋转球直径略小于托架底面宽度，露出部分约为球体一半，旋转球下方为托架支架，托架支架由上下对置的两个圆台形组成，上下圆台高度比约为3：1，托架支架顶面与托架底面等宽，托架支架底面有凸台，凸台有若干条纹，托架支架下方为卡扣，卡扣被中间狭缝分为左右两个"U"形支脚，卡扣下端有横线。其主视图如图4－1所示。

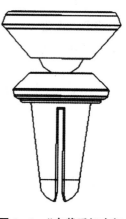

图4－1　"车载手机支架（TFS－L009）"的主视图

三、主要证据介绍

请求人提供的现有设计包括证据 1 ~ 证据 20。

证据 1：专利号为 ZL201530054163.3 的中国外观设计专利文件；

证据 2：专利号为 ZL201530234238.6 的中国外观设计专利文件；

证据 3：专利号为 ZL201530085616.9 的中国外观设计专利文件；

证据 4：专利号为 ZL201530188347.9 的中国外观设计专利文件；

证据 5：专利号为 ZL201530187343.9 的中国外观设计专利文件；

证据 6：专利号为 ZL201330288022.9 的中国外观设计专利文件；

证据 7：专利号为 ZL201530188030.5 的中国外观设计专利文件；

证据 8：专利号为 ZL201530066310.9 的中国外观设计专利文件；

证据 9：专利号为 ZL201530192043.X 的中国外观设计专利文件；

证据 10：专利号为 ZL201530191780.8 的中国外观设计专利文件；

证据 11：专利号为 ZL201430266400.8 的中国外观设计专利文件；

证据 12：专利号为 ZL201430406621.0 的中国外观设计专利文件；

证据 13：专利号为 ZL201430552538.4 的中国外观设计专利文件；

证据 14：专利号为 ZL201530233353.1 的中国外观设计专利文件；

证据 15：专利号为 ZL201530229115.3 的中国外观设计专利文件；

证据 16：专利号为 ZL201330411638.0 的中国外观设计专利文件；

证据 17：专利号为 ZL201430143205.6 的中国外观设计专利文件；

证据 18：专利号为 ZL201430356146.0 的中国外观设计专利文件；

证据 19：专利号为 ZL201430336427.X 的中国外观设计专利文件；

证据 20：专利号为 ZL201530011874.2 的中国外观设计专利文件。

请求人以证据 1、证据 2 以及证据 3 分别作为现有设计与涉案专利进行比对，认为涉案专利相对于证据 1、证据 2 以及证据 3 均不具有明显区别。

请求人主张，由证据 4 ~ 证据 20 可知，现有车载手机支架的设计空间很大，以证明产品基本结构以及组成一致的情况下，局部细微的差别对视觉效果不会产生显著影响。

由于证据 1、证据 2 以及证据 3 证据公开内容类似，在此仅以证据 1 为例介绍本案。

证据 1 公开的"移动设备的支架"，由托架、旋转球、托架支架、卡扣组成；托架由上下对置的两个圆台形组成，上下圆台高度比约为 1:4，下部圆台侧壁为弧形，托架下方为旋转球，旋转球直径略小于托架地面宽度，露出部分约为球体的 1/4，旋转球下方为托架支架，托架支架近似圆台形，圆台侧壁略有弧度，顶面底面有倒角，托架支架顶面略宽于托架底面，托架支架中部有凸起的按钮，托架支架下方为卡扣，卡扣从托架支架底面的方孔中穿出，分为左右两个"U"形支脚。其主视图如

图 4 - 2 所示。

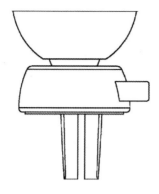

图 4 - 2　"移动设备的支架"的主视图

【案件焦点】

争议双方明确，涉案专利与证据 1 相比，两者的主要相同点在于：均由托架、旋转球、托架支架、卡扣组成，各部分的位置关系相同，造型近似。

两者的主要不同点在于：①托架和托架支架的细部形状不同，涉案专利托架由上下对置的两个圆台形组成，上下圆台高度比约为 1：3，托架支架由上下对置的两个圆台形组成，上下圆台高度比约为 3：1，托架支架顶面与托架底面等宽，托架支架底面有凸台，凸台有若干条纹；证据 1 托架由上下对置的两个圆台形组成，上下圆台高度比约为1：4，下部圆台侧壁为弧形，托架支架近似圆台形，圆台侧壁略有弧度，顶面底面有倒角，托架支架顶面略宽于托架底面，托架支架中部有凸起的按钮。②旋转球露出高度不同，涉案专利露出部分约为球体一半，证据 1 露出部分约为球体的 1/4。③卡扣的细部设计不同，涉案专利卡扣直接与托架支架相连，卡扣被中间狭缝分为左右两个"U"形支脚，卡扣下端有横线；证据 1 卡扣从托架支架底面的方孔中穿出，分为左右两个"U"形支脚。

请求人认为，从检索到的现有设计证据 4 ~ 证据 20 状况来看，车载手机支架设计多样：从放置方式来讲，常见的有平放式（证据 6 ~ 证据 7）和出风口卡扣式（证据 1 ~ 证据 5、证据 8 ~ 证据 10），卡扣中两支脚设计较多；从固定方式来讲，有磁性吸附式，也有夹紧式，其中有的可以多角度旋转，有的不可调节，即使是多角度旋转，其整体结构和各部分的形状也有明显区别，比如证据 4 和证据 5，旋转结构位于托架和托架支架的下方，且托架与托架支架的形状也明显区别于涉案专利，比如证据 10，托架的横截面不是圆形。以上发现说明即使是卡扣式磁性手机支架，也存在较大的设计空间。而涉案专利与证据 1 在整体外形、组成部分和位置关系上均相似，托架和托架支架在具体形状上的差异相较而言，属于局部细微变化，且属于容易想到且容易创作的部位，在未改变整体结构的情况下，对这些部分的稍作改动对整体视觉效果不足以产生显著影响；至于旋转球的露出深浅取决于功能的需要，卡扣开合按钮的有无属于设计内容的减少。因此，对于一般消费者而言，经过整体观察、综合判断，对比设计与涉案专利不具有明显区别。

专利权人则认为，托架和托架支架的直线条设计彼此形成对应关系，使涉案专利的设计呈现更加清爽，总体呈锥形的视觉效果，与证据 1 更为臃肿的视觉效果具有明显区别。

综上，本案的焦点在于，涉案专利相比于证据 1，两者的相同点对视觉效果影响更显著，还是两者的不同点对视觉效果影响更显著。

【官方结论】

合议组认为，由在案的现有设计证据可见，车载手机支架产品根据放置的手机种类、固定方式以及支架的连接方式的不同，产品设计较为多样。就涉案专利所涉及的出风口卡扣式手机支架而言，托架、连接部和卡扣的设计较为常见，且托架、连接部和卡扣通常呈锥形设计，但托架、连接部和卡扣各部分的具体形状可以在满足其功能需求的基础上作出多种设计，因而其各部分的细部设计对产品外观设计的整体视觉效果具有显著影响。本案中，涉案专利与证据 1 虽然均由托架、旋转球、托架支架、卡扣组成，但托架和托架支架以及卡扣的细部设计存有较多差异，旋转球与托架和托架支架、托架支架与卡扣的相对位置关系和衔接方式也有所不同。涉案专利的托架和托架支架侧壁均为直线条设计、托架支架顶面与托架底面等宽、托架顶面和托架支架底面均由明显圆台设计，使托架和托架支架彼此形成视觉上的对应关系；托架、旋转球、托架支架、卡扣彼此顺序衔接，间隔位置相对均匀，四部件宽度渐次收窄，使涉案专利从托架到卡扣呈现流畅的流线形设计；涉案专利的托架支架无按钮、卡扣与托架支架的连接无空隙，使涉案专利更加简单一体化。总体而言，涉案专利产品整体形成较为连贯的锥形设计，造型更加简洁，一体化设计感较强。而证据 1 的托架呈碗状、托架支架呈近似圆台状，细部设计亦不相同，不能形成对应关系，托架和托架支架相对卡扣明显宽厚，使产品形成上厚重而下单薄的整体视觉效果，涉案专利与证据 1 设计风格、各部分结合的视觉效果整体性差异明显。综合上述分析比较，涉案专利与证据 1 的区别会对两者整体视觉效果产生显著影响，涉案专利与证据 1 具有明显区别。

【律师观点】

"整体观察、综合判断"是在外观设计相同、实质相同、明显区别的判断中均需遵循的基本原则。《专利审查指南 2010》第四部分第五章第 5.2.4 节对"整体观察、综合判断"的解读是：由涉案专利与对比设计的整体来判断，而不从外观设计的部分或者局部出发得出判断结论。

实际上，在具体比对、判断过程中，既要将涉案专利与对比设计的每个设计特征逐一比对，分析其相同或不同，也要将这些相同点和不同点分别放在该特定产品的现有设计库中，考量相同点对涉案专利的视觉效果影响更大抑或不同点对视觉效果的影响更大。并根据相同点或者不同点在涉案专利整体中所占的比重，来判断与现有设计构成相同、实质相同或者具有明显区别。

在整个判断过程中，由相同点和不同点共同形成的产品设计特征组合构建、承载、反映该产品的设计风格。在具体设计特征比对完成，回归到"整体观察、综合判断"的大前提下看涉案专利与对比设计整体。如果相对于相同点对涉案专利与对比设计带来的影响，不同点更使得两者的设计风格差异显著、明显区分，就会得出设计风格迥异、涉案专利与对比设计差别明显的比对结论。

具体到本案中，由于涉案专利与证据1在多个设计特征上存在不同，这些不同的设计特征参与形成产品独立、完整的设计特征库，而当这些不同设计特征的集合使得涉案专利形成明显区别于证据1的设计风格时，相对于涉案专利与证据1相比的相同点，不同点在产品整体视觉效果中所占的权重更大，使得一般消费者足以将涉案专利与证据1区分开来，涉案专利相对于证据1具有明显区别，当符合《专利法》第二十三条第二款的规定。

二、设计空间对外观设计专利无效判定的影响

——"吹尘枪"专利无效宣告案

【本案看点】

当涉案专利相对于证据的区别部分具有较大的设计空间时，区别部分对于视觉效果往往不能产生显著影响。

【案情介绍】

一、案件基本信息介绍

涉案专利号：ZL201230058597.7

专利名称：吹尘枪

案件类型：外观设计专利无效宣告案

无效宣告请求审查决定号：第 38488 号

二、涉案专利方案介绍

涉案专利保护：一种吹尘枪（重型），总体上包括枪体、开关及枪管三部分；枪体包括下方的握持部，以及位于握持部底部的连接部；在枪体的上方水平延伸有枪管，在枪管与握持部之间设有一可按压的开关；枪管部上方设有一三角形框架，枪管部右侧有一近梯形钩持部。其主视图如图 4–3 所示。

三、主要证据介绍

请求人提供了证据 1 ~ 证据 13，其证据的使用方式为：涉案专利相对于证据 1，或者在证据 1 的基础之上结合证据 2，或者相对于证据 3 不符合《专利法》第二十三条第二款的规定；证据 4 ~ 证据 13 用于证明现有设计的状况，该类产品具有较大设计空间。

图 4–3 "吹尘枪（重型）"的主视图

证据1：登记号为 JPDll30296 日本外观设计专利文件及其中文译文；

证据2：授权公告号为 CN300941694D 的中国外观设计专利文件；

证据3（2018）京海诚内民证字第 10741 号公证书及其部分中文译文；

证据4：授权公告号为 CN309921lD 的中国外观设计专利文件；

证据5：授权公告号为 CN301436632S 的中国外观设计专利文件；

证据6：授权公告号为 CN3O155O7O9S 的中国外观设计专利文件；

证据7：授权公告号为 CN301489437S 的中国外观设计专利文件；

证据8：授权公告号为 CN301133269D 的中国外观设计专利文件；

证据9：授权公告号为 CN301566285S 的中国外观设计专利文件；

证据10：授权公告号为 CN34O2050D 的中国外观设计专利文件；

证据11：授权公告号为 CN301728466S 的中国外观设计专利文件；

证据12：授权公告号为 CN3O176O35OS 的中国外观设计专利文件；

证据13：授权公告号为 CN301760351S 的中国外观设计专利文件。

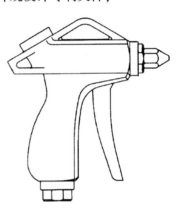

以下结合证据1介绍本案的关键案情。证据1公开了一种流体喷射枪的外观设计，该流体喷射枪包括枪体、开关及枪管三部分；枪体包括下方的握持部，以及位于握持部底部的连接部；在枪体的上方水平延伸有枪管，在枪管与握持部之间设有一可按压的开关；枪管部上方设有一三角形框架，枪管部右侧有一近梯形钩持部。其主视图如图4-4所示。

图4-4　"流体喷射枪"的主视图

343

【案件焦点】

涉案专利与证据1相比，两者的主要相同点在于：产品的整体造型及结构均为手枪形状，均包括握持部、枪管以及开关；握持部、枪管和开关之间的位置和比例关系均基本相同，握持部的整体形状相同，枪管部上方均设有一三角形框架，枪管部右侧均有一近梯形钩持部，在三角形框架和梯形钩持部之间上方有一扁圆柱金属块；在枪管与握持部之间设有一可按压的开关。

两者的主要不同点在于：①涉案专利握持部背部有横条形纹路，底部的连接部为圆环形；证据1的握持部没有纹路，底部的连接部上部为圆环状，下部为棱柱状。②开关形状不同。涉案专利的开关呈上宽、下窄、底部带弯钩形状，上部较宽；证据1的开关呈上宽下窄形状，但是上下宽窄差异不大，整体较细。③枪管喷嘴形状不同。涉案专利喷嘴形状为圆形；而证据1的喷嘴形状为圆锥形。

针对涉案专利与证据 1 的相同点与不同点，哪部分更容易引起一般消费者关注，从而对视觉效果产生显著影响，是本案的焦点问题。

请求人认为，本案证据 4～证据 13 作为现有设计证据，提供了现有设计的整体状况，即吹尘枪类产品的现有设计状况，表明该类产品虽然整体结构上通常均包括枪管、把手、握持部三部分，但其各部分的具体形状均存在很大的设计空间，各组成部分均存在多种不同的设计形态，产品各部分的设计空间很大。在产品存在很大设计空间的基础上，一般消费者在面对不同的吹尘枪产品外观设计时，就会更容易关注吹尘枪整体结构以及形状的变化，对于如上所述的握持部纹路、枪嘴形状、开关把手宽度等细节变化就不容易关注。换言之，细节变化不容易使得涉案专利与现有设计相区分。在此基础上，根据外观设计"整体观察、综合判断"的判断原则，涉案专利与现有设计相比，相同点更容易引起一般消费者关注，从而对产品的整体视觉效果产生更为显著的影响。

专利权人认为，涉案专利与证据的不同点对视觉效果影响更显著。

【官方结论】

344

对于吹尘枪类产品而言，即使均为手枪形，在枪管结构、握持部结构上仍存在多种多样的设计，具有较大设计空间。而涉案专利与最接近的现有设计在枪管和握持部上的设计基本相同，尤其是枪管部上方均设有一三角形框架，枪管部右侧均有一近梯形钩持部，在三角形框架和梯形钩持部之间上方有一扁圆柱金属块，握持部的形状也基本相同，整体构成上的相似度给一般消费者造成较为显著的视觉影响。虽然两者在握持部表面纹路和底部连接部的设计上存在细微差别，并且开关的形状也有区别，但是对整体视觉效果影响较小，因此，这些区别属于局部细微变化。对于喷嘴的形状，通常可以根据需求进行选择，且涉案专利采用的也是常用的喷嘴形状，不足以对整体视觉效果产生显著影响。因而涉案专利与现有设计相比没有明显区别。

【律师观点】

我国《专利法》第二十三条第一款规定："授予专利权的外观设计，应当不属于现有设计；也没有任何单位或者个人就同样的外观设计在申请日以前向国务院专利行政部门提出过申请，并记载在申请日以后公告的专利文件中"。第二十三条第二款规定："授予专利权的外观设计与现有设计或者现有设计特征的组合相比，应当具有明显区别。"在依据上述条款判断外观设计专利权是否符合授权条件时，对外观设计与现有设计之间相同、实质相同或者明显区别的判断，需要考虑设计空间的影响。

对于特定外观设计产品设计空间大小的判断，既需要立足一般消费者的角度，又需要当事人提供证据支持。

本案中，请求人一方提供了大量现有设计证据，向合议组证明了即使整体外形均为枪形产品的情况下，吹尘枪的组成以及各组成部分的形状仍存在多种设计可能，存在很大的设计空间；在设计空间很大的基础上，涉案专利与现有设计在整体组成以及各组成部分的形状上的基本相同，造成两者整体构成上的相似，这种整体构成上的相似更容易引起一般消费者的关注。而针对各个组成部分的一些具体细节设计特征，由于属于局部细微变化，则不容易引起一般消费者的关注，也就不会对产品的整体视觉效果产生显著影响。

通常来讲，外观设计的设计空间，是指外观设计的设计者创作特定产品外观设计时的自由度。❶ 而外观设计设计空间的大小将会影响外观设计相似度的判断——设计空间越小的产品，对其作出的设计改变更容易引起一般消费者的关注，更容易对产品的整体视觉效果产生显著影响。在"摩托车车轮"外观设计专利无效纠纷案件中，最高人民法院对于外观设计的设计空间作出了如下认定："即使摩托车车轮均由轮辋、辐条和轮毂组成，且受到设定功能限制的情况下，其辐条的设计只要符合受力平衡的要求，仍可以有各种各样的形状，存在较大的设计空间；一、二审判决以摩托车车轮的设计空间有限为前提得出涉案专利与现有设计的区别致使二者不相同也不近似的结论缺乏事实依据。"❷ 可见，在外观设计专利无效宣告程序中，设计空间的大小对于相同或者近似的判断起着重要的作用，而设计空间大小的举证义务当由当事人承担，各方当事人需要立足自己的观点，对于关键的设计特征提供充分的证据，向合议组证明该部分设计空间的大小，进而论证在这种设计空间的基础上，某些设计特征的变化对产品整体视觉效果产生影响的大小。

345

❶　张志成，张鹏. 中国专利行政案例精读［M］. 北京：商务印书馆，2017：276.
❷　参见最高人民法院（2010）行提字第 5 号行政判决书。

三、外观设计组合手法启示的判断

——"LED 软管夹灯"专利无效宣告案

【本案看点】

在外观设计专利无效宣告案件中，对于现有设计中是否存在组合手法启示的判断，需要从判断主体的知识水平和认知能力出发，立足涉案专利申请日以前的相同或者相近类别产品的设计情况，结合该类别产品的常规设计，综合考量各设计特征的组合可行性和难易程度等，以此来综合判断。

【案情介绍】

一、案件基本信息介绍

涉案专利号：ZL201330105573.7
专利名称：LED 软管夹灯
案件类型：外观设计专利无效宣告案
无效宣告请求审查决定号：第 24937 号

二、涉案专利方案介绍

涉案专利保护 LED 软管夹灯，由灯管、连接管、灯座三部分组成；灯管由中部的主体以及两端的端帽构成；灯管与连接管的长度比例约为 1∶1，灯管整体为圆柱体，主体上方是散热罩，下方是半透明灯罩；连接管为金属软管，其两端分别设有与灯管和灯座连接的金属端部，灯座为夹子底座，呈前宽后窄的"T"形，其上下两个夹板由中部设置的固定轴铰接，底面后部设有一通孔。其立体图如图 4 – 5 所示。

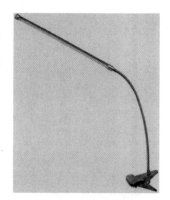

图 4 – 5 "LED 软管夹灯"的立体图

三、主要证据介绍

请求人提供了证据 1 和证据 3，主张在证据 3 的基础之上结合证据1来评价涉案专利的外观设计相对于现有设计不具有明显区别。

证据1：专利号为ZL201230281140.2的中国外观设计专利文件；

证据3：专利号为ZL200930681994.8的中国外观设计专利文件。

证据3的台灯整体由灯管、连接管、灯座三部分组成；灯管由中部的主体以及两端的端帽构成；灯管与连接管的长度约为1∶1，灯管整体呈圆柱形，两端为端帽，中间大部为灯管主体，主体上方是散热罩，下方是半透明灯罩；连接管上部约1/3为金属软管，下部约2/3为金属杆，灯座基本为中空的方形。其立体图如图4-6所示。

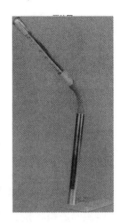

图4-6　证据3"台灯"的立体图

证据1的台灯整体由灯头、软管和夹子组成；灯头形如蛋形；软管为绕圈式细管，与灯管和夹子部分连接处各有一段金属套管；夹子的上下夹板均呈"T"形，侧面相向地伸出倒三角形板，在其尖端呈圆形重叠后连接；下夹板把手处设有一个挂孔。其主视图如图4-7所示，后视图如图4-8所示。

347

图4-7　证据1"台灯"的立体图

图4-8　证据1"台灯"的后视图

【案件焦点】

涉案专利与证据3相比，两者的主要相同点在于：均由灯管、连接管和灯座构成，灯管均由中部的主体以及两端的端帽构成，灯管整体均呈圆柱形，两端为端帽，中间大部为灯管主体，主体上方是散热罩，下方是灯罩。

两者的主要不同点在于：①涉案专利灯管的长度与连接管的长度基本相同，端帽的长度在灯管中所占的比例比对比设计1中端帽的长度所占的比例小，灯罩为半透明的半圆柱体；而对比设计 1 灯管的长度比连接管的长度略短，灯罩为透明的半圆柱体。②连接管不同，涉案专利连接管为金属软管，其两端分别设有与灯管和灯座连接的金属端部；对比设计 1 的连接管上部约 1/3 为金属软管，下部约 2/3 为金属杆。③灯座不同，涉案专利的灯座为夹子底座，呈前宽后窄的"T"形，其上下两个夹板由中部设置的固定轴铰接，底面后部设有一通孔；证据 3 的灯座基本为中空的方形。

针对上述区别设计特征①，请求人认为，下半部分为整体半透明灯罩属于该类产品的常用设计手法，不会对整体视觉效果产生显著影响，而端帽长度相对于产品整体而言所占比例很小，为局部细微变化，也不会对整体视觉效果产生显著影响。

针对上述区别设计特征②和区别设计特征③，请求人认为，证据 1 公开的台灯与涉案外观设计产品用途相同，属于相同种类的产品，证据 1 的台灯中公开了区别设计特征②和区别设计特征③，而证据 1 的夹子底座与涉案专利是一样的，并且由于证据 1 和证据 3 是相同种类的产品且该类产品均由灯管、连接管和灯座组成，存在组合的启示。因此，涉案专利的外观设计在证据 3 的基础之上进一步组合证据 1 不具有明显区别。

专利权人认为，虽然涉案专利的连接管与证据 1 的相同，但由于在涉案专利申请日之前不存在圆柱形灯管和夹子底座连接的现有设计，不存在将证据 3 和证据 1 进行组合的启示，而且涉案专利还具有独特的视觉效果。另外，涉案专利的半透明灯罩也不是惯常设计。此外，将产品的局部设计特征进行组合的方式是不正确的。

因此，对于证据 1、证据 3 是否存在组合手法的技术启示，以及相关区别对视觉效果是否有显著影响成为本案争议的焦点问题。

【官方结论】

合议组认为，对于台灯类产品而言，在满足功能要求的前提下，灯头部分、连接管和灯座的形状可以有较多变化，因此设计空间较大，而涉案专利的灯头部分与证据 3 基本相同，连接管和灯座部分与证据 1 基本相同。对于涉案专利与证据 3 的不同点①，相对于产品整体而言，端帽所占比例较小，属于局部细微变化，而灯罩的形状均为半圆柱体，其透明或半透明的区别也仅为局部细微变化，对整体视觉效果不会产生显著影响；至于灯管和连接管的比例，虽然证据 3 的灯管比连接管略短，但这种比例关系的区别在使用时不易察觉，而且就产品整体而言，涉案专利和证据 3 灯管和连接管的比例也非常接近，其区别也仅为局部细微变化，对整体视觉效果不会产生显著影响。

至于不同点②，证据 1 的连接管与涉案专利的连接管相同。至于不同点③，虽然证据 1 的底座与涉案专利的底座在夹子边与垂直边的宽度上略有区别，但在底座形状基本相同的情况下，该区别属于局部细微变化，不会对整体视觉效果产生显著影响。由于证据 3、证据 1 均是台灯类产品，存在相互组合的启示，并且如前所述，将证据 3、证据 1 的相关设计特征经过细微变化组合后即可形成涉案专利的外观设计，且组合后也未产生独特的视觉效果。因此，涉案专利不符合《专利法》第二十三条第二款的规定。

【律师观点】

《专利审查指南 2010》第四部分第五章第 6 节规定，根据《专利法》第二十三条第二款对外观设计组合比对进行审查认为具有组合启示的几种情形，其中包括：涉案专利是由现有设计或者现有设计特征组合得到的，所述现有设计与涉案专利的相应设计部分相同或者仅有细微差别，且该具体的组合手法在相同或者相近种类产品的现有设计中存在组合启示。也就是说，在外观设计的组合比对过程中，需要重点关注两个问题：一是判断是否具有组合启示；二是判断组合以后的外观设计与涉案外观设计的比对情况。

本案即涉及使用多篇对比设计结合时组合启示的判断问题。也就是说，在涉案专利的申请日以前，是否能够想到将这些设计特征进行组合，从而在外观上形成一个完整的外观设计整体。一般来说，通过将现有设计特征原样或仅仅作一些在一般消费者能力范围内的细微变化即可直接拼合或替换形成一个完整产品的外观设计，则具有组合启示；而各设计特征在组合的时候需要进行较大变化才可能在外观上形成一个有机整体，通常被认为超过一般消费者的能力范围，且在变化过程中亦存在多种可能性，因此不存在组合启示。❶ 本案中，涉案专利产品与证据 1、证据 3 产品均为台灯产品，且均为由灯头、连接管和灯座三部分的台灯产品，产品类别相同，将证据 1、证据 3 的相关设计特征经过细微变化组合后即可形成涉案专利的外观设计，属于明显具有组合启示的情况，证据 1、证据 3 可以组合用于评价涉案专利。

再如，在国家知识产权局作出的第 23500 号"模型车电子调速器"专利无效案件中，涉案专利包括上部的散热扇和下部的底座两部分，对比设计 1 为电子调速器，与涉案专利用途相同，属于相同种类的产品，对比设计 2 为散热扇，用于电脑主机。合议组认为，对比设计 2 的散热扇安装在电脑主板上用于散热，而对比设计 1 是同为电子领域的电子调速器，在对比设计 2 给出的启示下，在对比文件 1 上安装散热扇用于散热属于常用的设计手法；对比设计 1 的顶部四周有螺丝孔，对比设计 2 的散热扇的四周有螺钉柱，因此两者的组合存在组合手法的启示。即在现有设计（对比设计 1）特征的功能与涉案专利相应部件的功能相同或相近，且现有设计（对比设计 2）中也存在将该多项设计特征组合在一起发挥作用的先例，则认为现有设计中

349

❶ 国家知识产权局专利复审委员会. 以案说法：专利复审、无效典型案例指引［M］. 北京：知识产权出版社，2018：410.

存在将上述设计特征进行组合的启示。●

需要说明的是，对于组合启示的判断，《专利审查指南 2010》第四部分第五章第 6 节明确规定 "涉案专利是由现有设计或者现有设计特征组合得到的，所述现有设计与涉案专利的相应设计部分相同或者仅有细微差别，且该具体的组合手法在相同或者相近种类产品的现有设计中存在启示"，即组合启示要在相同或相近种类产品中寻找。《专利审查指南 2010》同时列举了明显存在组合启示的三种组合手法，对于其他组合手法是否存在组合启示，则需要通过当事人的举证来明确。

总之，对于现有设计中是否存在组合手法启示的判断，需要从判断主体的知识水平和认知能力出发，立足涉案专利申请日以前的相同或者相近类别产品的设计情况，结合该类别产品的常规设计，综合考量各设计特征的组合可行性和难易程度等，以此来综合判断。

● 国家知识产权局专利复审委员会. 以案说法：专利复审、无效典型案例指引［M］. 北京：知识产权出版社，2018.

四、设计要点在外观设计无效案件中的作用

——"振动按摩枪"专利无效宣告案

【本案看点】

设计要点的认定在外观设计无效宣告案件中起着举足轻重的作用，双方当事人应该提供证据证明涉案专利的设计要点。相对于其他设计部分，设计要点部分一般更容易对外观设计的视觉效果产生显著影响。

【案情介绍】

一、案件基本信息介绍

351

涉案专利号：ZL201830409294.2
专利名称：振动按摩枪
案件类型：外观设计专利无效宣告案
无效宣告请求审查决定号：第 44539 号

二、涉案专利方案介绍

涉案专利要求保护一种振动按摩枪，其设计 1 和设计 2 的立体图分别如图 4 - 9、图 4 - 10 所示。

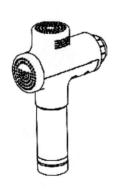
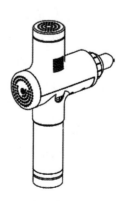

图 4 - 9 "振动按摩枪"设计 1 的主体图   图 4 - 10 "振动按摩枪"设计 2 的主体图

其主要包括操作部和手柄部，手柄部包括横向的圆柱体部分，电机外壳自该部分一侧垂直向上延伸，手柄部自相对侧垂直向下延伸，安装部设置于横向的圆柱体部的一端，用于连接按摩头。

三、主要证据介绍

本案中，使用的最接近现有设计为证据 1.2。请求人认为，涉案专利的外观设计相对于证据 1.2 中公开的按摩枪的外观设计不具有明显区别。

证据 1.2 为请求人提供的一份公证书，包括证据 1.2.1 发布在腾讯体育－腾讯网上的 NBA 比赛视频、证据 1.2.2 新浪 NBA 官方微博发布的微博以及证据 1.2.3 专利权人 Hyperice 官方微博发布的微博。

证据 1.2.1 中的视频为 NBA 常规赛中 2018 年 2 月 12 日进行的"骑士 vs 凯尔特人"比赛第 2 节的直播视频，第 7 分 20 秒至 7 分 38 秒播出了 NBA 巨星——骑士队的詹姆斯由于膝盖不适在休息区休息的镜头，可以看到球队工作人员正在使用一款振动按摩枪为詹姆斯按摩膝盖，其中振动按摩枪的大部分设计特征已经展现，手柄部分由于握持并展示完整，如图 4－11 所示。

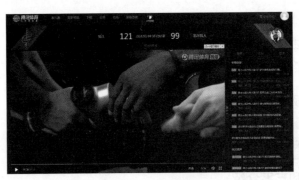

图 4－11　詹姆斯所使用振动按摩枪的外观

证据 1.2.2 是新浪 NBA 官方微博于 2019 年 4 月 16 日 21：16 在其微博主页发布的一条微博，正文记载了"重磅福利来袭！转发本条微博一句话送给你最喜欢的球星，同时关注@ HYPERICE 运动康复，主页将送出詹姆斯同款 Hypervolt 按摩枪一部"，并配图展示所要赠送的按摩枪，其中第二幅配图为正文所述要送出的詹姆斯同款 Hypervolt 按摩枪的立体图，第三幅图为 GIF 图，显示詹姆斯正在使用该按摩枪按摩膝盖。该幅 GIF 图来源于证据 1.2.1 的比赛视频，如图 4－12 所示。

证据 1.2.3 显示专利权人官方微博在不同时间多

图 4－12　詹姆斯同款 Hypervolt 按摩枪 GIF 图

次宣传其按摩枪产品，其中 2019 年 4 月 16 日的微博转发了证据 1.2.2 的上述微博，并在正文中记载 "HYPERICE 主页定期送大礼，欢迎各位前来参与，我们很荣幸为 NBA 球星及广大球迷提供最先进的健康科技设备，助力大家畅快享受篮球的热血与刺激"，图片显示了与证据 1.2.2 中设计内容相同的 "詹姆斯同款 Hypervolt 按摩枪"。

【案件焦点】

请求人认为，证据 1.2 中球星詹姆斯在 2018 年 2 月 12 日 NBA 比赛现场使用涉案按摩枪已经导致该产品外观被公开，同时 Hyperice 官方微博以及专利权人 Hyperice 官方微博中对 "詹姆斯同款 Hypervolt 按摩枪" 的宣传方式及内容也证明该筋膜枪外观已经于 2018 年 2 月 12 日被公开。

将涉案专利设计 1 与证据 1.2 公开的振动按摩枪相比，设计 1 未安装按摩头，故将其与对比设计中不含按摩头的本体部分相比较。两者的主要相同点在于：整体均呈偏心十字柱形，包括操作部和手柄部，所述操作部包括横向的圆柱体部分，电机外壳自该部分一侧垂直向上延伸，手柄部自相对侧垂直向下延伸，安装部设置于横向的圆柱体部的一端，用于连接按摩头。两者的主要不同点在于：①对比设计未示出涉案专利设计 1 俯视图所示电机外壳顶面案的圆孔设计；②对比设计未示出涉案专利设计 1 仰视图所示手柄部底面的设计；③对比设计未示出涉案专利设计 1 左视图所示操作部上的格栅条、圆片设计；④对比设计未示出涉案专利设计 1 安装部与按摩头连接处的螺纹设计；⑤对比设计于操作部横向圆柱体部分一侧面和端面有产品的相关文字（Hypervolt）和图案设计，涉案专利设计 1 没有，以及其他局部细微差异。

将涉案专利设计 2 与证据 1.2 公开的振动按摩枪相比，两者除上述相同点和不同点外，还有不同点⑥电机外壳的长径比不同，涉案专利设计 2 更细长而对比设计更短粗；⑦按摩头的形状不同，涉案专利设计 2 为子弹形，而对比设计为球形。

请求人认为，相比于不同点而言，涉案专利与现有设计的相同点更容易对视觉效果产生显著影响，上述区别对于整体视觉效果不产生显著影响，因此，设计 1 和 2 与现有设计不具有明显区别，不符合《专利法》第二十三条第二款的规定（关于本案证据认定部分请参见本书第二章案例十一 "互联网公开证据的证据链的构建"）。

专利权人认为，证据 1.2.1 视频中的按摩枪极不清晰，多处被遮挡且仅显示了右后面的局部，与涉案专利区别极大，且涉案专利与现有设计的区别更容易对产品整体视觉效果产生显著影响，涉案专利相对于现有设计具有明显区别。

据此，本案的焦点为涉案专利的外观设计相对于证据 1.2 是否具有明显区别。

【官方结论】

无效宣告请求审查决定中认为，对于按摩枪类产品而言，整体形状易于引起一般消费者关注，涉案专利设计 1 和对比设计则整体采用偏心十字柱形设计，且各主要部分的形状、比例和连接关系基本相同，令两者形成了基本相同的整体视觉印象。主要不同点①位于产品顶部，为呈同心圆排布的散热孔设计，不同点②位于产品底部，为开关、螺孔等功能件设计，其相对整体而言比例均较小，对整体视觉效果不具有显著影响；关于不同点③，在对比设计已公开操作部的一侧面的具体设计的情况下，基于产品整体形状和设计风格，在未公开的侧面对称地设计散热格栅条、图片等是一般消费者对常用设计手法的简单运用，且所述不同点相对整体而言比例也小，对整体视觉效果不具有显著影响；关于不同点④，螺纹连接是常见的连接方式之一，是否展现该螺纹连接设计对整体视觉效果不具有显著影响；不同点⑤的文字和图案主要起标识作用，且在整体中所占比例小，删除该文字和图案标识对整体视觉效果也不具有显著影响。综上，涉案专利设计 1 相对于对比设计不具有明显区别，不符合《专利法》第二十三条第二款的规定。

将涉案专利设计 2 与对比设计相比，两者除上述相同点和不同点外，还有不同点⑥电机外壳的长径比不同，涉案专利设计 2 更细长而对比设计更粗短；不同点⑦按摩头的形状不同，涉案专利设计 2 为子弹形，而对比设计为球形。然而，不同点⑥对整体视觉效果不具有显著影响。此外，不同点⑦的圆形或子弹头形按摩头占产品整体比例也较小，未对整体视觉效果带来显著影响。结合上述评述理由，涉案专利设计 2 相对于对比设计也不具有明显区别，不符合《专利法》第二十三条第二款的规定。

综上所述，涉案专利设计 1、设计 2 因不符合《专利法》第二十三条第二款的规定应予以全部无效。

【律师观点】

设计要点，可以理解为对产品外观所作的不同于现有设计的设计，是专利权人的创新设计部分；设计要点的变化往往对产品外观设计的整体视觉效果具有显著影响。

在外观设计的简要说明中，经常会见到对该产品设计要点的说明，但是这一说明并不必然导致设计要点的确定，因为根据《专利法》第五十九条第二款的规定，外观设计专利权的保护范围以表示在图片或者照片中的产品外观设计为准，简要说明可以用于解释图片或者照片所表示的该产品的外观设计。而由于语言表述本身的局限性或者申请人在提交外观设计专利申请文件时对于现有设计认识的不足，其所声称的"设计要点"很可能已经属于现有设计，因此，没有用文字记载在该"设计要点"中但体现在外观设计图片或者照片中的具有独创性的设计要素就会成为该外观设计区别于现有设计的设计特征，成为该外观设计实质上的"设计要点"。

　　进入无效宣告程序后，双方当事人为了自证主张，都可能会提交证据证明涉案专利产品的设计空间。这些设计空间证据在证明涉案产品外观设计的设计状况的同时，也会影响对实际设计要点的认定，使得涉案专利真正的设计要点越辩越明。最后被认定的设计要点通常对产品整体外观设计具有更为显著的影响。

　　本案中，合议组首先认定了涉案专利与最接近的现有设计均采用偏心十字柱形的整体形状使得两者产生了基本相同的整体视觉效果。也就是说，认定了涉案专利的设计要点在于偏心十字柱形的整体形状设计，而该偏心十字柱形的整体形状已经被证据1.2公开。在此基础上，无论是涉案专利的设计1或设计2，与对比设计在其他细节上的细微差别都不足以改变两者因整体形状相同所产生的基本相同的视觉效果。

第五章

专利确权中的其他问题

一、专利实用性与是否符合行业标准的关系认定

——"牙刷"专利行政诉讼案

【本案看点】

是否符合行业标准与专利是否具有实用性不具有必然的联系。

【案情介绍】

一、案件基本信息介绍

涉案专利号：ZL00817371.0

专利名称：牙刷

案件类型：专利行政诉讼案

北京市高级人民法院行政判决书：（2014）高行（知）终字第 2315 号

被诉无效宣告请求审查决定号：第 19545 号

案件程序概况：请求人于 2012 年 5 月 9 日提出无效宣告请求，认为涉案专利授权文本中的权利要求 2~4 不符合《专利法》第二十二条第四款的规定（权利要求 1 已被无效）。国家知识产权局于 2012 年 11 月 9 日作出宣告维持涉案专利权利要求 2~4 专利权有效的决定。请求人不服，向北京市第一中级人民法院提起行政诉讼。北京市第一中级人民法院判决维持第 19545 号无效宣告请求审查决定。原告不服，上诉至北京市高级人民法院。北京市高级人民法院判决驳回上诉，维持一审判决。

二、涉案专利方案介绍

涉案专利保护：一种牙刷，该牙刷是将毛尖端呈锥形形状的合成单丝束成毛束，将该毛束在牙刷头部植毛而成，其使用具有锥形形状的合成单丝，上述合成单丝的锥形形状是这样构成的：设定将该合成单丝的尖端作为原点（0，0，0）的三维座标（x、y、z），使上述合成单丝的中心轴沿着该座标的 $+x$ 轴时，上述合成单丝的离尖端 0.1~8.0mm 的任意部位的锥形部的 YZ 平面方向之截面积 s，与上述合成单丝的最大直径部的 YZ 平面方向的截面积 S_0 之比率 p 是按照下式特定的：

$$p = s/S_0 = a \cdot x(0.85 - a) \quad (0.05 \leqslant a \leqslant 0.65);$$

上述合成单丝的锥形部的离尖端0.1~8.0mm 的部分具有按照下面步骤（a）~ 步骤（g）求出的弯曲恢复率 B_R（%），该弯曲恢复率 B_R 是按照 $B_R \geq 60$ 特定的；（a）将没有弯曲的合成单丝卷绕固定在直径为 10mm 的金属制的圆柱棒上，刷毛卷绕方向与圆柱长轴相垂直；（b）在（a）状态下浸渍在 23±4℃ 水中 24 小时；（c）在（a）状态下浸渍在 37±2℃ 水中 90 秒钟；（d）在（a）状态下浸渍在 23±4℃ 水中 1 分钟；（e）从金属制的圆柱棒上卸下合成单丝，移到装有 23±4℃ 水 的玻璃器皿中静置 1 小时；（f）轻轻地将水擦掉，测定合成单丝的离尖端0.1~8mm 部分的曲率半径；（g）假设在步骤（f）所得到的各部位曲率半径的测定结果为 r，用下式计算出各部位的弯曲恢复率 B_R（%）：

$$B_R = \left\{1 - \frac{360 \times (8.0 - 0.1)/(2 \times r \times \pi)}{360 \times (8.0 - 0.1)/(2 \times 5 \times \pi)}\right\} \times 100(\%)。$$

根据涉案专利记载的上述公式可知，涉案专利通过测量单丝的曲率半径来计算其弯曲恢复率。例如，当测量得到单丝的曲率半径 r 等于 1.25mm 时，计算得出单丝弯曲恢复率 $B_R = 60\%$；当 r 大于 1.25mm 时，$B_R > 60\%$。

现有技术中牙刷刷毛的锥形部过长或过细时，毛的硬挺性低，刷牙时产生很大的弯曲，使毛尖端的进入性、清洁效果以及对牙床的按摩效果都差；而锥形部过短或过粗时，刷毛难以进入牙间部件和牙周凹处以及牙间三角部位，从而对这些部位的清刷效果降低。

涉案专利保护的技术方案中将刷毛的弯曲恢复率设定为 ≥ 60，使得刷毛容易进入牙间部位牙周凹处、牙间三角部位等口腔内的细小部位，可进一步提高清刷实际效果，并且还可以提高刷毛的耐用性。

三、主要证据介绍

在无效宣告程序中请求人主张涉案专利保护的技术方案不具有《专利法》第二十二条第四款规定的实用性，并提供了证据 1 和证据 2。

证据 1：中华人民共和国国家标准 – 牙刷 QB 1659—97 牙刷，1997 年 09 月 01 日发布；

证据 2：中华人民共和国国家标准 – 牙刷 GB 19342—2003 牙刷，2003 年 10 月 09 日发布。

证据 1 和证据 2 中记载，单丝弯曲恢复度的试验条件及步骤为取单丝五根（取平直部分），轻轻放入孔内，突出部分不能大于孔的半径，单丝的放入方法如图 5-1 所示。将金属板连同试样一起浸入（50±2）℃的水中 2 分钟，取出后再浸入（20±2）℃水中浸泡 30 秒后取出，然后将试样轻轻从孔中取出，浸入（20±2）℃的水中 15 分钟，取出后将试样置于平滑的表面，分别测取五个 θ（见图 5-2）。计算：将所测五个 θ 角取平均值（以度为单位）：

$$单丝弯曲恢复率(\%) = \theta/180 \times 100$$

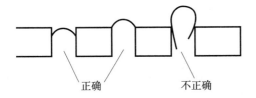

图 5 – 1　单丝放入孔内的方法图

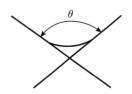

图 5 – 2　取出单丝试样后
测取 θ 角度图

也就是说，证据 1 和证据 2 通过测量单丝的整体弯曲角度 θ 来计算弯曲恢复率。例如，如果恢复后单丝的整体弯曲角度 θ 为 90°，则可计算得出其弯曲恢复率为 50%。

【案件焦点】

请求人认为，根据涉案专利的记载，要使其弯曲恢复率 $B_R \geq 60\%$，则其曲率半径 $r \geq 12.5\text{mm}$。但涉案专利保护的牙刷的弯曲恢复率应符合证据 1 或证据 2 中的国家标准或行业标准，当曲率半径 $r \geq 12.5\text{mm}$ 时，$\theta \geq 90°$ 或至少 $\theta \geq 72°$，但实际涉案专利的技术方案中 $\theta \geq 60°$，即其技术方案包含无法满足上述要求的部分，例如 60°~72°的部分。因此，涉案专利不符合证据 1 或证据 2 中强制性标准的规定，有害于人体健康，不能进行生产、销售和使用，明显无益，脱离了社会需求，因而不具有实用性。

专利权人主张，产品只要能在产业上制造和使用，就具备实用性，是否符合国家行业标准由其他法律规范。并且，弯曲恢复率的确定需要结合测定方法和计算公式，证据 1 和证据 2 中计算弯曲恢复率使用的参数是弯曲角度，涉案专利中计算弯曲恢复率使用的参数是曲率半径，而弯曲角度和曲率半径是不同的测量参数，两者之间并不存在换算关系。也就是说，根据涉案专利中 $B_R \geq 60\%$ 反算得出的 $r \geq 12.5\text{mm}$ 并不能推导出单丝的弯曲角度是多少，请求人认定的"$r \geq 12.5\text{mm}$ 时，$\theta \geq 90°$或至少 $\theta \geq 72°$"没有依据。因而，证据 1 和证据 2 与涉案专利的测定条件和测定参数均不同，无可比性。

本案争议焦点在于，是否能够以涉案专利中保护的产品不符合国家标准或行业标准为理由认为专利不具有实用性。

【官方结论】

无效宣告审查决定和北京市高级人民法院的终审判决对于上述焦点的认定一致：标准是指由一定技术规范或其他明确准则所组成被用作规则、指南或特征定义的文件，目的是要求产品、工艺及服务等达到一定的要求，所以行业标准或国家标准是人为制定的，侧重于生产技术指标在全国或行业内的统一，如不符合，则不能上市销售。而具备实用性的技术方案需要符合自然规律，具有再现性，能够产生积极效果。因此，实用性的判断与是否符合国家标准或行业标准无必然联系。在没有其他证据证明涉案专利中限定的单丝弯曲恢复率直接影响人体健康、损害公共利益、脱离社会需要的情况下，对请求人的无效理由不予支持。

【律师观点】

《专利法》规定的实用性和产品的国家标准或行业标准是两个不同的评价体系，两者之间没有必然联系。

《专利法》第二十二条第四款规定："实用性，是指该发明或实用新型能够制造或者使用，并且能够产生积极效果。"首先，《专利法》的保护对象并不是已经生产出的产品，而是技术方案，只要技术方案中的产品可以被制造出来同时兼具一定的积极技术效果，其就满足《专利法》对实用性的要求。实用性法条的立法本意是为了避免保护抽象的、只能在理论上及思维上予以应用的方案。其中的积极效果并不意味着产品不存在缺点或不足，只要缺点或不足没有严重到使相关技术方案根本无法实施，则该技术方案就具有实用性。

而国家标准或行业标准针对的是已经生产出来并准备投入市场销售的产品，其制定目的为生产管理的规范化、生产运营的效率化，以及产品研发的统一化。因此，标准与《专利法》是针对不同对象的不同评价系统，两者之间没有必然的联系，不符合国家标准或行业标准的产品，并不意味着其不能被制造和产生积极效果。

回归到本案中，即便涉案专利中限定的单丝恢复率不符合证据1或证据2的规定，在没有其他证据证明涉案专利中限定的单丝弯曲恢复率直接影响人体健康、损害公共利益、脱离社会需要的情况下，也不能据此认定其不具有实用性。

由此可见，产品是否符合国家标准或行业标准与专利是否具有实用性是两套完全不同的评价系统，两者之间没有相关性，不符合国家标准或行业标准，不代表必然不具有专利法意义上的实用性。

二、特征之间的依存关系对修改超范围的影响

——"水槽式清洗机的箱体结构"专利无效宣告案

【本案看点】

在无效宣告程序中对权利要求书进行修改时，如果修改方式是将从属权利要求部分技术特征加入独立权利要求中对其作进一步限定，且涉案专利文字并未将修改后独立权利要求的技术方案整体描述，还始终将该从属权利要求的所有技术特征整体描述，则考虑是否修改超范围时，要判断该进一步限定的技术特征与该从属权利要求的其他技术特征之间是否有必然的依存关系。

【案情介绍】

一、案件基本信息介绍

涉案专利号：ZL201320888659.6
专利名称：水槽式清洗机的箱体结构
案件类型：实用新型专利无效宣告案
无效宣告请求审查决定号：第 34101 号

二、涉案专利方案介绍

现今市场上的洗碗机按洗涤方式通常可分为喷淋式洗碗机和超声波洗碗机。喷淋式洗碗机的电加热器设置在内桶的底部，而由于清洗过程中可能产生钙镁颗粒离子析出形成水垢，影响热交换，而电加热器不便清理，在内桶的底部还需要设置软水器，从而减少热交换能量的损失，减缓洗碗机配件的老化进程，节约洗涤剂的用量。然而，这样的设置使得洗碗机的结构较为复杂，增加了成本。

涉案专利权利要求 1 保护一种水槽式清洗机的箱体结构，所述箱体包括水槽本体（1），在所述水槽本体（1）的底部具有局部下凹区域，并在该局部下凹区域内设置有加热组件（6）。

涉案专利的权利要求 4 引用权利要求 1，其附加技术特征为：在所述底板的局部下凹区域的上方覆盖有沥水板（3），所述沥水板（3）与所述水槽本体（1）的底板

（11）的其他部位齐平，所述沥水板（3）上设有多个沥水孔（31）。其结构如图
5-3和图5-4所示。

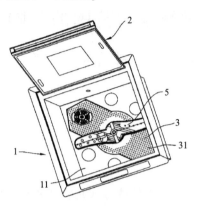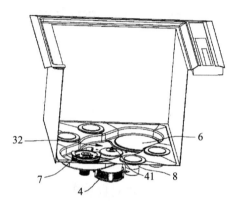

图5-3 "水槽式清洗机"的　　　　图5-4 水槽本体的
箱体结构的结构示意图　　　　　　结构示意图

涉案专利的上述技术方案中，底板的局部下凹区域的上方覆盖有沥水板，可将
回流到沥水板下方的局部下凹区域的混合有食物残渣的水进行过滤，以避免食物残
渣进入下凹区域内，影响下凹区域内的各部件。在使用一段时间如需要除去加热组
件上的水垢时，只需要取出沥水板即可，清洗方便。

三、主要证据介绍

请求人提交了两份证据，最主要的证据是证据1。请求人认为，涉案专利权利要
求1在证据1不具有新颖性。

证据1是授权公告号为CN2873092Y的中国实用新型专利文件。

证据1中公开了一种水槽式清洗机，其包含水槽本体7，水槽本体7内形成洗涤空
间，水槽本体7的底部设置有出水口，出水口连接排水管，排水管口设置有滤网2，加
热管12设置在排水管内，与风机配合用于对餐具进行吹干。其结构如图5-5所示。

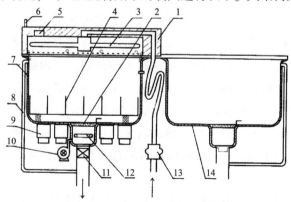

图5-5 一种水槽式清洗机的结构示意图

【案件焦点】

基于证据 1 公开的技术方案，专利权人对授权公告的权利要求 1 进行了修改，修改方式是将从属权利要求 4 的部分技术特征"底板的局部下凹区域的上方覆盖有沥水板（3）"进一步限定到权利要求 1 中。

修改后的权利要求 1 如下：一种水槽式清洗机的箱体结构，包括形成洗涤空间的箱体，其特征在于，所述箱体包括水槽本体（1），在所述水槽本体（1）的底部具有局部下凹区域，并在该局部下凹区域内设置有加热组件（6），在所述底板的局部下凹区域的上方覆盖有沥水板（3）。

本案的争议焦点主要集中在该修改方式是否超出说明书和原权利要求书记载的范围，是否符合《专利法》第三十三条的规定。

争议焦点之一：修改后权利要求 1 的技术方案在说明书中是否有明确的文字记载。

请求人认为，涉案专利原权利要求书和说明书中都没有单独记载"底板的下凹区域的上方覆盖有沥水板（3）"这个技术特征，权利要求以及说明书文字部分始终将从属权利要求 4 的全部附加技术特征——"在所述底板的局部下凹区域的上方覆盖有沥水板（3），所述沥水板（3）与所述水槽本体（1）的底板（1）的其他部位齐平，所述沥水板（3）上设有多个沥水孔（31）"作整体描述，这说明该权利要求 4 的技术方案是一个整体，技术特征之间不可分割，其要求沥水板与所述水槽本体的底板其他部位齐平，只有这样才能够实现"可将回流到沥水板下方的局部下凹区域的混合有食物残渣的水进行过滤，以避免食物残渣进入下凹区域内"的功能。专利权人将不可分割的权利要求 4 的技术特征割裂开来，将一部分特征加入权利要求 1 中，形成的技术方案既不是原权利要求 1 的方案，也不是原权利要求 4 的技术方案，且在涉案专利中找不到依据。因此，修改超范围。

专利权人认为，涉案专利的文字部分虽然没有将修改后权利要求 1 的技术方案放在一起进行描述，但是本领域技术人员根据涉案专利说明书【0010】段和【0023】段能够确定涉案专利记载修改后权利要求 1 的技术方案，并且根据上述记载能够确定涉案专利中说明书记载的"所述箱体包括水槽本体，在所述水槽本体的底部具有局部下凹区域，并在该局部下凹区域内设置有加热组件，在底板的局部下凹区域的上方覆盖有沥水板"是独立的技术方案，该独立的技术方案对于技术问题的解决并不依赖于"沥水板上设置有多个沥水孔"以及"所述沥水板与所述水槽本体的底板的其他部位平齐"这些技术特征，"沥水板上设置有多个沥水孔""所述沥水板与所述水槽本体的底板的其他部位平齐"是对上述独立的技术方案的进一步限定，该进一步限定包括将起到沥水作用的沥水板的具体沥水结构限定为"多个沥水孔"以及"所述沥水板与所述水槽本体的底板的其他部位平齐"。因此，上述修改没有超

365

范围。

争议焦点之二：沥水板的位置以及所实现的功能是否依赖于特征"所述沥水板与所述水槽本体的底板的其他部位平齐"。

请求人认为，"底板的下凹区域的上方覆盖有沥水板"的必要条件是沥水板与所述水槽本体的底板其他部位齐平，只有这样沥水板的位置才是确定的，如果缺少这个必要条件，"所述沥水板"的位置将是不确定的。

专利权人认为，根据说明书第【0023】段的记载水槽本体 1 的底部形成有一局部下凹区域，在底板的局部下凹区域的上方覆盖有沥水板，从而沥水板和底板之间间隔的空间形成沥水区域。因此，根据说明书的记载，底板就是水槽本体底部，修改后权利要求 1 的沥水板的位置也是确定的，且能够实现说明书所记载的功能"可将回流到沥水板下方的局部下凹区域的混合有食物残渣的水进行过滤，以避免食物残渣进入下凹区域内"。也就是说，"所述沥水板与所述水槽本体的底板的其他部位平齐"是对沥水板具体沥水结构的限定，沥水板是否与水槽本体底板的其他部位平齐并不影响其基本功能"可将回流到沥水板下方的局部下凹区域的混合有食物残渣的水进行过滤，以避免食物残渣进入到下凹区域内"的实现。

366

【官方结论】

无效宣告请求审查决定中认为，判断修改是否符合《专利法》第三十三条规定的唯一标准是修改后的内容不得超出原说明书和权利要求书记载的范围，原说明书和权利要求书记载的范围包括原说明书和权利要求书文字记载的内容以及根据说明书附图能直接地、毫无疑义地确定的内容。修改后的技术方案是否记载在原说明书或权利要求书的一个完整的自然段中不是判断超范围的标准。技术特征"底板的局部下凹区域的上方覆盖有沥水板"明显是原说明书及其附图和权利要求书文字记载的内容。因此，专利权人的修改符合《专利法》第三十三条的规定。

【律师观点】

在无效宣告阶段，专利权人可以对发明和实用新型专利文件的权利要求书进行修改。在《专利审查指南 2010》第四部分第三章第 4.6.1 节规定了修改原则之一是不得超出原说明书和权利要求书记载的范围，即需要满足《专利法》第三十三条的规定。这里的"记载范围"包括原始说明书和权利要求书文字记载的内容，以及根据原始说明书和权利要求书文字记载的内容和说明书附图能直接地、毫无疑义地确定的内容。

无效宣告阶段修改方式中有一种为对权利要求的进一步限定。权利要求的进一步限定是指在权利要求中补入其他权利要求中记载的一个或者多个技术特征，以缩小保护范围。由于不同的权利要求均是独立的技术方案，在采用进一步限定的方式修改权利要求，尤其是采用具有多个技术特征的从属权利要求中的部分技术特征对独立权利要求进行进一步限定时，要着重判断修改后的独立权利是否是完整的技术方案，这种完整的技术方案是否在专利文件中有所记载。值得注意的是，所谓有所记载，并不是判断该技术方案是否在专利文件的同一段落中进行描述，或该技术方案包含的所有技术特征是否在专利文件中被松散地记载。在这种修改方式下，判断修改超范围，实际是要判断修改涉及的内容是否属于"直接、毫无疑义地确定的内容"，这通常是无效宣告阶段的难点和争议焦点。

情况之一，在某个权利要求中记载了多个技术特征，在无效宣告阶段，专利权人将该权利要求中的部分技术特征（一个或者多个技术特征）增加到权利要求1中，该权利要求保留了部分技术特征。这种情况下，需要判断该权利要求原始记载的特征之间的依存关系，其功能和达到的技术效果是由这些特征共同作用才能够完成，还是由其中一个或部分技术特征就能够完成。如果该权利要求被增加到权利要求1中的技术特征和保留的技术特征之间存在相互依存关系，需要将其作为一个整体看待，那么不能将这些技术特征割裂出来，组成新的技术方案，在这种情形下会存在修改超范围的问题。

情况之二，在无效宣告阶段，专利权人将不存在引用关系的多个权利要求中的技术特征同时增加到权利要求1中，即将多个技术方案中的技术特征进行组合形成新的技术方案。这种情况下，需要充分考虑解决的技术问题以及达到的技术效果，确定各个技术特征在技术方案中的作用以及它们之间的关联关系。如果从说明书的记载以及结合本领域技术人员的公知常识，能够判断被增加的技术特征之间存在关联关系，能够组合成一个技术方案并解决其技术问题以及达到其技术效果，那么这样的修改符合《专利法》第三十三条的规定。如果被增加的技术特征之间不存在关联关系，从说明书记载可以看出属于并列选择方案，那么重新组合的技术方案有可能存在修改超范围的问题。

具体到本案而言，无效阶段的修改方式属于上述情形一的情况，将权利要求4的部分技术特征"底板的局部下凹区域的上方覆盖有沥水板（3）"进一步限定到权利要求1中，而将"所述沥水板（3）与所述水槽本体（1）的底板（11）的其他部位齐平，所述沥水板上（3）设有多个沥水孔（31）"保留在权利要求4中。修改后的权利要求1对于技术问题的解决，以及功能和效果的实现并不依赖于"沥水板上设置有多个沥水孔"以及"所述沥水板与所述水槽本体的底板的其他部位平齐"这些技术特征，即沥水板的具体结构并不影响其基本功能"可将回流到沥水板下方的局部下凹区域的混合有食物残渣的水进行过滤，以避免食物残渣进入下凹区域内"的实现。因此，修改后的权利要求1是独立的技术方案，其修改涉及的内容是根据说明书能够直接、毫无疑义地确定的内容。

综上，在无效宣告阶段采用进一步限定的修改方式对权利要求1进行修改时，需要考虑技术特征之间的关联关系，以及解决的技术问题和达到的技术效果。在符合《专利法》第三十三条修改原则的基础上，才会考虑该进一步限定的修改方式得到的修改文本是否是能够被接受的修改文本。

三、是否享有优先权的判断

——"一次性安全输液器"专利无效宣告案

【本案看点】

判断权利要求的技术方案能否从优先权文件中直接地、毫无疑义地确定，需要站位本领域的技术人员在阅读优先权文件全文的基础之上，结合优先权文件解决的技术问题、采用的技术方案、达到的技术效果等进行判断。

【案情介绍】

一、案件基本信息介绍

专利号：ZL200580030194.9

专利名称：一次性安全输液器

申请日：2005 年 7 月 5 日

优先权信息：

［1］CN200420082692.0，申请日为 2004 年 9 月 9 日；

［2］CN200420082693.5，申请日为 2004 年 9 月 9 日。

案件类型：实用新型专利无效宣告案

无效宣告请求审查决定号：第 24022 号

二、涉案专利方案介绍

涉案专利的权利要求 1 如下：

1. 一次性安全输液器，包括依序贯通设置的插瓶针（1）、滴斗（2）、软管（3）、药液过滤器（4）及静脉输液针（5），其中在软管（3）外套置有用于控制流量的流量调节器（6），在所述滴斗（2）内和/或滴斗（2）与软管（3）之间至少设置一安全机构（7），所述安全机构（7）包括有一壳体（71）和位于该壳体（71）中的一个浮体（72），所述浮体（72）在使用输液瓶时和调换输液瓶后均能随着所述壳体（71）内药液的增减而升降，其特征是，所述壳体（71）包括至少一个药液出口部（713），所述壳体（71）内下端设有一连接件（714），该连接件（714）具有一供药液流通的通孔，该连接件（714）凸起于所述壳体的药液出口部（713），所述浮体（72）下方设有一密封膜片（721），所述浮体（72）下方设有一凹形部（725），所述凹形部（725）位于所述浮体（72）和密封膜片（721）之间，在调换输液瓶和/或输液将近结束时，该安全机构（7）阻止空气进入软管而进入患者体内。

涉案专利所要解决的技术问题是：现有的一次性输液器没有自动封闭功能，在调换输液瓶或药液注完时空气容易进入患者静脉。为此，涉案专利在一次性输液器的滴斗2与软管3之间设置安全机构7，用于防止空气进入患者体内。对于安全机构7，涉案专利提供了多种实施方式，权利要求1的技术方案对应于其中一种实施方式。

如图5-6、图5-7以及图5-8所示，在权利要求1保护的实施方式中，一次性输液器包括依序贯通设置的插瓶针1、滴斗2、软管3、药液过滤器4及静脉输液针5，在软管3上套设有用于控制流量的流量调节器6，在滴斗2内和/或滴斗2与软管3之间设置安全机构7，该安全机构7包括壳体71和位于该壳体71中的浮体72，所述壳体71包括至少一个药液出口部713，并且所述壳体71内下端设有一连接件714'。连接件714'凸起于药液出口部713，并设有供药液流通的通孔；浮体72下方设有密封膜片721和凹形部725，凹形部725位于所述浮体72和密封膜片721之间。该一次性输液器工作时，浮体72随着药液液面的下降而下降，直至密封膜片721落在连接件714'上，由于密封膜片721薄并具有弹性，密封膜片721在与连接件714'接触处向上稍微凸起变形，从而使浮体72与连接件714'的结合更为紧密，更好地阻止空气进入患者体内。

370

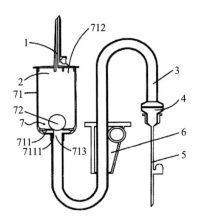

图5-6 "一次性安全输液器"结构示意图

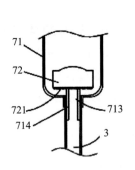

图5-7 带有凹形部的安全机构的侧视图

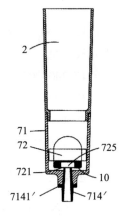

图5-8 带有凹形部的安全机构的剖面图

三、主要证据介绍

在无效宣告程序中，请求人提交了多份证据。

证据1：涉案专利优先权文件，授权公告号为CN2732258Y的中国实用新型专利文件；

证据 2：涉案专利优先权文件，授权公告号为 CN2732263Y 的中国实用新型专利文件；

证据 4：授权公告号为 CN2693254Y 的中国实用新型专利文件，授权公告日为 2005 年 4 月 20 日；

证据 6：授权公告号为 CN2706176Y 的中国实用新型专利文件，授权公告日为 2005 年 6 月 29 日。

请求人主张，证据 1 和证据 2 均未记载涉案专利权利要求 1 中的技术特征"浮体（72）下方设有一凹形部（725），所述凹形部（725）位于所述浮体（72）和密封膜片（721）之间"，因此权利要求 1 不应享有 2004 年 9 月 9 日的优先权日。在此基础上，证据 4 和证据 6 属于涉案专利的现有技术，权利要求 1 在证据 4 的基础之上进一步结合证据 6 和公知常识不具备创造性。

以下主要介绍涉及涉案专利的优先权是否成立的证据 1 和证据 2。

证据 1 公开了一种一次性输液器，如图 5-9、图 5-10 所示，该输液器主要包括插瓶针 1、滴斗 2、软管 3、流量控制器 4、药液过滤器 5 及静脉输液针 6，其中插瓶针 1、滴斗 2、软管 3、药液过滤器 5 及静脉输液针 6 贯通密封连接，流量控制器 4 套置在软管 3 的外侧；在滴斗 2 的内底部设置有凸起的药液入口通道 81，在其上方设置有浮体 82，该浮体 82 内嵌入一膜片 83，该膜片 83 为乳胶或软且具有弹性的软材质制成，且越薄越好；浮体的外径应小于滴斗的内径，并可在滴斗 2 的腔体内自由转动；密封膜片 83 可通过嵌入的方式固定在浮体 82 上。当输液瓶内的药液下滴时，借助于滴斗内的药液比重，浮体 82 和密封膜片 83 会自动上浮，使药液下流，而当药液输完不再下滴时，浮体 82、膜片 83 会随着药液的液面下降而下降，直至浮体 82 内嵌入的膜片 83 落在凸起药液入口通道上，借助于浮体 82 的重力和导管内的负压以及嵌入浮体的膜片 83，将凸起药液入口通道的通孔封闭，将空气阻挡在滴斗 2 内，使空气无法进入软管 3，从而确保输液的安全。

371

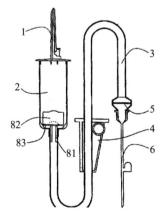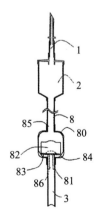

图 5-9　"一次性输液器"一种　　　图 5-10　"一次性输液器"另一种
　　　实施方式的结构示意图　　　　　　实施方式的结构示意图

证据 2 也公开了一种一次性输液器，如图 5 – 11 所示。该一次性输液器主要包括插瓶针 1、滴斗 2、软管 3、流量调节器 4、药液过滤器 5 及静脉输液针 6，其中插瓶针 1、滴斗 2、软管 3、药液过滤器 5 及静脉输液针 6 贯通密封连接，流量调节器 4 套置在软管 3 的外侧；在滴斗 2 的内底部设置有一片环状密封垫 71，在该环状密封垫 71 上面设置有一浮体 72，其中环状密封垫 71 的中间比四周薄，且有一平面，而中间为一通孔，该环状密封垫 71 由软质且具弹性的材质制成；当药液输完不再下滴时，浮体 72 随着药液的液面下降而下降，直至浮体 72 落在环状密封垫 71 的平面上，借助于浮体 72 的重力和输液管内的负压，浮体将环状密封垫 71 的通孔封闭，将空气阻挡在滴斗 2 内，使空气无法进入软管 3。

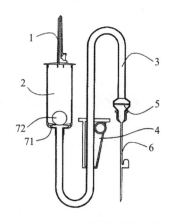

图 5 – 11　证据 2 中 "一次性输液器" 的结构示意图

【案件焦点】

本案中，由于证据 4 和证据 6 的公开日期均介于涉案专利的优先权日和申请日之间，并且其公开的内容很可能会影响涉案专利的创造性，此时涉案专利能否享有优先权将直接关系到案件的审理结论。

争议焦点：权利要求 1 能否享有优先权。

请求人认为，两份优先权文件（证据 1 和证据 2）均未记载权利要求 1 中的特征 "所述浮体（72）下方设有一个凹形部（725），所述凹形部（725）位于所述浮体（72）和密封膜片（721）之间"，因此，权利要求 1 的技术方案不能享有优先权。

在本案的口头审理过程中，由于证据 2 中的 "环状密封垫 71" 与权利要求 1 中的 "密封膜片" 在设置位置和工作方式上存在实质差异，专利权人认可证据 2 没有记载权利要求 1 中的上述特征。但是，对于证据 1，专利权人认为，证据 1 的图 5 – 9 显示了密封膜片 83 落在凸起的药液入口通道上的状态，其中示出了类似于上凸弧形的虚线，这表明浮体 82 下方在所述虚线处设有一个凹形部，并且该凹形部位于浮体 82 和密封膜片 83 之间。

【官方结论】

无效宣告请求审查决定中认为，证据 1 和证据 2 均没有文字记载"浮体下方设有一凹形部，所述凹形部位于所述浮体和密封膜片之间"。虽然在证据 1 的说明书第 3 页第 6~8 行中记载了"……设置有一浮体 82，该浮体内嵌入一膜片 83"，但该部分内容仅公开了膜片是嵌入浮体内的，并没有明确公开浮体下方设置有一凹形部，且根据本领域的惯常理解，术语"嵌入"并不包含在物体之间存在凹形部的意思。另外，虽然在证据 1 的图中示出了类似于上凸弧形的虚线，但本领域技术人员仅根据图所示并不能直接、毫无疑义地确定在虚线所示处一定存在一实际凹形部件，故本领域技术人员不能从上述两件被要求优先权专利中直接、毫无疑义地得出在浮体下方设置凹形部的技术方案。因此，涉案专利权利要求 1 不能享有上述两件专利的优先权，在确定涉案专利的现有技术时，应以其实际申请日 2005 年 7 月 5 日作为基准。

【律师观点】

在针对一项要求享有优先权的专利提出无效宣告请求时，无效宣告请求人经常需要核实优先权是否成立。

在核实涉案专利的优先权时，总的原则是将优先权文件作为一个整体进行分析，判断优先权文件中是否已经清楚地记载涉案专利各项权利要求的技术方案，其判断标准与我国专利制度中"修改超范围"的判断标准是一致的：如果优先权文件明确记载了涉案专利权利要求的技术方案，或者优先权文件虽未明确记载但本领域技术人员可以从中直接地、毫无疑义地得到涉案专利权利要求的技术方案，则涉案专利的优先权成立，其权利要求能够享有优先权。在判断权利要求的技术方案能否从优先权文件中直接地、毫无疑义地得出时，需要站位本领域的技术人员在阅读优先权文件全文的基础之上，结合优先权文件解决的技术问题、采用的技术方案、达到的技术效果等进行判断。

具体到本案，鉴于请求人已经获得相关度非常高的介于申请日和优先权日之间的证据 4 和证据 6，代理人应当核实涉案专利的优先权。涉案专利的权利要求 1 享有优先权的关键在于证据 1 的附图是否隐含记载"浮体下方设有一凹形部，所述凹形部位于所述浮体和密封膜片之间"。

对于如上所述的证据 1 的图 5-9 和图 5-10 中的类似于上凸弧形的虚线，证据 1 没有进行任何文字描述。但是，证据 1 记载了"密封膜片 83"由具有弹性的软材料制成，根据证据 1 的技术方案所要解决的技术问题、采用的技术手段和预期技术效果，本领域技术人员更有理由猜测，该上凸弧形的虚线表示具有弹性的软密封膜片83落在药液入口通道上时，与药液入口通道接触的部位会向上凸起，而不表示在该上凸弧形的虚线处设置一凹形部。另外，基于证据1的整体技术方案，本领域技术人员无法直接地、毫无疑义地确定"凹形部"是必不可少的部件。因此，根据证据1记载的全部内容，本领域技术人员并不能直接地、毫无疑义地确定证据1的图5-9和图5-10中的类似于上凸弧形的虚线表示浮体82的下方设有一凹形部，即证据1并没有记载权利要求1中的技术特征"浮体（72）下方设有一凹形部（725），所述凹形部（725）位于所述浮体（72）和密封膜片（721）之间"，导致涉案专利的权利要求1不能享有优先权。

从本案可以看出，在判断涉案专利能否在技术实质上享有优先权时，判断标准与我国专利制度中"修改超范围"的判断标准是一致的，即不是机械地进行文字比对，判断涉案专利权利要求中的每个技术特征是否在优先权文件中有文字记载，而是从本领域技术人员的角度出发，从技术实质上判断优先权文件是否已经记载了权利要求的技术方案。如果涉案专利的权利要求与优先权文件相比增加某个或某些技术特征，但该增加的技术特征并不能直接地、毫无疑义地从优先权文件中得到，则该权利要求不能享有优先权。以上判断方式也符合优先权原则的设立初衷，可以想象，如果一项在后申请所要保护的范围超出在先申请（优先权文件）记载的范围，却仍然享有在先申请的申请日，这对社会公众来说是不公平的，也与专利制度中的先申请原则相违背。

四、权利要求书得到说明书支持的判断

——"涡轮流量计"专利无效宣告案

【本案看点】

权利要求的技术方案在说明书中没有明确记载，并不意味着该权利要求必然无法得到说明书的支持，此时应当从本领域技术人员的角度出发，判断根据说明书公开的内容能否直接地、毫无疑义地得出或概括得出该权利要求的技术方案。

【案情介绍】

一、案件基本信息介绍

涉案专利号：ZL200680032582.5
专利名称：涡轮流量计
案件类型：发明专利无效宣告案
无效宣告请求审查决定号：第 23470 号。

二、涉案专利方案介绍

涉案专利的权利要求 1 如下：一种用于对流体进行消耗量测量的涡轮流量计，包括：外壳（1），该外壳（1）则具有入口（2）、出口（3），和通流通道（4）、用于测量和显示消耗量的测量装置（5、44）、布置在所述通道（4）中的涡轮（10），该涡轮（10）具有第一轮毂（11）、多个布置在该轮毂（11）上的径向的第一叶片（12.1、12.2），和朝向流体流的半球形的正面（14）、保持嵌件（20），该保持嵌件（20）则包括导水十字管（20.1），该导水十字管（20.1）则包括第二轮毂（21）、从所述第二轮毂（21）延伸到所述通道（4）的壁体的径向的第一支柱（22）、将所述涡轮（10）的正面（14）包围的喷嘴体（23），其中留有被流体从中穿流的缝隙（17），和在所述喷嘴体（23）中的中心开口（24）、嵌件基体（20.2），该嵌件基体（20.2）则包括第三轮毂（25），和从所述第三轮毂（25）延伸到所述通道（4）的壁体的径向的第二支柱（26），和装置（30），该装置对所述涡轮（10）的转数进行检测并将其传递给所述测量装置（5、44），其特征在于以下特征，所述第一叶片

（12.1、12.2）定位在所述喷嘴体（23）的附近，所述涡轮（10）包括喷嘴环（16），所述喷嘴环（16）将所述第一叶片（12.1、12.2）连接起来，并且搭接所述喷嘴体（23）的外轮廓，从而在所述喷嘴环（16）和喷嘴体（23）之间留下喷嘴缝隙（18），所述喷嘴缝隙（18）与所述缝隙（17）相连通。权利要求19的附加技术特征为：所述涡轮（10）的第一轮毂（11）载有蜗杆（13），蜗轮（32）与该蜗杆（13）相啮合。

权利要求20的附加技术特征为：所述涡轮（10）的第一轮毂（11）载有小齿轮，冠状齿轮与该小齿轮相啮合。

涡轮流量计是一种常见的流量计，其工作原理为：在管道中心安放一个涡轮，当流体通过管道时，流体冲击涡轮叶片而使涡轮旋转，在一定的流量范围内，当流体介质黏度一定时涡轮的旋转角速度与流体流速成正比，因此，可以通过涡轮的旋转角速度得到流体流速，并计算得到通过管道的流体流量。

在现有技术中，涡轮流量计中的涡轮安装在待测流体的喷嘴体后面自由悬浮地转动，其优点是通过巧妙利用流体流在喷嘴体中进行的加速并且由此减少流体中的压力，涡轮能够完全无接触地转动，从而无须对涡轮的机械支承。但是，这种悬浮原理只有在流体达到特定的最小流速时才能实现，当流体流速从零开始缓慢增大时，涡轮在流体的带动下会失去实现这种悬浮所必需的最佳位置（即喷嘴体后面），导致在流体流量很小时不能进行测量。

为此，涉案专利对涡轮流量计进行了改进，使其在流速很小时也具有很高的显示敏感性。图5-12为涡轮流量计的纵剖图，图5-13为图5-12中主要部件的等轴视图的分解图，图5-14为涡轮正面的斜视图，图5-15为涡轮背面的斜视图。涡轮10包括轮毂11和轴端15，叶片12.1、12.2径向固定在轮毂11上并且通过喷嘴环16得到固定，喷嘴环16与轮毂11间隔开，从而在喷嘴体23与喷嘴环16之间形成喷嘴缝隙18，当流体流过喷嘴体23与轮毂11之间的缝隙17中时，流体将得到加速，继而作为喷射器作用于所述喷嘴缝隙18中的流体，使这部分流体加速，加速后的流体冲击涡轮叶片12.1使涡轮10转动，通过装置30对涡轮10的转数进行检测并将其传递给测量装置。与现有技术相比，涉案专利中的涡轮流量计在流体流量很小时涡轮也能转动从而对流体流量进行测量。上述技术构思已经体现在独立权利要求1中，尤其是通过特征"所述第一叶片（12.1、12.2）定位在所述喷嘴体（23）的附近，所述涡轮（10）包括喷嘴环（16），所述喷嘴环（16）将所述第一叶片（12.1、12.2）连接起来，并且搭接所述喷嘴体（23）的外轮廓，从而在所述喷嘴环（16）和喷嘴体（23）之间留下喷嘴缝隙（18），所述喷嘴缝隙（18）与所述缝隙（17）相连通"得到体现。

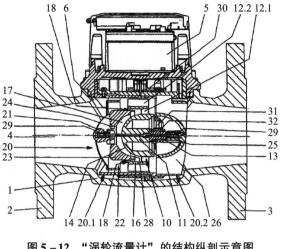

图 5 – 12　"涡轮流量计"的结构纵剖示意图

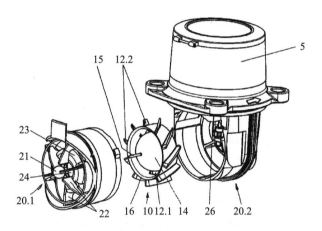

377

图 5 – 13　"涡轮流量计"的分解示意图

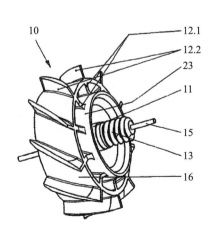

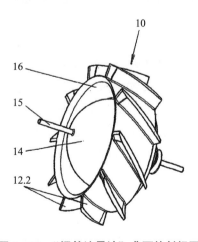

图 5 – 14　"涡轮流量计"正面的斜视图　　　图 5 – 15　"涡轮流量计"背面的斜视图

权利要求 19 和权利要求 20 是权利要求 1 的并列从属权利要求,其附加技术特征分别限定两种不同的传动结构,均用于将涡轮转数传递给测量装置。

权利要求 19 限定蜗轮蜗杆传动结构,该传动结构在涉案专利说明书中有详细介绍:轮毂 11 的背面设有蜗杆 13,蜗轮 32 与蜗杆 13 啮合,蜗轮 32 则安装在传动轴 31 上,传动轴 31 和蜗轮 32 是装置 30 的组成部分,通过该装置 30 将涡轮 10 的转数传输给所述测量装置 5。根据说明书公开的内容,本领域技术人员可以实现权利要求 19 的技术方案并达到预期效果。

权利要求 20 限定了另一种传动结构,即冠状齿轮传动结构。关于该传动结构,涉案专利说明书仅在其第【0028】段描述了"代替蜗轮蜗杆传动装置可以使用冠状齿轮传动装置。这种冠状齿轮传动装置结构类似于蜗轮蜗杆传动装置能够进行 90°转向并且同时减少转速。因为小齿轮和冠状齿轮执行滚动运动而不执行滑动运动,所以相对于蜗轮蜗杆传动装置明显减少了摩擦。最后,这种传动装置类型允许涡轮相对于静止的冠状齿轮进行很大的轴向运动,由此明显有助于所述无轴承的涡轮的作用原理"。

【案件焦点】

请求人认为,权利要求 20 中"所述涡轮(10)的第一轮毂(11)载有小齿轮,冠状齿轮与该小齿轮相啮合"在涉案专利说明书中没有相应记载,涉案专利说明书仅在第【0028】段简单描述了冠状齿轮传动结构,没有具体介绍该传动结构的具体组成和应用方式,例如冠齿轮和小齿轮的数量、设置位置以及其如何将涡轮的转数传输给所述测量装置等。本领域技术人员根据说明书的文字和附图也不能合理预测到所述小齿轮必然位于所述第一轮毂(11)上,因此权利要求 20 的技术方案得不到说明书的支持。

专利权人则认为,说明书第【0028】段已经介绍冠状齿轮传动结构,结合说明书公开的其他内容,本领域技术人员可以理解和实现权利要求 20 的技术方案。因此,权利要求 20 能够得到说明书的支持。

由上可见,关于权利要求 20 能否得到说明书的支持,争议焦点在于本领域技术人员能否根据涉案专利说明书公开的内容,尤其是说明书第【0028】段公开的内容,得到权利要求 20 的技术方案。

【官方结论】

无效宣告请求审查决定中认为,涉案专利说明书第【0028】段阐述了可以使用冠状齿轮传动装置的结构,并且进一步说明了该传动装置结构相较于蜗轮蜗杆结构能够减小摩擦并允许较大的轴向运动。根据本领域技术人员的理解,实现冠状齿轮传动装置的具体结构可以根据具体实施情况而选择实施，这种具体实施方式并不需要本领域技术人员付出创造性劳动。权利要求 20 中限定了存在冠状齿轮与小齿轮，并限定了冠状齿轮与小齿轮的啮合关系，这也是冠状齿轮传动装置的一个典型特征。对于本领域技术人员而言，在阅读了涉案专利说明书中所阐述的冠状齿轮传动装置的相关内容之后，可以理解该权利要求 20 是保护一种常规的具有冠状齿轮和与其啮合的小齿轮的传动装置。因此，本领域技术人员根据涉案专利说明书公开的内容能够得到权利要求 20 的技术方案，即该权利要求能够得到说明书的支持。

【律师观点】

在专利文件中，权利要求书通过描述技术方案的技术特征来界定专利申请或者专利的保护范围，而说明书（包括说明书附图）则用于清楚、完整地描述权利要求的技术方案，使本领域技术人员基于说明书公开的内容能够理解和实施权利要求的技术方案来解决相应技术问题并达到预期技术效果。

权利要求应当得到说明书的支持，指的是本领域技术人员根据说明书公开的内容，能够得到或者概括得到涉案专利权利要求中的技术方案。值得注意的是，权利要求的技术方案在说明书中存在一致性表述，仅能表明该权利要求得到说明书的形式支持，而不能表明其必然能够得到说明书的实质支持。例如，如果本领域技术人员根据说明书公开的内容不知道如何实现该权利要求的技术方案，或者该权利要求覆盖不能解决相应技术问题的实施方式，那么，即使该权利要求的技术方案已经明确记载于说明书中，该权利要求仍然得不到说明书的实质支持。相反，即便权利要求保护的技术方案在说明书中没有完全一致的表述，也并不代表涉案专利权利要求保护的技术方案不能从说明书中得到或概括得到。

具体到本案，权利要求 19 和权利要求 20 是权利要求 1 的并列从属权利要求，其附加技术特征分别限定了两种不同的传动结构，这两种传动结构的作用都是将涡轮转数传递给测量装置。权利要求 19 中的蜗轮蜗杆传动结构在涉案专利说明书中有详细介绍，并且根据说明书公开的内容，本领域技术人员可以实现权利要求 19 的技术方案来解决相应技术问题并达到预期效果，因此，权利要求 19 的技术方案在形式和实质两方面都能得到说明书的支持。

对于权利要求 20，说明书没有介绍具体技术细节，但冠状齿轮传动结构的工作原理属于公知常识，在将冠状齿轮传动结构应用到涉案专利的涡轮流量计中时，本领域技术人员参考说明书对蜗轮蜗杆传动结构的描述以及说明书第【0028】段的"这种冠状齿轮传动装置结构类似于蜗轮蜗杆传动装置能够进行 90°转向并且同时减少转速"以及"这种传动装置类型允许涡轮相对于静止的冠状齿轮进行很大的轴向运动"，可以直接地、毫无疑义地推断权利要求 20 的方案实际上是将小齿轮设置在涡轮 10 的轮毂 11 上，使小齿轮与冠状齿轮啮合，当小齿轮转动时冠状齿轮也随之转动，通过冠状齿轮上的转动速度来体现涡轮转数。另外，机械产品的结构与功能之间的关系通常是明确的，本领域技术人员根据权利要求 20 限定的冠状齿轮传递结构，可以预见相对于蜗轮蜗杆传动装置而言其能够减小摩擦。因此，本领域技术人员在阅读涉案专利说明书之后，基于该说明书公开的内容以及自身掌握的本领域普通技术知识，能够实现权利要求 20 的技术方案来解决上述技术问题并取得预期效果，故权利要求 20 的技术方案能够从说明书中得到，符合《专利法》第二十六条第四款关于权利要求书应当以说明书为依据的相关规定。

换一个角度来看，如果权利要求 20 中的冠状齿轮传动结构不是常规形式，或者其应用方式与已有应用方式不同，或者其技术效果对于本领域技术人员来说不在可预期范围之内，那么即使权利要求 20 的技术方案在说明书中有字面上的明确记载，本领域技术人员也需要付出创造性劳动才能知晓如何能明确权利要求 20 的技术方案来解决相应技术问题。此时，权利要求 20 很可能就无法得到说明书的支持。

从本案可以看出，判断一项权利要求是否能够得到说明书的支持，不是简单判断该权利要求的技术方案是否在说明书中有字面上的明确记载，而需要综合考虑说明书公开的内容、现有技术的发展状况、本领域技术人员的知识和能力水平等因素，判断本领域技术人员在阅读说明书之后是否能明确权利要求的技术方案来解决相应技术问题并达到预期技术效果。

五、关于说明书充分公开的要求

——"脚踏式防冻节水冲厕器"专利行政诉讼案

【本案看点】

说明书不需要对发明或者实用新型的技术方案的所有细节都进行详细描述，但是，对于发明或者实用新型为了解决其技术问题而采用的关键技术手段，应当予以清楚、完整的说明，使本领域技术人员根据说明书的记载即可实现该发明或实用新型的技术方案。

【案情介绍】

一、案件基本信息介绍

涉案专利号：ZL200520108664.6

实用新型专利名称：脚踏式防冻节水冲厕器

案件类型：专利行政诉讼案

北京市高级人民法院二审行政判决书：（2008）高行终字第 208 号

被诉无效宣告请求审查决定号：第 10242 号

案件程序概况：国家知识产权局作出第 10242 号无效宣告请求审查决定，维持涉案专利有效；无效宣告请求人不服起诉至北京市第一中级人民法院，一审法院作出（2007）一中行初字第 1328 号行政判决，判决撤销第 10242 号无效宣告请求审查决定；国家知识产权局和专利权人均对一审判决不服，上诉至北京市高级人民法院，二审法院判决驳回上诉，维持原判。

二、涉案专利方案介绍

涉案专利授权的权利要求 1 为：一种脚踏式防冻节水冲厕器，包括：水容器（1）设置进水接口（101）和冲水管（3），冲水管（3）连通便器（9）、操作机构，其特征在于：所述的操作机构由脚踏板（4）连接连杆（5），连杆（5）穿入密封筒内与活塞（601）连接，密封筒内上部设有回位装置（2）下设活塞缸体（6），活塞缸体（6）与活塞（601）动配合；该密封筒下面与过滤进水框（7）连接为一体，该密封筒与过滤进水框（7）设置在水容器（1）内，并与水容器连接；连杆（5）与密封筒上盖和活塞缸体（6）上盖动配合；活塞缸体（6）上盖（603）设置进气孔（604），活塞缸体（6）下底通过向上开启的单向阀（8），活塞缸体（6）下侧壁设有单向阀的出水孔（602），出水孔（602）连通冲水管（3），冲水管（3）通过水容器（1）侧壁未冻土位的孔与出水孔（602）连通。

现有技术中，由于北方地区的冬季温度常常达到零下，冲厕器的储水容器通常设置在温度较高的地下，以防止水结冰而无法冲厕，冲厕控制阀门或其他同类装置则设置在地面以上，便于人们操作使用。然而，对于此类结构的冲厕器来说，在冲厕结束后，由于输水装置与便器冲水口之间的输水管内仍然存在残留的水，便器冲水口处容易结冰，冲厕器不能正常使用。

为此，涉案专利对冲厕器的结构进行了改进，如图5-16所示。水容器1设置在地下未冻土层，并且设有洗涤水漏进水接口101和冲水管3，冲水管3与设置在地面以上的便器9连通，操作机构包括脚踏板4和连杆5，连杆5上端与脚踏板4连接，下端穿入密封筒内与活塞601连接，密封筒内上部设有回位装置2，下部设有活塞缸体6；密封筒下部与过滤进水框7连接为一体；活塞缸体6下底通过向上开启的单向阀8，活塞缸体6下侧壁设有单向阀的出水孔602，出水孔602连通冲水管3，冲水管3通过水容器1侧壁未冻土位的孔与出水孔602连通，回位装置2内设置回位弹簧504。

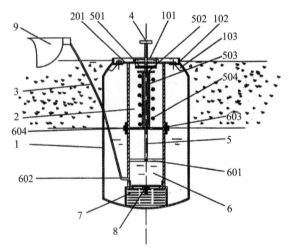

图5-16 "脚踏式防冻节水冲厕器"改进后的结构示意图

在蓄水过程中，日常生活中的洗涤水经洗涤水漏进水接口101进入水容器1内，回位弹簧504处于松弛状态，水容器1内的水在水压下经过过滤进水框7顶开单向阀8而进入活塞缸体6内，同时推动活塞601上移。当需要冲洗便器时，踏下脚踏板4，连杆5下行，单向阀8向下移动至关闭进水口，其内部压力大于一个大气压力，活塞缸体6的水压将打开单向阀，依次经过出水孔602、冲水管3至便器9的冲水口进行冲洗；当便器冲洗净之后，松开脚踏板 4，活塞 601 在回位弹簧 504 回位的作用下上行至回位弹簧 504 处于松弛状态，此时活塞缸体 6 内出现真空度，水容器 1 内的水在水压下经过过滤进水框 7 顶开单向阀 8，再次进入活塞缸体 6 内至注满为止。

在有益效果方面，涉案专利说明书记载了"由于采用了水容器设置在未冻土层，在冲厕结束后通过回位装置使水容器产生负压力将留在所述冲水管内的水抽到所述水容器内，解决了在寒冷地区的冬季使所述便器冲水口处结冰，而导致便器冲水口的损坏的问题"。

三、主要案情介绍

无效宣告请求人针对涉案专利向国家知识产权局提出无效宣告请求，具体理由为：①涉案专利说明书所给出的技术方案根本无法解决在输水装置与便器冲水口之间的输水管内存水结冻的问题，因此涉案专利不符合《专利法》第二十六条第三款的规定；②涉案专利权利要求 1~7 相对于现有技术证据 1~3 不具备《专利法》第二十二条第三款规定的创造性。

国家知识产权局进行审查后作出第 10242 号无效宣告请求审查决定。该决定中认为，在涉案专利说明书公开内容的基础上，本领域技术人员结合公知常识即可实现涉案专利权利要求中的技术方案，解决输水装置与便器冲水口之间的输水管内存水结冻的问题，故涉案专利符合《专利法》第二十六条第三款的规定。此外，涉案专利的权利要求 1~7 相对于无效请求人提交的现有技术证据 1~3 也具备创造性。在此基础上，该维持涉案专利有效。

无效宣告请求人对第 10242 号无效宣告请求审查决定不服，起诉至北京市第一中级人民法院，其审理后作出行政判决〔（2007）一中行初字第 1328 号〕。该判决中认为，涉案专利说明书没有针对其技术方案进行清楚、完整的说明，导致本领域技术人员根据说明书公开的内容无法实现涉案专利的技术方案，因此涉案专利不符合《专利法》第二十六条第三款的规定。在此基础上，该行政判决撤销了国家知识产权局作出的第 10242 号无效宣告请求审查决定。

国家知识产权局和专利权人均不服上述判决，上诉至北京市高级人民法院。在二审过程中，国家知识产权局坚持其观点，专利权人则提交了《机械工程手册》作为公知常识性证据，认为本领域技术人员根据涉案专利说明书公开的内容并结合该证据，即可实现涉案专利权利要求中的技术方案。

【案件焦点】

涉案专利要解决的是输水装置与便器冲水口之间输水管内存水结冻的问题，其采用的关键手段是，在冲厕结束后，通过回位装置 2 使水容器 1 内产生负压力，从而将留在输水装置（即水容器1）与便器冲水口之间的输水管（即冲水管3）内的水抽回所述水容器2内。因此，是否能将冲水管3内的水抽回水容器1内直接关系到涉案专利发明目的实现。如果涉案专利的技术方案能够在冲厕结束后将冲水管3内的水抽到水容器1内，则涉案专利说明书公开充分；否则，涉案专利说明书公开不充分，没有达到本领域技术人员可以实现的程度。

争议焦点：涉案专利说明书提供的技术方案能否将留在冲水管3内的水抽回水容器2内。

被上诉人认为，涉案专利说明书记载了在活塞缸体6下侧壁的出水孔602处设有单向阀，然而，根据本领域技术人员的一般认知，单向阀是使液体或气体单向流动的止回阀，用于尽量防止液体或气体回流，对于涉案专利说明书提供的技术方案，上述单向阀只允许水从水容器1流到冲水管3内，而不允许水从冲水管3流到水容器1内，在松开脚踏板4时，即使在水容器1内产生负压力，该单向阀也会阻止冲水管3内的水倒流回水容器内，故涉案专利说明书提供的技术方案无法解决输水装置与便器冲水口之间的输水管内存水结冻的问题。

上诉人认为，单向阀可以设置为缓慢关闭是本领域公知的技术（参见专利权人提供的公知常识性证据《机械工程手册》），而将单向阀设置为缓慢关闭以使冲水管内的水可以回流到冻土层以下的方案也是可行的。虽然涉案专利的说明书中没有关于"单向阀为缓慢关闭，使得冲水管内的水可以回流到冻土层以下"的描述，但本领域技术人员在不付出创造性劳动的情况下能够想到采用缓闭单向阀来实现涉案专利的技术方案，以解决输水装置与便器冲水口之间的输水管内存水结冻的问题。因此，涉案专利符合《专利法》第二十六条第三款的规定。

【官方结论】

北京市高级人民法院在二审行政判决中认为，根据涉案专利说明书的记载，其技术方案中分别在进水口、出水口处各设置一个单向阀，尽管专利权人称上述两个单向阀的作用是不同的，因此一个需为缓慢关闭，另一个不需缓慢关闭，但是以上技术信息在涉案专利说明书中并无相关记载。涉案专利的发明目的是要解决在寒冷地区的冬季便器冲水口处结冰而导致便器冲水口损坏的问题，而解决该问题的手段是使水容器内产生负压力将留在冲水管内的水抽到所述水容器内。但是，根据本领域技术人员的一般常识，单向阀即止回阀，其作用是防止液体回流。因此，涉案专利如何使冲水管中的水通过防止液体回流的单向阀回流到水容器内，应在涉案专利说明书中予以记载，然而涉案专利说明书并未记载相关技术手段。此外，专利权人提交的《机械工程手册》虽然记载了缓闭止回阀的原理，但同时也指出将止回阀设置为缓闭是为了防止引起水锤，并且缓闭止回阀仍然要尽量减少回流，并不是专门针对使介质回流而设计的。因此，该证据不足以证明通过缓闭单向阀的设置使冲水管中的水尽量回流从而防止便器冲水口处结冻属于本领域的公知常识。原审判决认定设置在出水口处的单向阀直接涉及涉案专利发明的目的的实现，而涉案专利说明书未给予清楚、完整的说明是正确的，涉案专利不符合《专利法》第二十六条第三款的规定。

【律师观点】

各国设立专利制度的初衷都是为了推动科学技术的整体进步，因此，虽然专利制度授予专利权人一定时间期限内的技术独占权，但专利权人必须"以公开换取保护"，即专利权人必须充分公开其专利技术，让社会公众能够从专利文件中获得实现发明创造的完整技术信息，进而能够基于该专利技术继续进行科学研究和/或技术创新。

在判断发明或实用新型的说明书是否公开充分时，判断标准是说明书公开的内容是否达到本领域技术人员能够实现的程度，即本领域技术人员能否根据说明书公开的内容实现发明或者实用新型的技术方案，解决其技术问题并产生预期的技术效果。

发明或者实用新型的技术方案经常涉及众多技术细节，说明书不需要对所有技术细节都进行完整、细致的描述。例如，对于本领域技术人员基于公知常识就能够知晓的内容，可以不在说明书中详细说明，因为这不会影响本领域技术人员理解和实现该技术方案。但是，对于本领域技术人员理解和实现发明或者实用新型来说必不可少的技术内容，尤其是关系到发明目的的实现的技术内容，应当在说明书中进行清楚、完整的记载。

具体到本案，将留在冲水管 3 内的水抽回所述水容器 2 内是涉案专利实现其发明目的的关键所在。如果本领域技术人员根据说明书的记载不知道采用何种手段使留在冲水管 3 内的水抽回所述水容器 2 内，则无法实现涉案专利的技术方案。

关于冲水管 3 与水容器 1 如何连通，涉案专利说明书记载了"活塞缸体 6 的下侧壁的出水孔 602 处设有单向阀，该出水孔 602 与冲水管 3 连通"，即冲水管 3 通过单向阀与水容器 1 侧壁上的出水孔 602 连通。然而，本领域技术人员都知道单向阀是一种止回阀，其仅允许液体或气体在一个方向上流动，故涉案专利中的上述单向阀将仅允许水容器 2 中的水进入冲水管 3 内，而不允许冲水管 3 内的水回流到水容器 2 中，这导致冲厕结束后冲水管 3 内的水无法回流到水容器 2 内，因而涉案专利的技术方案无法解决上述技术问题并产生预期的技术效果。

针对上述质疑，上诉人辩称，本领域技术人员依据其掌握的关于缓闭止回阀的技术知识即能够想到将上述单向阀设置为缓慢关闭，通过缓闭单向阀来使冲水管 3 内的水回流到水容器 2 内。

然而，涉案专利说明书并未记载任何与单向阀缓慢关闭相关的内容，因此上诉人的上述主张无法得到涉案专利说明书的支持。同时，所有在案证据也不足以证明将单向阀设置为缓慢关闭来让水回流是本领域的公知常识。例如，专利权人提供的证据《机械工程手册》中虽然公开了缓闭止回阀的工作原理，但其明确指出将止回阀设为缓慢关闭是为了防止水锤形成，并且止回阀在关闭的初始阶段需要快速关闭，而"缓闭"仅发生在关闭的最后阶段，即止回阀已关闭到一定程度、介质的倒流速度不再增大时。也就是说，缓闭止回阀实际上是一种在防止水锤形成的基础上尽量减少回流的止回阀。从设置"缓闭"的目的来看，该证据公开的内容与被上诉人的主张甚至是背道而驰的，本领域技术人员根据该证据不可能会想到采用缓闭单向阀来使冲水管3中的水尽量回流。因此，本领域技术人员在阅读涉案专利说明书之后，即便是结合公知常识，也无法实现涉案专利的技术方案来达到预期目的。

从本案可以看出，对于理解和实现发明或者实用新型来说必不可少的技术内容，尤其是发明或者实用新型为了解决其技术问题而采用的关键技术手段，在说明书中应当进行清楚、完整的记载。如果说明书对该关键技术手段的记载存在瑕疵，例如存在技术信息缺失、描述含糊不清、逻辑矛盾等问题，则很容易引发说明书公开不充分的质疑。

六、说明书对权利要求保护的
方案作出清楚、完整说明的判断

——"具有研磨带和产品室的研磨装置"专利无效宣告案

【本案看点】

如果结合背景技术、解决的技术问题和达到的技术效果，本领域技术人员能够理解权利要求采用的技术手段的含义，且采用含该技术手段的技术方案能够解决其技术问题、产生预期的技术效果、达到具体实施的程度，那么该技术方案是清楚的，能够满足说明书公开充分的要求。

【案情介绍】

387

一、案件基本信息介绍

涉案专利号：ZL200780037775.4

专利名称：具有研磨带和产品室的研磨装置

案件类型：发明专利无效宣告案

无效宣告请求审查决定号：第 43135 号

二、涉案专利方案介绍

涉案专利权利要求 1 要求保护：一种用于研磨装置，其包括：室（10）；限定所述室（10）的一壁的研磨面（3）；以及用于使所述研磨面（3）相对于所述室（10）移动的驱动装置，由此在使用过程中，所述相对移动促进所述物品在所述室内环行，所述室（10）的形状被形成为与所述物品在所述室（10）内的外周流路相近似，所述室（10）具有带有至少一个斜切角部的矩形的横截面。

涉案专利的装置用于表面研磨例如包括谷类、豆类、坚果类等种子的小物品和清洁木材、塑料、矿物或金属等的粒料和物品。在这类装置中具有研磨室，现有技术装置中使用的室具有矩形横截面，易于出现流动停滞区域，导致不稳定地处理在室中受处理的物品。

图 5-17 示出了涉案专利的室的形状，其中，所示箭头方向为物品的外周流路，

第一侧壁 13、第二侧壁 14 和外壁 12 围成室，室的形状与外周流路相近似。涉案专利将室的形状形成为与物品的外周流路相近似，可以使室的流动停滞区域最小化，从而可以解决上述室中物品处理不足或者在极端情况下完全未被处理的技术问题。

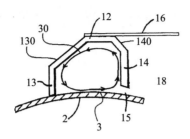

图 5 – 17　用于研磨物品表面的装置的室的形状图

【案件焦点】

本案的争议焦点主要集中在说明书对权利要求 1 的技术方案是否作出清楚、完整的说明。

请求人认为，权利要求 1 限定了技术特征"所述室（10）的形状被形成为与所述物品在所述室（10）内的外周流路相近似，所述室（10）具有带有至少一个斜切角部的矩形的横截面"。根据说明书的记载以及专利权人在审查档案中陈述的意见，物品的外周流路是不确定的，但是室的形状需要根据物品的外周流路来确定，而且不是任何斜切角都可以。即请求人认为外周流路不确定，室的形状不确定，而且不是任何斜切角都可以，需要综合考虑各种因素才能得出室的形状，涉案专利说明书对权利要求 1 的技术方案没有作出清楚、完整的说明。

专利权人认为，结合涉案专利背景技术部分来看，涉案专利是对矩形的室的形状进行改进，因此权利要求 1 中的"所述室（10）的形状被形成为与所述物品在所述室（10）内的外周流路相近似，所述室（10）具有带有至少一个斜切角部的矩形的横截面"这一技术特征应该被理解为，所述室的横截面为带有至少一个斜切角部的矩形，使得所述室的形状与所述物品在所述室内的外周流路相近似。

涉案专利不涉及对外周流路的改进，而是对室的形状进行改进，以实现流动停滞区域最小化。处理物品的环形路径即外周流路受哪些因素影响，以及如何受这些因素的影响均是现有技术。本领域技术人员能够根据外周流路对室的形状进行改进，以解决上述技术问题，产生预期的技术效果。因此，权利要求 1 限定的技术方案对本领域技术人员来说能够实现。

【官方结论】

无效宣告请求审查决定中认为，涉案专利涉及一种用于研磨物品表面的装置，其所要解决的技术问题是，现有技术装置中使用的室的形状易于出现流动停滞区域，导致不稳定地处理在室中受处理的物品。

对于本领域技术人员来说，权利要求1中的"所述室（10）的形状被形成为与所述物品在所述室内的外周流路相近似，所述室具有带有至少一个斜切角部的矩形的横截面"这一技术特征应该被理解为，所述室的横截面为带有至少一个斜切角部的矩形，从而使得所述室的横截面形状类似于圆弧形，这样使得所述室的形状与所述物品在所述室内的外周流路相近似。

对于涉案专利权利要求1所限定的技术方案，由于所述室的横截面为带有至少一个斜切角部的矩形，使得所述室的形状被形成为与所述物品在所述室内的外周流路相近似，因此能够解决现有技术中所存在的上述技术问题。

虽然涉案专利没有对矩形的斜切角度作进一步限定，对于本领域技术人员来说，在设计所述室的形状时，为了使得所述室的形状与所述物品在所述室内的外周流路相适应，首先应确定外周流路的形状，正如涉案专利说明书第【0048】段中提及的，"谷物的环形路径，进而外周流路取决于多个因素，例如物品的尺寸、形状和性质，处理室的深度和宽度，转筒的旋转速度，带的粗糙度等等"。基于上述因素来确定外周流路的形状，再基于确定的外周流路的形状来设计与其相适应的室的形状，虽然涉案专利没有对矩形的斜切角度作进一步限定，但对于本领域技术人员来说，基于外周流路的形状来设计相应的室的形状是能够实现的。涉案专利权利要求1所限定的保护范围是清楚的，权利要求1所限定的技术方案对于本领域技术人员来说是能够实现的，涉案专利说明书符合《专利法》第二十六条第三款的规定。基于同样的理由，权利要求1～22也符合《专利法》第二十六条第四款的规定。

【律师观点】

《专利法》第二十六条第三款规定，说明书应当对发明或实用新型作出清楚、完整的说明，以所属技术领域的技术人员能够实现为准。在无效宣告实务中，通常考察权利要求限定的技术方案在说明书中是否清楚、完整，并达到所属技术领域的技术人员能够实现的程度。技术手段是否含糊不清通常是争辩的焦点。

首先，对技术手段含义的理解应当放在技术方案中，结合背景技术、解决的技术问题以及达到的技术效果综合考虑。本案中，涉案专利背景技术记载了横截面是矩形的研磨室存在易于出现流动停滞区域的技术问题，涉案专利是对横截面是矩形的研磨室进行改进，从而本领域技术人员在理解权利要求1中的"所述室（10）的形状被形成为与所述物品在所述室（10）内的外周流路相近似，所述室（10）具有带有至少一个斜切角部的矩形的横截面"时，能够理解所述室的横截面为带有至少一个斜切角部的矩形，这样使得所述室的形状与所述物品在所述室内的外周流路相近似。

其次，以是否达到所属技术领域技术人员能够实现的程度为准判断技术手段是否清楚。《专利审查指南2010》第二部分第二章第2.1.3节记载了能够实现是指所属技术领域的技术人员按照说明书记载的内容，就能够实现该发明或者实用新型的技术方案，解决其技术问题，并且产生预期的技术效果。

本案中，涉案专利所要解决的技术问题是，现有表面处理装置中室的形状为矩形，易于出现流动停滞区域，导致不稳定地处理在室中受处理的物品。涉案专利权利要求1所限定的技术方案由于室的横截面为带有至少一个斜切角部的矩形，所述室的形状形成为与所述物品在室内的外周流路相近似，能够解决上述技术问题。因此，对于本领域技术人员来说，权利要求1限定的室的形状相关技术手段是清楚的，且达到可以具体实施的程度。

综上，在理解技术手段的含义时应当放在技术方案中，结合背景技术、解决的技术问题和达到的技术效果进行综合考虑。并且，如果采用含该技术手段的技术方案能够解决其技术问题，产生预期的技术效果，达到具体实施的程度，那么该技术手段是清楚的，能够满足说明书公开充分的要求。

七、判断说明书是否公开充分时应结合现有技术

——"天下第一刀"专利行政诉讼案

【本案看点】

在判断说明书是否充分公开发明或者实用新型时，应当站位所属技术领域的技术人员，结合现有技术判断说明书对该发明或者实用新型的说明是否达到使所属技术领域的技术人员能够实现的程度。

【案情介绍】

一、案件基本信息介绍

391

涉案专利号：ZL00242955.1

专利名称：天下第一刀

案件类型：专利行政诉讼案

北京市高级人民法院二审判决书号：（2007）高行终字第 259 号

无效宣告请求审查决定号：第 12290 号

案件程序概况："天下第一刀"的专利权纠纷曾经引起全社会的广泛关注，主要原因在于"天下第一刀"具有辉煌的历史和特殊的身份：它是天安门广场国旗升旗指挥刀和三军仪仗队指挥刀，见证了香港回归、澳门回归、国庆大阅兵和一系列重大外交政治活动。

针对涉案专利，请求人于 2002 年 4 月 15 日向国家知识产权局提出无效宣告请求，主要无效理由为权利要求 1 ~ 7 相对于专利权人在先申请的实用新型专利"中山宝刀"（证据 1，CN2208696Y）不具备新颖性或创造性。针对该无效宣告请求，国家知识产权局于 2004 年 1 月 15 日作出第 5738 号无效宣告请求审查决定，决定中认为权利要求 1 ~ 7 在证据 1 的基础之上进一步结合公知常识不具备创造性，并据此宣告涉案专利权利要求 1 ~ 7 全部无效。后经过一审、二审司法程序，北京市高级人民法院于 2005 年 3 月 25 日作出（2004）高行终字第 442 号行政判决书，判决中认为原审判决及第 5738 号无效宣告请求审查决定中关于涉案专利权利要求 1、权利要求 2、权利要求 4 ~ 7 不具备创造性的认定证据充分，应予维持。关于权利要求 3 创造

性的认定依据不足，并判决在涉案专利权利要求 3 的基础上维持涉案专利专利权继续有效（为数不多的直接判决专利有效或无效，而不是发回国家知识产权局重新审查的案例之一）。

2005 年 9 月 16 日，国家知识产权局根据上述行政判决书作出第 7541 号无效宣告请求审查决定，宣告涉案专利权利要求 1、权利要求 2、权利要求 4 ~ 7 无效，在权利要求 3 的基础上维持涉案专利专利权继续有效。在法定期限内，双方当事人均未提起行政诉讼，因而第 7541 号无效宣告请求审查决定已生效。经过上述程序后，涉案专利维持有效的权利要求只有权利要求 3。

针对上述专利权，请求人 1、请求人 2 以及请求人 3 分别于 2005 年 5 月 12 日向国家知识产权局提出无效宣告请求。

合议组将上述三个无效宣告请求合案审理后，于 2006 年 5 月 24 日作出第 8277 号无效宣告请求审查决定，决定中认为权利要求 3 相对于证据 1 和证据 4 不具备创造性，并宣告涉案专利全部无效。后经一审、二审司法程序，北京市高级人民法院于 2007 年 11 月 23 日作出（2007）高行终字第 259 号判决，该判决认为一审判决及第 8277 号无效宣告请求审查决定中关于权利要求 3 不具备创造性的认定有误，并要求国家知识产权局针对涉案专利重新作出审查决定。

国家知识产权局根据上述判决，重新成立合议组对上述无效宣告请求进行审查。在案件审理过程中，请求人除了坚持此前的无效理由外，还提出了涉案专利说明书公开不充分的新无效理由（根据无效宣告请求提出时的《审查指南 2000》规定，请求人补充不需要证据支持的无效理由不受一个月的补充证据时间限制）。

合议组作出第 12290 号无效宣告请求审查决定，宣告涉案专利全部无效。专利权人该决定不服，后经过一审、二审司法程序，北京市高级人民法院于 2010 年 6 月 8 日作出（2009）高行终字第 1295 号行政判决书，判决维持第 12290 号无效宣告请求审查决定，至此，关于"天下第一刀"专利权纠纷也最终定论。

二、涉案专利方案介绍

涉案专利授权公告的权利要求 1 ~ 3 的内容如下：

1. 一种天下第一刀，它由刀身（1）、手把（7）和刀鞘（2）组成，其特征在于：刀身（1）为直线形，其一端安有木鞘，外面包上牛皮，上面有多道螺旋沟槽，将金丝（8）镶嵌在内，即为手把（7）；它的端头设有护头（9），手把（7）与护头（9）间为过盈配合；手把（7）上还配有护手（5），其一端与刀体呈 15°斜角，另一端与护头（9）连接为一体；刀身外套有刀鞘（2），刀鞘（2）一端设有刀鞘帽（3），距刀鞘（2）另一端较近处设有环形凸起的挂环座（10），挂环（4）装在座孔内。

2. 根据权利要求 1 所述的天下第一刀，其特征在于：刀鞘（2）与护手（5）间装有一皮垫圈（6）。

3. 根据权利要求1或2所述的天下第一刀，其特征在于：刀鞘（2）内表面设有一凹槽；此处外表面为一楔形突起，在刀身与手把之间安有一带有弹簧的销子。

涉案专利在经过多次专利确权程序和司法程序后，实际上维持有效的仅有授权公告的从属权利要求3。针对权利要求3的附加技术特征"刀鞘（2）内表面设有一凹槽；此处外表面为一楔形突起，在刀身与手把之间安有一带有弹簧的销子"，说明书将之定义为"半销簧结构"，但说明书并未介绍该"半销簧结构"的具体技术细节，例如凹槽的形状和大小、弹簧设置的方向、弹簧销子如何与凹槽配合等。

涉案专利的目的是提供一种供仪仗队使用的指挥刀，其结构如图5-18和5-19所示，该指挥刀具有造型美观、佩戴方便的优点，这主要通过权利要求1中刀身、手把、刀鞘的结构、形状和材质来实现。权利要求3的附加技术特征"刀鞘内表面设有一凹槽；此处外表面为一楔形突起，在刀身与手把之间安有一带有弹簧的销子"限定了用于使刀入鞘后不易松脱的"半销簧结构"。针对该"半销簧结构"，说明书仅作了如下文字解释：刀与鞘间采用半销簧结构，即刀鞘内表面设有一凹槽，此处外表面为一楔形突起，在刀身与手把之间安有一带有弹簧的销子，刀入鞘后不会自动脱出，使用时只要稍加用力，刀即出鞘。

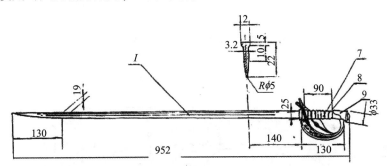

图5-18　"供仪仗队使用的指挥刀"刀身结构示意图

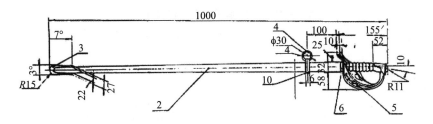

图5-19　"供仪仗队使用的指挥刀"刀鞘结构示意图

三、主要证据介绍

请求人提供的主要证据是证据7，证据7是授权公告号为CN2362663Y的中国实用新型专利文件。证据7涉及涉案专利权利要求3的创造性，又涉及涉案专利说明书是否公开充分，下面对其作简单介绍。

证据 7 涉及一种附哨子的刀，其由刀鞘 10 和刀子 20 组成，刀子 20 由刀柄 21 与刀体 22 构成，在刀鞘 10 的一端设置有弹片 14，弹片 14 的下缘处形成有一呈半圆形的定位凸缘 15；而在刀体 22 上对应于定位凸缘 15 处形成有一定位孔 23，该定位孔 23 可供定位凸缘 15 卡合定位，用以防止刀子 20 与刀鞘 10 间不当松脱。其结构如图 5－20 和图 5－21 所示。

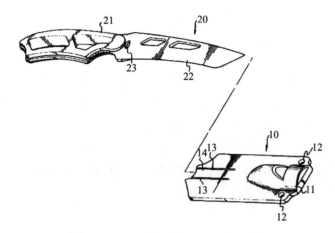

图 5－20   "附哨子的刀"立体分解图

394

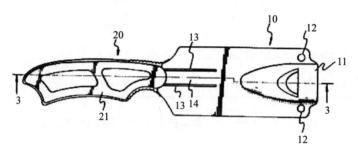

图 5－21   "附哨子的刀"俯视平面图

【案件焦点】

本案争议焦点之一在于：本领域技术人员能否根据涉案专利说明书的记载，实现权利要求 3 的技术方案来解决其技术问题，并产生预期的技术效果。

无效宣告请求人认为，涉案专利说明书及其附图均未记载"半销簧"的具体结构、弹簧的设置方向、凹槽的形状及凹槽与弹簧销子的配合形式等，且"半销簧结构"既不是本领域的通用技术用语，也不是本领域的公知常识，所属技术领域的技术人员按照说明书记载的内容，不能实现"刀身一次用力即可拔出"。此外，涉案专利说明书也没有对用于实现上述技术效果的技术特征作出清楚、完整的说明，因此涉案专利说明书公开不充分。

专利权人认为，涉案专利说明书中已经公开"半销簧结构"的具体结构，"半销簧结构"＝凹槽＋突起＋带有弹簧的销子，其中"突起"对应"凹槽"，"带有弹簧的销子"对应"凹槽"。正是这样的特征，才产生了"刀入鞘后不会自动脱落，使用时只要稍加用力，刀即拔出"的效果。因此，涉案专利说明书的公开是充分的。

【官方结论】

无效宣告请求审查决定中认为，在判断说明书是否已经对发明或者实用新型作出清楚、完整的说明，达到所属技术领域的技术人员能够实现的程度时，不应当仅仅局限于说明书中所记载的对个别非通用术语的描述是否清楚。如果说明书针对解决某一技术问题而引入的相关技术特征为非通用技术用语，而且说明书中仅以文字而未以附图的形式对该非通用技术用语作出明确的描述和解释，但所属技术领域的技术人员基于说明书所公开的技术内容，结合本领域或相关领域中解决该技术问题的现有技术手段能够实现该发明或者实用新型的技术方案，解决其技术问题并产生预期的技术效果，则应当认为说明书的公开是充分的。

对于本案而言，"半销簧结构"并非本领域的通用技术用语，也无证据表明其属于本领域公知常识，且说明书附图也未具体示出"半销簧结构"，但说明书文字部分对"半销簧"作了相应的解释"刀与鞘间采用半销簧结构，即刀鞘内表面设有一凹槽，此处外表面为一楔形突起，在刀身与手把之间安有一带有弹簧的销子，刀入鞘后不会自动脱出，使用时只要稍加用力，刀即出鞘"。由此可以确定，采用"半销簧结构"要解决的技术问题是"刀入鞘后不会自动脱出，使用时只要稍加用力，刀即出鞘"，相应工作原理是利用凹凸部件间的卡扣配合实现"刀入鞘后不会自动脱出"以及利用部件的弹性实现"只要稍加用力，刀即出鞘"。

证据 7 是与涉案专利属于同一技术领域的现有技术。该证据为了解决刀身与刀鞘间不当松脱的技术问题，在刀鞘上设置带有半圆形凸缘的弹片，在刀身上设置定位孔，利用弹片上的半圆形凸缘与定位孔进行配合。这种技术手段同样是利用凹凸部件间的卡扣配合实现"刀入鞘后不会自动脱出"，并且利用弹性部件的弹性实现"只要稍加用力，刀即出鞘"。

基于涉案专利说明书中对半销簧结构的解释可以获知，涉案专利与证据 7 为解决基本相同的技术问题采用原理实质上相同、结构略有不同的技术手段，所属技术领域的技术人员基于涉案专利说明书公开的整体技术内容以及其引入"半销簧结构"所要解决的技术问题，同时结合证据 7 中为解决相同或基本相同的技术问题所采用的技术手段，能够理解和实现涉案专利所要求保护的技术方案，解决相应的技术问题并达到预期的技术效果，而无须付出创造性的劳动，故涉案专利符合《专利法》第二十六条第三款的规定。

【律师观点】

关于说明书需要公开到何种程度才满足"清楚""完整"的要求，我国《专利法》第二十六条第三款对此作了规定：说明书应当对发明或者实用新型作出清楚、完整的说明，以所属技术领域的技术人员能够实现为准。根据《专利审查指南2010》，所属技术领域的技术人员能够实现，是指所属技术领域的技术人员按照说明书记载的内容，就能够实现该发明或者实用新型的技术方案，解决其技术问题，并且产生预期的技术效果。

因此，在判断说明书是否充分公开发明创造性时，作出判断的主体是"所属技术领域的技术人员"，具体判断标准是"所属技术领域的技术人员能够实现"，即在判断说明书是否公开充分时，应当从本领域技术人员的角度出发，基于本领域技术人员的知识能力水平及其所掌握的现有技术来理解说明书记载的内容，确定说明书具体传递出哪些技术信息，再依据这些技术信息判断能否实现该发明或者实用新型来解决其技术问题，并产生预期的技术效果。

对于本案而言，权利要求3的附加技术特征限定了"刀鞘（2）内表面设有一凹槽；此处外表面为一楔形突起，在刀身与手把之间安有一带有弹簧的销子"，说明书将该附加技术特征中的结构定义为"半销簧结构"，并且描述了其能够产生"刀入鞘后不会自动脱出，使用时只要稍加用力，刀即出鞘"的预期效果。但是，说明书的文字部分和附图均未明确记载或示出"半销簧结构"的具体技术细节，例如弹簧的设置方向、凹槽的大小和形状、凹槽与弹簧销子的配合过程等，并且综合所有在案证据来看，"半销簧结构"也不是本领域通用的技术术语。因此，涉案专利说明书对"半销簧结构"的描述似乎是存在瑕疵的，这也直接导致无效宣告请求人质疑说明书未充分公开与"半销簧结构"相关的技术内容。

但是，说明书未描述"半销簧结构"的具体技术细节，不代表说明书必然没有充分公开"半销簧结构"，还需从本领域技术人员的角度出发，结合现有技术来进行判断。

首先，根据说明书记载的"刀与鞘间采用半销簧结构，即刀鞘内表面设有一凹槽，此处外表面为一楔形突起，在刀身与手把之间安有一带有弹簧的销子，刀入鞘后不会自动脱出，使用时只要稍加用力，刀即出鞘"，本领域技术人员就可以获知半销簧结构主要包括设置在刀鞘内表面上的凹槽和设置在刀身与手把之间的带有弹簧的销子，当刀入鞘时该销子将与凹槽卡合，从而使刀不会自动脱出，并且考虑到"使用时只要稍加用力，刀即出鞘"，销子与凹槽的卡合不应过于牢固而导致松脱困难。

其次，作为现有技术的证据7为了解决刀子与刀鞘间不当松脱的技术问题，在刀鞘上设置带有半圆形凸缘的弹片，在刀子上设置定位孔，利用弹片上的半圆形凸缘与定位孔进行配合来实现"刀入鞘后不会自动脱出"。证据7的这种定位结构与涉案专利中的"半销簧结构"的工作原理、所要解决的技术问题和实现的技术效果基本相同，因而本领域技术人员可以参考证据7来确定涉案专利权利要求3中的"半销簧结构"的具体技术细节，例如：凹槽可以是圆形、矩形等形状并且不宜过深，销子可以具有一定弧度的凸缘，以便于销子卡入或脱离凹槽等。

因此，本领域技术人员基于涉案专利说明书记载的内容和相关现有技术就能够理解并实现权利要求3的技术方案来解决其技术问题，并产生预期的技术效果"刀入鞘后不会自动脱出，使用时只要稍加用力，刀即出鞘"，涉案专利说明书对权利要求3的技术方案的公开是充分的。

从本案可以看出，对于同一份说明书，不同的阅读者可能会获得不同的技术信息：非本领域的技术人员通常只会从字面上解读说明书，所获取的技术信息相对狭窄和片面；而本领域的技术人员由于知晓所属技术领域所有的普通技术知识，能够获知该领域中所有的现有技术并且具有应用常规实验手段的能力，往往会对说明书记载的内容进行更加深入的理解，并且在必要时还会进行适当的延伸和扩展。说明书公开充分的判断标准为"所属技术领域的技术人员能够实现"，因此，在判断说明书是否公开充分时，尤其应当注意所属技术领域的技术人员除了说明书文字记载的技术信息之外，依据自身的知识能力以及所掌握的现有技术还能从说明书中解读出哪些技术信息。当说明书对要求保护的技术方案未作具体描述（例如涉案专利说明书未对"半销簧结构"的实现方式进行具体描述）或者只作了"模糊"描述时，如果本领域技术人员基于自身的知识能力并结合现有技术能够根据说明书记载的内容确定该技术方案的具体实现方式（例如本案中就结合了现有技术证据7来理解"半销簧结构"），则说明书对该技术方案的描述实际上达到了使本领域技术人员能够实现的程度，此时说明书符合《专利法》第二十六条第三款的规定。